第一推动丛书：综合系列
The Polytechnique Series

实在终极之问
Science and Ultimate Reality

[英] 约翰·巴罗 [英] 保罗·戴维斯 [英] 小查尔斯·哈勃 编

朱芸慧 罗璇 雷奕安 译

John Barrow Paul Davies Charles L. Harper

湖南科学技术出版社

图书在版编目（CIP）数据

实在终极之问 / （英）约翰·巴罗，（英）保罗·戴维斯，（英）小查尔斯·哈勃编；朱芸慧，罗璇，雷奕安译. — 长沙：湖南科学技术出版社，2018.1（2019.1重印）
（第一推动丛书. 综合系列）
ISBN 978-7-5357-9438-3

Ⅰ. ①实… Ⅱ. ①约… ②保… ③小… ④朱… ⑤罗… ⑥雷… Ⅲ. ①科学知识—普及读物 Ⅳ. ① Z228

中国版本图书馆 CIP 数据核字（2017）第 210773 号

湖南科学技术出版社通过英国剑桥大学出版社获得本书中文简体版中国大陆独家出版发行权
著作权合同登记号 18-2005-138

SHIZAI ZHONGJI ZHI WEN
实在终极之问

著者
［英］约翰·巴罗
［英］保罗·戴维斯
［英］小查尔斯·哈勃
译者
朱芸慧 罗璇 雷奕安
责任编辑
吴炜 戴涛 杨波
装帧设计
邵年 李叶 李星霖 赵宛青
出版发行
湖南科学技术出版社
社址
长沙市湘雅路 276 号
http://www.hnstp.com
湖南科学技术出版社
天猫旗舰店网址
http://hnkjcbs.tmall.com
邮购联系
本社直销科 0731-84375808

印刷
长沙超峰印刷有限公司
厂址
宁乡县金州新区泉洲北路 100 号
邮编
410600
版次
2018 年 1 月第 1 版
印次
2019 年 1 月第 2 次印刷
开本
880mm×1230mm 1/32
印张
15.125
字数
322000
书号
ISBN 978-7-5357-9438-3
定价
69.00 元

THE
FIRST
MOVER

总序

《第一推动丛书》编委会

科学，特别是自然科学，最重要的目标之一，就是追寻科学本身的原动力，或曰追寻其第一推动。同时，科学的这种追求精神本身，又成为社会发展和人类进步的一种最基本的推动。

科学总是寻求发现和了解客观世界的新现象，研究和掌握新规律，总是在不懈地追求真理。科学是认真的、严谨的、实事求是的，同时，科学又是创造的。科学的最基本态度之一就是疑问，科学的最基本精神之一就是批判。

的确，科学活动，特别是自然科学活动，比起其他的人类活动来，其最基本特征就是不断进步。哪怕在其他方面倒退的时候，科学却总是进步着，即使是缓慢而艰难的进步。这表明，自然科学活动中包含着人类的最进步因素。

正是在这个意义上，科学堪称为人类进步的"第一推动"。

科学教育，特别是自然科学的教育，是提高人们素质的重要因素，是现代教育的一个核心。科学教育不仅使人获得生活和工作所需的知识和技能，更重要的是使人获得科学思想、科学精神、科学态度以及科学方法的熏陶和培养，使人获得非生物本能的智慧，获得非与生俱来的灵魂。可以这样说，没有科学的"教育"，只是培养信仰，而不是教育。没有受过科学教育的人，只能称为受过训练，而非受过教育。

正是在这个意义上，科学堪称为使人进化为现代人的"第一推动"。

　　近百年来，无数仁人志士意识到，强国富民再造中国离不开科学技术，他们为摆脱愚昧与无知做了艰苦卓绝的奋斗。中国的科学先贤们代代相传，不遗余力地为中国的进步献身于科学启蒙运动，以图完成国人的强国梦。然而可以说，这个目标远未达到。今日的中国需要新的科学启蒙，需要现代科学教育。只有全社会的人具备较高的科学素质，以科学的精神和思想、科学的态度和方法作为探讨和解决各类问题的共同基础和出发点，社会才能更好地向前发展和进步。因此，中国的进步离不开科学，是毋庸置疑的。

　　正是在这个意义上，似乎可以说，科学已被公认是中国进步所必不可少的推动。

　　然而，这并不意味着，科学的精神也同样地被公认和接受。虽然，科学已渗透到社会的各个领域和层面，科学的价值和地位也更高了，但是，毋庸讳言，在一定的范围内或某些特定时候，人们只是承认"科学是有用的"，只停留在对科学所带来的结果的接受和承认，而不是对科学的原动力——科学的精神的接受和承认。此种现象的存在也是不能忽视的。

　　科学的精神之一，是它自身就是自身的"第一推动"。也就是说，科学活动在原则上不隶属于服务于神学，不隶属于服务于儒学，科学活动在原则上也不隶属于服务于任何哲学。科学是超越宗教差别的，超越民族差别的，超越党派差别的，超越文化和地域差别的，科学是普适的、独立的，它自身就是自身的主宰。

　　湖南科学技术出版社精选了一批关于科学思想和科学精神的世界名著，请有关学者译成中文出版，其目的就是为了传播科学精神和科学思想，特别是自然科学的精神和思想，从而起到倡导科学精神，推动科技发展，对全民进行新的科学启蒙和科学教育的作用，为中国的进步做一点推动。丛书定名为"第一推动"，当然并非说其中每一册都是第一推动，但是可以肯定，蕴含在每一册中的科学的内容、观点、思想和精神，都会使你或多或少地更接近第一推动，或多或少地发现自身如何成为自身的主宰。

再版序
一个坠落苹果的两面：
极端智慧与极致想象

龚曙光

2017年9月8日凌晨于抱朴庐

连我们自己也很惊讶，《第一推动丛书》已经出了25年。

或许，因为全神贯注于每一本书的编辑和出版细节，反倒忽视了这套丛书的出版历程，忽视了自己头上的黑发渐染霜雪，忽视了团队编辑的老退新替，忽视好些早年的读者，已经成长为多个领域的栋梁。

对于一套丛书的出版而言，25年的确是一段不短的历程；对于科学研究的进程而言，四分之一个世纪更是一部跨越式的历史。古人"洞中方七日，世上已千秋"的时间感，用来形容人类科学探求的速律，倒也恰当和准确。回头看看我们逐年出版的这些科普著作，许多当年的假设已经被证实，也有一些结论被证伪；许多当年的理论已经被孵化，也有一些发明被淘汰……

无论这些著作阐释的学科和学说，属于以上所说的哪种状况，都本质地呈现了科学探索的旨趣与真相：科学永远是一个求真的过程，所谓的真理，都只是这一过程中的阶段性成果。论证被想象讪笑，结论被假设挑衅，人类以其最优越的物种秉赋——智慧，让锐利无比的理性之刃，和绚烂无比的想象之花相克相生，相否相成。在形形色色的生活中，似乎没有哪一个领域如同科学探索一样，既是一次次伟大的理性历险，又是一次次极致的感性审美。科学家们穷其毕生所奉献的，不仅仅是我们无法发现的科学结论，还是我们无法展开的绚丽想象。在我们难以感知的极小与极大世界中，没有他们记历这些伟大历险和极致审美的科普著作，我们不但永远无法洞悉我们赖以生存世界的各种奥秘，无法领略我们难以抵达世界的各种美丽，更无法认知人类在找到真理和遭遇美景时的心路历程。在这个意义上，科普是人类极端智慧和极致审美的结晶，是物种独有的精神文本，是人类任何其他创造——神学、哲学、文学和艺术无法替代的文明载体。

在神学家给出"我是谁"的结论后，整个人类，不仅仅是科学家，包括庸常生活中的我们，都企图突破宗教教义的铁窗，自由探求世界的本质。于是，时间、物质和本源，成为了人类共同的终极探寻之地，成为了人类突破慵懒、挣脱琐碎、拒绝因袭的历险之旅。这一旅程中，引领着我们艰难而快乐前行的，是那一代又一代最伟大的科学家。他们是极端的智者和极致的幻想家，是真理的先知和审美的天使。

我曾有幸采访《时间简史》的作者史蒂芬·霍金，他痛苦地斜躺在轮椅上，用特制的语音器和我交谈。聆听着由他按击出的极其单调的金属般的音符，我确信，那个只留下萎缩的躯干和游丝一般生命气息的智者就是先知，就是上帝遣派给人类的孤独使者。倘若不是亲眼所见，你根本无法相信，那些深奥到极致而又浅白到极致，简练到极致而又美丽到极致的天书，竟是他蜷缩在轮椅上，用唯一能够动弹的手指，一个语音一个语音按击出来的。如果不是为了引导人类，你想象不出他人生此行还能有其他的目的。

无怪《时间简史》如此畅销！自出版始，每年都在中文图书的畅销榜上。其实何止《时间简史》，霍金的其他著作，《第一推动丛书》所遴选的其他作者著作，25年来都在热销。据此我们相信，这些著作不仅属于某一代人，甚至不仅属于20世纪。只要人类仍在为时间、物质乃至本源的命题所困扰，只要人类仍在为求真与审美的本能所驱动，丛书中的著作，便是永不过时的启蒙读本，永不熄灭的引领之光。

虽然著作中的某些假说会被否定，某些理论会被超越，但科学家们探求真理的精神，思考宇宙的智慧，感悟时空的审美，必将与日月同辉，成为人类进化中永不腐朽的历史界碑。

因而在 25 年这一时间节点上，我们合集再版这套丛书，便不只是为了纪念出版行为本身，更多的则是为了彰显这些著作的不朽，为了向新的时代和新的读者告白：21 世纪不仅需要科学的功利，而且需要科学的审美。

当然，我们深知，并非所有的发现都为人类带来福祉，并非所有的创造都为世界带来安宁。在科学仍在为政治集团和经济集团所利用，甚至垄断的时代，初衷与结果悖反、无辜与有罪并存的科学公案屡见不鲜。对于科学可能带来的负能量，只能由了解科技的公民用群体的意愿抑制和抵消：选择推进人类进化的科学方向，选择造福人类生存的科学发现，是每个现代公民对自己，也是对物种应当肩负的一份责任、应该表达的一种诉求！在这一理解上，我们将科普阅读不仅视为一种个人爱好，而且视为一种公共使命！

牛顿站在苹果树下，在苹果坠落的那一刹那，他的顿悟一定不只包含了对于地心引力的推断，而且包含了对于苹果与地球、地球与行星、行星与未知宇宙奇妙关系的想象。我相信，那不仅仅是一次枯燥之极的理性推演，而且是一次瑰丽之极的感性审美……

如果说，求真与审美，是这套丛书难以评估的价值，那么，极端的智慧与极致的想象，则是这套丛书无法穷尽的魅力！

目录

第1章
赫拉克利特之传承：
约翰·阿奇博尔德·惠勒及探索之痒

加罗斯拉夫·帕利坎（Jaroslav Pelikan）

耶鲁大学（Yale University）

　　自从1942年读完大学预科后，我这60年一直都在学习、研读、翻译和诠释圣·奥古斯丁（St Augustine）、圣·托马斯·阿奎那（St Thomas Aquinas）、马丁·路德（Martin Luther）及其他16世纪宗教改革家的著作，还有14世纪希腊的教父们以及由他们开创的希腊和俄国的东正教教义。我这样一个人，突然进入这本文集的高雅氛围中，对我绝对是一个文化震撼，至少脑子要转上好几个大弯。根据我的学术背景，我知道，量子（quantum）原本是拉丁文中的一个中性单数形式的疑问形容词（interrogatory adjective）！然而，我从托马斯·阿奎那及该派其他学者那里学到的是关于analogia entis ——"存在相似性"的原则。在这个原则下，有限的头脑能够通过推理来探讨无限[古谚云："猫也可以对国王品头评足（A cat may look on a king）"]，因为在某种意义下，至少在相似的意义下，这两者都不是独立的存在，甚至连唯一的上帝也不是独立的存在。这些问题在埃蒂安·吉尔松

（Etienne Gilson）教授于阿伯丁（Aberdeen）的吉福德讲座[1]（Gifford Lectures）（Gilson 1944）里有着非常杰出的讨论。从托马斯教派的"存在相似性"的原则出发，我认为我们也可以外推至analogia mentis——"思维相似性"，这个词是我杜撰的。请恕我对C. P. 斯诺（C.P.Snow）的《两种文化》（The Two Cultures）[2]有点不恭，我们甚至能找出哲学和物理学之间的明显联系，因为它们都是通过积极的思维，从混乱的素材主体中理出线索，并根据这些线索总结出越来越明显的规律：格里姆定律[3]（Grimm's Law）或波义耳定律[4]（Boyle's Law）。

不过我对现在要做的事情也并不是完全没有准备，做这次报告以前我还有过两次类似经历。1999年，美国科学发展协会（American Association for the Advancement of Science, AAAS）在史密森学会的国家自然历史博物馆（National Museum of Natural History of the Smithsonian Institution）举行了一次讨论会，其中广泛地讨论了三个"普遍性问题"，我受邀从历史的角度，讨论了这三个问题与2000多年来的神学思想实验方法（Denkexperimente）之间的关系。尽管知道的人很少，但不能不提到这有着希腊和希伯来渊源的神学思想实验方法。这部分内容已经由纽约科学学会（New York Academy of Sciences）出版（Pelikan 2001）。除此之外，我接下这项任务还有一个原因，就是我与维克多·威斯科夫（Victor Weisskopf）教授多年以

---

1. 苏格兰有一个享誉全球的"吉福德讲座"（The Gifford Lectures），开办100年来，汇聚了全世界最杰出的神学家。吉福德讲座虽然以"自然神学"为主旨，但是由于历年登上讲坛者无不是当时世界上神学、哲学以及人文学科和自然科学的杰出代表，所以它已成了世界性学术地位的一种象征。—— 译者注
2. C.P.Snow的《两种文化》是一部名著，主要讨论了科学和人文的脱钩引起的问题。—— 译者注
3. 德国的格里姆（J.Grimm）在他的《日耳曼语语法》里确定了希腊语、峨特语和高地德语之间的语音对应关系，即所谓的"格里姆定律"。—— 译者注
4. 质量固定的气体在温度保持不变时，压力与体积成反比。—— 译者注

来的私交。威斯科夫教授是我的朋友，刚刚过世，也是我所担任的美国科学发展协会（AAAS）主席一职的著名前任。他曾送给我一本他的自传：《洞察的乐趣：一个物理学家的激情》（*the Joy of Insight: Passions of a Physicist*）（*Weisskopf 1991*），这本书中描述的许多人物在惠勒教授的自传《引力自能包[1]，黑洞和量子泡沫》（1998）（*Geons, Black holes, and Quantum Foam*）中也涉及了，其中当然特别包括尼尔斯·玻尔（Niels Bohr）。他还非常优雅地在书上赠言："送给我的精神伙伴加瑞·帕利坎（Jary Pelikan），维克·威斯科夫，1994年1月。"

　　由于我对约翰·阿奇博尔德·惠勒教授的尊重，又与活动督导委员会（Program Oversight Committee）主席弗里曼·J.戴森教授（Professor Freeman J.Dyson）有着某种联系［暂且不论这在占星学上有何意义，我比他晚出生整整两天，而且，我和他都是阿伯丁吉福德讲座的资深教授之一，这些资深教授里面还有像埃蒂安·吉尔松和卡尔·巴斯（Karl Barth）这样的人］，还同组织委员会（Organizing Committee）的主席查尔斯·哈伯博士（Dr Charles Harper）有私人关系［他的妻子苏珊就读耶鲁大学时，曾在我的指导下做本科毕业论文，论文是关于修建了克莱弗斯修道院的圣伯尔纳（St Bernard of Clairvaux）的］，以及与组织这次讨论会的其他同事们的关系。在一时冲动下，我冒冒失失地答应了他们的邀请。这份邀请的开头，写着"在20世纪物理学界，惠勒的研究是西方历史中伟大而古老传统的现代演绎，这一古老传统就是追求对事物最根本性质的认识和完全理解"，要求我"发表一个45分钟的演讲（原文如此！）……概述西方思

---

1. Geon，因受到自身能量吸引而不扩散的引力波包。——译者注

想寻求对本体论中主要问题（比如说时间的本性，实在的范畴，无限和有限的问题，永恒与非永恒，唯物主义与唯心主义，等等）根本理解的历史"，最后，这个演讲将作为一章，收入本文集中（F.J. Dyson 和小 C. L. Harper，私人通信）。后面，显然是因为恭维好求人，他们又加上："当我们考虑'世界上谁能胜任这项工作？'时，发现只有一个答案，那就是：加瑞·帕利坎。"为保险起见，这份邀请进一步建议："您演讲面向的物理学家们不熟悉有关学术辞藻，因此您的任务将是'轻松愉快地'，从广泛而又引人入胜的历史、文化、理性、神学等视角讨论现在的物理学，这些角度正是一般物理学家们不熟悉的。"看了这句话，我对自己发誓（我现在正在努力坚守自己的誓言）：这篇文章中引用的希腊文和拉丁文，绝不会比物理学家向美国艺术与科学学院定期会议递交论文时所包含的方程式多。我本人正好是该学院的主席。（当然更不会有俄文，我保证！）

　　在这个周末，我们聚到一起，庆祝我们的朋友约翰·阿奇博尔德·惠勒教授的90岁生日，表彰他的贡献，并不可避免地要对未来作一番展望。但我们在做这件事情的时候，必须非常清醒地认识到，这只是最近的一次活动，我们希望，不是最后一次。这几十年来，来自公众和私人的诸多褒奖堆积到惠勒教授头上，其中包括他自己非常珍视的1968年恩里科·费米奖（the Enrico Fermi Award）（*Wheeler 1998*）。除此之外，至少还有三次以他名义发起的纪念专集。一次是在1972（庆祝他60岁生日），一次是在1988年，还有一次是在1995年。这三卷文集加起来达到2049页的惊人数量（*Klauder 1972*，*Zurek et al. 1988*，*Greenberger and Zeilinger 1995*）。（然而，如果我们理性点，即使是一个不太喜欢定量计算的学者，也能看出，2049页以惠勒教授的工作年限平均，每月仅有十来页而已，因此这看上去是相当微不足道的数量！）

　　这本纪念文集出版后，当然会继续增加纪念文集总页数，而且会不可避免地被拿来与以前的文集作各种比较。这里，我想用莎士比亚十四行诗 18 中那耳熟能详的问句作为开头："我是否可以将你与那美好的夏日比较呢？"不过，到了我们这把年纪，我不得不说这不是一个最好的比较！惠勒教授自己在 1990 年写过一篇轻松的随笔："我们甚至能够期望理解存在吗？"收在《信息，物理，量子：探究关联》(*Information, Physics, Quantum : The Search for Links*) 里，文中虽然并没有采取像我这样直接的比较，但也确实提到了一些早期的思想家。其中不仅包括乔治·伯克利主教 (Bishop George Berkeley)，弗里德里希·冯·谢林 (Friedrich von Schelling)，和神秘人物 C. S. 皮尔斯 (C.S.Peirce)（最近普利策奖的一本获奖书，即以他为主题人物，我曾为《洛杉矶时代》写过这本书的评论），甚至还包括前苏格拉底时期的[1]哲学家，埃利亚的帕门尼德斯 (Parmenides) (*Wheeler 1990*：23)。惠勒教授这么做，让我非常高兴地理解为，我也有充分理由用诗意的语言讨论其他前苏格拉底人物了。在组织与活动督导委员会所说的"对探求事物的根本性质和完全理解的追求"方面，能与惠勒教授相比较的，除了亚里士多德 (Aristotle) 和牛顿 (Sir Isaac Newton) 这两个显而易见的候选人之外，无人能匹敌另一位前苏格拉底时期的

---

1. 前苏格拉底时期是古典文化的黄金时代，是军事征服、社会进步、经济繁荣，出现了伟大的艺术作品和知识积累的时期。在哲学思想上，这个时期先后诞生了米利都学派，毕达哥拉斯学派，爱利亚哲学家赫拉克利特、巴门尼德，前 5 世纪的折中主义哲学家恩培多克勒、阿那克萨戈拉、原子论者德谟克利特，智者学派。他们主要研究自然问题，从智者学派到苏格拉底，道德问题成为中心；柏拉图和亚里士多德则建立了统一的体系，所以哲学史家文德尔班以宇宙论时期、人类学时期、体系化时期来概括从米利都学派到亚里士多德的哲学。——译者注

科学家兼哲学家 —— 以弗所的赫拉克利特（Heraclitus of Ephesus，公元前540 ~公元前480年）（*Marcovich 1982*）。但这里我必须先澄清一下：他们之间其实也有明显的区别。首先，赫拉克利特优美，是抒情式的希腊风格，有时甚至"晦涩"，曾难倒了无数业余的希腊语专家（这点我是知道的，因为我最多也只能算一个业余的希腊语语言学家）。很显然赫拉克利特是有意这么写的（*Cornford 1965*）：就像耶稣所说的，"叫他们看是看见，却看不透；听是听见，却不领悟。"[1]与此完全相反，惠勒教授的同事、学生和读者，甚至是根本不了解惠勒的研究领域的人，都一致认为，惠勒教授有着循循善诱的神奇能力，无论是口头讲解还是书面表达，不但能清晰地阐明复杂的题材，甚至连亚里士多德在他的《修辞学》中（I.ii.3 1356ᵃ）提到的，叫作"悲悯"（pathos）的神秘和强大的力量，也能表达清楚。亚里士多德告诉我们，如果缺少"听众的思维框架"意识，任何演讲者都不容易把事情讲清楚。

"曾经有一个人叫苏格拉底，无论怎样提醒世人这一点都不为过。"约翰·斯图尔特·弥尔（John Stuart Mill）在《论自由》（*On Liberty 1859*）中这样写道。我年纪越大，越深刻地认同这句话。无论是出自圣经，还是经典，几乎没有几句格言能与苏格拉底的警句相比（无论"怎样提醒我们都不为过"）。苏格拉底在受审的时候，自己为自己辩护，就敢于大声宣称"没有受过审判的人生是没有意义的"（柏拉图《申辩篇》，Plato Apology 38 A）—— 尽管我的一个朋友，曾任国家人文基金会（the National Endowment for the Humanities）主席和马萨诸塞大学（University of Massachusetts）荣誉校长约瑟夫·D.达菲

1.（新约）《马可福音》第四章第12句：叫他们看是看见，却看不透；听是听见，却不领悟；恐怕他们回转过来，就得赦免。—— 译者注

博士（Dr Joseph D. Duffey），有一次大声对我说："记住，受过审判的人生也不可能是安逸的！"苏格拉底的名气产生了一个特殊的正面效应，那就是，他的光芒盖过了很多本来可以得到更多大众关注的人物。比如说诡辩家，使得这些人跟他比起来，就像是威尔第的《阿伊达》（*Verdi's Aida*）凯旋进行曲里面拿长矛的小卒。同样的道理也适用于自然科学家、数学家和哲学家，其中包括约翰·惠勒教授引用的帕门尼德斯和我这里要说的赫拉克利特，他们在希腊科学与哲学历史中，通常被称为"前苏格拉底的（哲学家）"。不过就很多方面而言，称其为"前亚里士多德的"似乎更合乎历史。因为，与其说是苏格拉底，不如说是亚里士多德，重新让人们关注物理与形而上学之间的联系，就像惠勒教授在我们的时代做的那样。柏拉图的《斐多篇》（*Phaedo*）中，有一篇带自传性质的珍贵文字片段（第96～100页），其中说到，苏格拉底在年轻时代对科学很感兴趣，"非常渴望了解哲学中研究自然的那一部分，也就是被叫作物理的那一部分（peri physeōs historia）。"这一愿望促使他研读科学家兼哲学家阿那克萨哥拉（Anaxagoras）的著作。阿那克萨哥拉还是伟大的伯利克利[1]（Pericles）的挚友。苏格拉底在对宇宙论的"什么都急着想了解的心情下，尽可能快地学习着"。然而，正如后来他有点遗憾地说的那样，他"没能成功地领会物质实在（ta onta）"，并且为了研究精神而放弃了科学，这对精神研究来说固然是好事，但对物理研究来说就不那么好了。说到这，我们不得不感谢一下这里所引用的一本文献集，那就是赫尔曼·迪尔斯（Hermann Diels）早在差不多100年前出版的一本非常优秀的文献选集，书名"前苏格拉底哲学家残篇"（*die Fragmente der Vorsokratiker*）。

1.伯利克利（？ — 前429）：古雅典首领，推进了雅典民主制度，并下令建造巴特农神庙。——译者注

这本文献集对研究亚里士多德也非常重要。经过多次修订之后，最近一次修订是在1956年由沃瑟尔·克朗之（Walther Kranz）完成的，分为内容非常丰富的三卷，这里引用的是希腊文原著。弗兰兹·约瑟夫·韦伯（Franz Josef Weber）曾试图做一个新版本（1976），但最后还是手下留情地保留了迪尔斯版本的编号，只是调整了一下这些残篇的顺序，不过可惜的是，还是有很多没有收录。100多年前，牛津大学出版社（Oxford University Press）出过一个很实用的版本，选了前苏格拉底哲学家和诡辩家的很多残篇，由罗宾·沃特菲尔德（Robin Waterfield）翻译成英语，编成一本《最初的哲学家》（*The First Philosophers, Waterfield 2000*）。

时间和原初：archē-aiōn[1]

从阿尔伯特·爱因斯坦（Albert Einstein）一直到马丁·海德格尔[2]（Martin Heidegger），这个时代的哲学家们，虽然在观点和研究方向上有很大的差别，但是他们的"探索之痒"，都是被赫拉克利特直接或间接地激发起来的。例如：奥斯瓦尔德·斯本格勒（Oswald Spengler）因其先知先觉的《西方的没落》[3]（*Der Untergang des Abendlandes*，出版于第一次世界大战刚结束时）在20世纪前半叶非常出名，包括在英语国家里。因为我研究过古代和中世纪预言性著作，所以也稍微拜读了一下这本现代启示录。但我没想到的是，他早

---

1. 古希腊文，Archē，原初，太始；aiōn，时间，持续。——译者注
2. 海德格尔，德国哲学家，存在主义的创始人和主要代表之一，被誉为当代最有创见的思想家、最杰出的本体论学者、技术社会的批判者。——译者注
3. 斯氏以为历史是命运的、时间的、突变的，与空间、自然、因果根本不相同，但一切空间、自然、因果的思想，却是由命运所产生的。这是他的根本思想，借此建构《没落》的历史理论。——译者注

在二十几岁的时候就写了一篇题为《赫拉克利特哲学体系的基本观点》(*Der metaphysiche Grundgedanke der heraklitisc hen Phhilosophie*) (*Spengler 1904*) 的专题论文，充分显示了他是一位值得关注的哲学思想家。虽然我觉得，海德格尔对20世纪思想和基督教神学的影响，在很多方面都是有害的 (*Macquarrie 1955*)。正是由于海德格尔非常仔细地研读过赫拉克利特，特别是赫拉克利特的希腊文残篇——这一点，在他多年来研究赫拉克利特60页 "残篇和译文" 的诸多著作中，有明显的体现 (*Maly and Emad 1986*:9-68)——所以他才不仅仅能够按照德国科学方法 (Wissenschaft) 的基本要求，去研究哲学的这一特别问题，或本体论的那一具体问题，还能提出诸如这般的基本哲学问题："哲学是什么？"("Was ist das-die Philosophie?") (*Davis 1986*)。这里我们不打算讨论海德格尔在纳粹时期的政治立场，尤其是他1933年5月27日在弗赖堡大学 (University of Freiburg im Breisgau) 发表的《德国大学的自我宣言》(*The Self-Assertion of the German University,Heidegger 1934*) 那篇臭名昭著的校长致词 (Rektoratsrede)，也不打算从他最近出版的写给年轻而多愁善感的汉娜·阿伦特 (Hannah Arendt) 的情书中分析他的性格，但无论如何我们都得承认，他的《存在与时间》(*Sein und Zeit*) 一文，为我们如何理解和表达时间，设定了许多基本框架，并且更进一步，虽然大家没有意识到，还为其他具有复杂哲学思维的人，包括爱因斯坦 (后来是惠勒教授) 的读者们，如何思考时间指明了方向。这本《存在与时间》1927年首次出版后，多次重版重印，1962年被翻译成英文 (*Heidegger 1962*)。我在维吉尼亚大学 (University of Virginia) 担任过关于圣·奥古斯丁的理查德讲习 (Richard Lectures on St Augustine)，当时讨论的主题是 "连续性之谜" (the mystery of continuity)，还在阿伯丁大学1992／1993年度的吉福德讲习中以"基督教和古典文化"（Christian and Classical Culture）为题，讨论过4世纪的希腊基督教思想家。这期间，我研究了古代晚期和基督教早期人们的时间观（Pelikan 1986，1993），确实不可避免地受到了海德格尔时间概念的影响。正如帕维斯·埃马德（Parvis Emad）指出，海德格尔的思维方式，其实明显受到赫拉克利特和其他前苏格拉底哲学家的影响，从他"1936—1938年撰写，去世后才于1989年出版"的《对哲学之贡献》（Beiträge zur Philosophie）一文就能看出这一点，并且这些哲学家还将他"从原教旨本体论转变为存在的非历史纪录的历史性（nonhistoriographical historicality of being）"（Emad 1997：56-57）。

所以，惠勒教授（1994）认为，"要彻底阐明存在的意义，最令人沮丧的障碍莫过于'时间'。想要解释什么是时间？必须先弄清楚存在。想要理解存在？好，先解释什么是时间"。他将这个问题视作将来"揭示时间和存在潜在的深层联系"的主要任务。在这一点上，他受到了赫尔曼·韦尔（Hermann Weyl）的启发，对海德格尔标题中"存在与时间"里面的"与"（and）这个简单但是有欺骗性的词提出了疑问，当然，也包括什么是"存在的非历史纪录的历史性"。如果下面这个脚注不是我自以为是地加上去的话，惠勒教授还回应了圣·奥古斯丁在他的《忏悔录》卷11（Book Eleven of Confessions）（XI.xiii.17）的前言里那一段关于时间的深刻论断："时间究竟是什么？没有人问我，我倒清楚。有人问我，我想说明，便茫然不解了。"

正如赫拉克利特和其他前苏格拉底哲学家对"archē"和"aiōn"的思索，让后来的西方科学家和哲学家认识到时间和原初这些问题的重要性，惠勒教授的"探索之痒"对现代的科学家也有同样的效果。海因茨·阿博恩（*Heinz Ambronn 1996*）在布莱梅大学（the University of Bremen）的一篇论文里考察了前苏格拉底哲学家阿那克西曼德（Anaximander）、帕门尼德斯（Parmenides）和留基伯（Leucippus）关于这个问题的论述。为此，阿博恩还专门选修了两学期的古希腊语强化课程 [他并没有像奥本海默（J. Robert Oppenheimer）神乎其神的描述那样，没有老师教，完全靠自己学会了古希腊文，但考虑到这些前苏格拉底时代文字的艰涩，他还是很了不起的]。不过，赫拉克利特其实也考察过阿博恩提出的、关于原初的三个基本问题："（1）'原初'是已经存在的，还是有个开始？（2）何谓'原初'？（3）是什么使'原初'发展到我们现在的物质世界？"（*Ambronn 1996：231*）。而在他之前，惠勒教授提出过几乎相同的问题，讲到需要"揭示时间和存在潜在的深层联系"，从而像信徒那样，继承了古典的、前苏格拉底的（以及奥古斯丁教义的）传统。

对直觉的（有限）依赖

我很欣赏的一个早期基督教思想家，亚历山大的克莱门（Clement of Alexandria）在他的一篇文章中写道，赫拉克利特忠告世人："如果你不去想那些想不到的事情，那么你永远也不会知道它，因为它从未被发现过，又没有明显的线索"（*Diels 1956：22B78；Waterfield 2000：F9*）。赫拉克利特残篇上的这句话，被罗杰·冯·欧克（*Roger Von Oech 2001*）用作书名的一部分，写过一本有些怪诞的书：《去想想不到的（否则你永远也不会知道）：基于赫拉克利特古老智慧的创造性思维工具》[*Expect the unexpected (or You Won't Find It):*

A Creativity Tool Based on the Ancient Wisdom of Heraclitus]。赫拉克利特这句话，是一个有点让人跃跃欲试的挑战，它说明了一个探索的基本方法。这一方法的适用范围不仅跨越了从他那个时代到如今这漫长的 25 个世纪，也体现在这本文集所包含的各个人文和科学学科当中，包括我研究的学科。对于那些自称为"后现代主义者"的人士颇似权威地断言，"自然"甚至"实在"都是社会性概念这一点，我有点较真（可以说颇不以为然）。我相信，就像海森堡（Werner Heisenberg）的不确定性关系一样，赫拉克利特的这条忠告，"如果你不去想那些想不到的事情，那么你永远也不会知道它"，并不是说，每个哲学或科学（或神学）问题都包含了自身的答案，我们的研究和思维实验，只是唯我主义（solipsism）[1]者的循环论证和自欺欺人，于是观察者们（无论是科学家、历史学家、哲学家还是神学家）研究了半天，实质上不过是研究了他们自己。不过这个忠告，确实包含了关于相似性的一个问题，那就是，究竟什么算已知？（*Jüngel 1964*）；研究者都有自己的经验，长期以来很多人积累了很多的经验和体会，其中有大量的失败，也有偶尔的成功。赫拉克利特的这句话也意味着，从这些经验出发，不断地质疑研究，能够更准确地提出最初的问题，也能够更好地修正这些问题，当然也能更好地回答问题。惠勒教授提出过一套定则，不仅仅适合他自己，也适合我的研究，那就是："没有问题，就没有答案……简而言之，提出怎样的问题，以及在什么时候提出，在一定程度上，而不是完全地，决定了我们能回答出什么来"（*Wheeler 1990：14*）。罗马诗人泰伦斯（Terence）说（*Phormic 203*）：Fortē fortuna adiuvat，这个拉丁谚语（只有这一次用了古文！）在翻译中得到改进，

---

1. 一种哲学思想，认为自我是唯一的真实。——译者注

成为众多科学家信奉的、象征传统智慧的座右铭 ——"好运总是青睐准备好了的人"。有一次惠勒教授谈到玻尔的时候，也引用过这句话。

惠勒教授曾写过一篇感人的小文，其中提到了玛丽·居里（Maria Sklodowska Curie）、赫尔曼·韦尔（Hermann Weyl）、亨德里克·安东尼·克莱默（Hendrik Anthony Kramers）和汤川秀树（Hideki Yukawa）等几个不同国籍的科学家，他称他们为"那些伟大的人"。这篇文章，让人感觉到这些人不仅仅有智力上，还有在情感上的伟大同志情谊（*Wheeler 1994*：161-198）。问题和答案之间，确有一种神秘的联系，再次引用惠勒教授的说法，这是一种"潜在的深层"联系，在传承和人生之间也是如此，就像歌德（Goethe）的格言（《浮士德》，*Faust*：682-683）所述：

> Was du ererbt von deinen Vätern hast,
> Erwirb es um es zu besitzen.
> 你所拥有的，来自先人，把它作为自己人生的任务吧，
> 因为如此，你才能真正拥有。

我不仅把这段话当作个人和宗教生活的信条，还将它作为我一生传统研究的学术准则（*Pelikan 1984*）。

在这一赫拉克利特和惠勒教授都参与了的探索过程中，还有一个词必须提到，那就是"直觉"（*Soumia 1982*）。要探索终极实在之谜，我们既要保持谦恭之心，又要有一定的自信。这些探索，可能非常困难，是非常艰巨的挑战，但是终极实在本身，并没有故意为我们制造

一个不可能的任务。正如爱因斯坦在一首有名的讽刺短诗中写的那样，"上帝也许是狡猾的，但他并不是恶意的（Raffiniert ist der Herr Gott, aber boshaft ist er nicht）"。惠勒教授在他的自传中写道，在他和图里奥·雷吉（Tullio Regge）的早期合作中，"我的直觉告诉我，史瓦西单态应该是稳定的，只是我还不能证明这点"（*Wheeler 1998*：266）。惠勒教授的同事们都提到很多事例，同时体现了他的谦恭和自信。让我说段有趣的逸事，这件事还是我和惠勒教授共同的朋友，刚过世的克劳福德·格林沃特（Crawford Greenewalt）教授记下的。格林沃特教授曾经是美国哲学协会（the American Philosophical Society）的主席，当时我和他关系比较密切，他描述了1943年开始的与惠勒在战争时期的合作：

> 约翰从不用铅笔，他总喜欢用一支书写流利的自来水笔，在一张横格纸上写出问题，同时用他平静的语调说，"让我们这样来看"（最近惠勒教授的同事都猜测，他之所以只用钢笔是因为钢笔字不能改，这是把曼哈顿计划不能容许任何失误的传统带回了家。也许这就是他的动机；也许不是。但不管怎么说，惠勒教授确实是一位非常自律的思想家）。

探寻关联：德性（aretē）的社会概念

相似地，惠勒教授的"探寻关联"（*Wheeler 1991*）体现了赫拉克利特的思维轨迹：从信息到知识，并且如果还有可能，再从知识到智慧（*Huber 1996*）。据传，赫拉克利特曾说过："我听了很多人谈话，但没有一个人认识到智慧不同于其他任何东西（*Diels 1956*：22 B 108；*Waterfield 2000*：F 11）。"卡恩（C. H. Kahn，1979）编辑过一本书，书中收集了赫拉克利特的残篇，名为"赫拉克利特的艺术和思想"，书中提到"对赫拉克利特而言，自私（也就是个人的）与道德的社会概念（美德）并不冲突"。但是，赫拉克利特在科学和哲学思想史上的重要地位，往往让很多现代学者忽略了他的社会和政治思想。古希腊哲学家论述的编辑者，第欧根尼·拉尔修（Diogenes Laertius），将赫拉克利特的著作分为三类：宇宙方面，政治方面和神学方面（尽管不是严格按照杜威数字分类法[1]）。即使是从现存下来的残篇，我们也能看到，赫拉克利特思想的社会-政治方面是值得认真研究的。科斯塔·埃克勒斯（Kōstas Axelos）是20世纪的著名希腊哲学家，他最有名的一件事是于1961出版了一部诠释哲学家卡尔·马克思的著作。他认为，马克思认识最深、分析最透彻的是技术问题，包括技术的异化（*Axelos 1961*）。在一项研究中，他还非常醒目地引用了马克思的两句话作为开篇。埃克勒斯同样注意到了赫拉克利特的政治哲学，尤其是《城邦和国王》（*la cité et la loi*，*Axelos 1968*）。埃克勒斯研究的结果，证实了现存残篇给人的印象：赫拉克利特认为政治有两大主题，战争和法律。在著名的伯里克利（Pericles）幕前致词（修西得底斯，《伯罗奔尼撒之战》；Thucydides,*The Peloponnesian War* II .vi.35-46）之前的一个世纪左右，赫拉克利特就说"战争是一切之父和一切之王。他将一部分人变成上帝，另一部分人变成随从；一部分人变作奴隶，另一部分人变作自由人"（*Diels 1956*：22 B 53；*Waterfield 2000*：F 23）。对于

---

1. Dewey Decimal System，其实就是采用数字记号，将每一方面的书粗分为几大类，再以十进制方式细分。——译者注

法律，他也说道："那些有判别能力的人都应该坚定地站在法律这一边，这对谁都一样，甚至应该比法律更坚定"（*Diels 1956*：22 B 114；*Waterfield 2000*：F 12）。用卡恩（kahn）的话来说，赫拉克利特"德性的社会概念"显然受到了将战争视为"一切之父和一切之王"这一观点的影响。

　　虽然我大体知道，惠勒教授对曼哈顿计划做出了多大的贡献，在赢得第二次世界大战的科学竞争中做出了多大贡献，但我从来没有意识到，是战争本身，以及在战争中失去兄弟的悲剧，深刻而具体地影响了惠勒的"德性的社会概念"。在惠勒教授的自传（*Wheeler 1998*：20）的开头，他的描述坦率而感人："五十多年来，我一直生活在对兄弟的怀念中。这事件对我生活的影响太大了，但至少有一点是清楚的：我必须接受政府的工作，即使在大家都纷纷放弃时。"在自传的结尾，他再次谈到"一些同事对我在50年代初期决定去造氢弹表示嘲笑，而且……在60年代我那过时的爱国热情已经很罕见了，在大学校园更是不受尊重"（*Wheeler 1998*：303）。

从量子到宇宙之间的一和万：存在之为存在（ti to on）

　　在早期基督教作者，罗马的希波吕托斯（Hippolytus of Rome）——这次不是亚历山大的克莱门——保存下来的另一个残篇中，赫拉克利特告诫道："那些没有听从我而是听从理性（logos）的人，他们认为万物皆一（hen panta einai）是很明智的"（*Diels 1956*：22 B 50；*Waterfield 2000*：F 10）。最近6年来，我大部分的学术时间都用来准备一本基督教教义和认信文[1]大全（这是125年来第一次），时间跨度从刚开始设立教堂，一直到20世纪末。在这里我不能不提的是，赫拉克利特的希腊语"同源"（homologein）开始被沃特菲尔德（Waterfield）解释为"原则上一致"，但慢慢地就变成了"统一认信文"的专门用语，而"共识"（homologia）就变成了认信文或是教义（*Lampe 1961*: 957-958）。这样一来，赫拉克利特的话可以时光倒错地翻译为："为了认信文，万物皆一。"事实上，根据与耶稣和保罗同时代的犹太哲学家，亚历山大的斐洛（Philo of Alexandria）记载，正是这番关于一和万的见识"被希腊人称为他们引以为荣的赫拉克利特的哲学思想最高峰，并且作为一个新观点而盛行"。

刚刚在讨论赫拉克利特政治思想时，我引用了埃克勒斯的思想（*Axelos 1986*: 124），他也曾研究过赫拉克利特和不断出现的"泛神论"问题的关系，埃克勒斯认为这是一个过度的简化 [正如在阿姆斯特丹的犹太教会堂，爱因斯坦被问到是否信上帝时，宣称："我信斯宾诺莎的上帝，因为他使万物和谐。"这个回答中所显示的信仰，曾让斯宾诺莎因为他所宣称的泛神论而被逐出教会（*Torrance 1998*）]。其他研究前苏格拉底哲学家的学者们争论不休：赫拉克利特"万物皆一"的原理到底是什么意思，亚里士多德给出的标准解释有没有可能弄错了这句话的原意？不要忘记我们所有的根据不过是公元前五六世纪的一些残篇断章，我们很有可能被猜测蒙蔽了（*Hammer 1991*）。惠勒教授1988年的纪念文集被同事和学生们命名为"从量子到宇宙"，

---

1. 基督教新教某些宗派作为其教义和教政体制之标准的权威性文件。又称信纲。宗教改革以后，新教较大宗派为解释阐明其观点，驳斥旧的教义体系，常制定出体现其派别在信仰、教义、组织上之特点的文件，作为其成员共同遵守的准则和宣言。许多认信文沿用至今，其权威性仅次于《圣经》。——译者注

从而继承了赫拉克利特对"一和万"的思索。最能发扬赫拉克利特这个思想的，莫过于柏拉图的《蒂迈欧篇》（ *Timaeus* ），任何古希腊论文，甚至包括亚里士多德的《物理与哲学》（ *Physics or Metaphysics* ）都比不上《蒂迈欧篇》。从柏拉图的这篇论述开始，一直到今天的迪士尼工作室，不仅都没能解开亚特兰蒂斯的失落之谜（ *Kurtti 2001* ），而且据弗拉西斯·康福德所言（ *Francis Cornford 1957* ），这个地方"严肃学者现在相信……很可能只存在于柏拉图的想象中"（我必须插一句，现在人们得学会质疑"严肃学者"所断言的"共识"）。公元前一二世纪，亚历山大的希腊犹太教徒创作了圣经的希腊版本，其中的《创世纪》部分，是由希伯来文翻译成希腊文而来，而里面的很多说法似乎来自《蒂迈欧篇》，而柏拉图的这本著作不仅影响了犹太人、基督徒，也影响了拉丁人和希腊人的宇宙论和神学思想（ *Pelikan 1997* ）。秉承赫拉克利特，柏拉图在《蒂迈欧篇》中阐明了由这三个希腊单音节词组成的问题：ti to on，这个问题的每个词都是两个字母，问的是关于所有一切最初也是最终的问题，存在的本性是什么？在康福德翻译的《蒂迈欧篇》27 D，"何谓没有变化的实在（ ti to on aei ）？何又谓没有实体的永恒变化？"（ *Cornford 1957*：22 ）。于是，正如埃克勒斯（ 1968 ）指出的，我们从赫拉克利特那里看到创生以来的第一次追寻实在（ la première saisie de l'être en devenir de la totalité ）。

这一追寻实在（ saisie ）的传统，从赫拉克利特经过柏拉图和苏格拉底，一直传到亚里士多德。韦纳·杰格（ *Werner Jaeger 1948*：185 ）在试图恢复亚里士多德的《形而上学》（ *Metaphysics* ）[Metaphysics 是后来的标题，这本著作最终是由抄写员整理出来的，metaphsics 来自于将自然（ physics ）形而上（ meta ）] 的原貌时，曾说："柏拉图认定由感官得知的事物都是不真实的，因为他受到赫拉克利特的影响，赫拉克利特认为一切具体事物、一切可感知的事物都处在连续流动中，而没有永恒的存在。另一方面，苏格拉底的伦理学探究又导致了一个重要的新发现，那就是知识是唯一的普遍存在，尽管苏格拉底自己并没有从具体实体中提炼出抽象概念，也没有清晰指出实体和概念之间的区别。根据亚里士多德的回顾，在这一点上柏拉图走得更远，他假设普遍的概念就是真实实在（ousia）。"但是在《形而上学》M篇里，就某种意义来说，亚里士多德越过了柏拉图对普遍存在的假设，回到赫拉克利特的思想，试图重新研究变化是什么，同时也不放弃对存在的疑问。我们从至少四个古代思想巨匠那里，包括柏拉图和普卢塔克（Plutarch），得知赫拉克利特不仅渴望探索存在，更渴望探索变化，这都体现在他那句著名的格言中："一个人不能两次踏入同一条河流"（Diels 1956：22 B 91；Waterfield 2000：F 34）中。

基于以上考虑，对于"存在之为存在"的思索，不仅是可以进行的，而且是应该进行的，无论是在关于变化的严肃科学探讨中，还是在这本文集的副标题"一个发现的新纪元"中，抑或是在哲学–神学知识体系里关于存在的概念中。因为，正如杰格（Jaeger 1943-1945：I.179）在《教育》（Paideia）中提到的，赫拉克利特"哲学思想的基础，是由唯物论者的实在概念、整个世界、将生和将亡的不停消长、万物产生和消失所依据的永恒的第一原理、存在所经历的表象变化的循环——这些最基本的自然概念构成的"。不需要过多调整语言表述，也不需要翻阅他的所有著作，就可以知道，正像杰格在赫拉克利特身上总结的那样，惠勒教授从赫拉克利特那里得到了五个基本概念——"唯物论者的实在概念，整个世界，将生和将亡的不停消长，万物产生和消失所依据的永恒的第一原理，存在所经历的表象变化的循环"。考虑到这些挥之不去的，让人精神极度亢奋的问题，惠勒教授写了一本自传，描述了自己的精彩一生，副标题为"物理一生"，这本书是为了献给"那些将来要回答量子从何而来，存在从何而来，从而解开这个神奇而美丽的世界的魔法的人"，"尽管现在还不知道是谁。**我们必须先理解世界的简洁之处，然后才能理解他的奇妙之处。"**（Wheeler 1998：黑体字是原文）。即使是用他优雅的希腊语，赫拉克利特也不能说得比惠勒教授这句话更好了。

宇宙为家

　　熟悉我和我工作的人也许不会特别惊讶，为了更好地理解惠勒教授，我讨论了赫拉克利特在科学、哲学和神学方面产生的重要影响，这也不可避免地让我想到了歌德（Johann Wolfgang von Goethe），以及他对赫拉克利特研究的重要贡献。关于这点，不少学者已经研究过（Bapp 1921）。歌德不仅写了《浮士德》，还写了很多科学著作，其中包括《颜色论》（Die Farbenlehre）。尽管该书在科学上并不完美，但在光学研究史上颇具纪念意义（Martin 1979；Amrine et al. 1987）。在歌德1813年1月6日写给弗雷兹·雅可比（Frits Jocobi）的一封信中［这封信后来经修改后收入他的选集《格言和感想集》（Maxims and Reflections）］，歌德提出了一套分类法，来区别我们对探索之痒的反应："研究自然科学时，我们是泛神论者；写诗时，我们是多神论者；而传教时，我们就成了一神论者。"比起马克思或弗洛伊德（Freud）的引申，作者自己的这段话无疑更清楚，我曾将其作为一种瓦格纳风格的中心思想，来解读《浮士德》里的情节安排和角色定位。《浮士德》里的主人公，从涉及世界精神（weltgeist）的科学的或接神的泛神论，到对经典的女巫之夜（Klassische Walpurgisnacht）（顺便一提，这是歌德的杜撰）充满诗意又自我沉溺的美学体验，再到他死和被拯救时的高尚道德（*Pelikan 1995*），即使作出了这样的分类，歌德在《浮士德》中仍不停地问一个问题，这个问题从《天堂里的序幕》（*Prologue in Heaven*）开始，一直贯穿到最后的高潮《欢乐峡谷》（*Bergschluchten*），古斯塔·马勒（Gustav Mahler）第八交响曲第二章非常出色地描写了这一段故事。但是歌德却没有回答这个问题。这个问题，如果借用惠勒教授浅显的短语来说，就是何谓"宇宙为家"（*Wheeler 1994*）。这是一个终极问题，既是本体论的，也是存在主义的。本书各章，还有我们的良师益友惠勒教授深刻的科学巨作（æuvre），重新唤醒了对这个问题的热情。

第 2 章：
自然为什么要用量子理论来描述

刘斯恩·哈代（Lucien Hardy）

加拿大滑铁卢 理论 物理圆周研究所

（ Perimeter Institute for Theoretical Physics, Waterloo, Canada ）

约翰·A. 惠勒最喜欢问两个问题，一个是："存在是怎么来的？"另一个就是："量子是怎么来的？"（ Wheeler 1998 ）第一个问题实在太难了，根本无从答起。因此，本文将试图回答第二个问题，也就是："为什么要用量子理论来描述自然？"

这个问题的答案又会是什么样子的呢？也许我们能从历史中得到一些启示。17 世纪，物理学家在面对着行星运动的开普勒定律时，可能和我们现在处境一样。应用开普勒定律，虽然可以经验地准确预言行星的运动，但这组定律却过于深奥，应用范围也太小，让人看不透"为什么"行星要这样运动。不久，牛顿指出，开普勒的三大定律，可以通过他的一套力学定律（牛顿三定律），加上万有引力定律推导出来。到这一步，物理学家才终于敢说，自己多少"理解"了行星的运动。当然，当时还有不少谜团并没有完全解开，牛顿自己也不理解：为什么万有引力可以超距作用，没有媒介怎么传递相互作用呢？

这个问题，直到爱因斯坦的广义相对论出现，才得到解答。

历史上的另一个例子就是洛伦兹变换。洛伦兹告诉我们，麦克斯韦方程经过他的变换，形式不变。而与此相反，牛顿力学下，明明更直观的伽利略变换，却没有这种不变性。其实，这里洛伦兹变换的地位，就像前面的开普勒定律一样，非常实用，但是"为什么"自然要选择它们，而不是更简单的伽利略变换呢？要知道，如果要采用洛伦兹变换，就意味着会出现尺缩效应等反常现象。最终，爱因斯坦回答了这个"为什么"的问题。他指出，洛伦兹变换完全可以由两条非常自然的原理推导出来，这两条原理即：物理定律在任何惯性参照系中都相同；光速不变性原理（光速和光源的速度无关）。这样一来，那些奇怪的尺缩现象也就显得好理解了。

这样的探索，给我们带来了莫大的满足。通过寻求更深刻、更合理的物理原理，我们觉得，那些原本神秘的物理现象，可以理解了。这种探索，不仅仅在于试图建立表现自然的数学规则，还在于所寻求的是更为基本的原理，从而阐述自然最深刻、最合理的规律。

然而，物理学的进步，不仅仅给予了我们理解世界的满足感（虽然这种感觉也挺重要的），更重要的是，新的理论能在更大的范围内适用，并能给出更精确的预测。过去的经验表明，对已有的，物理背后深层原理的探求，能够促使新理论的诞生。从开普勒定律到牛顿运动学，然后到狭义相对论，再到广义相对论，物理学的发展历程，多次雄辩地证明了这一点。而这又更加激发了我们探索量子力学背后的深层原理的热情。

　　本文中，我们要讨论量子力学。当前的量子理论，包含了一套形式算符体系。比如，态由作用于复希尔伯特空间中的一个正定算符表示，态的演化由一个么正算符的作用表示，而概率可以用求迹法则来计算。和行星运动的开普勒定律、洛仑兹变换一样，这些数学规则同样抽象，而且只能针对某个具体问题。但我们需要的是，一个更基本的量子原理，从中不但可以推导出现有的定律，而且还有可能像以前的基本原理一样，给人新的启示。我们希望它简单直观，让现在各种反直觉的量子效应得到一个合理的解释；我们还希望它的出现能进一步推动量子力学的发展（比如得到量子引力理论）。当最终找到了那个根本原理的时候，我们就能说，我们已经回答了惠勒教授"量子是怎么来的"这个问题。

　　在深入这些问题细节之前，我们先来看看量子理论到底是一门什么样的科学。量子理论应用广泛，然而它的根本却在概率的计算，也许把它称为量子概率论更为准确。因此，量子理论的前身并不是人们通常认为的经典力学，而应该是经典概率论。由于不管哪一种概率理论都适用于各种问题（比如丢硬币问题、骰子问题、统计力学和统计光学），显然我们不能以应用的领域（是力学、光学还是电磁学）来区别经典和量子概率论，这两者的区分要取决于某种更基本的原理。事实上，这两种概率理论都属于同一种数学理论。本来，经典概率论就一直被当作数学，而不是物理课程来讲授。而把量子概率论归入物理的一部分，那是由于，量子物理的发展恰好揭示出经典概率论不再适用的地方，从而导致了新的概率论——量子概率论的诞生。但实际上量子理论（量子概率论）和量子物理的关系，与经典概率论和经典物理的关系是一样的，量子理论和经典概率论都是某种元理论（metatheories）。明白了量子理论和经典概率论的不同，或许就能问答惠勒教授的问题。下面我们就来说明这一不同。

我们将回答惠勒教授的问题："量子是怎么来的？"我们会给出量子理论的5条公理，从而推导出离散希尔伯特空间的量子理论。这5条公理不但显得简单合理，而且其中4条在经典概率论和量子概率论中都是成立的。量子概率论和经典概率论的不同，仅仅是余下的一条公理引起的，这条公理就是，任意两个纯态之间存在连续可逆的变换，正是这一"连续"的概念导致了量子论的产生。这些工作首先发表于哈代（*Hardy 2001*，亦见 *Hardy 2002*），这里我们只摘要出主要论点，证明的细节请参见 *Hardy 2001*。

探讨量子理论起源和结构的文章有很多[1]。这其中的很多文章是从量子逻辑的角度，试图从建立测量（当作逻辑命题）之间的逻辑关系出发，构建量子理论。

近年来，受到惠勒教授的问题的启发，许多人试着从合理的基本假设来推导量子理论，其中福斯（*Fuchs 2002*）和策林格（*Zeilinger 1999*）的论文很有意思，值得一读。

本文的处理方法有很多优点：首先，基本原理很简单，即使非专业人员也能理解。另外，所涉及的数学一般来说也很容易。

---

1. 见：Birkhoff and von Neumann 1936；Mackey 1963；Jauch and Piron 1963；Piron 1964；Ludwig 1968, 1983；Mielnik 1968；Lande 1974；Fivel 1994；Accardi 1995；Landsman 1998；Coecke et al.2000。

背景

物理理论总要适用于某一具体情形。我们感兴趣的是这样一种情况：物理系统首先被制备到某一初态，我们对态进行不同的变换，并在这些过程中对系统进行测量。制备－变换－测量这样的说法，在量子力学中常常见到，但实际上经典力学中也可以应用这些概念。比如对一个踢出去的球，它的初速度一开始就被制备出来，然后在力的作用下状态不断变换，而只要简单地看着球，就能在任何时候对它进行测量。我们无时无刻不在进行制备－变换－测量的过程，甚至可以说，这是由我们在世界中的角色决定的。我们不得不同时担当制备者、变换者和观测者。关于这一点，后面还要详述。

让我们更精确地描述预设－变换－测量这一基本过程，见图2.1[1]。此过程中有三种装置：制备装置用以制备系统的初态，装置上的旋钮可以用来选择制备哪种特定的初态，另外还有一个开关，作用会在后面说明；变换装置用来变换系统的状态，也由一个旋钮选择不同的变换模式；最后，测量装置对系统进行测量，其上的旋钮用来选择测量什么东西，测量装置还带有测量结果显示器，显示器可以显示零结果和非零结果，非零结果可以用1、2 … L来编号。我们要求，如果没有变换装置，或者说选择不变换（也就是不变变换），那么当制备装置开关打开的时候，显示器上应该出现某种非零结果，而开关关上的时候，显示器应该出现零结果。例如，在用一列探测器检测

1.图2.1考虑的情景中包含三个装置，设定装置：旋钮用来选择设定不同的初态，开关用来释放系统；转换装置：用以转换系统，旋钮用来选择不同的转换；测量装置：用以测量系统状态，输出的是经典信息，旋钮用来选择实施不同的测量。

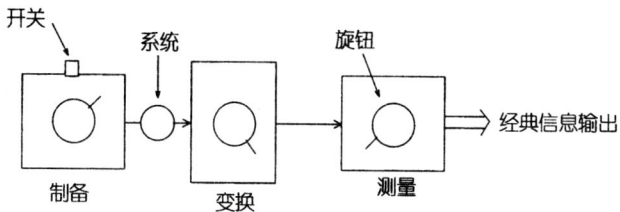

图2.1　一套制备-变换-测量装置。制备装置是一个旋钮，用来改变系统状态；变换装置是一个开关，用来变换系统（包括用来改变变换模式一个旋钮）；测量装置用来输出经典信息（一个旋钮用来指示测量什么）

出射粒子的典型实验中，如果没有粒子射入，那么就没有探测器会响，这就是一个零结果。这个假定并不要求我们的理论需要额外的公理，因为在我们下面要介绍的子空间公理下，它总是成立的。允许测量零结果的存在意味着"态"（后面会定义）可以不用归一化。这个结论很有用。

在这里，有必要停下来讨论一下哲学问题。日常生活中用到的"态"和"测量"这两个词有一点本体论的意味，因此我们可以谈论测量一个态的属性，比如说"测量一个空中飞行的球的位置"。我们认为，测量的结果反映了态的某种与测量无关的本质属性。但本文中用到的测量概念，并没有这层意味，我们可以简单地认为，测量就是图2.1中的那种装置所完成的操作。同样的，我们后面要定义不含任何本体论意味的"态"的概念。

在用本文的公理推导量子理论的时候，我们需要假定，图2.1中所示的装置可以任意操作，而且实验者可以用任何次序组合这些装置。这个假定是物理的标准假设。例如，如果爱因斯坦必须假定世界上的钟和尺子都是用拉不断的线连在一起的，那么就不可能推导出狭义相对论。

普通概率论

我们现在来建立概率论。概率这个东西，在定义上就令人头痛，一般有好几种不同的定义方法。从出现频率[1]的角度来说，概率是极限相对频率，从属性角度来说，概率是体系的内在的本质属性，而贝叶斯派则把概率定义为可信程度。实验上概率是用相对出现频率来测量的（但是由于实验次数总是有限的，所以不可能取极限相对频率）。这些定义各有各的问题，不过我们在这里并不需要深究。为实用起见，我们定义概率是极限相对频率，一来这在概念上最接近实验测量的东西，更重要的是，不管怎么定义，出现频率都必须假定，相对频率能收敛到一个确定值。有了这个定义，我们就可以集中讨论本文的主题，即如何从公理推导出量子理论。不过，正确理解概率，对全面理解量子理论很可能至关重要。讲到这，我们现在来陈述第一条公理：

> **公理1**　概率：在任何情况下，在对 n 个同一初始制备的系统进行的给定测量中，相对频率（也就是某种测量结果出现次数占总数的比）在 n 趋向无穷大时收敛到确定的值，我们把这个值称为概率（probability）。

这条公理已经足够让我们构建一般概率论。如果公理1是错误的，概率本身就会变得不确定，也就无法建立任何概率论。从这条公

1.即所有测量中，出现特定值的次数　——译者注

理出发，足以推出关于概率论无穷结果集模数问题（modulo technical problems）的柯尔莫哥洛夫公理（Kolmogorov axioms）（见*Gillies 2000*：112。注意：本文中柯尔莫哥洛夫公理不构成经典概率论的全部，因为它没有考虑到变换作用，它仅仅适用于按测量结果定义的概率测量。）

所有的测量都可以转换成概率的测量，例如，期望值是概率的加权求和，因此我们可以只考虑概率的测量。

> 定义：本文中的术语"测量"（measure）和"概率测量"（probability measurement），都是指用测量旋钮选择的，对某个或某组给定非零结果概率的测量。

比如说，我们可以测量结果为$l=1$或者$l=2$的概率。这些术语将给我们行文带来很大的便利，但是，也许有点不规范，因为通常意义上的"测量"包含了一切可能的测量结果。

对应于每一种制备，定义"态"（state）如下：

> 定义：系统的"态"被定义为这样一种实体，对于作用于系统上的任一种测量，它能够预言相应概率，并且和所采用的数学表达形式无关。

态的定义必须在公理1成立的情况下才有意义（否则我们就不能保证同一个测量的概率维持不变）。从定义出发，我们立刻就能推知态的一种表示形式，只要简单地把能想到的所有测量结果（以 α 区分）的概率都列出来就行了：

$$
态 = \begin{pmatrix} \vdots \\ p_\alpha \\ \vdots \end{pmatrix} \tag{2.1}
$$

显然，（2.1）式能完全刻画出态。但是，在许多理论中，不同的测量值之间有一定关系[1]，因此这个式子其实包括了很多重复信息。一般地，我们可以用更少的测量概率涵盖态的全部信息。那么，最少需要多少个测量呢？我们把数量最小的，能涵盖态的全部信息的一组测量叫做基准测量，如果把这一组测量标上 $k=1$ 到 $k=K$，那么态可以表示为：

$$
\boldsymbol{p} = \begin{pmatrix} p_1 \\ p_2 \\ p_3 \\ \vdots \\ p_K \end{pmatrix} \tag{2.2}
$$

后文中我们会分别就经典和量子理论的情况举出例子，整数 K 被称为自由度，它将会起到重要的作用。

---

1. 即测量某一个值时，结果中有另一个值的信息。比如对一群人的测量，可能包含有多少个男人，多少个老人这两次测量的信息 —— 译者注

定义：自由度 K 是确定态所需的最少的测量概率的数目。

　　还有另一个整数参数，在后面的论述中也将起重要作用，那就是，在一次测量中能分辨态的最大数目。为了说明这个量，考虑制备的一组态，它们在某个测量下给出分立的结果（此处未包括零态）。如果爱丽丝将系统随机地制备在这个集合中的某个态上，然后把系统传给鲍布，鲍布可以通过一次测量来确定爱丽丝送来的是哪个态。这样一个能用一次测量分辨开来的集合所能包含的态的最大数目，称为维度，用字母 N 表示。

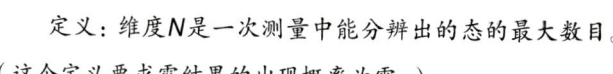

定义：维度 N 是一次测量中能分辨出的态的最大数目。
（这个定义要求零结果的出现概率为零。）

　　这里用到"维度"这个词，是因为在量子理论中，N 恰好就是系统所在的希尔伯特空间[1]的维度。后面将会看到，在经典理论中 $K=N$，而在量子理论中 $K=N^2$。

　　如果关上制备装置的开关，系统就被制备于零态，这种情况下，所有的基准测量都会得到零结果，于是零态可以表示为：

$$p_0 = \begin{pmatrix} 0 \\ 0 \\ 0 \\ \vdots \\ 0 \end{pmatrix} \qquad (2.3)$$

---

1. 类似我们通常的三维空间，但是维数任意，可以是无穷 —— 译者注

如果我们有两个制备装置, 装置 A 将系统制备为 p_A 态, 而装置 B 将系统制备为 p_B 态, 那么将掷硬币的作为一个新的制备 C, 如果硬币正面向上, 就制备成 p_A 态, 如果硬币反面向上, 就制备成 p_B 态。这样制备出来的新态是 p_C 态:

$$p_C = \lambda\, p_A + (1-\lambda)\, p_B \qquad (2.4)$$

式中 λ 是硬币正面朝上的概率, 这个式子表达的正是我们描述的 p_C 态, 计算相对频率可以得出, 第 k 次基准测量的概率是 $\lambda p^A{}_k + (1-\lambda) p^B{}_k$ 这里暗中用到了公理 1, 因为我们假定无论制备 A 和制备 B 是不是作为制备 C 的一部分, 它们相应的概率都是不变的。以上式表示的任何态, 如果满足 $0 < \lambda < 1$, $p_A \neq p_B$, 我们就称之为混合态。

纯态是除零以外所有不是混合态的态。

纯态是很特殊的, 在公理中有重要的地位。

某一测量相应的概率, 可以通过将测量函数作用于这个态得到。

$$\text{概率} = f(\,p\,) \qquad (2.5)$$

一般来说, 每种不同的测量对应着不同的测量函数。

因为 p_C 是 p_A p_B 的混合态, 故有:

$$f(\,p_C\,) = \lambda\,f(\,p_A\,) + (\,1-\lambda\,)\,f(\,p_B\,) \qquad (2.6)$$

于是，利用式（2.4）可得：

$$f(\,\lambda p_A + (\,1-\lambda\,)\,p_B\,) = \lambda\,f(\,p_A\,) + (\,1-\lambda\,)\,f(\,p_B\,) \qquad (2.7)$$

这个关系可以证明函数 f 是关于 p 的线性函数，因此，我们可以将（2.5）式改写成

$$概率 = r \cdot p \qquad (2.8)$$

其中 r 是与测量对应的矢量。

到现在为止，我们还没有考虑过变换装置的作用，显然变换装置的作用是把系统从态 p 变换到某个态 $g(\,p\,)$。用与上面类似的方法，同样可以证明变换后的向量 $g(\,p\,)$ 的每个分量都是线性的，从而整个变换也是线性的，可以写作：

$$p \rightarrow Z\,p \qquad (2.9)$$

其中 Z 是一个 $K \times K$ 的实矩阵。所有允许的变换构成集合 Γ。其中对应于某些变换，总可以找到与初态无关的另一个变换，消除原变换的作用，也就是说，存在逆变换 Z^{-1} 属于集合 Γ。这些可逆的变换构成一个子集合 $\Gamma_{可逆}$。容易证明，可逆变换作用在纯态上仍然得到纯态。

　　在一般概率论中，如果对于给定系统，我们知道了允许态集合$\mathbf{S}$，允许测量集合$\mathbf{R}$和允许变换集合$\mathbf{\Gamma}$，那么我们就完全清楚了系统的概率性质。

　　下面我们将把经典和量子的概率论整合到这个一般概率论中。

经典概率论

　　前面我们曾经强调，量子理论的先驱是经典的概率论。经典概率论能用本体论的观点来解释，与人们对世界的直观印象一致，所以我们觉得经典概率论很直观，很自然。

　　现在让我们来考虑N个盒子中出现一个球的概率问题，球可能出现在任何一个盒子中，也可能根本不出现。出现在每个盒子中的概率标号p_1到p_n。概率信息也可以用下面的向量形式表示：

$$p = \begin{pmatrix} p_1 \\ p_2 \\ p_3 \\ \vdots \\ p_N \end{pmatrix} \qquad (2.10)$$

　　用这种方法就能完整地把态表示出来。由于球也可能不出现，总概率$\sum_n p_n \leqslant 1$。我们看到，在经典的概率论需要用N种概率来具体描述一个态，所以$K=N$。

也存在球总在其中一个特定的盒子中的特殊状态, 这些态是:

$$\boldsymbol{p}_1 = \begin{pmatrix} 1 \\ 0 \\ 0 \\ \vdots \\ 0 \end{pmatrix} \quad \boldsymbol{p}_2 = \begin{pmatrix} 0 \\ 1 \\ 0 \\ \vdots \\ 0 \end{pmatrix} \quad \boldsymbol{p}_3 = \begin{pmatrix} 0 \\ 0 \\ 1 \\ \vdots \\ 0 \end{pmatrix} \cdots\cdots \quad (2.11)$$

分别表示球在第一个盒子里、第二个盒子里、第三个盒子里 ……
这些态不能看作混合态, 只能是纯态。

现在我们用和量子理论类似的语言来构造经典概率论。我们来对
这些态作测量, 比如测量球在不在盒子1里面, 这个测量的概率是 p_1,
可以写为:

$$\boldsymbol{p}_1 = \begin{pmatrix} 1 \\ 0 \\ 0 \\ \vdots \\ 0 \end{pmatrix} \cdot \begin{pmatrix} p_1 \\ p_2 \\ p_3 \\ \vdots \\ p_N \end{pmatrix} = \boldsymbol{r}_1 \cdot \boldsymbol{p} \qquad (2.12)$$

我们可以看出, 代表这个测量的向量 r_1 为:

$$r_1 = \begin{pmatrix} 1 \\ 0 \\ 0 \\ \vdots \\ 0 \end{pmatrix} \qquad (2.13)$$

同样地，我们也可以得出，其他盒子里有没有球这些测量对应的向量。让我们再来看一些更一般的测量，例如：掷硬币，如果正面向上就看看盒子1；如果反面向上就看看盒子2，这时找到球的概率是：

$$[\mu r_1 + (1-\mu) r_2] \cdot p \qquad (2.14)$$

其中μ是硬币正面向上的概率。这个测量对应的向量是$\mu r_1 + (1-\mu) r_2$。任何一种测量都对应着相应的向量，一般测量的概率由下式给出：

$$概率 = r \cdot p \qquad (2.15)$$

现在让我们以$N=2$情况作为具体的例子来阐明经典概率论。这种情况下系统的态由式（2.16）表示：

$$p = \begin{pmatrix} p_1 \\ p_2 \end{pmatrix} \qquad (2.16)$$

其中要求 $p_1 + p_2 \leqslant 1$，因此所有的允许态都在图2.2中表示为三角形内的点。两个纯态的向量是：

$$\boldsymbol{p}_1 = \begin{pmatrix} 1 \\ 0 \end{pmatrix} \, \boldsymbol{,} \, \boldsymbol{p}_2 = \begin{pmatrix} 0 \\ 1 \end{pmatrix} \tag{2.17}$$

零态是：

$$\boldsymbol{p}_0 = \begin{pmatrix} 0 \\ 0 \end{pmatrix} \tag{2.18}$$

从这里我们可以看到，对于有限 N 或无穷大但可数 N^1 的经典概率论，我们有如下结论：

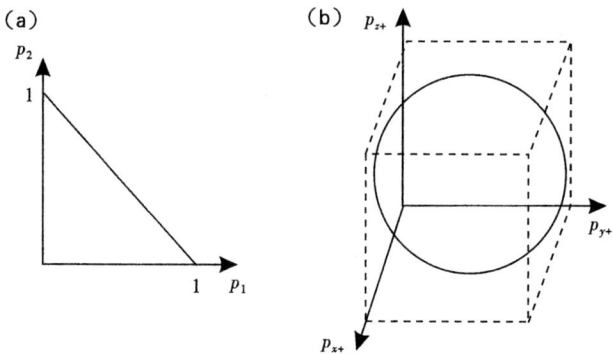

图2.2 （a）经典比特的可允许态都在图示三角形的内部。斜边上的态是归一的。 （b）一个量子比特的归一化的态在图示单位立方的内切球中

经典概率论中，所有纯态构成一个可数集合。

---

1. 比如，自然数无穷多，但是可数，实数也有无穷多，但是不可数 —— 译者注

对任意可数的N都成立，这是经典概率论的重要性质。它意味着，在经典理论中，如果一个系统要从一个纯态到另一个纯态，只能"跳"过去，下面我们将看到，这一点在量子理论中截然不同。另外，经典理论中不同的纯态是可以区分的（量子理论中这一点不成立），对于任意的N，允许态的集合分布图有N+1个顶点。允许测量的数目也能很容易确定。

经典概率论中，所有的可逆变换构成一个群。由于纯态构成一个可数集合，而可逆变换只能把纯态变成纯态，所以变换群是分立（离散）的（事实上该变换群等价于通常的置换群[1]）。这就是说：

经典概率论中，可逆的变换群是离散的。

综上所述，经典概率论有以下的性质：系统的K和N相等；所有的允许态p属于集合$S_{经典}$，集合中的纯态可数而且可区别开；所有的允许测量r属于集合$R_{经典}$；所有的允许变换Z属于集合$\Gamma_{经典}$，其中的可逆变换构成一个离散群。

量子理论

量子理论从根本上来说，是关于概率的理论。因此，我们可以和上面构造经典概率论一样，用完全类似的步骤来构造量子理论。让我们先从一个简单的例子开始，考虑二能级的量子系统（比如自旋1/2

---

1. 改变一个集合中元素次序的群，能产生该集合的所有排列。群元素把一种排列变成另一种排列。

系统），此时 $N=2$。二能级系统中，一个态通常用下列密度矩阵表示：

$$\boldsymbol{p} = \begin{pmatrix} p_{z+} & a \\ a^* & p_{z-} \end{pmatrix} \qquad (2.19)$$

其中

$$a = p_{x+} - p_{y+} - \frac{1-i}{2}(p_{z+} + p_{z-}) \qquad (2.20)$$

这里 p_{z+} 是粒子自旋沿 z 轴向上的概率，其他的概率定义照此类推。该密度矩阵包含的信息等价于下面的矢量：

$$\boldsymbol{p} = \begin{pmatrix} p_{z+} \\ p_{z-} \\ p_{x+} \\ p_{y+} \end{pmatrix} \qquad (2.21)$$

因此也能用向量的数学形式来表示态。这种情况下，注意到 $N=2$ 而 $K=4$，因此允许态集合是四维的，这就不太容易画在图上了。为了简化，我们利用归一化条件 $p_{z+}+p_{z-}=1$，这样就只剩下三个变量（ p_{x+}, p_{y+}, p_{z+} ）。我们限定密度矩阵是正定的，这要求：

$$(p_{x+} - \frac{1}{2})^2 + (p_{y+} - \frac{1}{2})^2 + (p_{z+} - \frac{1}{2})^2 \leqslant (\frac{1}{2})^2 \qquad (2.22)$$

因此，所有允许态的对应点都应包含在式（2.22）表达的球中（正是第一象限内单位立方体的内切球）。容易看出，球面上的点不能写成式（2.4）的形式，所以它们不是混合态，而是纯态。从这里我们可以看到量子理论的重要一点：

量子理论中纯态构成一个连续集。

在量子理论中，这个命题对任意 N 都是成立的。它意味着，和经典理论不同，量子理论不需要从一个纯态跳跃到另一个纯态，而是存在一条从一个纯态变换到另一个纯态的连续路径。这正是量子和经典理论区别的关键。

z 方向自旋向上和向下的态用向量 p 表示如下：

$$p_1 = \begin{pmatrix} 1 \\ 0 \\ \dfrac{1}{2} \\ \dfrac{1}{2} \end{pmatrix}, \quad p_2 = \begin{pmatrix} 0 \\ 1 \\ \dfrac{1}{2} \\ \dfrac{1}{2} \end{pmatrix} \tag{2.23}$$

读者可以和经典情况下的式（2.17）作对比。

对于一般的 N，量子态可以用 $N \times N$ 的密度矩阵来表示。一个厄米矩阵一共有 N^2 个实变量［其中包括对角线上的 N 个实数和对角线上方的 $N(N-1)/2$ 个复数］。事实上，和在 $N=2$ 的系统中类似，我们总可以找到 N^2 个与这些实变量线形相关的概率 p_k，于是态用矢量表示为：

$$\boldsymbol{p} = \begin{pmatrix} p_1 \\ p_2 \\ p_3 \\ \vdots \\ p_{N^2} \end{pmatrix} \qquad (2.24)$$

因此我们有 $K = N^2$。很多科学家都曾在论文中提出态用概率来表示的方法（参见 *Prugovecki 1977*；*Wootters 1986, 1990*；*Busch et al.1995*；*Weigert 2000*）。

按量子理论，概率由下面的求迹公式得到：

$$概率 = \mathrm{tr}\,(A\rho) \qquad (2.25)$$

其中 ρ 是密度矩阵，A 是代表所实施测量的正定矩阵。由于求迹运算是线性的，ρ 的各分量又线性依赖于 p 的各分量，因此上式可以写成：

$$概率 = \boldsymbol{r} \cdot \boldsymbol{p} \qquad (2.26)$$

其中，向量 r 是由矩阵 A 决定的，代表了相应的测量。

图 2.1 中的第二个装置是用来变换系统的状态的，一般的量子力学教材中，只讨论了两种变换：一种是可逆的幺正变换，另一种发生在冯·诺依曼型的测量过程中，是不可逆的冯·诺依曼变换。这是两

种特殊的变换，一般的量子变换都是正定线性的。这里我们并不需要详细的讨论，只需要指出量子变换的两条重要性质（见 *Nielsien and Chuang 2000*）。第一，量子变换总是把允许态变换成允许态，即使被作用的系统是一个更大的复合系统的一部分也一样；第二，量子变换总是线性的。这意味着，当变换装置作用在态 *p* 上时会发生变换：

$$p \rightarrow Zp \qquad (2.27)$$

其中 *Z* 是一个 *K* × *K* 的实矩阵。（经典概率论中有类似的结论）

由量子理论中纯态集的连续性可以得到，量子理论的可逆变换群也是连续的。即：

量子理论中可逆变换群是一个连续群。

综上所述，量子理论有以下的性质：系统的 $K=N^2$；由 *p* 表示的允许态属于集合 $S_{量子}$，$S_{量子}$ 中的纯态构成连续集；由 *r* 表示的可允许测量属于集合 $R_{量子}$；可允许变换 *Z* 属于集合 $\Gamma_{量子}$。

经典概率论和量子理论的区别

比起两者的区别来说，其实两者之间的相似之处更引人注目：两个理论都用向量 *p* 来表示态，用向量 *r* 来表示测量，都用点乘运算来计算概率，都有用 *Z* 表示的变换，并用 *Zp* 来表示对态 *p* 实施 *Z* 变换，仅在允许态集 **S**、测量集 **R** 和变换集 **Γ** 性质上分别不同。除此之外，下面我们还将进一步列出更多相似点。

我们将列出的第一个相似点有关子空间的相似性质，子空间这个术语来源于量子理论。让我们来看看5个盒子中放一个球的例子，我们知道，如果对系统的态做些限制，规定球不能出现在最后两个盒子中——也就是说，要么球放在前面三个盒子中，要么不出现，那么这个系统就和一个N=3的系统等价了。在量子理论中也是这样，如果系统的态限定在较低维度的子空间中，它就会和子空间中的低维系统表现出一样的性质。我们可以归纳为：

> 当一种能分辨N种不同态的测量，作用在系统上时（其中N是维度），如果测量结果只有M种可分辨态或者零结果能被观察到（即有非零的观测概率），那么系统的态就被限定在这个M维的子空间中。

在经典和量子两种概率论中，以下的结论都成立：

相似点1　维度大于或等于N的任意系统，如果将其态限定在N维的子空间中，那么它们的性质都相同。

这里两个系统性质相同的意思是：对两个系统，分别存在一组基准测量，使得两系统的S、R和Γ集相同。

两个理论中的复合系统也有类似的性质。在由两个系统A、B构成的复合系统中：

相似点2　复合系统的可分辨态的数目是：

$$N = N_A N_B \qquad (2.28)$$

相似点3　复合系统的自由度是：

$$K = K_A K_B \qquad (2.29)$$

相似点4　如果有一个以上的系统处于纯态，它和另一个系统就没有关联，在这种情况下，对复合系统的复合概率测量可以分解成：

$$p_{AB} = p_A p_B \qquad (2.30)$$

相似点5　复合系统的自由度和可分态的自由度相同（可分态可以被看做按相似点4分解的混合态）。

其中，从相似点1到相似点3中可以构建出另几条公理，相似点4和相似点5并不那么直接，但是可以证明这两条性质意味着 $K = K_A K_B$。

经典概率论和量子理论还有一个显著的相似之处，那就是在两个理论中都有：

相似点6　任何态都能看作一组可分辨态的混合态。

　　两个理论中都有的熵的概念，正是基于这个性质定义的，不同的只是在经典概率论中可分辨态集是确定的，而量子理论中则可变。不过这个相似点在公理体系中并不需要，因为量子理论中我们总能对角化密度矩阵。

　　而目前我们看到两种理论的主要区别有：

　　　　不同点1　经典概率论中 $K=N$，而在量子理论中 $K=N^2$。
　　　　不同点2　经典概率论中，纯态集是分立集，而在量子理论中纯态集是连续集。同时，可逆变换集在经典理论中也是分立的，而在量子理论中是连续的。
　　　　不同点3　经典概率论中纯态是可分辨的，而在量子理论中纯态是不能一一分辨的。

　　读者可以对比一下不同点1和相似点2、3，可以证明，满足相似点2和3的严格递增函数只能是 $K=N^r$ 形式的，其中 r 是正整数。由此可见，经典概率论是这一类理论中最简单的一种。如果我们进一步规定，纯态集合是连续的，那么 $K=N$ 就不可能了，于是 $K=N^2$ 就成了最简单的理论。我们看到，经典和量子理论都是某种情况下的最简单理论，这也是它们的相似点之一。下面我们也会把这种简单性作为一条公理。

公理

　　经典概率论和量子理论的相似点与不同点，为我们建立公理提供了很多线索，我们现在就来叙述这些能导出量子理论的公理：

  公理1 概率——在任何情况下，在对 n 个同一初态的系统进行的给定测量中，相对出现频率（也就是某种测量结果出现次数占总数的比），在 n 趋向无穷大时收敛到确定的值，我们把这个值称为概率。

  公理2 子空间——存在 $N=1, 2, \cdots,$ 的系统，而且所有的维度为 N 的系统，以及所有维度高于 N，但是态被限定在 N 维子空间的系统，性质都相同。

  公理3 复合系统——A 和 B 组成的复合系统满足 $N=N_A N_B$，$K=K_A K_B$。

  公理4 连续性——对于任何维度为 N 的系统，系统中任意两个纯态间都存在连续的可逆变换，能把系统从一个纯态变换到另一个。

  公理5 简单性——对于给定的 N，K 取满足其他公理的最小值。

  如果我们把公理4中"连续"这个修饰语删去，那么按照简单性公理，我们推导出来的就是经典概率论而不是量子理论。因此，两种理论的不同完全是由连续性质引起的。

  我想强调一点，和一般的量子理论不同，我们这里给出的公理都合情合理。不妨在这里就此多说几句。

  比如公理1，我们在一般概率论部分讨论过公理1，无论谁要建立一个概率理论，都必须假设一个类似这样的公理，用来保证概率的稳定性。我们也可以不用这条公理，而采用基于贝叶斯理论或者趋向性概率论的公理，这样对这些观点的支持者来说，听起来会更舒服一些[R.Schack（未发表）采用了贝叶斯方法]。如前所述，一旦有了这条公理，一般概率论的基本框架就能建立起来了，而量子概率论的部分是其余的公理确立的。

前面证明过，公理2在两个理论中都是成立的。它的合理之处在于，它暗示了某种可替换性或普遍性，对于维度都是 N 的系统，我们很自然地期望它们有一样的性质（也就是说，存在一种基准测量选择，能使两个系统的有相同的集合 S、R 和 Γ）。这意味着，一个特定 N 维系统的态，就能代表所有的 N 维系统的态。这是无论在经典，还是量子理论中，我们都熟知的性质。

公理3有两条论述，其中第一条 $N=N_A N_B$ 很合情理，在掷骰子时，如果同时掷两个骰子，那么一共就有 $6 \times 6 = 36$ 种可能性。第二条 $K=K_A K_B$ 不太好解释，这是因为我们一般不习惯用 K 这个量，不过，这条性质能从下面两条很自然的假设中推出来：

假设A　如果系统处在纯态，那么它就和其他系统没有关联，从而复合概率就能直接表示成单个概率的乘积。

这就是我们之前讨论过的相似点4，既然我们认为纯态是一个确定的状态，那么很自然处于纯态的系统就不应该和其他系统有什么关系，如果承认这个假设，那么简单的逻辑推导就可以得出 $K \geqslant K_A K_B$。

假设B　复合系统的自由度等于可分态的自由度。

这就是我们之前讨论过的相似点5,这条假设也是很合情理的,它意味着单纯地把两个系统合并起来并不会增加额外的性质。不过,也有时候情况不是这样的,比如我们假设爱丽丝和鲍布两个人都是很简单的系统,仅仅用"高兴"和"不高兴"就能完全描述出他们的状态,现在我们把他们俩放在一起,问题出现了,他们两个人可能还会相爱,这就成了复合系统的新性质。要完整描述这个系统,就需要知道对应 [高兴, 高兴] [高兴, 不高兴] [不高兴, 高兴] [不高兴, 不高兴] [相爱] 这5种状态的概率,这时 $K_A=K_B=2$,但是 $K=5$。可以证明,在假设A成立的情况下,假设B的成立正意味着 $K=K_AK_B$。有意思的是,用希尔伯特空间向量表示纯态的量子理论违背了假设B(这里可能出现"相爱"的情况),而用四个元素表示的量子理论又违背了假设A。

公理4是我们公理体系中最核心的一条,它有很多层意思。首先,任何两个纯态之间都存在某种变换。它的合理性在于,否则它的不成立会导致某些态不可达到;第二,任何两个纯态之间都存在可逆的变换。只要我们操作系统的时候能做到不从中取出信息,那么自然地,无论我们做了什么,都应该有办法让系统恢复,因此这层含义也是合理的;第三点,也是最重要的一点,这些变换是连续的。我们后面会更细致的讨论它的合理性,在这里我们先指出,让系统变换的方法是对其施加外部作用,而这种外部作用通常是连续的。例如,将系统放到一个连续的外场中,既然作用是连续变化的,那么系统态同样的连续变化也就不足为奇了。

　　物理学中简单性原则普遍存在，也许仅凭这点就能说公理5是合理的，但如果有别的理由能更直接地排除掉更高阶的理论，那会更好。比如，也许这些高阶的理论根本就不可能存在，公理5根本就是多余的；也有可能高阶的理论违背了一些合理的原理（比如相似点4、5或者6）。不过也有可能，实际上我们能建立这些高阶的理论。这些理论一旦真的建立起来了，那将是非常激动人心的，因为它们能为我们研究物质的非经典性提供新的理论平台。说不定我们还能获得更快的量子计算方法。甚至还有这样一种可能，就像经典理论根植于量子理论一样，有一天我们会发现，量子理论也根植于某种更高阶的理论。我们会发现，世界本来应该用更高阶的理论来描述，只是我们以前的测量技术还不够精细，还没有发现这一点。就像20世纪之前，我们的测量手段还不能揭示出量子理论一样。

从公理推导量子理论

　　从公理中推导出量子理论并不困难，只需要用到一些线性代数而已，但是证明却有点繁琐。这里我只想把证明的大概过程说明一下，想知道细节的读者可以参见 *Hardy 2001*。证明过程有以下几个步骤：

　　第1步，我们要证明态可以用向量 p 来表示，而概率可以用 $r \cdot p$ 来计算，这一点在前面已经大致说明过了（见原书49-52页）。

　　第2步，确定函数 $K(N)$ 的形式。注意到公理3指出

$$K(N_A N_B) = K(N_A) K(N_B) \qquad (2.31)$$

这样的函数，在数论中被称为完全可乘函数（completely multiplicative functions）。

我们希望函数满足

$$K(N+1) > K(N) \qquad (2.32)$$

可以证明，这正是子空间公理所要求的。从数论我们可以知道，严格递增的完全可乘函数只能是 $K=N^\alpha$ 这种形式的，其中 $\alpha > 0$。而又由于对于任何 N，K 都是整数，所以我们得到：

$$K = N^r \qquad (2.33)$$

其中 r 是自然数。现在，由简单性公理，在不和其他公理矛盾的前提下，r 应取最小值。可以证明，$r=1$ 违背了连续性公理，因此最简单的情况是 $r=2$，此时

$$K = N^2 \qquad (2.34)$$

这得到的就是量子理论。伍特斯（Wootters 1986，1990）也曾经从类似于式（2.31）的式子出发，证明了式（2.33）是 K 和 N 之间一种可能的关系，但是因为没有用到式（2.32），他不能唯一地把这个关系确定下来。

第3步，考虑最简单的非平庸情况，即N=2而K=4的情况。加上归一化条件之后，只有三个自由度。纯态之间可以通过连续群互相变换，可以证明，选择了恰当的基准测量之后，这些纯态可以对应为一个球面上的点，这便是量子理论中的布洛赫球（Bloch sphere），这样我们就得出了量子理论在N=2情况下的态空间。

第4步，由子空间公理有：高维系统的每个二维子空间，都和N=2的系统有一致的性质。应用这条结论，和已经得到的N=2时的理论，将理论推广到N取任意值的情况。

第5步，证明符合公理的最一般的测量就是量子理论中的测量（也就是所谓的正定算符值测量，即POVMs, positive operatorvalued measures, *Krauss 1983; Nelsen and Chuang 2000*）。

第6步，证明复合系统可以用其子系统在希尔伯特空间中的张量积来表示。

第7步，证明符合公理的、最一般的演化就是量子演化（也就是所谓的正定线性映射）。

第8步，证明测量之后，态最一般的变化规则，就是量子理论中的规则 [对应于克罗斯的算符规范（*Krauss 1983; Nelsen and Chuang 2000*），冯·诺依曼投影是其中的特例]。

连续和分立

　　至此，我们讨论的经典理论都含有一个可数的、分立的纯态集合，但是在通常的经典问题中，比如在粒子沿轨迹运动，或者通过电磁场的情况下，纯态集都是可分辨态构成的连续集。有人可能会说了，要解决经典理论不连续的问题，何必要用到量子理论呢？我们用连续的经典理论不就行了嘛。要问球是怎么从一个盒子跳到另一个盒子的？很简单，球可以沿连续的抛射轨道飞过去嘛，经典计算机中的比特跃迁不也正是这么发生的吗？（然而，这违背了上面的连续性公理，因为即使按照这样的说法，对于任意的N，系统的态p也都不能连续地演变。[1]）也就是说，虽然经典上我们粗略地把系统当作分立的，但根本上，世界到底是连续的还是分立的呢？在经典理论框架内，一种可能是，无论在多小的尺度上，都存在连续的理论；另一种可能是，在某个量级上，分立的性质会显现出来。一般的，我们总是假定前者对，可是这样会带来诸多麻烦：如果承认这种连续性的话，是不是意味着，无论在多小的尺度上都存在结构呢？如果能在这连续的变量上存储无限的信息的话，那经典计算机岂不是极其浪费地动用了无限的存储资源来完成有限的运算了吗？其实，我们总觉得经典理论应该是连续的，只是为了不和系统能连续演变的事实发生矛盾，如果不考虑这一点，那么，在某个很小的尺度上，事物可能是分立的。这一想法其实很自然。如果仍然想保留连续演变，那么经典理论就不够了。鱼和熊掌兼得的办法是，把连续性加入到分立的经典理论图像中，这样我们就得到了一个新的理论——量子理论，它兼有分立性和连续性的优势。

---

1. 这里的中间态并不是按照定义允许的 —— 译者注

意义何在

在这一节，让我们跳出技术细节，讨论如何理解的问题。需要指出，我在这里阐述的只是我个人对公理的理解，并不是唯一正确的理解方法。

我们还是先从公理入手。这些公理叙述起来相当简单，而我们需要考虑：它们都对应着什么样的哲学观点？它们最能适应怎样的世界观？我们看到，制备－变换－测量被当作基本过程这一点，是这个理论中最显著的特点，公理阐明的应该是这样一个宏观的过程，而不是微观的描述。用惠勒教授的几幅图最能生动地表明这一点。图2.3中的图（a）画的是惠勒教授的原图，一个大大的字母U（代表世界universe）长着一只眼睛，中间的箭头表示观察者可以看这个世界，但是画中的眼睛也是U的一部分，意味着观察者本身也是世界的一部分。不过，这张图却一点也没提到测量。在物理学中，人仅仅是观察

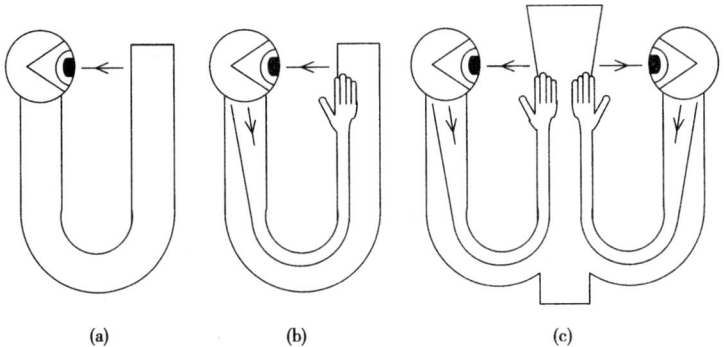

图2.3　（a）惠勒教授的原图，一只眼睛在观察宇宙。
（b）一个观察－操作者既在观察宇宙，又在用自己的手改变宇宙。
（c）呈希腊字母ψ形状的两位观察－操作者

者的观念根深蒂固，与之相应的，习惯上也把科学看作是对世界的客观但被动的描述。然而实际上，人类（甚至包括动物和机器人）既是世界的观察者，也是操作者，他们可以伸出手（或脚，……）去改变这个世界。在修改后的图2.3中的图（b）中，我们就可以看到这只改变世界的手。它本身就是用世界中的材料做出来的，因而也是世界的一部分。这张图虽然可以完整地表达出人类身兼观察者和操作者两职，能对世界施加制备/变换/测量三种作用的意思，但还略显不足，因为真实的物理过程中并不仅仅只有一人参与，而我们对世界的认识，也要在许多人的交流互动中才能最终成型。这里并非在说，物理研究是社会性活动，而是说明，在基本层面上，物理学描述的世界，是一个包括了大量的观察/操作者的世界。我们用有两只眼睛和两只手的图2.3中的图（c）来表示这种互动作用。瞧，现在我们的图巧妙地变化成了希腊字母 ψ，这正是量子理论中用来表示态的字母。

　　图中的两个箭头，标明了经典信息的两个去向：一方面，当我们观察世界的时候，我们能将所见所闻用语言表述出来（例如：我看见了红色），而语言表述都能变换成比特流（因此是经典信息）；另一方面，如果我们想干点什么，可以伸出手去实施这些想法，这些想法也可以用语言来表述，从而也是经典的信息。这里有个有趣的哲学问题：是行为的意识在先还是行为的实施在先？比如我们拿起杯子这个例子，是我预先就想要拿那个杯子，还是杯子拿起来了我才注意到呢？这张图主张前者，因为如果行为实施在先而观测在后的话，就不会有指向外的箭头了。我们有动力学自由[1]这一点非常重要。我们知

---

1. 即行动自由 —— 译者注

道，物理方程实际上代表了系统可能处于的一组态的集合，而由实验者来决定去实现哪一个态。当我们说系统处于某一个态时，同时还暗示了系统可能处于的一组态。也就是说，态这个概念，只有在系统同时还能处于其他状态下才有意义。下面在阐述连续性公理的产生原因时，系统都是在手的作用下实现状态变换的。我们将会看到，如果承认这个过程中的主观自由，连续性公理就会显得合情合理。

但主观自由在天文学中似乎遇到一些麻烦，虽然我们可以选择观测哪颗星星，但是伸手却够不着，不能去改变它。这种情况下我们没法制备系统的初态，我们只能到处找找，看能不能找到我们想要看的那种初态的星星。但我要说，一方面，选择观测对象本身也是对世界的一种改变行为；另一方面，我们原则上毕竟能够主动改变那些星星，因此，我们的观点仍然成立。

图2.3中的图（c）蕴涵着丰富的内涵，几条重要的公理都可以从这张图来，阐述这种联系会很有启发性。首先，这张图从工具主义的观点出发，将人和外面世界的相互作用作为最基本的立足点，这正是贯穿整个公理体系的精神实质。本着这样的精神，我们自然会从概率的角度来思考问题，这便是公理1的内容；其二，从信息论的角度，公理2可以非常自然地表述为：任何N维的系统都具有相同的信息属性。图中从世界指向眼睛，和从人指向手的箭头代表着信息的流向，这些箭头在图中的重要作用，暗示了信息在物理世界中的中心地位，因此公理2就显得很合理；其三，公理3指出，有些系统既可以看作基本的，也可以看作复合的。与之对应，图2.3中的图（c）中画有两个观察/操作者，当他们分别和各自部分世界作用时，整个世界就可以看

作一个复合系统。（不过，其实并不一定要有两个观察者才能观察两个子系统，一个观察者就可以同时和两个子系统作用。）

公理4在整个理论体系中至关重要，让我们仔细说明一下它和这几幅图的联系。我们设想，图中的一个实验者和一个简单系统互相作用，这里简单是指维度N很小。实验者可以伸手去变换这个简单系统，将它从一个纯态变换到另一个纯态。但是，这一变换过程需要实验者动手完成，确切地说，需要通过将手这个复杂系统从一个位置变换到另一个位置来完成。注意到手是一个维度N很大的复杂系统，有很多可分辨态（N很大）。可以想象，在移动手的位置，从而把手从一个纯态变换到另一个纯态的过程中，势必要经过许许多多的中间位置，其数量之大，已经足以把手的运动近似看成连续的，而在这个近似连续运动的任何一个中间位置上，简单系统都必定处在一个确定的态上。同时，如果这一过程中没有泄露系统状态信息，那么这个变换就应该能还原。综上所述，在系统的两个纯态之间应该存在连续的可逆变换（从而能够使一个态在纯态之间以连续变换），这就是公理4的内容。

公理5只是单纯的简单性假设，因而和图示并没有什么直接的联系。

可以说，图2.3中的图（c）所展现的基本物理观点，合理地补充了过去标准还原论的物理观点。还原论的观点，仅仅注重了从微观层面的基本规律出发，去理解宏观世界这一方面，但从下往上的推演并不是事情的全部，要全面透彻地理解世界，我们还需要回答"微观层面的规律是从哪里来的？""原子的运动为什么符合量子理论呢？"

至少按本文的观念来看，要回答这些问题，我们需要一个反向的解释，从宏观出发来解释微观，即把包含了宏观物体的图2.3中的图（c）所展示的物理图像当作基本观点。双管齐下，我们就能得到一个完整的理解：从上到下，我们能合理地解释基本物理规律的来源；从下到上，我们又能有效地将宏观物体还原分解成更小的体系。两方面相辅相成，缺一不可。

只考虑人类的身体的功能（其实那些痛苦、折磨，或其他陀思妥耶夫斯基的文学主题问题也一样），图2.3中的图（c）清晰地表现出了人类与宇宙的关系。对自然定律，人类居然有如此根本的决定作用，这一点既让人吃惊，又有点让人不自在。因此，对这个问题，我们有必要看看别的一些观点。与我们的观点针锋相对的一种看法认为，最终我们对世界的解释将是纯粹还原论的，将从下至上地解释世界为什么是这样的。正因为人是深深植根于这个世界的，所以也可以说，我们来自经验的一切直觉并不基本。如果从这一观点出发，显然本文中所述的公理就不能被当作最基本的，但是这种研究方法却远不如本文中从上到下的推导方式能说明问题。总之，这两种观点各有所长，都在指引物理学的发展中发挥着自己的作用。

量子理论之后

和所有在量子之前的理论一样，也许有一天，我们会发现某些场合下，量子理论出问题了，不适用了。事实上，合并量子理论和相对论的困难，已经暗示出问题所在。如果量子论出错了，如何找到量子论之后的新理论呢？这些公理暗示了不少尝试的方向。

最简单的想法就是，考虑函数 $K(N)$ 的其他高阶形式。如果能将量子理论看成这个高阶理论的一个近似，那么可能自然实际上是遵从高阶理论的。我曾试图建立这样的高阶理论，不过迄今为止都不成功。在 $K=N^2$ 之后的理论建立中会出现一些技术困难，建立起它们也许实际上并不可能。

也可以通过推翻子空间公理来修改公理体系：允许存在不同类型的系统，每种满足的 $K(N)$ 函数形式不同，而复合系统的法则也会相应改变。对于这种改动的一般情况研究可能涉及一些数论方面的有趣知识。

废除连续性公理也是一个考虑方向，连续性公理是从一个大系统（N 很大）和一个小系统（N 很小）的相互作用中归纳出来的，但是也许存在相反的情况。而且，由于我们测出的相对频率都不可能是极限值，从而实际得到的概率都只可能是有理数，在用概率表示态的情况下，实际的态就不可能连续地变化。也许态的实际演变过程会有一点点跳跃？对公理4的小小改动带来的二阶修正，也许能在未来足够精细的实验中探测出来。

由此引申开来，所有我们已经得到和将来可能得到的实际数据，必定都是有限的。物理中其实完全用不着实数，只用整数就够了。既然这样，我们为什么一定要在物理定律中使用连续变量呢？也许大部分甚至全部的物理基础理论工作，都会像之前我们证明 $K=N^r$ 时一样，最后归结到数论的证明上。

结论

至此，我们已经回答了惠勒教授提出的问题："量子是怎么来的？"这是因为经典概率论存在一个无法逾越的困难：由于只有有限个可分辨态，经典系统在从一个纯态到另一个纯态的演变中必然会出现不连续的断点。为了摆脱这些讨厌的断点，我们才不得不引入量子理论。让人惊奇（也有些讽刺）的是，正是"连续"这一个词成了经典和量子理论的分水岭。

仅仅加入了一条有关连续性的要求，就能从原本符合经典理论的一系列公理中，推导出连续希尔伯特空间中量子理论的全部内容，这一点实在令人印象深刻。可以说，量子中令人疑惑的种种违反直觉的现象，都是为了要符合连续性公理而导致的，这正如爱因斯坦的相对论中，种种违反直觉的现象都是为了不与光速不变的公理相矛盾一样。量子和经典理论的不同，仅仅是由连续性公理导致的。

致谢

许多人都参与了本文的讨论，在此我对他们致以诚挚的谢意。我还要特别感谢克里斯·福斯（Chris Fuchs），如果不是他的引导，我可能不会对文中所述的惠勒教授的问题产生这样浓厚的兴趣。本文亦得到了牛津大学皇家社会大学研究补助金的赞助。

第 3 章
它来自量子比特

戴维·多伊奇（David Deutsch）

牛津大学

引言

在惠勒教授提出的"真正的大问题"中，进展最大的当属"物质是由信息构成的吗（它来自比特吗？）"—— 即信息在物理基石中起到了怎样的作用。这个问题也许不如"存在从何而来"那样高深，因为它不需要一个形而上的回答。它也不同于"世界为什么是量子的？"因为回答它不一定需要新的自然规律，我们通过更好地理解现有的定律，尤其是现有的量子物理定律，就有希望获得答案。实际上，正是对量子信息和量子计算理论的更深刻理解，才使我们更好地理解了"它来自比特吗"这一问题。

假设一开始我们就接受"它来自比特"的观念，我们对量子的物质世界的认识会有怎样的不同呢？谁也不知道"它"（物质世界的各种性质）是怎么从"比特"衍生出来的（即信息是最基本的物理概念

之一这种观点），而且我也将论证这是不可能的事情。但是我们可以
做一个容易一些的选择，那就是：从量子比特[1]（qubit）开始。

量子比特

对经典的信息学家而言，1比特是抽象的一定量的信息；对程序
家来说，1比特是一个布尔型变量；对工程师而言，1比特是一个触发
器 —— 一种有两个稳定物理状态的硬件；那么对物理学家来说呢？
量子信息理论在很多方面都不同于之前的经典理论 —— 其中一个原
因就是它为一个古老的问题提供了新的答案。这个问题，从古希腊的
斯多葛学派和伊壁鸠斯学派开始，甚至更早以前，就已经争论不休了。
这个问题就是，世界究竟是离散的还是连续的？

逻辑是离散的：在真与假之间没有"中间地带"。但在经典物理
中，离散信息处理是一个衍生的、并且有些笨拙的概念。那些基本
的经典可观测量总是随时间连续变化的，如果是场，还随空间连续
变化，并且满足连续的微分方程。当经典物理学家提到离散的可观
测量，例如一个行星有几个卫星时，他们说的仅仅是一个理想化模
型，因为实际上，卫星在"处于环绕行星的轨道上"到"只是经过
行星附近"之间有一系列连续的状态，对应每一个状态可以指定一
个不同的实数或实数组。这样指定的任意两组实数，不管多么接近，
也对应两个不同的物理状态。它们必将随时间不同地演化，产生不
同的物理效应。[一般的，它们状态之间的差别会随时间指数增长，

---

1. 量子计算机中的基本单位，相当于传统计算机中的比特（bit）。—— 译者注

这源于经典动力学的不稳定性，也叫混沌（chaos）] 正因为一个实变量对应无限个的独立离散变量 —— 比如，二进制展开下一组无限的 0、1 序列 —— 所以任何经典物体原则上都带有无限多的可观测量信息。

　　若不深究连续的本体论哲学含义，一般意义下，连续的概念是非常自然的。但同时我们也认为，复杂的过程能被分解成一系列简单过程之和，这一概念是合理的（这个观点是信息处理的精髓，所以也是"它来自比特"的精髓）。然而这两个概念并不一致。如今我们认识到，这正是芝诺的"运动不可能"悖论所揭示的问题[1]。如果芝诺熟悉经典物理和信息处理的概念，他就会把这个悖论表达如下：考虑经典物理中箭的飞行问题。为了理解飞行是怎么进行的，我们可以将箭的坐标视作一份份信息，而将飞行视作处理这些信息的计算，我们把这个计算分解成一系列的基本计算。不过在这个问题里，什么是"基本"操作呢？如果我们认为飞行是由**有限**数目的更短飞行组成，那么同样也可以认为每一个更短飞行也像整个飞行一样复杂：它们可以分成完全相同的子步骤，每一步中箭的位置也能和它在整个飞行中的位置建立一一对应。另一方面，如果我们认为飞行确实是由无数无限小的步骤组成，那么这每一小步的作用又是什么？由于不存在一个实数比另一实数大无限小这种事情，所以不存在一个无限小的操作，将事物的状态从一个实数变化到另一个实数，因此我们不能把这种操作当作这种

---

1. 芝诺悖论（Zeno＇s Paradox）的四大悖论之一："两分法"悖论，"在你穿过一段距离之前，必先穿过这个距离的一半。"意思是说向着一个目的地运动的物体，首先必须经过路程的中点；然而要经过此点，又必须先经过路程的四分之一点；要过四分之一点又必须首先通过八分之一点；等等。如此类推，以至无穷。由此得出的结论就是：运动是不可穷尽的过程，运动永远不可能有开始。——译者注

位置信息的基本计算。

正是因为这一点，"它来自比特"的设想在经典物理里根本行不通。值得注意的是，黑体辐射疑难，这个当年曾导致普朗克建立了最早的量子论的问题，就是因为经典的连续性带来的信息容量无限引起的。

量子理论中，连续的可观测量才是不能自然地纳入理论体系中的（因此它才叫作**量子**理论）。但对连续性的否认又引发另一个，可以说是与芝诺悖论相反的悖论：如果一个可观测量的取值（即对它作测量时所有可能的取值）不是连续而是离散的，那么它是如何从一个取值跳跃到另一个取值的呢？量子论对此作出了一个非同寻常的回答：这种跳跃就是连续的。因为作为描述量子实在的物理量，量子化的可观测量既不像经典的自由度坐标那样，是一个实变量；又不像经典的比特那样，是一个离散变量，而是同时具有离散性质和连续性质的一个更复杂的概念。

考察量子论的基本问题，尤其是考察信息所起的作用时，最好使用海森堡（Heisenberg）表象。在海森堡表象下，可观测量 [我用符号 $\hat{X}(t)$ 表示] 是随时间变化的，而量子态 $|\Psi\rangle$ 则是稳定的。虽然薛定谔（Shrödinger）表象对任何预言都是等价的，并且在很多情况下计算更方便，但不好表现信息流，而且会带来很多错误概念（参见 *Deutsch and Hayden 2000*）。

最简单的量子可观测量，除了单位可观测量1的倍数（平凡可观测量，只有一个本征值）之外，是**布尔型的可观测量** —— 只有两个本征值的可观测量。这是量子物理中，最接近经典程序设计员头脑里的布尔型变量概念了。但工程师用的双稳态电路并不是一个变量，而是一个完整的物理系统。包含一个布尔型变量的最简单的量子体系就是，一个**量子比特**。等价地，一个量子比特也可以定义为，任何一个非平凡可观测量都是布尔型的。量子比特还可以当成"量子两态体系"（不过这个说法有点容易引起误解，因为量子比特像所有量子系统一样，是由所有可能物理态构成的一个连续统）。这样的例子有自旋为1/2的粒子，比如说电子。量子比特是一个物理体系，而不是纯粹抽象的概念，这是信息的量子理论与经典理论的又一重要区别。

我们可以在海森堡图像中描述 t 时刻的量子比特 Q（见 *Gottesman 1999*），用布尔型可观测量 $\hat{\boldsymbol{q}}(t) = [\hat{q}_x(t), \hat{q}_y(t), \hat{q}_z(t)]$ 表示，它们满足

$$\hat{q}_x(t)\,\hat{q}_y(t) = i\,\hat{q}_z(t)$$

$$\hat{q}_x(t)^2 = 1 \quad [\,(x, y, z)\,\text{按次序指标轮换}\,] \tag{3.1}$$

Q 的所有可观测量，都是单位可观测量和 $\hat{\boldsymbol{q}}(t)$ 的三个分量的常系数线性组合。Q 的每个布尔型可观测量都随时间连续变化，但由于方程（3.1）的限制，它们只有两个固定的本征值，测量时只能出现两种结果。

量子比特具有储存1比特的经典信息的能力，但它并不是与经典1比特完全对应的基本实体，真实的存在只有量子比特，而比特、布尔

型变量、经典的计算都只能近似体现量子比特某一方面的性质，这些性质主要在退相干的过程中体现出来（见 *Deutsch 2002a*）。

量子计算的标准模型是量子计算网络（quantum computational network）（见 *Deutsch 1989*）。量子计算网络包含固定数目 N 个量子比特。

$$Q_a\,(1 \leqslant a \leqslant N),\ 满足\ [\,\hat{q}_a(t), \hat{q}_b(t)\,] = 0\ (a \neq b) \qquad (3.2)$$

其中 $\hat{q}_a(t) = [\,\hat{q}_{ax}(t), \hat{q}_{ay}(t), \hat{q}_{az}(t)\,]$。

在实际的物理操作中，量子比特通常是一个具体的量子体系，比如说光子或电子系统。这些系统通过更大的外部装置操作，来得到量子计算网络要求的属性。但是网络自身又具有因果独立性（causally autonomous），也就是说，每个量子比特的运动规律，都只依赖于它自己，以及网络中其他量子比特的可观测量，而独立于外部装置。于是，我们在研究量子计算体系的特性时，所有外部装置都可以不考虑。

让我们来考虑这样一个量子计算网络，网络按照一系列的分解步骤（computational steps）进行计算，我们把一个步骤当作时间测量的一个单位。网络在整数时间 t 的计算状态（computational states），由全部可观测量 $\hat{q}_a(t)$ 完全确定。尽管在每个计算步骤之间，任何真实的网络可以在各步计算状态之间连续变化，但我们对非整数时刻的计算状态不感兴趣。整数时刻的网络本身就是一个因果独立系统，所以，同剥离外部装置的影响那样，我们也剥离网络本身的非整数时刻。

不要把我们现在说的计算状态与网络的海森堡态|Ψ⟩ 相混淆, 海森堡的量子态是常量, 而且总是可以取

$$\langle \Psi | \hat{q}_{az}(0)|\Psi\rangle = 1 \qquad (3.3)$$

这时所有的可观测量$\hat{q}_{az}$都有确定的初始值+1。（在这个约定下, $t=0$时刻, 网络的初始值叫做标准的"空白"状态。并且, 我们把这个给计算赋初值的过程, 视作网络自身的预备计算步骤。）

在每一步计算中, 网络的量子比特都分离（动力学意义上, 不一定是空间意义上）为一些不重叠的子集, 每个子集中的量子比特之间互相作用, 但不与其他子集中的量子比特互相作用。我们把这个过程叫做"通过一个量子门"—— 量子门就是能在一段时间内把一组量子比特隔离起来, 并让它们相互作用的任何一种装置。因为我们只对整数时刻感兴趣, 这个量子门的作用就是对整个计算步骤的净作用。一个n量子比特的量子门的作用可以用$3n$个方程来描述, 每个方程用集合{$\hat{q}_a(t)$}中的$3n$个可观测量表示集合{$\hat{q}_a(t+1)$}中的一个可观测量（这里a指标用来标记在时刻t到$t+1$之间, 通过量子门的所有量子比特）, 并满足所有限制条件。每个这样的方程组都意味着一个可能的量子门。具体例子可见 *Deutsch and Hayden 2000*。

在没有发生这些相互作用的时候, 量子比特是计算惰性的（它们的可观测量都不发生改变）, 它们只从一个门的输出保持原样到下一个门的输入（逻辑上, 并不需要在空间上）。因此, 这个量子计算网络的动力学, 可以通过定义一个用"线"连接起来的量子门网络确定。

从这个角度看，量子计算网络的研究，可以算成物理学一个很窄的研究方向。量子比特是一种特殊的物理体系，通常还是一些普遍意义下的"基本"体系（比如说基本粒子）。在量子门中，量子比特以相当特殊的方式相互作用：它们之间的相互作用非常之强，却又完全独立于周围环境，它们的活动周期都是同步的，同时还有非活动周期。我们甚至可以假设，网络中所有量子比特的自旋，最开始都指向 +z 方向［或者是其他的任何符合初始条件（3.3），但不是自旋 −1/2 体系的量子比特系统］。这些属性不仅在自然界里非常少见，而且，在当前的实验室里，也都还没有能够完美实现。充分认识量子态，并利用其性质进行实用的计算，在我们现有科技的条件下，仍然是一个巨大的挑战，一个尚未达成的目标。

不过量子计算网络还有一个性质，比以上所述更值得在科学上和哲学上探讨。这个特性就是计算完全性（computational universality）[1]。

完全性

计算完全性包括下面几个相关方面的内容：

　　1. 一个单一的，标准的量子门，足以建立一个能够完成任意功能的量子计算网络。

　　2. 量子计算网络是计算的通用模型。

　　3. 一个通用的量子计算机，可以任意精确地模拟任何

---

1. computational universality 在现在的计算理论中，指图灵计算完全性，能完成图灵机要求的功能，是所有计算机设计的理论基础。——译者注

物理体系的行为。

　　4.这种计算机可以被实际制造出来（这一条还没有得到证明）。

　　这里的第一条与**通用门**（universal gates）的概念相关。为什么量子计算理论应该符合"它来自比特"这一直觉？一个原因是，从最自然的角度来说，组成网络的逻辑门执行的计算，理应比网络整体执行的计算简单。一个或两个量子比特通过量子门的可能运动虽然连续，但与更大的量子网络的可能运动并不同构；而若考虑能执行某种固定基本操作的量子门，通过组合这种单一类型的量子门，就有可能构建能执行任意量子计算的网络。具有这种特性的门被称为**通用量子门**（universal quantum gate）。事实上，不仅存在只有一对量子比特的通用门，而且在所有可能的双量子比特门中，只有测量值均为零的门不是通用的（*Deutsch et al. 1995*）。

　　由此可见，计算的完全性是最简单的量子门也拥有的性质，这些门本身，也只包含一个量子体系两个最简单态之间的相互作用。我们也可以通过别的方式来表示门的完全性，例如，所有的单量子比特门，加上可控非操作（一个量子比特对另一个量子比特的测量）同样可以完成任意计算。或者，用所有单量子比特门加上"远距传输"的特殊量子操作（*Gottesman and Chuang 1999*）。所有这些方案，都来自于量子计算和量子物理之间惊人的紧密联系——而在经典计算和经典物理之间，这种联系只是间接的。理论上，虽然也能基于理想的经典体系（比如理想弹球）构建经典计算模型（*Fredkin and Toffoli 1982*），但是这些设想在很多方面都过于理想化，而且由于"混沌"的缘故并不稳定，因而不能建成实用的计算机。要想用经典近似下定义的"基本"元件（比如说齿轮，杠杆等）建立一个通用的经典计算机 [类似于巴比齐[1]（Babbage）的分析仪那样]，就必须要求这些元件是高度集成、精密加工的，形状稍有改变就会失去原有功能。

现代经典计算机的微型芯片中用到的单个晶体管，就是这样的元件。但如果我们采用量子体系，例如离子阱中的离子，情况就会不同（ *Cirac and Zoller 1995*；*Steane 1997* ）—— 量子计算机可以基于很多种量子体系，现在有很多人在研究离子阱是不是一个可行的方案。在离子阱中，一群离子被形状精巧的震荡电场束缚在一条直线上。每个离子中的一个电子靠双态体系（一个态是它的基态，另一个态是任一个激发态）构成一个量子比特。这些离子受到库仑力和激光带来的外加电磁场共同作用。只要激光存在，就能够连续调节任何一对量子比特的可观测量。工程上的问题到这里就全部解决了。只要按照这里描述的方案实现，相互作用的具体形式并不重要。由于量子门所共有的完全性，在某种特定的激光脉冲序列（其中的每一个脉冲形成一个门，影响两个量子比特）的作用下，就一定能使一个 N 维离子阱进行任何需要的 N 位量子比特计算。

这个结论同样适用于其他任意物理体系 —— 核子自旋，超导环，电子阱，以及其他更怪异的方案 —— 而这些物理体系已经或者可能成为量子计算机的基本元件。S. 劳埃德（S.Lloyd）曾将这个观点总结成一句格言："只要选用合适的入射光，几乎所有的量子体系都可以

---

1. 巴比奇，查尔斯（1792–1871），英国数学家和分析仪发明者，他依据的原理与现代数字计算器的原理相似。—— 译者注

成为一个量子计算机。"而这句话在经典物理中就没有对应了。

当然,量子计算机远比经典计算机难于设计,但困难的原因却大相径庭:这里不再要求设计出精确定义的复合体系作为元件,而是要从复杂的环境中,孤立出自然界原本存在的、最简单的物理系统,然后找到某种方法,让任意一对这样的系统之间相互作用。一旦能在某种给定物理体系中实现,则不再需要任何后续的调整和加工,因为这些量子体系之间进行的相互作用已经自然具备计算完全性。

完全性的第二个方面是说量子网络是计算的一个通用模式,即考虑任何一种可能被用于计算的技术——无论是量子的还是经典的,无论是基于逻辑门的还是别的什么,对任何一台用此技术建成的计算机C,都存在一个量子计算网络,全部由简单的量子门组成(例如一个两量子比特的通用门),这些门至少含有与C相同的计算指令集。在这里我们特别强调"相同的指令集"这句话:

1.给出一个计算任务(例如因式分解)和一个输入(例如一个整数),网络能够得到和C一样的输出(例如这个整数的因子)。

2.网络完成一个给定计算所需的资源量(门的个数、时间、能量、原材料的数量以及其他)不会超出C所需的资源量的低次幂。我推测这个指数可能是1。就是说,存在一种这样的技术,基于它所实现的量子计算网络,能模拟任何用其他技术建成的计算机,而且它所使用的资源不会超过原来其他技术所用资源的常数倍。

　　3.网络不仅能模拟C中输入和输出之间的关系,而且
还能使用和C相同的方法——相同的量子算法计算出结果。

　　这样一来,量子计算的抽象理论研究(并不是如何在技术上实现
量子计算),就等于量子计算网络研究中间的一个具体类别(因为只
需要一种类型的通用量子门)。这是经典的计算完全性在量子计算中
的推广,在经典情况下,对所有计算的研究都等效于研究任一通用的
模型,比如说由与非(NAND)门或托弗里(Toffoli)门建成的逻辑网
络,或者是通用的图灵机。

　　不过,量子完全性还有经典计算所不具有的第三个性质:量子计
算网络能够任意精确地模拟任何一个物理系统的行为;而且它们所需
资源的复杂程度不会超过被模拟的系统。我们曾经猜想经典计算也会
有同样的性质,但最终发现没有。量子体系最一般的描述方式(我们
普遍认为),就是**量子场**(quantum fields)。例如,一个量子标量场 ϕ
(x,t),时空中每一点 (x,t) 都对应一个可观测量,并且满足运动微
分方程。通过在时空点阵中,用有限范围内的有限组可观测量来逼近
连续范围内的连续时空场,很多近似方法都可以用来计算这样一个系
统的行为。这些近似方法当然也能用于量子计算中,例如,用有限数
目的量子比特就能够模仿场 ϕ 中每个空间格点附近的行为。

　　我们也可以从另一个方向得到量子场论,从一开始就认定“它”
(量子场)是由量子比特组成的。这是因为,量子场显然可以用布尔
型变量的场来表示。举例来说,“场在一定时空区域 R 上的平均值是
否超过一个给定值 Φ”,其中 R 包括所有体积和时间不为0的区域,而

Φ取遍所有实数，这样一组布尔型变量的集合就包含和量子场 $\phi(x,t)$ 本身相同的信息（虽然有冗余）。对每一个这样的布尔型变量，我们都可以构造一个包含它的"最简单"的量子体系，就是量子比特。

利用只有相邻量子比特才能相互作用的门，我们可以模仿局部相互作用。这样，量子网络就能够模仿任意物理体系——不但能按照最低要求给出同样的输出，而且，在更强的要求下，能够重复给出这个输出的物理事件，在局域范围和任意细节中都一致。

在很多实际计算中，我们只关注给定输入的输出结果，而无需（除非是程序员）关注它是怎样出来的。但也有一些例外。一个有趣的例子来自格雷格·伊冈（Greg Egan）的科幻小说《置换城市》（*Permutation City 1994*）。在这篇小说中，技术已经高度发达，人们可以把大脑的计算状态上载到计算机中，以输入状态为初始状态，这些模拟的大脑开始在虚拟现实的环境中互相作用，这个虚拟现实的环境就是客户选择的独立于外部的世界。但由于实现这种计算是昂贵的，所以负责这项设施的人们不断寻找能够优化模拟程序的方法。他们运行了一种优化算法，可以系统地检查程序，用能够以更少步骤完成相同任务的代码和数据替换原来的代码和数据。然而，使用模拟程序的人不能理解这种优化的作用，最终，这个优化程序崩溃了，它删除了整个模拟系统和全部数据，并宣布"这个程序没有任何输出"。

顺便一提，我们没有理由相信，这种模拟需要一个通用的量子计算机（见 *Tegmark 2000*）。因为无论从哪方面看，我们的大脑都是一个通用的经典计算机。但不管大脑如何工作，量子计算的强大完全性都让我们确信,大脑模拟技术,以及一般意义上的人工智能都是可能的,也是可行的。

如果,**通用的量子计算机能够实际做出来**。其实,这正是完全性的另一个特点,而且也许是"它来自量子比特吗"这个问题最关键的一个特点。确实,如果量子比特实际上不能建成具有通用模拟能力的网络,那么计算完全性本身也不会受到这么多物理学家和哲学家的极大关注了。

世界并不是"由信息构成"

如果完全性在前文所说的四个方面都成立,那么任何一个物理系统都能被一组量子比特完全描述[1],既然这样,我们何不更进一步,宣称世界是以量子比特场为根本,而传统的量子场,只不过是它表现出来的特性呢?一方面,自然中的量子系统遵循的方程,以时空场的语言来说太简单了,这个事实也许就否定了"量子比特是基石"这种对物理实在的不成熟认识。但另一方面,我们又有一些事实支持这一观点。对量子引力理论来说,我们仅知的事情之一,可以表述为贝肯斯坦熵限(Bekenstein bound):任何空间区域的熵,都不能超过一个固定常数乘以该区域的表面积(Bekenstein 1981)。这强烈地暗示,任何有限空间量子体系的完备态空间也是有限的,只能包含有限个相互独立的量子比特。

1.补充论证:另见历里(Zizzi 2000),他发展了用"它来自量子比特"阐明量子引力的简洁方法。

　　然而，即使这个以量子计算为核心的、最乐观的物理观点，最后被证实是正确的，也不能说，野心勃勃的信息决定论观点就是对的。这一观点最直接、也是最极端的表述是：我们通常看见的整个物理实在，实际上只是一个巨大计算机 —— 即全能模拟器 —— 上运行的一个复杂程序。表面上看，这种解释物理和计算之间联系的方法似乎很乐观：物理定律能用计算机程序来表达，也许是因为它们本身就是计算机程序；而计算机的存在，本质上也许就是计算机（这里指全能模拟器）模拟其他计算机能力的一个特殊体现；物理定律的局域性也很合理，因为复杂计算总是由基本的计算构成的 —— 也许全能模拟器就是一个（量子的？）元胞自动机[1] …… 诸如此类。但是，实际上这一整套猜想都是妄想。

　　接受这些观点必须承担放弃科学的代价。正是计算完全性的本质告诉我们，如果我们的世界是由软件组成的，那么我们将无法理解物理实在 —— 那个全能模拟器的硬件的物理基础。当然，没有人能够证明我们自己不是软件。就像所有的伪科学一样，这套理论也不具有可检测性。倘若要接受这种理论的方法论，我们也最好不要去找那些代数和实验上的种种麻烦，直接回去拿古希腊神祇的性活动来解释世界得了。

　　试图将计算变成物理的核心，还有另一个显然不同的方法，就是先假设"所有可能的物理定律"（某种意义上）在物理世界上都已经

---

1. 元胞自动机（cellular automaton）：某种无规则走棋。在网格上，按一定规律演化的方格游戏，每个网格成为一个单胞，长期的演化可能会形成自组织现象，是复杂性研究的一个课题。—— 译者注

实现了，再用观测的选择效应[1]解释我们看到的定律（例，见Smolin
1997）。然而从本质上来说，观测的选择效应并不能完全解释世界上
的所有定律和规则。这是由于，要对不同的世界（比如说，具有不同
物理定律，或者不同初始条件的世界）作预测，就必须首先对这些世
界作测量，只有这样，才可以说这样的话："诚然，这个集合里的大多
数世界都没有性质X，而只要有人问到这个问题的世界，大多有性质
X。"但事实上，也许根本不存在这种假定的、对"所有可能的定律"
的测量。泰格马克（Tegmark 1997）等人曾经提出，物理定律用计算机
程序表达时出现的复杂性，就可能是这种难以捉摸的万能测量。但这
又引出了另一个问题：这种复杂性是**对何种计算理论而言的**？经典计
算和量子计算有着非常不同的复杂性理论。确实，"复杂性"这个概
念已经完全根植于物理之中了，从这个角度来说，物理本身，优先于
任何计算的概念[2]。从这种思维方式出发，"它"是不可能来自于"比
特"或"量子比特"的 [也见我对惠勒教授"没有定则的定律"（Law
without law）观点的评论——Deutsch et al. 1986]。

　　这两条路都没有成功，根本原因在于，它们试图颠倒对物理与计
算之间关系的解释。看上去似乎很有理，但那只不过是因为人们普遍
误认为计算是**数学**中的概念。他们认为，可计算的函数集（亦即量子
可计算任务集）所具有的优越性都来自数学，但事实上并非如此，这
些运算的优势来源于有关计算完全性的物理定律。是物理而不是数学，
让我们能够区分可计算和不可计算性（参见Deutsch et al. 2000），以
及简单和复杂。

1.观测选择效应（selection effect）：观测者的存在对观测本身会造成影响。——译者注
2.物理是本质的，而不是计算是本质的 ——译者注

世界由量子比特组成

那么，世界是由信息构成这一点，到底给我们留下了些什么呢？不是 "无中生有（something for nothing）"：信息不能从虚无中创造世界；也不是说物理世界的定律都是虚构小说，而物理只是相对于某种文艺批评；而是说明了，一个我们将物质称为信息，过程称为计算的世界确实有一个特殊地位。这个世界包含 —— 或至少可以包含 —— 通用计算机。但是这句话反过来说，一个通用计算机包含整个世界，则是永远不可能的。

世界由量子比特组成。一个性质可被观测的事物是什么样或者不是什么样，这个问题的答案，实际上是一个布尔型变量。每个布尔型可观测量都是某一个实体的一部分。这个实体就是量子比特，它是物理实在的基础，却和我们日常经验相距甚远。它是最简单的可能的量子系统，并像所有其他量子系统一样，实际上好像又不属于这个世界。如果我们精确制备一个量子比特，让它的某个布尔型可观测量是确定的 —— 即在所有平行世界中都是相同的值 —— 那么根据不确定性关系，它的别的布尔型可观测量都不可能是确定的：我们没有办法让这个量子比特在所有世界中都完全一致。量子比特毫无疑问是多重宇宙的产物。这就是为什么量子比特本身能够连续变化，即使它的测量值 —— 或者说它本身 —— 只能是某一个分立的可能值。

我们观察到的世界，在某种程度上，可以近似由单值变量来描述，而这个世界实际上是一个更大实在的一部分。在这个实在中，对 "是否" 这种问题的完整回答，并不是单纯的是或者否，甚至也不是并列的是和否，而是一个量子可观测量 —— 可以用一个很大的厄米矩阵表示的量。在这个意义下，我们是否有可能将世界，包括我们自己，理解为"由矩阵构成"呢？芝诺其实对经典物理中的实数问过同样的问题：我们怎么会由实数构成呢？[1]为了回答这个的问题，我们得向芝诺学习，在假定这个实在概念[2]正确的情况下，分析此时会出现的信息流动（the flow of information）—— 即信息处理过程。这样一来，我们是否可能"由矩阵组成"这个问题就变成：考虑一个完全由矩阵构成的观察者，在一个矩阵的世界会有怎样的经历。退相干理论（见Zurek 1981）和历史相容理论（见Hartle 1991）都已在一定程度上回答过这个问题（又见Deutsch 2002a）：在粗糙的层面上来说，经典物理似乎是对的；而且经典的信息理论似乎也是对的。但是，当量子相干过程 —— 特别是量子计算进行的时候，这种表象就消失了，取而代之的是一个复杂程度指数增加的结构。

卡尔·波珀（Karl Popper）指出，解决一个问题的结果，往往不仅仅是得到一个新理论，还能引出一个新的问题。在基础科学中，这意味着，对那些追求一个最终答案的人来说，新发现通常是令人失望的。而对那些不断追求更多、更深的知识的人来说，新发现带来的是双倍的喜悦。

上面这些论述，排除了全能模拟器之类的终极解释，同时对真正的物理学，我们也有如下的启发：尽管在某种意义上可以说，量子计算理论包含了整个物理（有可能不包括量子引力），但计算的完全

1.即经典物理中的所有物理量用实数就可以完全表达了 —— 译者注
2.即实数构成 —— 译者注

性原理，却从本质上限制了量子计算理论的适用范围。完全性要求计算，以及支配计算的定律，都独立于硬件。这样一来，量子计算理论就不能解释硬件。它自己不能解释，为什么有些事情在技术上是可行的，而另一些就不行。举例来说，蒸汽机就可行，而永动机则不行。量子计算理论也不涉及热力学第二定律：如果一个物理过程可以被通用的量子计算机所模拟，那么它的时间反演过程也同样可以。举个更贴切的例子来说，我上面提到的完全性的最后一个方面——即通用的量子计算机能被实际制造出来——并没有得到证实。相反，很多物理学家怀疑其正确性。以"世界由量子比特构成"的观点来看，这个争论非常基本，但依据现阶段的物理定律，并不能用第一性原理解决。如果我在这里讨论的"世界由量子比特构成"的观点有任何正确之处，那么我们所知道的量子计算理论，就应该是一个更普遍理论的一个特例。

量子构造理论（Quantum constructor theory）（见 *Deutsch 2002b*）是预言何种物体能（或不能）被构造，以及用什么原料来构造的理论。这个理论目前还处于初级阶段：我们只知道一些零碎知识，比如某种类型是不能被构造的，而另外一些就能够被构造——就像热力学定律一样。我们可以说某种类型（第一类和第二类永动机）是不能被构造的，而另一些类型的（无限接近卡诺循环效率的）热机可以被构造。总有一天，量子构造理论也会包含类似的自然原理，即某些信息处理过程（比如，图灵计算机无法计算的某些整数函数）用任何技术都无法实现，而另外一些（构造具有任意精度的通用量子计算机）则可以实现。现在，关于计算的理论是量子计算理论，而以前图灵和其他人发展出来的理论只是一个极限情况下的特例。同样的，我们现在关于计算的理论，再往后也会被认为是量子构造理论的一个特例，是在忽略了所有硬件可行性的极限下的理论。正像爱因斯坦（1920）所说的："一个物理理论最佳的归宿莫过于能指向一个更广泛的理论，而自己成为这个新理论的一个极限情况。"

第 4 章
波函数：实体还是信息

H. 迪伊特·泽（H.Dieter Zeh）

海德堡大学（Universität Heidelberg）

引言

薛定谔（Schrödisnger）的波函数描述的到底是物理实在 [即惠勒教授的专有名词 " 它（it）"] 还是信息 [" 比特（bit）"]？回答这个问题的关键，在于如何定义这些名词。那么，这仅仅只是一个语言的问题吗？我感觉不完全是。不恰当的名词可能造成误解，而选择合适的名词则有助于理解。

比特通常被理解为二进制的信息单位，能通过（经典的）计算机，或通过神经元的电脉冲**物理实现**。一方面，信息（来自实在的比特 " bit from it "）的这种传统物理实现（尤其是热力学的），对避免麦克斯韦妖之类的佯谬是必要的；另一方面，比特的概念又是典型量子化的：量子这个词意味着分立，而与之矛盾的是，**量子比特**是由连续量（二维希尔伯特空间的单位圆）表现出来 —— 更像一个模拟计算机。如果这种量子态只是描述"纯信息"，那又怎么会存在基于经典比特叠加态的**真实的**量子计算机呢？

　　到底应该选择何种用语来刻画波函数（或一个普遍"量子态"）的本质？这个疑问反映了物理学家对其本义的普遍不安，那些量子论的奠基人也不例外。然而，这个选择同时也会表现出某种偏见。让我们先来回顾一些历史。这里主要的讨论都可以在雅墨（Max Jammer）的书（*Jammer 1966, 1974*）中找到。该书包含广泛的信息，其中包括我这里省略了的部分"经典"文献。

波函数的历史评述

　　当薛定谔第一次引入波函数的概念时，他确信波函数是用来描述真实电子的，即使从哈密顿力学推导出的波动方程实际上是在**组态**空间的波动力学。但薛定谔只要把他的理论限定在单电子态上，这一点就没有什么直接的影响。于是他试图用空间中的波包（比如一个相干振荡态）来解释我们表面上观测到的"微粒"。虽然这个尝试失败了，但我将用他这一理论解释束缚态（"局域"）的组态空间（见后面"退相干的角色"）。由于薛定谔坚信，实在必须在时空中描述，因此他对单电子的波动方程提出了非线性修正，而暂时放弃了他本人的多粒子波函数。

　　当玻恩（Born）后来提出概率解释时，首先提出概率是从一个波函数到新的波函数的自发跃迁概率，因为那时他"倾向于认为它（波动力学）是量子定律意义最深远的形式"（这是他后来的解释）。而新的波函数不是束缚态（原子中自发跃迁的结果）就是平面波（散射或衰变的结果）。这两种末态（大多数的初态也是）都是子系统哈密顿量的稳定本征态，这就取代了氢原子中玻尔的半量子化电子轨道[1]。玻尔（Niels Bohr）根据德布罗意（de Broglie）的奇妙假设，将平面波和粒子动量"联系"起来，尽管这个"联系"已经在波动力学中表现为动量微分算符。只有在海森堡（Heisenberg）提出了他的不确定性关系后，泡利才给波函数一个更普遍的解释，即粒子位置或动量（或其他相关方程）的"概率幅"（参见 *Beller 1999*）。**表面上看起来**这是一个统计分布，代表了信息不足——尽管位置和动量不能**同时**测得。这样一来，多粒子波函数的**纠缠**就可以被理解为统计相关，而波函数的坍缩则是"正常的信息增加"。

　　但是，泡利（Pauli）最后做出结论（虽然有争论，但我还是认为他是对的），那些潜在的经典的可观测性质不仅仅是未知的，更是不可知的，因为在测量之前它们根本不存在。就像他后来写给玻恩的一封信中说的那样，"一个电子在观测中表现出来的确切位置是自然定律之外的**创造物**"（这句话是我自己的翻译并强调的）。海森堡也说过类似的话："粒子轨迹是由我们的观测行为创造出来的。"依据玻恩最初的想法（还有冯·诺依曼的正统解释），这种自发出现的"事件"可以理解为一种动力学过程（区别于信息的单纯增加），只要不对观察或测量的过程作进一步的动力学分析。

---

1. 这个波动方程随机改变（坍缩）的观点由冯·诺依曼推广和公式化，应用到测量上，后来被魏格纳（Wigner）称为量子力学的"正统解释"（这里他并不是用来指哥本哈根解释）。它的历史根源也许可以说明为什么冯·诺依曼将量子跳迁视作第一类动力学，而将薛定谔方程叫作第二类干涉（Eingriff）。

根据海森堡和尼尔斯·玻尔（Niels Bohr）早期的思想，这种个别**事件**只是发生在原子中，但是这种解释很快就被放弃，因为出现了更大的量子体系。玻尔后来将它们当作不可逆的探测过程。其他人［比如说伦敦和巴尔（1939）或魏格纳（1962）］提出，最根本的事件还是发生在观测者身上，或者说"海森堡截断（Heisenberg cut）"—— 即用概率诠释观察者和被观察物之间的关系 —— 是很任意的。厄弗贝克（Ulfbeck）和奥格·玻尔（Aage Bohr）最近写道（*Ulfbeck and Bohr 2001*）："计数器突然发出咔嗒声，并没有一个事件源作为前兆。"注意，这里不再有任何粒子或其他实体在动力学上把事件源和计数器联系起来！作者继续写道，就在咔嗒声发出的同时，波动方程"失去了意义"。这确实是**使用**波函数的常规方法 —— 虽然"粒子"**不**是任何时候都在连续测量的（如气泡室中产生一条轨迹的情形）。即使第一次测量时粒子被吸收了，这之后的粒子也由一个对应真空的态矢（显然这是一个**有特别意义**的量子态）来描述。量子态仅仅是发生了变化，而并没有失去意义。

自发**事件**是真实的，而波函数只是描述它们确定的发生概率，这样一幅图像成为了普遍的量子信仰。如果这些事件是被"本质"的基本随机过程所相容地描述 —— 例如，随机的电子轨道，这就**可能**代表了一种客观的描述。于是，t_0 时刻的物理状态能够**不完全地**决定另一个时刻 t_1 的物理状态。在客观的动力学意义上，前者可以说包含了后者的"不完全信息"（和海森堡提出的"人类的知识"概念或计算机中规范的信息处理相反）。这一非决定论能够用概率分布的延展性描述，表现了包含在初始状态中的后继状态"客观信息"的衰减。不幸的是，这个动力学解释失败了。它与概率弥散体系的相干效应冲突，还与惠勒教授的延时选择实验抵触（*Wheeler 1979*）。这样一来，人们又试图将轨道概念归纳为某种"相容历史（consistent histories）"，也就是**部分**定义的轨道（*Griffiths 1984*）。概略来说，这些历史是由一系列分立随机事件组成的，而这些分立随机事件都发生在和前面提到的"计数器"情形等价的状态下。然而，在这种意义下，究竟是什么情况让一个物理体系起到计数器的作用？

波函数能够影响真实事件，能够保证固体不坍缩，那它自己会是不真实的吗？原则上，这确实是定义问题。例如，电磁场一开始也被认为是抽象的辅助概念，只是为了方便计算（"真实存在的"）带电体之间的作用力。玻姆（Bohm）的量子理论（*Bohm 1952*）认为，可以**假设**电子轨道是存在的，甚至可以用全局的波动方程确定。而它们的不可预测性只是由于未知的（并且是不可知的）初始条件。约翰·贝尔（*John Bell 1981*）坚持认为，假定的整体波函数也应该是真实的，理由是：因为它可以"踢"电子（当电子还呆在波函数内，没有被踢出来的时候）。显然，这个波函数不**仅仅**代表了一个统计集合，尽管它从动力学上**确定**了一个潜在事件的集合（其中只有一个事件能**变成**真实的——注意事先假定了时间的方向！）。

特别地，只要（局域）事件是在没有被观察的情况下**发生**的，波函数的任何纠缠都可以被**转化**成统计相关。虽然薛定谔（1935）后来称纠缠为量子论中最大的谜团，他那篇重要论文的标题仍然用的是不成熟的短语——"分立体系中的概率关系"。同年，爱因斯坦、颇多尔斯基（Podolsky）和罗森（Rosen）也根据纠缠态的概念，得出了量子论是不完备的这一结论。当冯·诺依曼在他的书中具体讨论了量子测量引起的纠缠的时候，人们已经知道纠缠对氦原子核束缚能（显然是真实的！）的重要性，也明白无论子系统相距多远，总角动量本征态必须是子系统乘积的**叠加**。虽然如此，这些大物理学家没有一个能够放弃实在必须是局域（即在空间和时间上有限）的这一要求。而正是这个要求，使尼尔斯·玻尔完全抛弃了微观实在的概念（他在显然的经典事件中还是保留了这一概念）。

叠加态的实在性

除统计学和动力学性质之外，波函数还蕴涵着更多的内容。狄拉克（Dirac）关于"量子态"（用希尔伯特空间态矢量描述）的广义**运动**概念就是建立在叠加态原理上。在叠加态原理的要求下，比如说，自旋向上和自旋向下的叠加态不仅仅导致了某些事件统计上的干涉条纹，而且定义了一个新的**独立**的物理状态。比方说，对中子而言，它的任意一种自旋叠加态都对应斯特恩－盖拉赫装置（Stern Gerlach device）的一个特定取向，在这一取向下，可以**精确预测**中子的轨迹[这个说法来自于爱因斯坦、颇多尔斯基（Podolsky）和罗森（Rosen）]。用有两个未知分量的矢量描述这个自旋量是不准确的。其他自旋分量只能在斯特恩－格兰（Stern-Gerlach）磁场方向不同的情况下，由**测量产生**（泡利认为这超出了物理定理）。

中子和质子的同位旋叠加态，在形式上与自旋类似，尽管在此情形下SU（2）对称性在动力学上被破坏了。由于自然中不会出现这些叠加态构成的自由核子（但可能在核内形成准粒子），因此叠加态原理的有效性受到了假设的"电荷超选择定则[1]"的限制。这种种叠加现象虽然可能存在却从未被观察到，现在我们能通过环境退相干来**解释**它们为什么没有发生。而**中性**粒子，比如说 K 介子和它的反粒子，或者其他中微子，则能够通过叠加态形成新的玻色子或费米子，新粒子具有独立而可观测的性质。

　　从屏上双缝出来的两列波能够形成**空间**的双态叠加态。因为很难把所有的波再重新聚焦到一个点，我们只能依赖统计干涉实验（利用概率解释）来确定它的存在（**一系列**给定事件的结果，比如说一张相片上的一系列点，只能依照量子力学的理论，用局域态的张量乘积来描述 —— 而不是用可能态的集合来描述）。**一般**的单粒子波函数本身，就能理解为所有可能"粒子"位置（空间点）的叠加态。它们只从整体上定义"真实的"物理性质，例如能量、动量、角动量等。

　　不同粒子数的叠加态，构成了这一基本原理的另一个应用，这一应用对描述半经典场非常重要。如果把自由场看做耦合谐振子组成的连续体，那么玻色子数就对应谐振子量子数。相干态（薛定谔试图用波包描述微粒时第一次使用该词）可以表示空间场。相反地，经典场的量子叠加态定义了场泛函，即经典场振幅构成的组态空间上的波函数。

　　戴森（Dyson 1949）利用这样的场泛函（推广了的波函数）推导出QED微扰理论的路径积分和费曼图。这里费曼图中所有的粒子线都不过是一些简单的记号，代表了实际**用到的**积分中的平面波。对波函数有这样一种误解，认为波函数是经典组态（只要信息增加，就能从中"选出"一个子集）下的概率分布，这种看法常常用在路径积分中。特别地，量子宇宙学家用不确定关系来说明假定宇宙轨迹初态集合的正当性（因为初始状态具有不确定性）。于是，埃弗雷特（Everett）的相对态诠释（建立在宇宙波函数假设上）就很容易被误解为**多重经典世界**论。但是，海森堡不确定性关系针对的是**经典**变量。不确定性关系对**确定的**量子态是成立的，并不要求量子态（在这个情况下是量子态的初态）也具有不确定性。同样，各种量子态必须从初始的叠加态（在现有定律之外或通过新的定律）**创造出来**，而**表面上的**宇宙涨落集合也不难通过退相干形成（*Kiefer* et al. *1998*）。

把一个对称群（例如旋转）操作作用到一个不对称态上能产生许多不同的态，这些态的叠加态是非常有用的。它们将不可约表象本征态［相应卡西米（Casimir）算符的本征态］定义为新的独立物理态，从而发展出各种各样的态（或者是"粒子"）家族。

近几十年来，聪明的实验物理学家已经证明了越来越多叠加态的**存在**。我们已经知道了SQUID（超导量子干涉仪）、介观薛定谔猫、玻色凝聚，甚至朝相反方向运动的宏观流体的叠加态（非常不同于反方向流动而相互抵消的两股经典流体）。也成功地设计出了量子计算机的微观元件（一个叠加态的不同组分可以同时进行不同的计算）。所有这些叠加态的产生和行为都像独立的物理态一样，所以它们的各组分也都可以同时"存在"。只要不发生不可预测事件（即没有不确定地改变物理态），这些组分并不是各种**可能态**（不完全信息）的集合。

不稳定态通过一个势垒隧穿时发生的衰变，是量子概率事件**发生**的一个典型例子。衰变的产物（在量子宇宙学中，这一产物甚至可以代表不同的宇宙）会在一个确定但不可预测的时刻离开势阱，成为实在。空穴实验已经证明（见 *Rempe et al. 1987*; *Fearn et al. 1995*），这一描述并不普遍适用于量子隧穿。在每一个独立事件中不同衰变时间会互相干涉。那些可以近似确定衰变时间的众多窄波包，必须叠加起来才能形成幺正演化的波函数，而这个波函数可能在一个大而有限的时空区域内近似指数衰减（以复的能量本征值表示）。根据薛定谔方程的要求，这一波函数的演化过程中，能量本征态的指数尾部需要时间才能形成。这样一来，就排除了在不连续的量子跃迁中，精确本征态导致的（尽管概率很低）超光速现象（见 *Hegerfeldt 1994*）。

在"相应"经典理论已知或者已假定的情况下，通常的量子化过程，就是将波函数 $\psi(q)$ 定义 q^1 的所有经典组态的系数连续统 $\int \mathrm{d}q\, \psi(q)\,q$。除了单粒子态之外，这套程序会直接导致臭名昭著的**非局域态**。这一非局域性和空间上（经典）的**延展性**非常不同。在量子力学中，空间的延展态可以用局域态的**乘积**来描述。在量子力学意义上，只有这些子系统态乘积的**叠加态**才有可能是非局域的。为了保证客观实在不被非局域性破坏，叠加态通常被处理成信息态——和前文得到的结论大相径庭。即使是假想的"子宇宙"或"气泡宇宙"都还是被定义在**空间中**的某处，比量子理论中的"多重宇宙"的概念要常规得多。但是，贝尔不等式——尤其是其非统计的推论（见 *Greenberger et al. 1989*; *Hardy 1992*）——已经被实验学家用操作手段证明，**实在就**

1.任意假定变量。——译者注

是非局域的。既然这样，为何不简单接受波函数的实在性呢？

正如上面讨论的那样，波函数是"信息"态的诠释，得到了明显毫无关系的**两**个方面的支持：取代正常空间而成为新的"动力学舞台"的经典的**组态**空间（由此导致了量子非局域性）以及概率诠释。这样一来，这一套物理图像和术语就显得非常实际。我自己也常用它——尽管在任何出现诠释问题的地方一般都加上了引号。

通常的态叠加原理要求出现非局域态（即**运动学**的非局域性），但多数物理学家只能接受**动力学**的非局域性（例如爱因斯坦讨论的诡异超距行为）。后者甚至必须包括超光速行为。相反，非局域纠缠必须在任何相关事件发生之前就"存在"。这些事件是局域的，但在空间上分立。例如，在一个所谓的量子通信实验中，非局域态必须在最开始就精心准备好——之后便无需任何的输入。完成初态的制备后，全局态便"存在，但不在那儿"（见 *Joos and Zeh 1985*）。或者用类似的话来说：真实的物理态**不存在于任何地方**（ou topos）——尽管按照量子理论，这种情况并**不是乌托邦**。一个一般的量子态并不是简单地由局域特性（例如一个延伸物体或空间场）组成的。如果非局域性都能欣然地由一套形式体系描述（如果严肃对待的话），那概率诠释又怎样呢？

退相干的角色

文献中讨论的大多数非局域叠加态，都是描述可操作的（或可用的）纠缠。这也是它们被研究的原因。在操作主义的研究中，只有这一可用的部分才被唯一地定义为纠缠，而其他不可操作的纠缠被视作"畸变"或"噪声"。但是，如果薛定谔方程是普适的，那么波函数包含的纠缠（或"量子相关"）必然比有用的那一部分多得多（见 *Zeh 1970*）。与纠缠相反，不可操作的噪声，例如，相位随时间的一个波动，在任何时候都**不会破坏**（或非局域化）一个独立的叠加态。它最多就是除去众多事件**统计**中的干涉图样（见 *Joos et al. 2003*）。于是，由于纠缠能导致束缚系统，甚至是**单个全局量子态**的退相干，所以必须把它和系综的相位平均，或变化的哈密顿量（失相 dephasing）区别开来。

　　约翰·冯·诺依曼讨论过，一个量子体系被合适装置测量时发生的纠缠，在测量之后，刻画叠加态的相对相位就既不再存在于对象中，也不存在于装置中，而只存在于它们的总和（共同）态中。对两个子系统中任何一个的测量都不再受这些相对相位的影响。总和态可以方便地由约化密度矩阵描述。密度矩阵，形式上由子系统波函数的集合表示，每个子系统波函数有一定的形式概率。如果（根据冯·诺依曼的做法）合理选择系统和装置之间的相互作用动力学，那么装置的密度矩阵自身就能表示成一组稍微有些重叠的波包的集合，这些波包正好精确地以波恩概率描述不同的指针位置。这样一来，能算解释了所要求的测量结果的集合了吗？换句话说，根据冯·诺依曼的幺正相互作用，跃迁到这些新的波函数（不可预测事件）的量子跃迁已经发生了吗？

　　显然没有。产生纠缠的冯·诺依曼相互作用模型，在原则上可以反演，重新产生取决于初始相位关系的局域叠加态。对于微观指针变量，这一点可以在实验上证实。因此，德伊斯帕纳塔（d'Espagnat 1966）在概念上区分了合适的混合态（描述系综）和不合适的混合态（定义为和另一个系统的纠缠）。这一区别在讨论测量问题时至为重要。密度矩阵是一个形式工具，对任何**假定**了概率诠释而不考虑局域相位重相干可能的实际过程都是够用的。微观指针做的测量可被视作"虚测量"（导致"虚退相干"）——和虚粒子发射或虚激发的意义一样。类似地，散射"事件"不能当成概率事件，只要由散射矩阵描述的相位关系仍然有效或者**可用**就行了。在虚测量中，任何事情的发生都是可逆的（而真实事件则是一定不可逆的）。

约化密度矩阵的概念隐含一个现实的理由。那就是，所有可能的测量都是局域的。也就是说，描述它们的都是局域的相互作用，都由局域的装置来完成。从经典上来看，动力学局域性意味着，如果两个对象**在**同一个地方，那么其中一个就可以**直接**影响另一个的状态。但是，我们已经知道，一般而言量子态是不在任何地方的。那么动力学局域性在量子理论中意味着什么呢？

这种局域性（特别地，也是量子场论的要求）建立在一个重要框架之下，这一框架超出了单纯的量子论希尔伯特空间框架。它要求①具有由局域态组成的希尔伯特空间的基（通常是一个"经典的组态空间"）；②哈密顿量是一个相应局域算符的求和或空间积分（求和的情况下可能要求包含规范自由度数）。例如，一个基本量子场理论的组态空间，应该包含三维（或多维）空间中某一经典场的全部组态，而它的哈密顿量则是这些场算符及其导数乘积的积分。这一框架保证了动力学局域性（在相对论和非相对论的形式下），尽管一般的量子态要求具有非局域的运动学性质。

现在让我们回到这个问题：为什么事件和测量结果都显得真实而非虚幻。为了回答这个问题，我们必须先理解可逆和不可逆（不可操作）纠缠之间的区别。因此我们必须将量子体系的实际环境考虑在内。通过直接的估计，我们确信一个宏观指示器不可避免地要通过不可控的雪崩相互作用与它的环境强烈纠缠，但在很多情况下，一个微观变量的量子态却可以基本不受影响。

这种情形在退相干理论[1]中已经有详细的讨论（见Joos et al.2003；Tegmark and Wheeler 2001；Zurek 2003），不过许多重要的应用还有待研究——例如在化学中。已经证实，宏观上不同指示器位置之间的相位关联，会在非常短的时间内迅速不可逆地变成非局域态，在所有实际的场合，类似于波尔兹曼的分子碰撞中迅速而不可逆的**统计**相关的产生。这些混沌相关和量子相位一样，都无法测量，并与系统未来的演化无关，但根据假定的决定论动力学，它们仍然是**存在**的。如果波函数确实"失去了意义"，我们就**不能**自洽地从普遍的量子动力学推出退相干来。

这种相干关系的消散在时间上不对称，要求宇宙的状态——在量子论中是波函数——具有特殊初始条件（Zeh 2001）。然而，和经典统计相关不同，引起的纠缠（"量子相关"）是**单个量子态**的一部分：它代表了一个形式的"相加"而不是"或者"，后者是信息不完全

1.退相干的概念通过魏格纳-惠勒-祖雷克这样一条"因果"链而为人所知并流行起来。

系综的特征。

到现在我们可以得出两个结论：①依照可逆的动力学定律（薛定谔方程），退相干通过实际的不可逆过程发生，并且精确地发生在事件看上去应该**发生**的地方；②即使这一点是对的，也**不能**导致代表不完全信息的系综。不合适的混合态**不会**变成合适混合的混合态。我们既不能证明特定的，可以"揭示"约化密度矩阵的系综的选择是正当的，也不能证明约化密度矩阵所属的子系统的正当性。

从**最根本**的角度来看，将纠缠的波函数视作"量子信息"的代表，可能会引起两重意义上的误解。这个术语不正确地暗示了一个（局域的）实在，该实在由波函数不完整地描述或预言，也不正确地认为测量过程与环境引起的退相干无关［即使这一点已在实验中证实（*Brune* et al. *1996*）］。

退相干另一个动力学后果，对于我们实际描述经典物理世界至关重要。考虑一个双态体系，两个态|L〉和|R〉都是可以被外界"连续测量"的，并假定它们的密度矩阵都具有完全相同的对角元素。经过完全退相干后，这个密度矩阵在**任何**基下都是对角化的。对这种简并一个非常小的偏离就可以解开僵局，从对称本征态中可以得到一个精确的等式，|±〉=（|R〉±|L〉）/$\sqrt{2}$。但是，如果我们测量得到|R〉，第二次测量也会得到这个结果，而如果测量得到|+〉（如果可能），经过短暂的退相干时间之后的第二次测量则会给出以相等概率得到|+〉或|-〉的结果。正是在退相干下，某个特定基的"强壮性（robustness）"（用祖雷克的话来说就是"可预测性过滤器"）导致了

经典的表象。如果是一个测量装置，这一特殊的基就叫"指针基"。

　　简并概率的问题同样影响到了准简并态**连续区**。对足够重的粒子（或宏观指针变量）来说，它们的窄波包，即使不能构成一套使密度矩阵对角化的正交基，仍然可能是强壮的。在退相干情况下，它们波包的精确形状和大小即使发生了改变，也不会影响到它们的强壮性。集体变量（例如表面振动的幅值）都由单个粒子绝热地"感应"（或"测量"）。在微观系统中，这可能仅反映了集体模式 [我关于退相干的工作实际上受到了惠勒教授用**生成坐标**研究原子核集体振动方法（*Groffom and Wheeler 1957*）的影响]。但真实的退相干是经常发生的不可逆**过程**。甚至所有宇宙学上不均匀性的萌芽都是由退相干不可逆地"创造"出来的，早期宇宙暴胀过程中，退相干破坏了宇宙的均匀性（见 *Kiefer* et al. *1998*）。其他的情况，例如说通常条件下的气体，因为退相干的局域化作用，分子都表现得像"粒子"，如果强壮性不够，则无法形成运动轨迹（它们的碰撞很随机）。

　　不过，既然根据薛定谔方程，**全局叠加态**依然存在，那么要想得到**确定**的事件或测量结果，这个理论还是少了一些东西。走出这个困境最方便的方法，莫过于为波函数假设一个合理的坍缩机制，作为么正动力学的一个根本修正，有文献已经提出了一些模型（见 *Pearle 1976, Ghirard* et al. *1986*）。他们试图（非常没有必要地）精确模拟观察到的外界退相干。但是既然叠加态已经在宏观领域被证实，坍缩的海森堡截断就可被置于计数器（在观察链中退相干首次发生的地方）和观察者之间的**任何地方**——当然这一点最终还是需要实验验证的。中间过程中，子系统的定义完全是任意的，将它们的约化密度矩阵对角化（即对"指针基"的选择）很方便，但也许与我们的目的无关。一个观察者也许会"唯我地"假设观察链中存在这样一条分界线，甚至可以在另一个观察者之后来假设（通常被称为"魏格纳的朋友"，因为魏格纳最先讨论过这种最终观察者）。

假设坍缩只发生在计数器上，实际也没有很大作用。因为将信息从计数器传到观察者的整个物理体系，包括他的感官系统甚至大脑，都必须用量子力学来描述。就我们所知，量子理论适用于所有的场合，甚至在退相干允许用随机动力学中准经典概念（历史相容）近似代替的场合。在一篇重要文献中，马克思·泰格马克（2000）推断大脑的神经元网络，甚至更小的子系统都受到退相干的强烈影响。虽然这个结果允许（甚至是要求）量子概率效应，却排除了大脑中宏观的可操作叠加态。这种叠加态可能正代表了某种量子计算。然而，在这里用概率诠释，就不用再在观察链的其他地方用概率诠释了。反倒是（局域的）**经典**世界更像是幻觉！

没有人知道意识究竟存在于什么地方，甚至到底能不能被当作"终极观察者"。没有新的经验性的证据，就无法确定坍缩实际发生在何处，也无法确定，我们是不是应该根据**宇宙**薛定谔方程要求，为每一个观察者假定一个多经典世界——包括每个观察者的"多意识"（*Zurek 2000*）——的叠加态。从实际应用出发，我们只需知道，因为退相干的不可逆性，这些不同的意识在观察完成后都是动力学自治的（相互独立）。泰格马克（Tegmark）将神经元体系（类似于前面讨论过的(R, L)体系）准数字化，甚至允许我们通过观察者子系统密度矩阵对角化态及其**相对态**，来定义主观意识上的埃弗雷特

（Everett）分支。

　　一次真正的坍缩（发生在计数器别的什么东西上）发生一次无法预测的结果（结果由坍缩前波函数的某**一个分量**描述）。坍缩后如果结果还没有观测到，可以用所有这些分量相应的概率来预言。为了获得更多的信息，简化这个概率集合，观察者要通过经典的观察过程与探测器相互作用。相反，在多意识解释中，退相干是一个客观过程，**不产生**这样的集合。（从实际效果上看，可以把退相干产生的约化密度矩阵理解为只表述了一个态。这个态描述了**现场观测到的事件**。）所有多意识叠加态构成宇宙的**一个量子态**。只有从主观（虽然可以被纠缠客观化）观点来看，这些多"意识"态中，可能发生到其中**一个**的跃迁（在这种情况下不存在任何中间集合）。这种解释让我们想起了**阿那克萨哥拉的信条**（Anaxagoras' Doctrine），原是为了分裂阿那克西曼德（Anaximander）的**无限**（apeiron）（一种完全对称态）："在简单世界中，事物不是彼此分开的，它们没有被斧头劈开，温暖没有离开寒冷，寒冷也没有离开温暖。当心智游移万物，万物均离。"（引自 *Jammer 1974*：*482*）。虽然根据量子理论的说法，"心智"的角色依然是个被动的（但是不可或缺）副现象（永远不能被物理概念**解释**），我们将在下一节中看到，阿那克萨哥拉的"**信条**"甚至可以被用于运动和时间概念本身。

　　在这个特殊意义下，我们可以引入全局波函数代表"量子信息"这样一个**说法**（虽然**不是**诠释）。退相干将叠加态中形式的"加法"变成有效"和"（新波函数的**表观**集合）；而只有一个主观观察者存在时，这个"和"才变成"或"。这里仍然需要一个额外的假设来证明玻恩概率（对单个意识来说，表现为**一系列**测量每种可能性出现的频率）的正当性，也就是必须假设"我们"（量子关联）的意识都处在宇宙波函数的一个模方不可忽略的分量上（*Graham 1970*）。（注意这个假设只有在已经有了了这个假设后才**可能**。）可以进一步想象，在玻恩法则不成立的其他分支中，观察者都不能进化产生（*Saunders 1993*）。

惠勒－德威特波函数（The Wheeler–Dewitt wave function）

退相干的基本结论就是，整个宇宙必须是强烈纠缠的。这是在现实假设之下，量子力学理论不可避免的结论（*Zeh 1970*）。原则上，我们必须知道宇宙的整个波函数，才能做出局域预测。但幸运的是，局域近似是可行的，在和我们局域观察者相关的大部分应用中，很多事情都是可以忽略的。（还有很少的一些体系非常封闭和简单，例如氢原子，可以用这些系统对理论本身作出精确检验。）

例如，爱因斯坦度规张量定义了时间和空间 —— 这两个概念总是相关的。埃里奇·琼斯（Erich Joos）（*Joos 1986*）首先提出，量子化的度规场因物质强烈地退相干，**因此**常常可以用经典方式处理。但是，从基本的及宇宙论的观点来看，量子引力的某些方面还是必不可少的。

广义相对论（或任何包含它的统一理论），在描述度规张量动力学时用到的（无物理意义的）时间坐标 t 重参数化时，是不变的。这一经典理论下的不变性要求，（在相应的组态空间中）存在哈密顿量趋于零的轨迹。这一**哈密顿量约束**，$H = 0$，就可以经典地理解为含时状

态的一个守恒初始条件（守恒瞬间定律）。量子化后，可以写成惠勒－德威特方程（WDWE）的形式，

$$H\Psi = 0,$$

假设这就是终极薛定谔方程（*DeWitt 1967*；*Wheeler 1968*）。这个波函数Ψ依赖于宇宙的所有变量（物质和几何，或任何统一场）。既然$\frac{\partial \psi}{\partial t} = 0$，这个静态约束就是动力学所有剩下的东西了。尽管关于瞬间的经典定律与含时间的态相容，但根据WDWE，时间在最基本的层次上完全消失了。对描述实在的波函数来说，这个结果实在不妥。"时间不是一开始就存在的！"（*Wheeler 1979*）

动力学因素依然存在，因为惠勒－德威特波函数Ψ描述的是宇宙中所有变量之间的纠缠，包括那些表示时间的变量。时间依赖性已经被量子相关所取代（见*Page and Wootters 1983*）。这些变量中，是空间度规（"三维几何"）将时间定义为物质"运动的多手指控制器"（*Baierlein et al. 1962*），正如牛顿时间在绝对意义上控制运动一样 —— 这是惠勒教授又一深刻的洞察。

WDWE的一般解要求组态空间有宇宙边界条件。对"我们"来说它们也许并不很有意义，因为Ψ描述的正是"多宇宙"的叠加态。但令人惊奇的是，对弗里德曼型宇宙而言，这个静态方程在拿掉规范自由度之后是双曲形的：边值问题变成与宇宙膨胀参数a相关的"初始"值问题（*Zeh 1986*）。在$a=0$时，合适的边界条件能让我们推出宇宙的时间之箭（和宇宙膨胀的方向一致）（*Zeh 2001*）。但是，在缺少

外部时间 t 的情况下，既没有什么理由把在经典禁区的整个宇宙波函数解释成 a 的隧穿**过程**（或一个**事件**"发生"的概率），也不能根据相因子 $e^{\pm ia}$ 分辨出宇宙是在膨胀还是收缩（参见 *Vilenkin 2002* 最近关于这个相因子的一个误用）。相比之下，根据含时间的薛定谔方程，一个 a "粒子"隧穿出势阱，在**达到**它的亚稳态（与外部时间相关）之后，可以用出射波来描述。关于隧穿的类似讨论可以用于宇宙沿递减势阱"慢滚动"的图像（*Steinharnt and Turok 2002*）。

因为惠勒-德威特波函数代表所有三维几何的叠加态（与物质纠缠），它并不描述准经典历史（定义为一维的，接替出现的态或瞬间）。基弗已证明（*Kiefer 1994*），这样的历史（定义了时空）能够近似以沿 WKB 轨迹的退相干的方式表示出来，WKB 轨迹根据与普朗克质量有关的玻恩-奥本海默（Oppenheimer）近似产生。用这种方法可以得到超空间（惠勒用这个词来表示三维几何的组态空间）中各 WKB 轨迹的有效含时薛定谔方程。复共轭下 WDWE 的对称性内禀破坏时，从实惠勒-德威特波函数中会产生复波函数分支（参见 *Joos et al.2003* 章节 9.6）。每条 WKB 轨迹就描述了一整个（有进一步分叉的）物质的埃弗雷特宇宙。

我和克劳斯·基弗（Claus Kiefer）从 20 世纪 80 年代中期就开始和朱利安·巴布尔（Julian Barbour，他就这个问题写过一本畅销书，*Barbour 1999*）讨论过永恒的问题。虽然我们都同意他的观点，认为时间只能是从 WDWE 描述的根本永恒量子世界涌现出来的近似概念，但我们和他的最初手段，甚至现在的理解都不相同。巴布尔认为，**经典**的广义相对论世界是永恒的，而我和基弗则倾向于认为，永恒是一个特殊的量子特征（因为量子理论中**不存在**参数化轨迹）。在经典的广义相对论中，只有**绝对**时间（**首选**的时间参数）是缺失的，态的一维接续概念仍然存在。

巴布尔认为，**经典**的组态空间（不同于相应的动量空间或相空间）是一个全局的现状或"现在"空间。**假设**时间并不存在（基于没有绝对时间），他得出**结论**：轨迹是所有可能的现在（他的"柏拉图空想"）的多维连续体，而轨迹在常规经典表象中是实在的。他假设这个连续体受WDWE"动力学"控制。再进一步假设了全局现在惠勒－德威特波函数的概率诠释之后，巴布尔就能得出关于α粒子的轨迹的莫特理论式的结论，再加上基弗的结果，较多地"偏离轨迹"（因而不能记住**表观**历史）的经典组态都是极端不可能的。于是出现了没有历史的记忆。

有人也许会说，根据这个解释，惠勒－德威特波函数是**一维时间**的**多维推广**，是因果关系的控制器（*Zeh 2001*）。但巴布尔不同意这个说法，他坚持认为时间不存在（虽然这也许只是个用词问题）。我是由于其他原因，对这个图像不很满意，因为我觉得全局现在（同时性）是不必要的，而且组态空间和动量空间之间的哈密顿量对称性只是在动力学上——而没有在概念上——被（动力学局域性）破坏。不管怎样，这都是个简洁的新想法，我认为有必要在这里提一下。

那个怪怪的波函数

在量子理论中，当物理学家拼命地理解电子和光子"到底"是粒子还是（空间中的）波时，实在就变成了一个问题。这个问题不过是需要一个**概念上一致的描述**，不需要一步一步地解释，只要猜出来就可以了，但最终都要通过所有实验的检验。根据互补原理，哥本哈根诠释摒弃了实在的概念 [因此被称为 " 非概念（nonconcept ）"]。在这里我既不想支持粒子也不想支持空间波的概念，而是想支持埃弗雷特的（非局域）广义波函数（泛函）。它被当作一个连续的运动学概念 [曾经也是受到惠勒教授支持的（Wheeler 1957 ）]，而且在这个意义上，它是一个对实在的描述。但代价看起来很大：大多数分别观测的准经典宇宙（对我们来说，除了一个之外，别的都是不可观测的）形成了一个巨大的叠加态。但是，同埃弗雷特的方法一样，我只是外推出这些量子物理学家已经**用**得很好的概念。如果这个外推有效，刚才的代价就让我们获得了我们无法触及实在的丰富知识。

实在的概念，也可以建立在操作主义的基础之上。操作主义的基本概念都由操作来定义 [由惠勒称之为 " 观察者 – 参与者 " 的过程实现（Wheeler 1979 ）]，而这些操作本身都是由**时间和空间**的非理论性的 " 日常 " 词汇描述。在经典物理中，这个方法成功导出了已被证明普适的物理概念。一个例子是电场，它是通过作用在（真实的或假想的）检测粒子上的力来定义的。这里需要的操作手段（设备）能被这些新概念（" 部分还原主义 "）自洽地描述。但这个方法在量子理论中是失败的，因为场的量子态会受到检测粒子的强烈影响（比如说退相干）。

因此，研究量子物体需要多种互相矛盾的操作手段。这就导致了互相矛盾（或 " 互补 "）的概念，它和微观实在冲突。玻尔的天才让他很早就注意到了这个问题。但不幸的是，他的巨大影响力（以及实在的概念必须限定在时空中的物体上这一教条）妨碍了他的同时代人用更广义（非局域）的概念来作出**诠释**，而这一概念已经被成功地**使用**，但还不能通过操作直接接触宇宙波函数。运用这个假想的实在，我们现在就能理解，为什么某些（"经典的"）特性甚至在被观察的时候都仍然是**强壮**的，而微观物体在灵巧的实验物理学家控制下，可以和互斥的准经典装置相互作用。但这并不意味着这些量子物体必须**在根本上**被多种互相矛盾的概念（例如波和粒子）来描述。

如果在操作意义上来理解**它**（实在），此时波函数被理解为**比特**（潜在操作结果的不完全信息），那么某些**实在**也许正是从**比特**而来的 —— 取决于操作时的"具体条件"。我希望在一段时间内，这将仍然是物理学家用来描述他们实验的经验性语言。但如果一定要用操作不可及但是普适的概念来描述**实在**，那么波函数仍将是唯一的候选者。在这种情况下，**比特**（像往常一样是力学泛函形式的信息）可能涌现自**实在**，这一非局域**实在**为心理平行论的假设提供了一幅合适（但至今还没完全定义）的图像。如果量子理论表现为"烟雾缭绕的龙"（*Wheeler 1979*），那么现在龙本身可以被认为是宇宙波函数，对我们这些局域生命来说，它被我们与周围世界纠缠的"烟"重重笼罩。

不管你怎么想：**开始的时候是波函数**。我们必须宣布薛定谔表象对海森堡表象的胜利。

第 5 章
量子化的成因？ 实体来自信息？ 观察者和世界互动？
——惠勒的三个深刻问题及相关实验

安东·策林格（Anton Zeilinger）

维也纳大学（University of Vienna）

引言

　　首先，请让我对惠勒教授表达我诚挚的谢意。当我第一次读到惠勒教授关于量子力学基础的论文（多数收入 *Wheeler and Zurek 1983*）时，真是又惊又喜，因为总算有一个世界闻名、成就显赫的同行敢于公然研讨量子力学的概念问题了！惠勒教授高瞻远瞩地认识到，要想真正理解量子力学的深刻概念，势必要彻底革新我们对于实在，对于我们在世界中的角色的认识。在其他人千方百计地试图挽救前量子的世界观，尤其是在量子图像下明显错误的、独立于观察者的客观世界概念的时候，惠勒教授的观点新颖，与众不同。

　　惠勒教授的思想极为简洁，他总是试图用最少的概念建立起最完整的物理体系。名为"无理之理"（Law without law）的论文标题，生动地表现了这一特点，此标题的含义是：在不预先设定任何公理的情况下，推导出自然的定律。

对于我个人来说，惠勒教授在量子力学基础问题上的工作，给了我莫大的激励。他的问题之深刻，概念之前卫，用革命性来形容都还不够。要想迎接当前物理学的挑战，例如测量问题、薛定谔的猫佯谬、量子纠缠的本性和从经典到量子的过渡问题，惠勒教授引进的概念不可或缺。

惠勒教授在讨论量子力学基础时，多次利用了思想实验的方法，这个美妙的传统可追溯到量子力学的诞生之日，海森堡就曾提出伽马射线显微镜的概念。在玻尔和爱因斯坦的争论中，思想实验的应用更是到达顶峰。思想实验可以有效地表现出量子理论反直觉的性质，因此它甚至被当作挑战量子理论的有力武器。随着技术的进步，最近的二三十年间，许多过去的思想实验，能在实验室里真刀真枪地进行了。新的实验技术，不仅使量子理论反直觉的预言得到了完美的验证，还导致了新实验的出现，这些新实验可是量子力学前辈们闻所未闻的。这些针对量子力学基础本质的研究，甚至开拓出量子信息这一新科学领域，其中量子密码学、量子远程传输和量子计算机这些有趣的课题，是这一新兴领域的代表。

实验上的进展激发了人们对量子物理本质的新思考，使得物理学家，特别是年轻人，渐渐摆脱了经典概念的偏见，以更加开放的自由心态去探索自然的规律。在追寻量子力学的最终理解的道路上，惠勒教授的深刻问题，就像灯塔一样，照亮了行进的道路，它指明了哪里是偏见的深渊，哪里是未经深思的前物理概念陷阱，哪里是看似完满实则并不成熟理论盲目自满的歧路。

是不是互动世界

　　量子世界里的观察者，扮演着一个不同以往物理世界的特殊角色。在以往的经典物理中，观察者的本质是被动的，于是很自然，经典的世界观假定世界先于观察存在，并且独立于观察本身。世界就像一个舞台，我们就像是舞台上的演员。舞台上的部件，包括其他的演员，都是先验的存在的，我们仅仅穿行其间。当然，就算在这经典的世界图景中，观察者也是可以对世界施加影响的，正如演员可以移动舞台上的东西，不过这些影响，原则上是可以通过一系列牢不可破的因果关系链解释清楚的。关键的概念在于：经典的世界是一个外部的世界，就算我们可以通过观测，或者其他种种手段去改变这个世界，改变也是先于观察存在的。

　　量子世界已经不再是那样的世界了。在著名的双缝干涉实验中，我们已经看到，穿过仪器的粒子，到底是算作粒子还是算作波，这要取决于我们想做何种观测。这一点在惠勒提出的延迟选择的思想实验中表现得更为明显，在这个实验中，惠勒设想了一种天文尺度的超级干涉仪。这个想法来源于引力透镜现象：远方的类星体发出的光在途中如果遇到了大质量的星系，光线就会发生轻微的弯曲，如同光通过透镜一样，在地球上的我们就会看到同一个类星体的两个靠得很近的像。惠勒教授说，既然从两边来的光出自同一光源，那它们应该是相干的，可以让它们干涉，如图5.1所示，惠勒教授将光引入光纤，让干涉在光纤干涉仪中完成。由于我们和天体的位置不大可能是完全对称

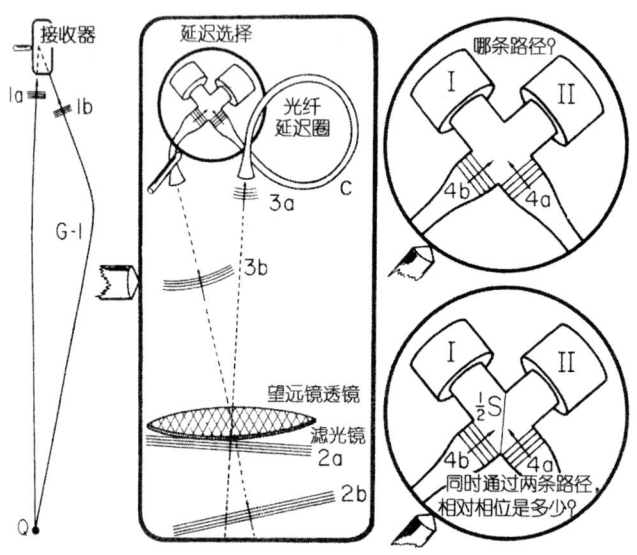

图5.1 天文尺度下的延迟选择实验设想。左图：远方的类星体Q受到途中星系G-1的引力透镜作用，在接收器上显现出两个像。中图：延迟试验的接收装置图：（a）滤光镜，用于从一长段连续波长的光波中滤出一小段特定波长的光；（b）透镜，用于把从两颗类星体来的光线汇聚到光纤的接收面上；（c）延迟线圈，装在其中一支光纤中，线圈的长度恰好能使两边传播路程不等的光波同时到达光纤交汇处。右图：两种选择，上图：在光波通过光纤的交汇点处不设置仪器，光波4a通过计数器Ⅰ，光波4b通过计数器Ⅱ。用不严格的话说，光子探测器给出的结果，表明了被测光子是从哪一条路径过来的。下图：在交汇处放置一个半反半透镜1/2S，如果延迟线圈的长度设置，使得两边的光波相位一致，那么计数器Ⅰ就不会响应，所有的光子都会到计数器Ⅱ这边来。用不严格的话说，被测光子这次是从两条路径过来的。但是在做出是否放入1/2S的决定时，被测光子已经离开光源好几亿年了。认为光子从确定的某条路径过来，这种看法是不对的。因为不经观测的现象不能称为一个现象

的，两边光走的路程一般几乎一定不同，一边会比另一边到达得更早一些，为此我们必须把先到达的光储存起来，等待着另一边的光。考虑到空间距离是天文级别，这段等待的时间可能会很长，长得实际上根本做不了实验，不过这不是重点。惠勒教授强调，有意思的地方在

于，观察者可以在测量发生前的最后一刻，决定光到底按粒子的方式
行为，还是按波的方式行为。他可以自由地决定，是分别测量两路不
同的光呢，还是在中间放一个半反射半透射镜，让两边传来的光干
涉。这取决于实验者愿意怎么放仪器，就算在一边的光传过来之后再
做出选择也没有关系，但正是这一选择决定了传过来的光是粒子还是
波，用惠勒教授的话说："我们可以等光子完成了它的旅程之后，再决
定它到底是从一条路径还是两条路径来的。"

　　我们组几年前把惠勒的思想实验付诸实践，并更进了一步（见
Dopfer 1998; Zeilinger 1999a)，这一实验的核心是，在光子已经被记录
下来之后，再决定是按波还是按粒子来解释实验现象。为了说明到底
是怎么回事，我们先来探讨一下双缝干涉实验中，路径信息和干涉图
案的关系。

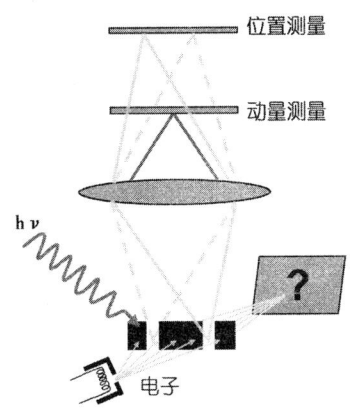

图5.2　用海森堡显微镜来观测的电子的双缝干涉实验原理图。电子单个地通
过双缝装置，能量为 $h\nu$ 的光子被这些电子散射，然后在海森堡显微镜上成像。实
验者可以自由选择在显微镜后面什么地方放置观测屏。如果观测屏放在焦平面上，
对光子的观测就会使光子坍缩到动量的本征态，失去位置信息，于是电子的双缝
干涉图案就会出现。如果把观测平面放在像平面上，散射发生的位置就能探明，
电子通过的是哪条缝也就知道，在这种情况下干涉图案就不会出现

考虑电子的双缝干涉实验（图5.2）。我们让电子枪以很低的强度发射电子，使得电子一个一个地射出，通过双缝装置到达后面的观测屏，在观测屏上我们可以看到明暗相间的干涉条纹。用波动观点很容易解释这一现象：从两条缝出来的波干涉叠加，在峰值处干涉加强，在波谷处干涉相消。显然，要形成干涉图像，必须要求波从两条路径来。现在让我们放上光子能量为 $h\nu$ 的光源，它提供的光子可以被电子散射，散射的光子可以用海森堡显微镜来观察。这种显微镜，最初是海森堡发明，用来演示电子的位置-动量测不准关系的。

显然，在显微镜后面做观测的我们，可以自由地选择不同的观测平面，现在假定我们选用位置检测器，它能告诉我们每一个光子达到时的位置。我们首先把检测器放在显微镜的像平面上，此时检测平面上的每个点都对应着双缝平面上的一个点，这样我们便能确定散射光子的出射位置，从而推断出电子通过了哪条缝。于是，正如大家所熟知的，一旦知道了电子走的是哪条路，干涉条纹就消失了。

不过我们也可以在别的地方放单光子检测器，比如说我们还可以把它放在显微镜的焦平面上。这样，检测平面上的每一个点对应的是入射光子的一个特定方向，被记录下的是散射光子的动量而不再是位置，而我们也就无从得知电子的路径信息，这种情况下，干涉的图像就会产生。一个概念上的问题由此产生了：通过适当的设计，我们可以容易地把光子被探测到的时间延迟到电子到达观测屏之后，也就是说，测量的是光子动量还是位置，这一选择可以推迟到对电子的观测之后再做决定。这个可能性在C. F. 冯·瓦尔茨赛克（*C. F. von Weizsacker 1913*）有关海森堡显微镜的讨论中就已经提出来了。

那么，我们可怜的电子到达观测屏的时候要怎么办才好呢？它是以波动方式行为，形成干涉图案，以符合过一会儿测量光子动量的情况呢？还是按粒子的方式随机地打在观测屏上，以符合一会儿测量光子位置的可能呢？我们还是来看看实际的实验中发生了什么吧。

实验中，我们用纠缠的光子对取代电子和光子。其中纠缠光子对在第一类参数下转换（parametric down-conversion）中产生。将紫外 UV 激光束射入光学非线性的 $LiIO_3$ 晶体，会有很小的概率自发产生纠缠光子对（图5.3）。纠缠光子对中每一个单个光子都没有确定的动量或能量，但光子对的总动量和总能量是确定的，等于入射光子的动量和能量。实验上，这意味着一旦对其中一个光子进行了测量，确定

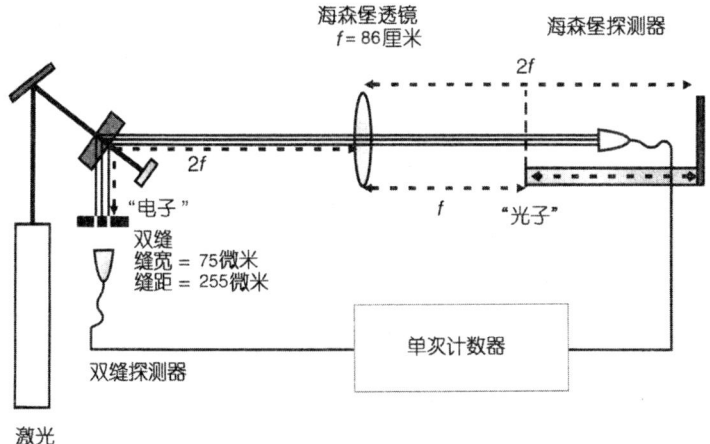

图5.3 海森堡显微镜下的电子双缝干涉实验装置图。通过 $LiIO_3$ 晶体的入射光子会自发转换成一对动量纠缠的光子对。其中之一和图5.2所示的思想实验中的光子作用一致。这个光子会通过海森堡透镜，而观测屏可以放在透镜后面的任何位置。另一个光子和思想实验中电子作用一致，它会通过双缝装置。应用合适的电子装置，就可以记录计数器的相应次数和概率

了它的动量或能量，那么另一个光子，不管它现在离得多么远，它的动量或者能量也会马上相应地确定下来。我们现在只考虑动量纠缠。双光子对中的一个光子进入双缝装置，可调整位置的单光子探测器在双缝后面；另一个通过海森堡透镜，被单光子海森堡探测器D1捕获，这个探测器可以任意放置，当然也能放在我们前面提到的两个观测平面上。等一下我们会看到，这个通过海森堡透镜的光子，和我们前面讨论过的那个光子的作用是一模一样的。

我们期望看到，如果把探测器放在海森堡透镜的焦平面f上，那么入射的光子就会塌缩到确定的动量态，从而失去位置信息。于是，另一个光子也塌缩到确定的动量态，不再携带路径信息，因此会形成干涉图案。另一方面，如果我们把探测器放在两倍焦距处，双缝装置正好在这个面上精确成像，从而获得位置信息，所以，第二个光子就不应形成干涉图案。实验中我们看到的正是如此。（见图5.4）这是否意味着我们对于光子1的测量，改变了光子2在双缝后观测屏上的分布？这当然是不可能的，因为光子2到达观测屏之后，我们才对光子1进行了测量。正确的解释是，我们必须考虑到这两个光子的一致相关性，所以，能否得到干涉图案，取决于我们是否不可恢复地抹去了另一个光子携带的位置信息。

我们从这里得到的重要结论是：无论对光子1做何种测量，把探测器放在焦平面上也好，放在两倍的焦平面上也好，都不会影响光子2在双缝后观测屏上的分布，但却决定了我们应该如何理解这一分布。在前一种情况中，穿过双缝的每个光子都应被看做通过了两条缝的波，后一种情况里，光子就必须被看做只通过了一条缝的粒子。这一重要

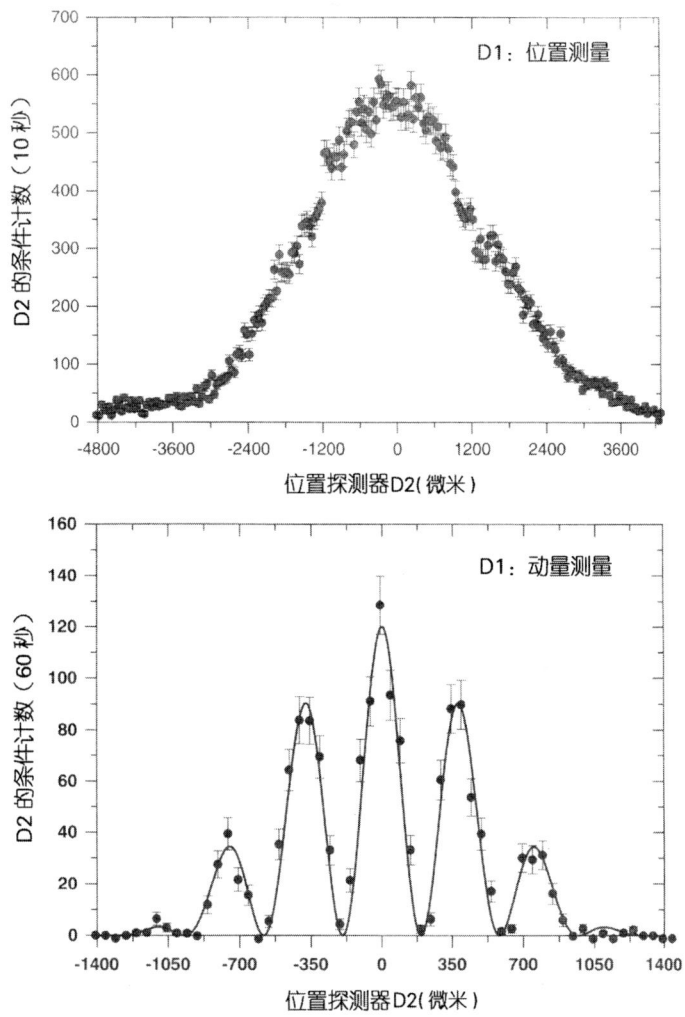

图5.4　所示实验的结果。如果海森堡探测器放在适于测量位置的地方（上图），由于第二个光子的路径信息已知，干涉图案没有产生。如果探测器放在焦面上，路径信息丢失，通过双缝的光子和透镜后被探测到的光子一起，显现出完美的干涉图案。读者如果验算强度，会发现我们得到的正是单光子的干涉图案

结论在于，单个事件应该解释为波还是粒子，可能要取决于未来发生的事情，特别要取决于未来我们所作的测量。这个实验也说明了，两侧光子检测之间的时空间隔可以任意设置，我们可以把两次测量设置成类空间隔，那么就不好说它们谁先谁后，因为这要看观测者和仪器的相对速度而定。也可以把它们设置成类时间隔，这样它们就有确定的先后次序。无论怎么设置，实验结果都是一样的，都能实现惠勒教授所谓的延迟选择。尼尔斯·玻尔有句名言："只有被观察到的现象才能称为一个现象。"在这里我们看到，光子2到底是波还是粒子，甚至到它被捕获的时间，都不是一个有意义的问题，要一直等到另一边的实验测定了光子1之后，我们才能谈论这个问题。

实验也清晰地阐明了实验者在事件中的地位，实验者可以通过选择仪器的位置，来决定观测到的是波动现象，还是粒子现象，一旦实验者做出决定，大自然会给出相应的答案，而另一种可能就永远地丢失了。由此我们可以说，实验者可以通过选择仪器，来决定哪种性质可以成为现实。在这个意义上，或许可以说，实验者的选择对现实是至关重要的，但是我们千万不要认为，实验者或者观察者对事件有主观的控制能力，尽管这种对量子力学的解释流传甚广，但是与之相反，观察者的意识绝对不会影响到粒子行为。

实体来自信息吗

现在让我们来讨论，惠勒教授提出的第二个深奥的课题：信息。物质实在和认知之间，客观事实和信息之间，有什么关系呢？

作为科学家，实际上作为一个人来说，我们都是先观察这个世界，然后通过获取的信息流，形成某种概念。当人类第一次抬头仰望星空，惊叹它的美丽的时候，人们可能会禁不住问自己，天上那些闪耀着光芒的小点是什么？科学也许就这么开始了。远古的人们对自身所在位置的信息了解不足，不能合理解释看到的这些现象，他们不得不添枝加叶，虚构了很多故事。自古以来，关于星星是什么的解答层出不穷。现在，依靠先进的技术手段，我们得到了更多的信息，于是对星体、银河和宇宙，我们有了一个精准得多的图像 —— 当然总的来说，也少了几分浪漫。

系统的大小和它所能蕴含的信息之间，有什么关系呢？这是一个重要的问题。像银河系这么大的系统，显然需要很多很多比特的信息才能完全地描述，不过，信息量随系统大小的变化是如何变化的呢？比较合理的想法是，如果我们把系统一分为二，则每一半都需要原来一半的信息来描述。那么如果我们继续把系统细分，每部分的信息含量就会越来越小，最后必将到达一个极限：每个小系统只带了1比特的信息，再往下分就不可能了（见 *Zeilinger 1999b*）。这提示我们，可以这样来定义最基本的体系：最基本的元体系（the most elementary system）只带1比特的信息。

提醒大家注意，物理中所说的基本粒子，从各个角度来说，都不是一个元体系，因为一个基本粒子也可以有电荷、自旋、位置信息、能量等属性。一个元体系，是在特定实验观测条件下才有的概念。

元体系既然只带1比特信息，那自然的，它只能回答一个问题，只能对一个命题给出真假判断。这一论断看似简单，没有实质意义，但我们会看到，它却是理解量子互补原理、量子事件的随机性，以及量子纠缠等基本概念的关键。互补原理可能是量子力学中最基本的概念，玻尔曾对它做出了这样的阐述："不同实验条件下观察到现象应该互补定义，每一种可能现象都应该明确定义，所有现象加在一起必须穷尽所考察客体的全部可定义信息。"在下面的这个实验中，路径信息和干涉之间的关系可算是最基本的互补关系。（图5.5）在这个最简单的情况下，只有两条路径a和b，在终点处设置一个半反射分光器，最后还有两个探测器1和2。如果有一个元体系通过这个装置，那1比特的信息怎么用呢？起码有两种方案。一种是用它来定义粒子通过的是路径1还是路径2，另一种是用它定义是探测器1还是探测器2会响。无论哪种情况，我们都完完全全地用掉了这1比特的信息，没有多余比特去定义另一个信息量，确定了路径就不能确定探测器，确定了探测器就不能确定路径。没有分到信息的量必定没有确定意义的定义。正是这个简单的理由说明了隐参数是不可能存在的，因为没有多余的信息来储存它们。

为完备起见，需要指出，同时部分地确定两方面的信息也是可能的（见 *Wooters and Zurek 1979*）。但是注意，有关路径和有关探测器蜂鸣的信息加起来不能超出可用的1比特。有趣的是，这里我们已经看到了不同于香农（Shannon）的信息量计量（见 *Brukner and Zeilinger 2001*）。

之前我们曾提到过，元体系是特定实验观测条件下的概念，因此原则上，元体系自身内部的复杂度并没有受到限制，只要实验条件使

图5.5　量子测量的互补性和测量中的信息。入射的粒子可以通过路径a和路径b到达半反射分光器，在镜子后面有两个探测器（I或II）用来探测这个粒子。路径信息和探测器信息只有一个能有确定的定义

上述推理能成立，就能产生量子干涉。事实上，已经观察到多种粒子的量子干涉现象，其中最大的是C_{60}和C_{70}分子（见 *Arndt* et al. *1999*）。这些分子（见图5.6）自身就已相当的复杂，包含着大量的信息。首先，每个分子都由很多原子组成，每个原子都有很复杂的内部结构；再者，实验是在约900开的高温中进行的，分子可能会被激发到各个高能的量子态上去。但是在我们只考虑外部运动的情况下，这些大分子也显现出了清晰的干涉图样（图5.7）。既然量子力学原则上没有限制能产生干涉现象的客体的大小，我敢说，实验上也永远找不到量子干涉的尺寸上限，追寻观测到更大系统的量子干涉，不过是一个实验技术问题而已。也许有一天，我们能观察到病毒甚至更大的生命系统的量子干涉。当然在那种情况下，如何把实验体和外界隔离开，将越来越

困难。但我们要注意到，在当前的实验中，C_{60}和C_{70}分子已经不是完全独立于外界，因为在如此高温下，每个分子都会成为发射黑体辐射的小小辐射源（见 *Mitzner and Campbell 1995*）。干涉图案之所以没有被黑体辐射发射的光子破坏掉，完全是因为辐射光子波长太长，不能确切显现出路径信息的缘故。要想让细菌这样的生物系统现出量子干涉效应，也许我们只需要让它们和外界交换的辐射光子波长足够长就可以了，不过在这种条件下如何使细菌存活，也是一个挑战性的问题。不管怎么说，实验学家们还有很大的发挥想象力和创造性的空间。

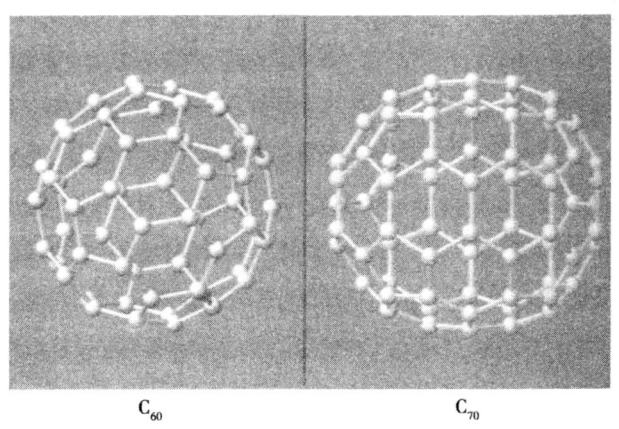

C_{60} C_{70}

图5.6 C_{60}和C_{70}分子，目前观测到量子干涉效应的最大的对象

利用元系统只含有1比特信息，还能容易地解释量子事件的随机性。让我们回到基本的干涉实验装置图5.5。在实验中，假设我们用1比特的信息去定义了路径信息，那么我们唯一能确切知道的只是粒子走的是哪条路。确定之后，由于没有多余的信息去指导粒子在遇到探测器的时候要怎么办了，于是哪边的探测器会响就成了一个完完全全

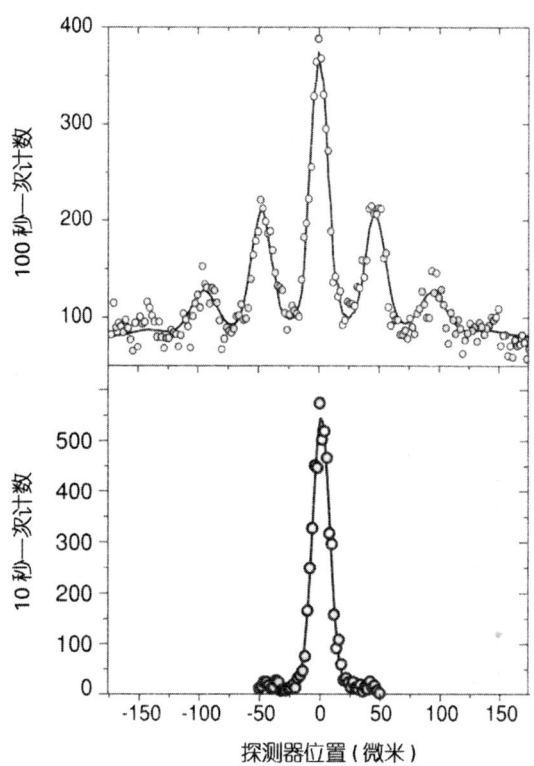

图5.7 通过多缝装置的C_{60}分子干涉图样（*Arndt* et al. *1999*）。下图显示的是没有散射装置时分子的分布

的随机事件。经典物理或者日常生活中，我们也会遇到随机现象，但那是我们自己认为的随机性，不是客观的。原则上，每个这类随机事件都有暗含的逻辑因果链，随机性只是由于我们无法完全了解这些原因才产生的，和产生随机事件的客体没有什么关系。与之不同，量子的随机性是一种客观的随机性，是元体系的信息量的客观不足造成的、真正的随机性。

利用量子随机性可以用来产生量子随机数，已经有人（见 *Jennewein et al.2000a*）利用光子在遇到半反半透镜之后路径的随机性，制作出了随机数产生器，它的工作原理跟我们刚刚讨论的一样。

用元体系的概念也能自然地理解量子纠缠。量子纠缠是薛定谔首先提出的，他认为纠缠是量子物理最本质的特征。一个典型的纠缠态如下：

$$|\Psi^-\rangle = \frac{1}{\sqrt{2}}(|0\rangle_1|1\rangle_2 - |1\rangle_1|0\rangle_2) \qquad (5.1)$$

我们看到，在这个纠缠态中，包含2个量子比特的信息，分别可以取值0和1，上述表示的是这样的纠缠态：如果第一个量子比特（下标为1的波矢）取1，那么第二个量子比特就取0，反之亦然，两元体系之间有完全的关联。实际实现的时候，任何可观测的双值物理量，都可以作为量子比特的物理内容，例如电子的自旋、光子的极化，或者干涉装置中粒子的路径（见 *Horne and Zeilinger 1985*）。需要强调的是，上述纠缠态并非统计意义上的混合，而是两种可能性的耦合。无论选择什么样的基矢，它的数学形式都不变，统计混合并不具有这样的性质。

为了看清式（5.1）的量子纠缠态所含的信息量，我们现在先来考察两个元体系的信息容量。显然，假定它们一共含2个比特的信息比较合理，我们把这叫本地编码。每个元体系所含的1比特信息，正好代表了自己的某一测量性质，信息量可以简单相加。这种情况下，两体系测量的可能结果，可以由各自携带的信息推算出来。举个例子：我们可以用2比特的信息，分别定义两体系各自沿z方向的自旋，知道了它们各自的z方向自旋之后，我们就可以明确地推出两体系之间沿z方向的相对自旋。这个新的信息虽然也占有1比特的大小，但是由于它直接来源于原来的本地信息，因而并不是独立的新信息。

但除此之外还有另一种做法，我们并不分别定义每个元体系的信息，而是用这2比特来定义两个体系测量结果的关联信息。比如，态（5.1）可以用这两句话来唯一地确定："两个量子比特在给定的基矢下正交"和"两个量子比特在耦合的基矢下正交"。其中，耦合基矢的定义如下：

$$|0'\rangle = \frac{1}{\sqrt{2}}(\,|0\rangle + |1\rangle)\,, \quad |1'\rangle = \frac{1}{\sqrt{2}}(\,|0\rangle - |1\rangle) \quad (5.2)$$

这两个前提显然互不相关，这样我们就用掉了全部量子比特的信息，没有多余的信息去定义单个体系的测量性质了。因此，对单个体系的测量结果，就会如量子力学预言的一样完全随机。薛定谔曾对这个现象感到迷惑不解，他不能理解，为什么连单个体系自身都没有带信息的情况下，还能保持纠缠体系的测量完全相关性。在这里我们看到，通过信息的有限性和关联信息的分配方法，就能得到一个很直观的理解。

至此，在元体系只能含1比特信息的假设基础上，我们轻松地理解了量子力学的三大最基本的概念。现在我们必须回头分析一下我们一直使用的术语"体系"的含义。一般所说的体系，是指一个含有所有与观测无关的内在性质的客观存在。但是对于元体系来说，它的内涵不可能超出实验具体环境中那1比特信息的内容。换句话说，元体系只有1比特的内涵，对它任何更具体的描述都需要增加信息量，从而和我们的基础假设相抵触。

量子纠缠是量子力学中最反直觉的概念之一，近30年来，对量子纠缠的研究力度逐年增长（见 *Freeman and Clauser 1972*）。最近，这一领域取得了一些令人惊奇的新进展，即量子纠缠在量子信息传输协议中的应用。它正是利用了纠缠体系可以以非局域的方式携带信息这一奇异的性质（见 *Zeilinger 1998*）。

作为例子，我们先来看看量子远程传输实验。在实验中，爱丽丝（Alice）要想办法把未知状态的元体系传输给鲍勃（Bob），最简单的方法，似乎只需让爱丽丝对这个粒子做测量，确定它的量子态，然后把测量的结果传给鲍勃，这样鲍勃就可以依照得到的信息，复制出原有的元体系的量子态。但众所周知，任何测量都不能揭示出元体系的量子状态，因此上述的简单方法实际并不可行。量子力学似乎给想实现量子远程传输的人浇了一盆冷水。

但也正是量子力学，给出了新的解决方案（见 *Bennett* et al. *1993*），基本的思路正是利用纠缠。为实现量子远程传送，爱丽丝和鲍勃各持处于纠缠态的元体系粒子对中的一个。（图5.8）然后爱丽丝对自己的粒子和待传送的粒子做贝尔测量，使之互相纠缠。两个元体系之间的贝尔纠缠态一共有四种，式（5.1）是其中的一种，这四种贝尔纠缠态可以理解为前面任意两个真值的组合。根据简单的逻辑推理，我们就能得出贝尔测量后，鲍勃的粒子和爱丽丝要传送的

实在终极之问 | 第 5 章 量子化的成因？实体来自信息？观察者和世界互动？
——惠勒的三个深刻问题及相关实验

121

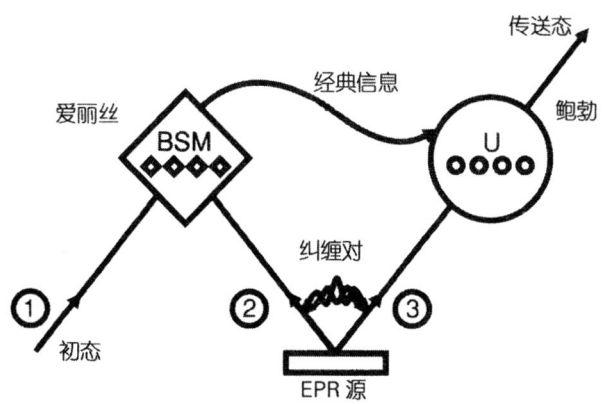

图5.8　量子比特的量子传输原理图。一个量子比特处于某个确定的未知状态，爱丽丝要想办法把这个量子比特的信息传输给鲍勃。爱丽丝首先对初始粒子，和自己的纠缠粒子对中的一个做贝尔状态测量（BSM），其中的纠缠粒子通过Einstein-Podolsky-Rosen源产生。鲍勃用经典的方式得到了贝尔实验的测量结果之后，通过简单的旋转操作，就能将他的那一个纠缠量子比特复制为初始量子比特

粒子量子态之间的关系。在其中一种情况下，鲍勃的体系状态将和爱丽丝想传递的粒子状态完全一致，从而马上实现远程传输。在其他三种情况下，鲍勃需要依照爱丽丝的贝尔测量结果，将他的粒子的量子态作一定的旋转。不过旋转操作和待传送粒子的状态完全无关。特别是贝尔测量的四种结果的出现是完全随机的，各占25％，和初始粒子的状态无关。

有人据此推断，量子远程传输的速度可以超越光速，从而动摇爱因斯坦的狭义相对论。不错，要完成传输，爱丽丝必须告诉鲍勃，贝尔测量的结果是四种状态中的哪一个，但是在其中的一种情况下，鲍勃的粒子马上就能变得和爱丽丝的粒子一模一样。初始粒子确实

有可能瞬间就被传递到鲍勃那里。这能看做是爱因斯坦定域性原理的一个反例吗？当然不能。这是因为，就算鲍勃手上的粒子瞬时变得和初始粒子状态一样，他也不可能马上知道这一点。他必须等到爱丽丝用传统的、慢于光速的方法告诉他，他才能确认这一点，因此不能指望用这个办法来超光速传递信息。简单地说，也许量子体系之间能以超光速交流，但人们不能利用这一点达到超光速的目的。

现在我们用信息的观点来分析上面的实验（见 *Bouwmeester* et al. *1997*）。实验很简单。最初的纠缠粒子对提供了2比特的信息，用以确定双方测量结果的关联。爱丽丝的贝尔测量只不过又提供了2比特信息，确定了待传输光子和爱丽丝这边纠缠光子的关联。我们既然知道爱丽丝的纠缠光子和待传输粒子的关联关系，也知道了爱丽丝的纠缠光子和鲍勃的纠缠光子之间的关联关系，简单的逻辑推理就能得到，鲍勃的纠缠光子和待传输光子之间的关系。这个简单的推理就能给鲍勃确定的信息。

量子纠缠在信息理论和技术上都还有很多其他重要应用。其中最前卫的技术当推量子密码术（见 *Jennewein* et al. *2000b; Naik* et al. *2000; Tittel* et al. *2000*）。传统的密码学上有一个标准难题：如何传递密匙？应用量子纠缠就可以解决这个问题，因为量子纠缠传输可以使密匙同时出现在相距甚远的两地。最终成熟的量子计算技术，必须用到含有多比特信息的复杂叠加态，这也需要用到上面讨论的纠缠态来实现。

量子化的成因

太初有道（约翰福音书1.1）。

　　量子化的起源是惠勒教授提出的最基本问题之一。量子力学是怎么来的？有没有可能从根本上理解这个问题？量子的存在有没有简单而基本的理由？有没有什么内在的深层原理？这些问题的内涵可以简单地用一句话来说明：量子力学充满各种各样的反直觉特点（薛定谔的猫就是一例），我们是不是不得不一直深陷这些诡异现象之中呢？还是有望得到一个说法？现在我们就来试着给一个说法。

　　我们的做法有点违背尼尔斯·玻尔的一句话，这句话由皮特森（J. P. Petersen）引述为："并没有什么量子世界，有的只是一个抽象的量子化物理描述。物理的任务，并非发现世界是什么，而是指出关于世界我们能讨论什么。"从这句话我们可以引申出，我们讨论的能力会限制我们对世界的认识。无论在研究还是在生活中，我们都不断地收集关于世界的信息，这些信息都可以分解成对一系列的是非问题的判断。我们正是从这一系列的是否问题中构建出物理世界。惠勒教授版本的"二十个问题游戏"巧妙地表现了这个过程。按游戏原来的标准玩法，首先一个人离开，剩下的人通过讨论，对一个物品或者概念达成共识，然后离开的那个人回来，就这个东西提问，其他人只能用"是"和"否"来回答，看什么时候这个人能猜出那个东西。有趣的是，通常通过不到20个问题就能确定这个东西。惠勒教授版本的游戏非常有趣，他并不要余下的人就问题的对象达成共识，回答问题的人可以任意回答"是"或"否"，但是不能和前面的回答产生矛盾。于是最后，一个概念就从一个一个问题和随机的答案中产生出来。这真是如何从无中生有的一个绝佳比喻。

有人也许还想假设一个独立于观测的世界，无论我们问什么问题，它总是独立地客观存在着。我们要说，这个假设是没有任何意义的。很显然，外在世界的任何性质都必须建立在我们接收到的信息的基础上，倘若缺乏相应的信息，我们就不能对此外部世界的性质作任何断言。而一个独立于观测的客观事实，在原则上不会给我们任何信息，它的存在也就没有任何证据。这说明了信息（也就是知识）和实在的区别是没有任何实际意义的。显然，这又是一次不同概念的统一。读者也许会记得，统一是现代物理的发展的主题之一，牛顿发现了天上和地上的物体都以同样的规律下落，这要算是最初的统一之一。著名的统一还有麦克斯韦的电磁统一，以及后来的弱电统一。

换句话说，实际上没有任何手段能区分信息和实在。既然区分它们不能带来更多的理解，那么按奥卡姆剃刀原则（Occam's razor），我们就不应该区分它们。

因此，信息的基本单元就是世界的基本单元。我们以前就知道，任何信息都是以比特为基础的，而任何客体都包含着大量的比特信息。那么，如果我们把观察的对象分得越来越小的时候，它总会小到只能含有1比特、2比特、3比特……也就是说，信息量子化成了一系列命题的真假值，而按我们提出的看法，信息和实在根本上是没有区别的，那么就能推导出：物理实在也必须量子化。也就是说，物理实在的量子化和信息的量子化其实是一回事。作为结论，我提议按这个想法开展一项研究，从第一性原理出发，建立起量子物理的大厦。

致谢

　　本文得到奥地利科学基金（FWF）提供的文章"相干量子体系的控制和测量"的大力支持。

第 6 章
能说和不能说的，过去和未来

伊普内姆·斯坦伯格（Aephraim M.Steinberg）

多伦多大学（University of Toronton）

引言

　　首先，能在具有远见卓识的思想家惠勒教授的纪念文集上发表文章，真是一次难得的荣幸，这使我们加入到惠勒教授的思考和探索中来。他一直以敢于探索世界根本问题的勇气而闻名，换作其他人就只敢私底下想想。不管是否曾经有幸同惠勒一起工作过，他创新和开放的精神都直接或间接地激励了我们。在21世纪之交，我们已经对量子力学有了初步的理解，也能用量子理论计算很多著名的问题，而实验也非常一致地验证了这些计算。然而，在通向真正**理解**量子理论的道路上，和20世纪初相比，我们面临的困难一点都没有减少。相反，如果说20世纪初，我们好歹还能得到没有理论解释的实验之谜的指引，今天的我们却迷失了方向。尽管从某种意义上说，我们可以**解释**所有的实验（仅仅是一种很狭隘的解释，与其说给我们带来了理解的快感，不如说更多地带来了恐惧，让人们不敢超越现有理论半步），但解释所用的理论本身却是令人迷惑的。失去了实验的支撑，我们往后的探索将会面临诸多风险，也许会退化成纯粹形而上学的思辨，各派之间的斗争也许会少了几分理性的严格，而多出几分原教旨主义者的狂热。但尽管这样，现在就放弃探索的旅程未免为时过早，我们起码也应该尽力在前方建立一两个据点。照着惠勒教授的样子，我们可以发明新的实验，用它们表达现有理论不能表达的方面，进而推动我们继续前进。

　　基于上述的理由，我打算利用这次机会介绍我们组最近的一些想法和实验，它们彼此并无紧密的联系，但我相信，它们涉及了如何理解量子力学这一深刻问题。遵循一贯的优秀传统，我并不会回答这些问题，但是我希望能揭示这些问题之间的内在联系，以及它们和实验（假想的或者实际的）的关系。不过，下面我要讲的所有的东西都是在标准量子理论框架之内的，因此，即使其中最令人吃惊的预言和现象，也是任何一本量子教科书已有的，并且答案是明确的。那么，为什么它们会让人吃惊呢？显然，我们并不会对仅仅违背理论的例子感到惊奇，第一次学习经典物理的学生就从来不会为存在反例而大惊小怪，但让我们真正惊奇的是，实验结果对理论原本理解的背离。最近一二十年中，量子光学等领域的实验揭示出一系列新的物理现象，它们一次又一次地让我们感到惊奇不已，那些本该对量子理论相当了解的人也不例外。尽管不少思想家把这些实验当成街头戏法，但它们还能不断让我们感到意外，这难道不正好说明，我们并不像理解经典物理一样**理解**量子理论吗？这个简单的论断看起来像陈词滥调，不值一提，然而很多物理学家却陷入了这个看似可靠的虚无主义陷阱中：既然这么多前人都败下阵了，我们何必浪费时间寻找什么量子理论的深刻理解？不如退回到原来的地方，满足于美丽的方程好了。

过去和未来；粒子和波；局域和非局域

"预测是很困难的，特别是预测未来。"

这句名言被广泛认为出自尤吉·贝拉（Yogi Berra），不过科学界也时不时有人将其归功于尼尔斯·玻尔。虽然后一句话听起来更可信，也让人感到舒服，不过玻尔的理论让过去比未来更好分析了吗？稍微想想就知道，预测过去没有理由比预测未来简单。[出于语义上的考虑，我们可以换用"回测"（retrodiction）这个术语来表示对过去的推测。]对过去和未来的推测在科学研究中都非常重要，物理学过去一直侧重预测未来，而考古学和宇宙学这些领域则侧重回测过去。不过，经典力学拥有时间反演对称性，这使得预测未来和回测过去严格等价[1]。但是，在通常教授的量子力学中，虽然薛定谔方程也具有时间反演对称性，回测却显得特别难以理解。如果我把一个光子打到双缝上，量子理论会清晰明白地告诉我穿过双缝后光子的状态，尽管这个状态只能用单次测量结果的概率形式表达。但是如果我看到一个光子打到观测屏上某个特定的地方了（见图6.1），我能推断出它是从哪个缝出来的吗？由于一般的测量方法都会对体系产生一个不可控且不可逆的扰动，从而有效地消除了"坍缩"态和以前经历之间的联系，只有最后的测量结果的概率仍然由初态给出。这和通常我们设定系统初态的情况非常不同，在那种情况下，我们可以将系统设定在一个明确的

1.适用于封闭体系。起码，热力学的时间箭头会在开放系统中破坏这种对称性。

初始状态，后来系统的演变可以唯一地确定。

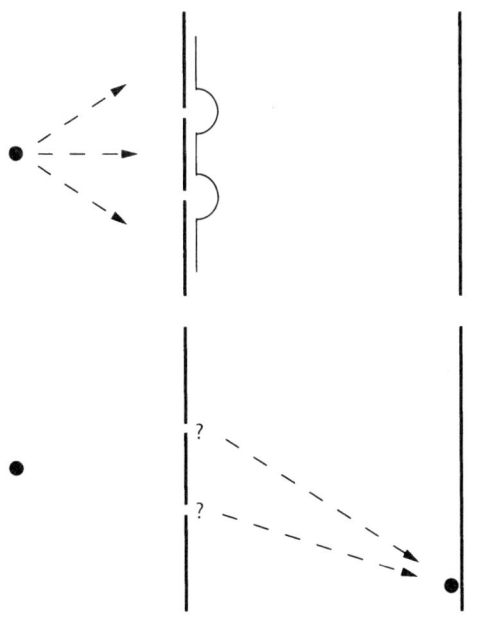

图6.1　双缝实验。粒子源把粒子射向双缝。我们可以通过薛定谔方程预测粒子通过双缝之后的状态：在两条缝后面对称分布的波函数。但是如果测得粒子出现在屏上的一点，我们对它的历史能有怎样的了解呢？大家都知道，我们不能确定这个粒子是从这条还是从那条缝来的。我们是否应该说，初始状态决定，这个粒子通过两条缝的概率是一样的？或者，我们能不能通过屏上粒子到达的位置，建立一个更精确的波函数？我们可不可以用薛定谔方程回推粒子的状态？这样就会丢弃所有的初始状态信息，看起来太过极端。不过，丢弃粒子所有的未来信息也是不必要的——比方说，说粒子的波函数在双缝后面呈对称分布，这也只有在粒子实际上通过双缝达到屏的前提下才有意义，以前的信息只能通过滞后选择获取

　　量子力学的正统解释认为，只有测量过的东西我们才可知，没有经过测量的东西，我们"不能说"。比如，如果将一个粒子设定成一个波包的形式，那么波包函数就是这个粒子状态的完备描述。任

何超越波包函数之外，有关粒子"此刻在（is）"哪里[1]的问题，至少在相应测量实施之前，都被看做是不恰当、不能说的。由于量子力学里面没有轨迹的概念，这意味着我们无权谈论粒子在测量之前"曾经在（was）"哪里的问题。可是，既然量子力学的基本定律和牛顿力学一样是时间可逆的，那么为什么预测粒子的未来行为可以，推断它过去的行为就不行呢？基于这样的想法，亚基尔·阿哈罗诺夫（Yakir Aharonov）和他的同事们提出了名为"弱测量"的形式系统，它允许人们以时间可逆的方式讨论量子态的演变。本章将着重讨论他们这一想法，其中的要点我会在下面详述。我还会分析弱测量在几个有趣实验环境下的应用，例如考虑隧穿效应中的粒子，我们能不能知道它穿出势垒之前在哪里呢？它会不会就在势垒的禁区中呢？从粒子的初态设定和穿出势垒之后的观测中，我们能不能得到更多有关粒子过去的信息呢？

这些关于测量的新想法，很容易让人想到认识论。波函数是否穷尽了我们对于系统的所有认知？说一个粒子可能同时在两个地方，这话有什么实际意义吗？通过同时提前选择和延迟选择，我们可不可能获得比波函数蕴涵的更多的信息？或者换句话说，波函数所蕴涵的全部信息我们都能获取吗？我们的认知是否只能局限于所作的特定测量的结果？除了对未来测量结果的统计信息，我们还能不能获取其他的信息？我们小组最近计划专门就这些问题设计几个实验。另外，实验还提出了这样一个问题，我们用来表述实在的概率论体系到底完备吗？也许负概率、复概率这样诡异的概念也是有实际意义的。

1.事实上，我有一次就收到一份匿名的评审意见，基本内容是说"这个工作很有意思，但我不太确定作者用'在（is）'表示什么意思"。

　　量子信息论在爆炸性地发展，出现了诱人的潜在应用和大量耸人听闻的时髦词汇，这原本哲学化的研究竟然发展成现在这样时尚和现实，甚至让不少人感到"钱景"光明，真是让很多人想不到。有关过去和未来的问题也是这样，我们最近的一些工作涉及"量子开关"的开发。在这个过程中，一个光子是否被传输取决于另一个光子是否在场，但讨厌的是，我们甚至不可能事先知道，这两个光子一开始到底在不在场 …… 量子光学实验中，结果常常取决于事后才能测量的初始条件。我可没有从中总结出什么哲学结论，我想做的仅仅是谨慎地告诉大家，就算对亲手发明这个实验的物理学家而言，量子两难也是多么地微妙和狡猾。真希望能有人帮助我们从新的角度理解实验。

　　回到正题，我们打算用"量子开关"做的第一个应用，就是想在实验上研究量子实在，这个概念首先由刘易斯·哈代提出，后经艾利萨（Elitzur）和维德曼（Vaidman）进一步发展。我们能通过这个实验说明，如果试图推测被测粒子的过去，即使一眼看上去逻辑完美无瑕，也可能导致现象上的矛盾。最近我们意识到，这个矛盾是可以消除的：应用弱测量体系，并且承认那些诡异的概率确实描述了物理事实，就可以做到这一点。我们相信，这些设想的大部分 —— 如果不是所有的话 —— 都能在实验室实现了。

弱测量

　　测量是什么？这个问题一开始就像鬼魂一样萦绕在量子理论之中。为什么测量中会得到某个特定的结果，而不是其他的结果呢？（更别提为什么不出现几个结果呢？）怎么才算做了一个测量？测量和时间箭头有什么关系吗？通过仔细思考预测和回测，这些问题 ——
即使不能完全解决 —— 带来的困惑至少也能大大减少。阿哈罗诺夫
等人从这个角度入手，通过"弱测量"的体系，将测量的概念推广了
（见 *Aharonov et al. 1988*; *Aharonov and Vaidman 1990*）。弱测量不但能
把过去和未来放在同等的位置上，更让人兴奋的是，它还能让我们做
一件实验上司空见惯，但是却似乎和通常的量子机制矛盾的事情，那
就是利用我们对系统初态和末态的信息来推断中间发生的过程。

如果说通过单次测量的结果推断测量**之前**的事情与量子理论的
标准表述抵触，那前提必须是测量不可逆地改变了系统的状态。但是，
测量产生的扰动是怎么来的呢？让我们现在暂时把"坍缩"这事放在
一边，只考虑我们研究的几个系统之间的相互作用，这其中有一些量
子系统可以起到"探针"—— 也就是测量仪器的作用。如果必要的话，
我们过后可以把这个探针的状态放大到宏观程度，让实验者观察到。
但是现在可以暂时不管这一步，因为我们关心的测量仅仅涉及这一微
观的量子相互作用。

按照冯·诺依曼的标准方法（见 *von Neumann 1955*, *1983*），对于
系统可观测量A_s的一次测量，可以用一个哈密顿量来表示：

$$H = g(t) A_s \cdot P_p \tag{6.1}$$

其中时间因子$g(t)$的作用是让这个测量发生在一段有限长的时
间内，而P_p是探针的经典动量。因为动量是空间平移的原因，所以这
个作用的效果就是把探针从一个地方移动到另一个地方，移动的距离

和 A_s 的值成正比。如果 $g(t)$ 已经归一化，那么探针位置期望值的改变量就会和 A_s 的期望值成正比，因此可以作为观测值纪录。由此可以自然地得到，一个"好"的测量必须满足下面的条件：探针的位置必须明确清晰，使得对应 A_s 的不同的本征值能通过测量分辨出探针的不同末态。在这种情况下，探针和被测系统构成了纠缠态，对探针状态的测量会造成整个系统波函数的退相干，这可以看成测量过程不可逆性的来源。

还有另外一种看待系统受到的反作用的方法：认为上述的哈密顿量会给系统一个不确定大小力的作用，不确定度的大小和 P_p 的不确定度一致。如果探针本来是处于动量的本征态，那么测量作用对系统的影响就完全能预测，并且能唯一确定，$H \propto A_s$，既然这样，这个过程就是完全可逆的。不过，如果探针的动量完全确定了，那么它的位置就会变得完全不确定，所以不可能看到探针的移动，也就不能做任何测量。

阿哈罗诺夫等人指出，值得去考虑一种介于两者之间的过程，在这种情况下，我们既能在测量中捕捉到一些信息，又能使测量产生的扰动保持在一定限度之内。虽然这不是一般的量子力学教科书中介绍的标准测量方法，但事实上这个模型却更符合无数实际的实验测量过程。因为通常对单个系统的测量不确定性太大了，只有通过成千上万次测量，才能从平均结果中得到统计信息。

"弱测量"的理论设想是这样的，我们用探针对系统施加一个冯·诺依曼测量，但是由于探针的初态在位置上具有极大的不确定性，所以一次测量根本不能确定 A_s 的值。另一方面，因为探针在动量上的不确定性很小，所以对待测系统的反作用可以任意地小。很容易证明，在这种情况下，系统和探针之间并不构成如下的纠缠态：

$$|\psi\rangle_s \varphi_p(x) \rightarrow \sum_i c_i |\psi_i\rangle_s \varphi_p(x - ga_i) \qquad (6.2)$$

（其中 ψ_i 表示 A_s 的本征值，c_i 表示对应的概率幅。ga_i 表示在对应本征值 a_i 时，探针波函数 φp 的变化），而是系统和探针之间保持着最低阶的非纠缠：

$$|\psi\rangle_s \Phi_p(x) \rightarrow |\psi\rangle_s(x - ga_i) \qquad (6.3)$$

平均来看，探针会有一定距离的位移，这个位移量和 A_s 的期望值相关，但是由于这个位移量相当小，不会显著地改变探针状态，所以系统不会受到影响。

这一点相当重要，它意味着粒子原有的演化过程没有受到干扰，因此我们不但可以考察探针位置和系统初态之间的关联，还同样能考察探针位置和**之后**对系统的观测结果之间的关联。所以概括地说，我们可以这样问：如果一个系统在测量前初态为 $|i\rangle$，测量后末态为 $|f\rangle$，那么探针在测量过程中有什么变化呢？按标准的量子理论，阿哈罗诺夫和同事们证明，在这一子集中，探针的位置对应于 c 的一个"弱值"：

$$\langle A_s \rangle_{wk} = \frac{\langle f | A_s | i \rangle}{\langle f | i \rangle} \qquad (6.4)$$

很显然，对于 $f=i$ 的平凡情景，这个式子就转化成期望值的一般表达式。但是对于更一般的情况，我们欣喜地发现，初态和末态对于 As 的测量值同等地重要。因此，我们既可以通过观察粒子的未来，也可以通过了解粒子的过去，来认识它现在的状态。

弱测量还有不少其他良好的特性，这一方面说明弱测量是分析各种物理情景的有力工具，同时也暗示这些特性本身可能蕴涵着深刻的物理意义。我在这里并不打算细谈，读者可以参阅 *Reznik and Aharonov 1995*、*Aharonov and Vaidman 2002a* 的深入分析。从许多方面来看，弱测量值可以看作贝叶斯概率理论在量子力学中的自然应用（参见 *Steinberg 1995a，b*），它自然满足概率论的很多公理。更重要的是，任何可用（修正后）的冯·诺依曼体系表述的测量，其测量结果都能用这些值表述。因此，它不但清晰地表达了物理客观测量之间的联系，而且还建立了一个更大的框架体系，由此可以拓展实验的范围。但同时，弱测量也有一系列麻烦的性质。容易注意到，测量得到的弱值并不一定表达了 A_s 在物理上的可能值，它甚至不一定在这个算符本征值谱的范围内。更令人惊奇的是，一些必定是正值的量，比如能量（甚至概率），也能被测出负值来（见 *Aharonov et al.1993*）。事实上，弱值一般是复数而不是实数。但正如在之前提及到这一点时，我们曾经说明过的一样，这并不是一个让人完全不知所措的局面，我们可以明确地定义测量值虚部和实部的物理意义。粗略地说，实部反映了探针位置物理移动的大小，也就是反映了采用这种装置得到的经典测量结果；而虚部则反映了探针动量的可能改变量，这是测量带来的一个效应，反映了测量对系统的反作用。

最让人兴奋的特性之一在于弱测量允许我们同时测量互不对易的观测量，不会因为测量了其中的一个，就无法测量另外一个，而且两者的测量结果甚至不会互相影响。比如说，如果一个粒子预先被设定在某个算符B的本征态下，本征值是b_j，那么对B的弱测量一定会得到值b_j，而和延迟选择没有关系。类似的，如果这个粒子在延迟选择中被设定在某个算符C的本征态下，本征值是c_j，那么不管预先设定如何，对C的弱测量也必然会得到值c_j。如果在预先设定和延迟设定之间对B和C都进行弱测量，那么即使B和C不对易，这两个测量值都会被观察到（虽然只是体现为相当不确定的，探针位置的平均位移）。在不对易的情况下，如果弱测量$B+C$，那么得到的结果就是b_j+c_j。这个结果看起来很符合经典直觉，但在强量子测量中却是不可想象的。弱测量的这些性质清楚地展现出了一种可能，那就是我们非常想要的、把更多的事实揭示出来的可能。如果我们考虑一个从预先设定到延迟设定的特定系统，我们应该认为初态一直经历着幺正演化，直到延迟选择导致了坍缩？还是应该认为系统的状态同时依赖于预先和延迟测定呢？尽管正统的观点认为，如果在预先设定和延迟选择中没有进行测量，那么这个问题就是没有意义的。但是，如果考虑任何在其中发生的冯·诺依曼式的相互作用，只要其强度不足以不可逆地扰动系统的动力过程，都可以产生一个结果，其幅度由这个新的形式理论定义。这能启发出很多新的想法。我们对波函数的实在性（见 *Aharonov and Anandan 1993*）和普遍的"双时间波函数"量子力学又有了许多新的思考。（见 *Reznik and Aharonov 1995*）

最近，有人找到了弱测量和另一项更广为人知的、用于处理开放系统的量子演化技术之间的联系（见 *Wisman* 2002）。我们发现，这有助于解释腔量子电动力学实验中出现的"逆时间关联"（见 *Foster et al.* 2000）。比如：在路易斯·欧罗兹寇（Luis Orozco）实验组设计的一个实验中，他们本打算观察在检测出了一个光子之后电磁场的演化情况，但在这个光子被检测出**之前**，也观察到了电磁场有趣的变化。霍华德·怀斯曼（Howard Wiseman）指出，如果把光子的检出事件当作一个延迟选择，那么应用这种推广的弱测量理论，就能有效地理解这一从未被完全解释过的逆时间演化现象。

量子力学的贝壳游戏[1]

我们一开始就发现，弱测量有时候可能会得到大得不正常的值。弱测量的第一个实验就（故意地）选择了在线性光学实验中对自旋进行的测量，以显示测量结果可以是一个明显无意义的值（见 *Ritchie et al.* 1991）。但是斯坦伯格指出，弱测量和经典概率论之间有着明显的数学联系。事实上，式（6.4）的结果可以很一般地通过遍及算符每一个本征态的"条件概率"求和得到：

$$\langle A \rangle_{\mathrm{wk}} = \sum_j a_j P(j \,|\, i, f) \qquad (6.5)$$

其中，处在本征态 $|\psi_i\rangle$ 的概率被定义为算符 $|\psi_i\rangle\langle\psi_i|$ 的期望值；在弱测量下，和投影算符关联的指针在测量中会有一定的移动，而移动量的大小和相应的延迟选择有关，"条件概率"就是描述这个移动的：

---

1. 三个贝壳和一个豌豆的赌博游戏，赌家猜豌豆在哪个贝壳里。类似三张纸牌的赌牌骗局。——译者注

$$P_{wk}(j \mid i, f) = \frac{\langle f \mid \psi_j \rangle \langle \psi_j \mid i \rangle}{\langle f \mid i \rangle} \qquad (6.6)$$

当然，式子定义的条件概率有的时候会比1大，有的时候会比0小，还有的时候甚至带虚部。尽管一方面来说，我们尚不清楚如何合理地解释这些概率，但从另一方面来说，这些基于弱测量定义的概率，明显具有类似经典概率的表达方式，并且满足同样的公理。而且，会得到负数和虚数概率的弱测量实验，是完全按照经典概率测量的方式设计的，在经典理论适用的情况下，通过这些实验测量都能得到正确的经典概率，这难道不正是给定可观测量的情况下，发展量子力学公式体系的可行之道吗？

我并非狂妄自大，打算宣称这些概率意义非凡；但我也并不妄自菲薄，认为最好还是躲开这一套复杂的概念。不管怎么说，按这种方法推演出来的表达式，在各领域的实验中都有明确的物理意义。正因为这样，有些作者提议，也许值得在某些时候认真地考虑将负概率引入量子力学。（比如在贝尔定律的背景下，如果引入负概率，就可以"拯救"因果局域性。）（见 *Pitowski 1982*；*Muckenheim* et al. *1983*；*Feynman 1987*；*Scully* et al.*1994*）而在魏格纳（Wigner）函数和其他相空间分布的研究中，人们已经很平常地使用负概率了（见 *Wigner 1932*；*Leibfried* et al. *1996*）。

虽然这种概率定义有诸多需要注意的地方，不过让我们先暂时接受它，看看在这个框架下，弱测量理论给出的令人惊叹的预测。1991年，阿哈罗诺夫和维德曼将这一套理论应用到下面的玩具问题上（见 *Aharonov and Vaidman 1991*）。考虑在三个盒子中放一个粒

子，粒子可能在其中任意一个盒子里面，我们把这三个本征态标为 $|A\rangle$、$|B\rangle$ 和 $|C\rangle$。如果把粒子的初态设置好，比如说，设置成在三个盒子间对称分布的态：

$$|i\rangle = \frac{|A\rangle + |B\rangle + |C\rangle}{\sqrt{3}} \qquad (6.7)$$

过了一会儿，我们换了一组基，想测量一下粒子是否处在终态：

$$|f\rangle = \frac{|A\rangle + |B\rangle - |C\rangle}{\sqrt{3}} \qquad (6.8)$$

注意盒子 C 前面的符号已经变化。对于处在初态 $|i\rangle$ 的粒子而言，无需有任何的状态变化，在这之后的滞后选择测量中都有 $|\langle i|f\rangle|^2 = 1/9$ 的概率测到终态 $|f\rangle$。

我们感兴趣的问题当然是如何表述初态设置和滞后选择之间的粒子状态。粒子是在自由哈密顿量的作用下，从初态 $|i\rangle$ 沿时间正向演变，保持在三个盒子间的对称分布，直到最后的测量干扰了态的相位？还是从末态 $|f\rangle$ 逆时间向前演变？C 态是何时和 A 态、B 态不同相位，或者说 C 态是何时开始和 A 态 B 态反相位？我们知道，正统的量子力学中，这样的问题是没有意义的。玻尔会说：在一个过程中，如果没有任何仪器来测量相位，那么这一过程的相位就是无意义的。同样，我们也不能问，在最终测量到处于状态 $|f\rangle$ 之前，粒子处于哪个盒子里面。尽管看起来，说粒子有相等的概率处于任一盒子当中似乎是理所当然的。

我们可以构想，对大量粒子进行这样的概率测量。例如，如果仅当粒子处在盒子A中的时候，放在盒子A附近的一个检验电荷会感应到一个轻微的动量漂移。而这个漂移量又设置得远远小于检验电荷的动量不确定性，那么就能够进行测量，同时又不对粒子的演化产生可感知的影响。若并没有滞后选择粒子的状态，那么这一测量到的动量漂移就应该和粒子实际上在盒子A中的概率成正比，也就是和投影算符的期望值$|A\rangle\langle A|$成正比。例如对于初态$|i\rangle$来说，测到的概率就是1/3。也就是说，如果有N个粒子依次放入这三个盒子中，检验电荷感受到的总冲量就如其中有1/3的粒子处在盒子A中一样，或者等效地说，正如这N个粒子每个都有1/3处在盒子A中一样。

如果我们从所有检验电荷的动量漂移记录（这其中也含有巨大的测量不确定性）中，挑出那些滞后选择终态为$|f\rangle$的数据，这些动量漂移量之和就能表达粒子在盒子A中的**条件**概率：

$$P_{wk}(A\,|\,i,\ f) = \frac{\langle f|\mathrm{Proj}(A)\,|i\rangle}{\langle i|f\rangle} = \frac{\langle f|\rangle A\langle A\,|i\rangle}{\langle f|i\rangle} \tag{6.9}$$

容易验证，这个概率是1。如果在滞后选择中粒子终态是$|f\rangle$，那么检验电荷的平均动量漂移，将和100%设置在$|A\rangle$的初态粒子情况下的平均动量漂移完全一致。类似地，粒子处在$|B\rangle$态的条件（弱测量）概率也是100%。不过等等，概率论的公理怎么说？所有互斥事件的概率加起来不是要等于1吗？确实如此，因为容易验证，在初态为$|i\rangle$和末态为$|f\rangle$的情况下，粒子处在盒子C中的条件概率$P_{wk}(C|i,f)$为－1。这没有意义吗？当然不是。这表明，在终态为$|f\rangle$的情况下，测量放在盒子C附近的检验电荷的平均动量漂移，和处在状

态 |C〉的情况下相比，得到的结果正好相差一个负号 —— 也就是说，如果检测电荷和粒子带同种电荷，本来互相排斥，那么在弱测量中就会测出检测电荷有**向着**盒子的平均动量漂移。把这一结果解释成粒子在盒子 C 中的概率实实在在就是负值，也许有点冒险，不过，物理上来说，它产生的效果确实和处在盒子 C 中的粒子产生的效果一致，仅仅差一个负号。

也许更让人惊奇的是，我们能观测到粒子既"肯定地"在盒子 A 中，也"肯定地"在盒子 B 中。虽然在杨氏双缝干涉实验中，我们常常说粒子"同时穿过了两条缝"，不过有多少人真的是这么认为的呢？说波函数通过了两条缝，这个当然没有问题。但我们都清楚，如果要谈论粒子的位置的话，那就必须要引入位置测量，而位置测量的结果只可能是双缝之一。不过，弱测量告诉我们，只要测量过程中不发生坍缩（或者更精确地说，不发生退相干），那么测量结果就并不一定非此即彼。利用理论的这一性质，阿哈罗诺夫等人曾论述"波函数的实在"这一概念是合理的。这一论述引起了很多争论。最近，阿哈罗诺夫和维德曼在他们的贝壳游戏中引入了强测量，来回应一些反对意见。他们表明，如果盒子中的粒子是一个"遮光器"（shutter），那么无论光子是朝着盒子 A 还是盒子 B，或者是朝着两个盒子之间的任何一个位置前进，都无一例外地会被这个粒子截获（和前面一样，是在滞后选择了终态 |f〉的情况下）（见 *Aharonov and Vaidman 2002b*）。一个给定粒子竟然可以同时在两个地方表现出实实在在的可观测效应，这暗示着量子力学的非局域性可能比我们通常认为的更深奥。

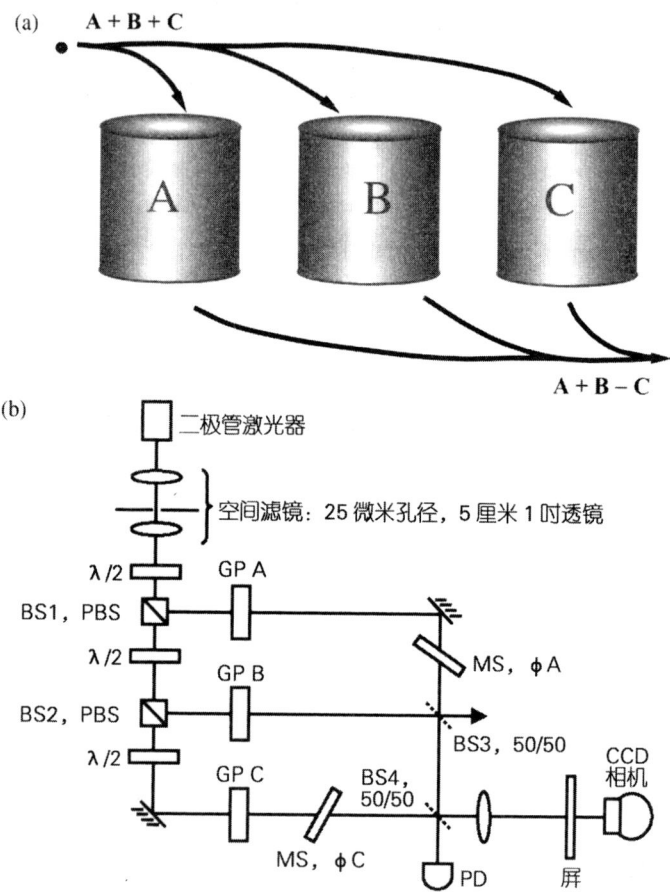

图6.2 （a）量子三盒子问题。如果一个藏在三个盒子中的粒子进盒子的初始时刻处于(A+B+C)/$\sqrt{3}$ 的叠加态，但是出盒子时测得处在（不同但是非正交）叠加态(A+B-C)/$\sqrt{3}$ ，那么当粒子在盒子中时，我们能对它的状态说些什么呢？（b）三盒子问题的光学实验设备图。光子输入三路干涉仪中，干涉仪的三条光路充当了盒子A，B，C。在C光路中引入了一个 π 的相移，这样胶片就会滞后选择出叠加态(A+B-C)/$\sqrt{3}$ 。为了"弱"测量这些盒子中的光子，这些光路中引入了横向的位移，并且采集滞后测量的光子分布图像，来决定每个盒子的位移效应的大小

目前，我们设计了一个实验（见图6.2）来研究这个量子谜案。通过分光镜我们把光子的初态设置成在三个"盒子"A、B、C间对称分布，这其中的盒子实际上是干涉计中的三条路径。细致地调节这三条路径的相对相位（具体而言，就是在路径C中多引入一个相位 π，然后再用另一个分光镜把三束光对称地合并起来），就可以把出射光投影到末态 $[\,|A\rangle + |B\rangle - |C\rangle\,] \,/\, \sqrt{3}$ 上。在这个过程中，可以进行各种各样的弱测量。比如：可以用一小片玻璃在其中一束光路中引入一小段空间位移，这个位移比光束的宽度小（也就是比光子的横向位置不确定性小）。另外，也可以用一块玻片把其中一束光的偏振方向旋转一个小角度。这里我们把具体的光学理论推导留给读者，但可以告诉大家，得到的结果和弱测量理论给出的预测完全一致：如果光束A或者光束B被移动了 δx，那么出射光也将被移动 δx；而另一方面，如果光束C也同样被移动了 δx，出射光的位移就是 $-\delta x$。（在光学的理论框架下，不难理解这正是光束C中引入的相位 π 产生的干涉效应。）我们不但想通过这个实验来验证弱测量的预言，还希望借此研究不同概率之间的**关联**。特别地，我们对非局域性很感兴趣，如果我们可以肯定地说粒子在A处，也在B处，那么我们是不是也可以说粒子既在A处也在B处呢？这看起来似乎理所当然，不过还是那句话，涉及弱测量的时候，应该更小心一些。

在《一个遮光器如何关闭 N 条狭缝》的论文中，阿哈罗诺夫和维德曼（*Aharonov and Vaidman 2002b*）指出，如果一对检测粒子，一个向着遮光器的位置A，另一个向着遮光器的位置B前进，这两个检测粒子是不可能同时被单个遮光器反射的。（虽然文中对于多条狭缝、多个遮光器和多个入射粒子的情况都作有趣的讨论。）从本质上来说，这是由于，向着A前进的粒子被反射，这就进行了一次强测量，因此不会再让向着B前进的光子受到狭缝的阻碍。但是，如果我们接受下面的定义，就能更简明地诠释这一现象。

$$P(A\&B) = \langle \text{Proj}(A) \cdot \text{Proj}(B) \rangle \qquad (6.10)$$

虽然这个概率定义会导致一些反常情况的出现（见*Steinberg 1995*）（特别是，定义并不一定要求两个投影算符是哈密顿算符，因此，即使在非滞后选择的系统中，相乘得到的"联合概率"也可能是复数）。但是看起来却是"联合概率"最自然的定义方式，能很容易地推广到弱（条件）测量的情况。不过，如果A和B是正交的，就如同我们一直讨论的情况中一样，那么它们投影算符的乘积得到：

$$\text{Proj}(A) \cdot \text{Proj}(B) = |A\rangle \langle A | B\rangle \langle B |$$
$$= |A\rangle 0 \langle B | = 0 \qquad (6.11)$$

在任何情况下，粒子同时在盒子A和盒子B中的联合概率（无论是不是条件概率）都是零。正如阿哈罗诺夫等（2002）说的，在弱测量中，就算$P(A) = P(B) = 1$，也不能说$P(A\&B)$就一定是1：这是因为此时概率本身并不限定在0到1之间。尽管A和B的概率分别都是1，但是"A并且B"的概率就是0，因为"A并且非B"的概率是1。如果这个看起来很奇怪，那么如果说："非B"的概率是0，不要担心，因为"非A并且非B"的概率是-1。这些奇怪的事件状态总结在表6.1中。

表6.1在盒子A和盒子B中找到粒子的概率、联合概率的总结。用以说明负概率的存在可以导致两个"肯定"事件的联合概率消失为0

概率	A	非A	A或非A
B	0	1	1
非B	1	-1	0
B或非B	1	0	

隧道效应

近年来，在穿越势垒的隧道效应问题上，人们也热烈地讨论过非局域性问题。自20世纪初以来（*MacColl 1932*；*Winger 1955*；*Büttiker and Landauer 1982*；*Hauge and Støvneng1989*），我们就都知道，随着势垒的厚度 d 趋向无穷大，穿过这个不透明势垒的波包粒子在外侧的群延迟（静止相的时间）会趋近一个有限值。对于足够大的 d 来说，这意味着波峰的传播速度会超过光速。这自然引起了人们诸多怀疑。但许多实验——包括我和伯克利的雷·乔（Ray Chiao）组里的保尔·奎特（Paul Kwiat）一起做的实验——都表明，这个理论预言是正确的，而因果关系也并未遭到破坏（见*Enders and Nimtz 1993*；*Spielmann* et al. *1994*）。由于有质量的粒子穿过任何过得去的势垒的时间都很难测量，而且近相对论性的大质量粒子处理起来也有诸多困难，所以实验中我们使用的是光子。在多伦多，我们设计了一系列实验，观察激光冷却后的原子通过聚焦光束形成的微米级势垒时的隧道效应（*Steinberg 1998a*；*Steinberg* et al. *1998*）。实验虽然复杂，但毕竟开辟了一个新的研究方向。特别是，当粒子在跨越"禁区"的时候，我们也有可能探测它，也能研究隧道效应中的退相干效应（*Steinberg 1999*）。

波包的波峰越过势垒到达另一边所需的时间，比以光速运行所需时间还要短，这看起来的确奇怪。尽管这样，但在相当早的时候，有关隧穿时间的（最后一轮）辩论中，就有人指出，没有物理定律保证入射峰和出射峰之间有直接的因果联系（更不要说保证两者一致了）（见 *Büttiker and Landauer 1982*）。我们把这类现象普遍地解释为"脉冲形状重整"，完全符合因果关系。在此过程中，脉冲的前沿优先传播，而波的后缘则优先地反射，于是造成了波峰时间前移。类似的效应在 20 世纪 80 年代，观察波在吸收介质中的传播时也曾经发现过（见 *Garrett and McCumber 1970*；*Chu and Wong 1982*）。而现在，在透明介质中也观察到了类似的激动人心的超光速传播现象。1997 年，乔和斯坦伯格（Steinberg）对上述超光速和因果关系问题做出了一个回顾总结。

这些反直觉的现象仅在隧穿概率相当低的时候才会出现。换句话说，和很多弱测量悖论一样，异常现象依赖于出现概率很低的滞后选择。如果有人追踪隧穿入射波包的质量中心，那么绝对观察不到超光速现象，只有把出射部分单独投影出来，波峰的传播才显得超过了光速。从这个意义上，也许可以说这种超光速并不是隧穿传播中波的性质，而只是一次诡异的"坍缩"事件：粒子原本在两个峰之间分布，而后来坍缩到其中一个位置上。不管怎么说，把弱测量的理论体系应用到隧道效应问题上是很合理的，也许这样能为如何解释这些反直觉的情况带来启示。比如说，我们能证实隧穿粒子一开始相当地靠近波包的波峰处吗？或者，我们能确定一个粒子留在势垒里面的（平均）时间吗？这段"滞留"时间或者叫作"暂停"时间，是凝聚态界十分感兴趣的一个量。因为这个量可以用来描述隧穿粒子和周围环境的作用强度，从而验证比如绝热假设之类的近似是否合理。就算接受了超光速的**峰延迟**，我们也认为，粒子在某个区域内停留的物理时间理应大于或等于 d/c。有不少有关隧穿粒子和环境的理论模型都支持这个猜想，并导出了隧穿问题的"相互作用时间"（见 *Büttiker and Landauer 1985*）。

在 *Steinberg 1995a, b* 中，我把弱测量的理论用到这个问题上。出乎意料，一方面，弱测量根本表现不出预期的入射粒子在波前沿分布的倾向；而另一方面，更惊人的是，隧穿问题的"相互作用时间"可以写成处于势垒中的概率对时间的积分，而处于势垒中的概率又可以分解成在每个位置和时刻的概率密度：

$$\tau = \int_{-\infty}^{\infty} \mathrm{d}t P_{\mathrm{bar}}(t)$$

$$= \int_{-\infty}^{\infty} \mathrm{d}t \int_{0}^{d} \mathrm{d}x \mid \Psi(x, t) \mid^{2} \qquad (6.12)$$

把这个式子推广到滞后选择的情况[即在不同位置 x 计算投影算符 $\delta(\hat{X} - x)$ 的弱测量期望值]，就可以推导出一个初态为 $\mid i \rangle$（按一个给定的波包，从左边入射到势垒中），末态为 $\mid f \rangle$（从势垒右边射出）的粒子处在位置 x 的"条件概率分布"。推导的结果，滞留时间 τ 一般情况下是复数，但是它的实部——也就是描述和处在势垒内部粒子相关联的指针的位置移动的部分 —— 和群延迟的幅度是同量级的，也表现出一样的"超光速"性质。图6.3是条件概率分布随时间演变的图示。

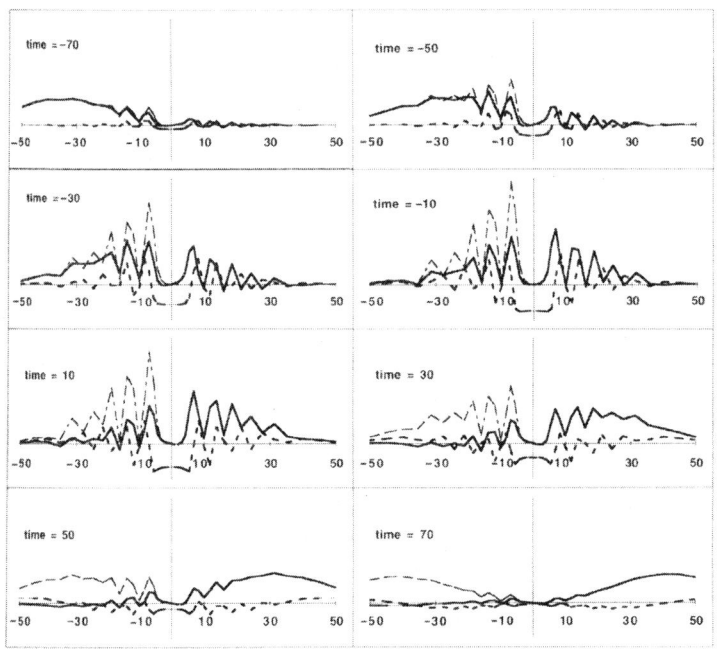

图6.3　隧穿势垒的粒子位置"弱"条件概率分布的时间演化。粗实线表示概率分布的实部（测量期望结果的振幅），虚线表示虚部（测量的"反作用"），细实线表示反射粒子的分布（本质上和$|\psi^2|$相等）。注意到在开始和结束时，弱分布和完全入射或出射的粒子波包是一致的，在中间的时候，它在禁区中有一个指数衰减的振幅

这张图所表现出的最令人惊奇之处在于，粒子在势垒中心附近似

乎根本就没有花时间（在弱值的实部为零的意义上）。被势垒反射的粒子仅在入射面指数衰减的长度上花了时间，而穿过势垒的粒子在入口和出口处用了差不多一样的时间（可以从实验设置或者弱值公式的对称性中猜到这一点）。图 6.4 展现的是一个用来阐明这些曲线物理意义的思想实验。实验中，一个光子被限制在一维的隧道中，穿过平行导电板上的一系列小孔运动，这些导电板的作用是把势垒分解成一系列电屏蔽的区域。正如上述三个盒子问题那样，测量概率的弱值（或者测量概率的时间积分，也就是滞留时间）的一种方法，就是研究和对象粒子相互作用的检测电荷的动量漂移。假想每对导电板之间都有一个检验电子，一开始是静止的，在光子通过之后，我们测量每个电子终态的动量，并按照光子是反射还是穿过将数据分类。在每单次事件中，按照弱测量的定义，电子的动量不确定性将掩盖掉任何可能的结论（如果不是这样的话，电子的存在就会干扰光子的运动，再按单纯的隧道效应来讨论这个问题就没有意义了，见 *Steinberg 1999*）。但是，如果将无数次的实验数据平均，就能发现对于穿过隧道的光子而言，电子的动量漂移有如图 6.4 所示的对称分布。

从我们的直觉出发，而不考虑正统的（时间不对称的）处理量子演化和测量的方法，我们发现，除了可以说，粒子波包从初始状态（粒子从左边接近势垒）开始，深入势垒差不多一个指数衰减的长度，还可以从末态（比如，粒子从右边穿出势垒）出发，说粒子在势垒的右边也差不多深入了一个指数衰减的长度。在弱测量框架下，我们可以把"将要穿越势垒"的粒子和"将要被势垒反射"的粒子区分开来，即使表述它们的波函数是完全一致的，在弱耦合的情况下也能观察到不同的物理效应。

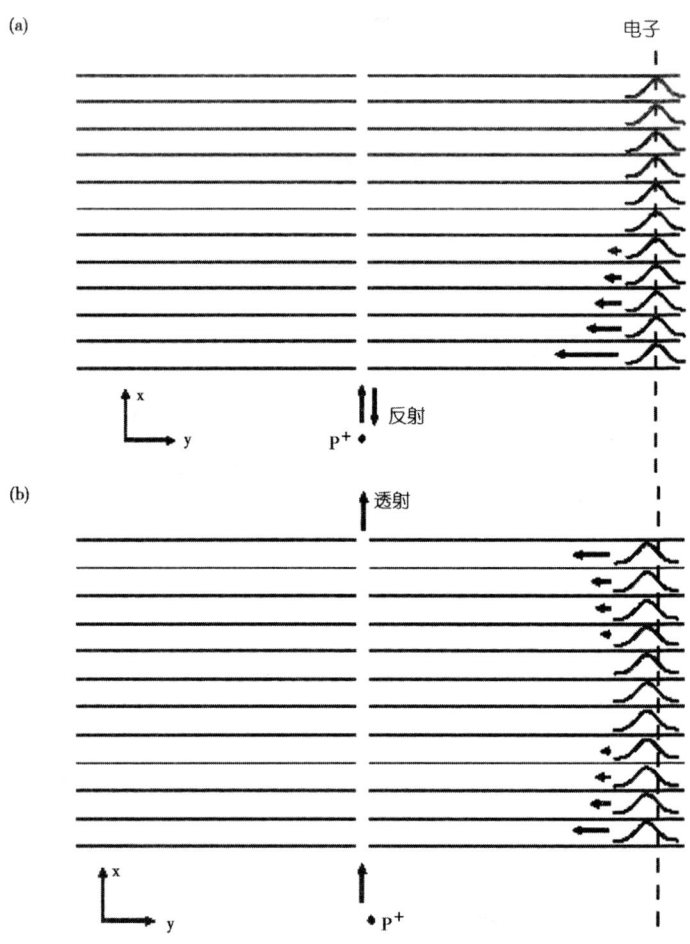

图6.4　一个用远处的电子来测量隧穿光子在分隔的空间区域中所用时间的思想实验。当光子处在给定的导体板之间时，只有相应区域内的电子才感受到明显的力的作用。因此隧穿事件之后，每个电子的动量移动记录了光子在相应的导体板之间所花费的时间。弱测量理论预言，反射的光子只会影响入射面附近电子的动量［图（a）］，但是隧穿的光子对两个边界处的电子都会产生影响［图（b）］。中心处的电子仅仅有位置的变化，这是和测量相关的反作用

　　结果发现，现在流行的一种处理隧穿时间的方法 —— 拉莫尔时间（Larmor time），本质上正是一个弱值。拉莫尔时间含有两个部分，物理意义原来并不明显，不过现在在新的理论体系下就很容易看出来，它们分别对应着弱测量的实部和虚部，前者对应着指针的移动（从经典极限的测量结果推广而来），而后者对应着测量过程中必需的反冲作用，在弱测量情况下，可以让反冲相当小。

　　上述条件概率分布演化提出了一个问题，在超光速隧穿的模式下，粒子是否真的没在势垒中心花什么工夫，就在短于 d/c 的时间内从势垒左边一下子跳到了势垒的右边呢？我们知道，一个因不可能在类空点产生可测量的果，但单个粒子可不可能在**两个**类空间隔的点（但是和粒子源不是类空间隔）产生影响呢（见 *Steinberg 1998b*）？显然，在相反的方向，从同一个广播站收听广播的两个人就属于这种情况：一个原因产生了两个互相为类空间隔的结果。不过，单个量子粒子是否真的像广播无线电波那样，具有这么强的非局域性吗？我们都知道，如果对粒子的位置进行一次强测量，那么粒子就不可能再出现在其他地方。然而，我们却可以对同一波函数反复进行弱测量，也不会受到其他同时进行的弱测量的影响，我倾向于认为，应该可以在弱测量隧穿粒子穿过入射波包分布时空区域的概率的同时，也弱测量同一粒子穿过出射波包分布（类空间隔的）时空区域的概率。如果在粒子最终穿过势垒的条件下测量，那么这两个概率应该都将接近于 1 —— 平均来说，每个粒子都会在两个类空间隔的探测器上留下反应。图 6.5 是这个实验的时空图（见 *Steinberg 1998a*；*Steinberg* et al. *1998*）。在传输完成的地方添加的能量过滤器，是用来 "抹去"（见 *Scully* et al. *1991*；*Kwiat* et al. *1992*）有关传输峰到达时间的一切信息的。若不这样做，那么就可能对

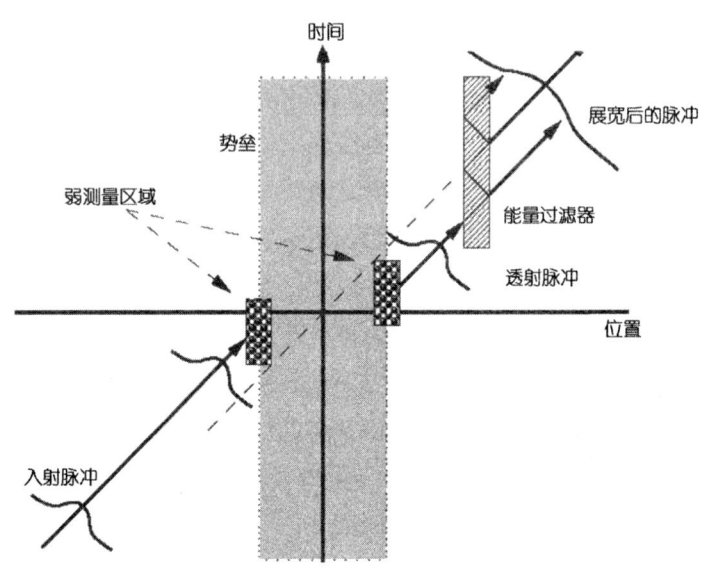

图6.5 研究在隧穿超光速的群速度下，是否有些隧穿粒子真的同时"处"在两地的思想实验。传递的高斯波峰可能出现在和原有入射波峰有类空间隔的地方。能量过滤器在这里是必需的，它可以"抹去"排除探测粒子来源于入射峰的时间信息。一旦粒子通过了窄波带过滤器，它的原始时间信息就全被抹掉了

粒子到达时间进行强测量，从而排除粒子来自于初始峰的可能性。

我们设计了一个实验（见Steinberg et al. 1998，1999），用来观察激光冷却的原子通过光学势垒的隧道效应。探针则可以在不同的时间、不同的地点对原子进行探测，以便我们研究弱测量的预言。同时，我们也在考虑如何从理论上确定，单个的粒子是真的同时影响了两个类空间隔的探测器，还是只是一个统计平均现象，而实际上还是可以认为每个粒子一次只和一个探测器发生作用。如果波函数不仅仅代表了我们信息的不足，而是蕴涵了某种深层的"实在"，那么，只要不发

生"坍缩"，一个粒子能同时在异地发生（弱）相互作用，其实也并不是什么值得大惊小怪的事情。不过，我觉得大多数物理学家还是暗自坚信粒子的不可分性，因此他们会预言这样的现象不会出现。有意思的是，当我试着把我们的实验介绍给别人时，**我**认识的、愿意和我讨论这些问题的大多数物理学家，都表达了出乎意料的观点：他们认为，单个粒子当然可以同时处在异地，两边的探针当然可以同时移动！

我们的方案建立在下面的想法之上。考虑两个探针 P_1 和 P_2，它们处在类空间隔的两点上，我们希望说明，即使在一次事件中两个探针移动量很小，也可能证明单个的粒子同时和**两个**探针发生作用。为了证明这一点，我们先假设反命题，也就是微粒假说成立，那么在给定的事件中，粒子只和 P_1 或 P_2 作用，而不是和两者都发生作用。但弱测量理论给出，平均而言，P_1 和 P_2 都各有大约1个单位的移动（以当粒子确定在给定领域的时候，测量给出移动量为单位）。这只能说明，在某些时候，P_2 没有移动，但在另一些时候，它的移动量比一个单位还要大，对于 P_1 而言也是一样的。由于两个探针的移动是反相关的，我们预期两者之差 $P_1 - P_2$ 将比 P1 或 P_2 有更大的不确定性，如果 $P_1 - P_2$ 的不确定性并没有变大，那么我们就可以得出结论：P_1 和 P_2 的移动并不是反相关的，粒子必定实际地同时和两个探针发生过作用。

尽管有人已经对更高动量的弱值展开了研究（见 *Iannaccone 1996*），但对这一领域的研究还远远没有成熟。我们决定采用一个简单的方法：仍然把同样的测量装置放在 P_1 和 P_2，但是让测量带上相同或者相反的符号。比如，采用拉莫尔时钟的方法，在 P_1 附近的区域内加上 +z 方向的磁场，只要粒子在这个区域内，那么磁场就会和它的自旋耦合，而在P_2附近的区域内则加上-z方向的磁场，磁场会和相反符号的自旋耦合。在x–y平面上的旋转将自动记录下P_1和P_2的不同。很容易证明，在测量非常弱、并且能量过滤器带宽很窄的情况下，两边磁场的效应精确地抵消。所有穿过势垒粒子的自旋都不会受到影响，说明两个磁场作用区对粒子的影响是完全相同的。我认为，这一点支持了量子粒子可以真的同时处在两个地方（并且在两地都有可测量效应）的假说。

　　更近一段日子，我考虑了上述的三个盒子问题，并对其进行了同样的计算。结果显示，在光束A和光束B处相反的自旋旋转也能抵消，这说明粒子确实同时存在于A和B。但是，之前我们看到，粒子在A处且在B处的联合概率是0。对于隧道效应问题，也有同样的问题。尽管条件概率在P_1和P_2处都有分布，但是在两个类空间隔点的投影算符乘起来就自动等于0了（在海森堡表象下），因为这两个区域是由希尔伯特空间中互相正交的子空间构成的。现在看来，就算在超光速隧穿的情况下，对粒子同时处在两个地方的联合概率的测量，即使很弱，也一定会得到0结果。所以，即使$\langle P_1 \rangle_{wk} = \langle P_2 \rangle_{wk} = 1$而且$\langle P_1 - P_2 \rangle_{wk} = 0$，也可以证明：

$$\langle (P_1 - P_2)^2 \rangle_{wk} = \langle P_1^2 \rangle_{wk} + \langle P_2^2 \rangle_{wk} - \langle P_1 P_2 \rangle_{wk} - \langle P_2 P_1 \rangle_{wk}$$
$$= 1 + 1 + 0 + 0 = 2 \quad\quad (6.13)$$

　　如果把这当成弱值不确定性的定义，那么就肯定能发现反相关性：P_1和P_2移动一个单位，它们差的不确定性增加$\sqrt{2}$倍，就好像它们以完全不相关的方式移动一样。另一方面，在P_1和P_2处受到等量异号的作用之后，如果简单地计算一下穿越势垒的粒子终态的自旋，会发现自旋方向的不确定性并没有增加。关于非局域性，弱测量到底能告诉我们什么？突破了通常的经典理论的限制，怎么定义不确定性和概率的关联才好？要回答这些问题，还有很多工作需要做。不管怎么说，很显然，比起常规的波函数演化-坍缩的语言，弱测量的引入能让我们更有效地讨论滞后选择系统（比如隧穿粒子）。目前，我们在继续发展激光冷却实验，用以证实这些预言，研究在"真实"测量（也就是说，退相干或者说耗散）出现时，以及相互作用的"微弱程度"不同时，如何推广这些理论。

量子信息和滞后选择

在新兴的量子信息学领域（见 *Nielsien and Chuang 2000*），众所周知，光子是携带量子信息的最佳载体，它的产生、操作、探测都很容易，而且相对而言，对"退相干"以及周围环境的无关作用都有一定的免疫力。因此，光子在量子通讯上有广泛的应用（见 *Bennett and Brassard 1984*; *Brendel et al. 1999*；*Buttler et al. 2000*）。不幸的是，光学的线性叠加原理意味着，不同光子的行为是互相独立的，如果不加入一点非线性的话，一个光子不可能影响到其他的光子。正是出于这一考虑，一直以来人们都觉得，光学并不是用来设计量子计算机的一个合适平台。有些相当直接的投影测量，比如说测定一对光子处在哪个贝尔状态[1]，按现有控制非线性的能力，操作起来都是非常困难的

---

1. 指两个粒子的最大纠缠态，对于光子对来说是了 $|HV\rangle \pm |VH\rangle$ 和 $|VH\rangle \pm |VV\rangle$ 四个状态，类似地，对自旋 1/2 的粒子对，是 $|J=0, m=0\rangle$，$|J=1, m=0\rangle$ 和 $|J=0, m=1\rangle \pm |J=1, m=-1\rangle$ 四个状态。

（见*Mattlee* et al.*1996*；*Bouwmeester* et al. *1997*；*Calsamiglia and Lutk-enhaus 2001*）。因此更多的工作都集中于发展其他的非线性更显著的系统，比如腔量子电动力学实验（见*Turchette* et al. *1995*；*Nogues* et al. *1999*），用这样的系统才能建立实用的量子逻辑门。而量子计算机的研究则集中于使用原子、离子或者固体晶格来储存和操控"量子比特"（见*Cirac and Zoller 1995*；*Monroe* et al. *1995*；*Kane 1998*）。最近人们注意到，探测本身就是一个非线性过程，适当挑选的滞后选择可以"模仿"出人们想要的光学非线性，从而建立光学的量子逻辑门（见*Knill* et al. *2001*；*Pittman* et al. *2001*）。另一方面，人们也在继续寻找真正的光学非线性，其非线性程度必须比现在提高10^9到10^{10}倍，才能用来制造最基本的逻辑门（见*Franson 1997*；*Harris and Hau 1999*；*Kash* et al.*1999*）。

最近我们证实，可以利用光子对之间的量子干涉来提升非线性，达到需要的数量级。让光束通过β硼酸钡（BBO）晶体，有很小的概率[$O(10^{-10})$]，入射光子的频率会加倍，两个频率为ω的光子被转化成一个频率为2ω的光子。同样，光子的频率也有同等的概率减半，此时一个频率为2ω的光子转化成两个频率在ω左右的光子（见*Steinberg* et al. *1996*）。这些现象在现代光学中非常普遍，也非常重要，但是，只有入射光束强度很高时，这些效应才足够明显。如果只有两个光子入射到晶体，那么它们的相互作用完全可以忽略不计。有一个实验，就是利用上述的非线性相互作用，来实现贝尔态信息的传递。他们本来声称要实现"100％高效"量子远程传输，可是由于上述原因，为了传递一个光子的信息，实际上需要制造一束含有上亿的全同拷贝光子的光束才行（见*Kim* et al. *2001*）。与之相反，我们发现如果在系统中加上一束泵浦（pump beam）光（其中也有上亿的光子），那么对于两束处在单光子能级上的光束而言，它们之间的量子干涉作用就能借此提高好几个数量级。在 *Resch* et al.*2003* 中，我们表明，这一措施可以使光子对频率倍增的效率高于 50%。这一效应和安东·泽林格组早期关于参数下转换（parametric down - conversion）的量子抑制工作密切相关（*Herzog* et al.*1994*）。

图 6.6 显示了实验的基本框架。两束频率为 ω 的光束入射到非线性晶体中，平均起来这两束光每束所含的光子数都小于 1。这两束光通常被称为"信号"和"懒汉（idler）"。与此同时，一束很强的频率为 2ω 的泵浦光束充入晶体，并把晶体能量提升到合适的模式，以便通过下面的哈密顿量与信号和懒汉光束耦合：

$$H=ga_p^*a_s a_i+h.c.. \tag{6.14}$$

相互作用能使一个泵浦光子变成信号 – 懒汉光子对，反过来也有可能，但是效率相当低。这三束入射光处于相干态，因此系统的初态可以写成 $|\psi\rangle = |\alpha p\rangle\, p\, |\alpha s\rangle\, s\, |\alpha i\rangle\, i$。在信号和懒汉光束输入很弱 $|\alpha p|$，$|\alpha s| \leqslant 1$，但是经典泵浦光束输入很强（$|\alpha p|^2 \sim 10^{10}$）的情况下，可以控制相互作用，使得在最低阶作用下，信号 – 懒汉光子对全部转化成了泵浦光子态（也就是上转换成了泵浦模式，尽管这个效应很微弱，不能直接探测到）。此现象是由于出现在 s 和 i 之中光子对的振幅，与泵浦光子下转换到相同模式的振幅抵消干涉的结果（见 *Resch* et al.*2002a*）。重要的是，这种干涉效应取决于三束光束的相对**相位**，这意味着如果其中任何一束光束含有确定的光子数，那么干

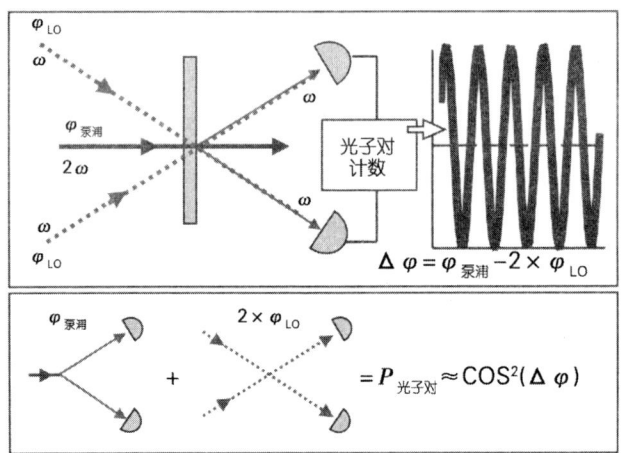

图6.6 双光子"开关"实验：通过下转换产生，并且已经在两束激光中的光子对发生量子干涉，可以以接近100%的效率从经典光束中产生上转换光子对

涉效应就不会出现，因为光学相位和光子数是两个互斥的观测量（粗略地说，它们和时间−能量一样，满足同数量级的不确定关系——$\Delta n \Delta \varphi \geqslant 1/2$）。

频率倍增效应可以看做一个高效开关——只要有光子碰巧处在信号模式，那么处在懒汉模式的光子就不能传输，反之亦然。不幸的是，这仅在根本不知道信号模式是否含有光子的情况下才成立。通过在仪器后面观察光子数，我们可以得出结论：如果有光子对曾经存在过，那么它们已经消失了。但是在任何单次事件中，我们都不可能知道光子对是否真的存在过！

我们将此工作做了一些推广，使之更接近量子信息论的一个标准逻辑门：控相门（见 *Nielsien and Chuang 2000*；*Resch* et al. *2002b*）。

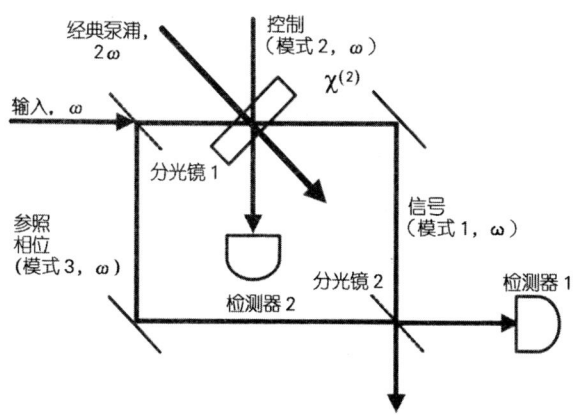

图6.7 马赫–曾德干涉仪中的双光子开关，用来作为一个条件相位门，即单光子级别上的反相位调节门

我们还是依赖入射光子对的干涉以及下转换效应，但是改变了相对相位，这样一来，光子对出现的概率并没有显著地改变，但是它的量子相位就会相对于每束光中到底是空位还是有一个光子而改变。为了测量相位，我们建立了如图6.7所示的零相差装置。

可以把这个装置看成一个简单的、针对单个光子（更确切地说，应该是针对每个脉冲的平均光子数远小于1的信号光束）的马赫–曾德干涉仪（Mach-Zehnder interferometer）。在干涉仪的一臂内，放置已泵浦激发的晶体。同时，输送一束"被控"的、处于晶体懒汉模式的光束。如果"被控"光子在场，那么任何经过的信号光子的相位都会受到影响，通过马赫–曾德干涉仪，就会看到干涉图案的移动（见图6.8）。我们观察发现，相位的移动大至 ± 180 °，小至根本不影响概率分布，其大小取决于泵浦光束相对于信号以及被控光束的强度。但如果要想操控这个逻辑门，这次同样有这样的前提：我们必须对光束一无所知。发送的光束可能有也可能没有光子，只有当观察到"被控"光子离开晶体的时候，我们才能看到想要的信号效应。是否能据

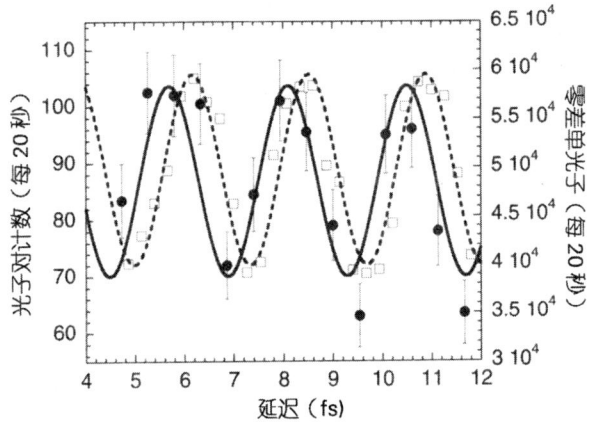

图6.8 马赫－曾德干涉仪在触发光子被探测到时（黑点；实线）和没有探测到时（白框；虚线）输出的振荡图形。由于单个的触发光子的影响，观测到的信号光束有一个明显的相位移动

此得出结论，滞后选择决定了被控光子是否一直存在，而这个逻辑门由此正确地执行了对输入"1"的操作？为了理解门的运作——也就是信号光束的相位移动——我们必须既考虑初态设定（光束之间明确的相位差），也考虑滞后选择（被控光子的存在）。

这种思考方式有点继承了KLM理论（见 Knill et al. 2001）的特点，它要求改变逻辑运算的基本观点，初始状态不仅仅由初态设置决定，滞后选择也可以用来选择需要的初态值（见 Resch et al. 2001c）。到目前为止，我们还不知道这些效应在量子信息中能有多广的应用，我们也还不知道怎么把它们融合到量子计算的标准框架中。但另一方面，尽

管我们的方法有些古怪，还有可能存在潜在的缺陷，不过已经证实（见 *Resch* et al. *2001b*），只要待测的光子对和真空处在合适的叠加态，那么之前对单光子对不可能实行的贝尔状态测量，就能应用"条件相位开关"实现。出于一些微妙但重要的原因，这意味着我们的技术，**不能**用来实现非条件的量子远程传输；但是它可以用来改进例如有关量子稠密编码（quantum dense coding）的早期实验（见 *Mattle* et al. *1996*）。

虽然在一个量子状态中明确的相位**和**明确的光子数不可能同时存在，但是可以在初态设置的时候确定其中一个，而在滞后选择中确定另一个，弱测量理论告诉我们，其间系统会同时表现出初态和末态的性质。看来，弱测量可能正是讨论强化非线性问题所需的理论体系，而在当今量子逻辑研究中更广阔的"非决定性"运算领域，弱测量也很可能大有作为。

鱼和熊掌　可以兼得

这些强化非线性还有另一个可能的应用，用我们最近要做一个实验来说明这一点。1992 年，刘易斯·哈代提出了一个天才的量子悖论，涉及在两台交叠的电子和正电子干涉仪中，碰撞的电子和正电子的某种湮灭（见 *Hardy 1992a*，*b*）。当然，很快就发现这个悖论实验上很难实现，因而人们希望能改用光学干涉仪来进行这个实验。不幸的是，我们已经提过几次了，光子间的相互作用太微弱了，不能实际表现出相当于"湮灭"——比如说频率倍增这样的现象。有人做过相应的光学实验，和哈代的悖论在数学上是等价的（见 *Torgerson* et al. *1995*；*White* et al. *1999*），但是最初的悖论到现在也还没有直接的演示。

哈代悖论建立在"无相互作用测量"这一概念之上。这一概念由艾利萨(Elitzur)和维德曼(Vaidman)在1993年提出。简单地说,就是可以用图6.9所示的干涉仪,把所有的入射光都传递到一个端口上,我们称这个端口为"亮"端口。理想情况下,在"暗"端口一个光子都测不到。但是,任何阻挡了干涉光路的物体都会在一定程度上破坏干涉,使暗端口有一定概率出现光子。很明显,如果在这个端口测到了一个光子,那么可以得出两个结论:(1)这个光子并没有被物体阻碍;(2)那个物体一定出现过(因为如果没有这个物体出现,那么干涉作用就会使所有的光子都跑到亮端口去)。在最初的例子中,这个效应

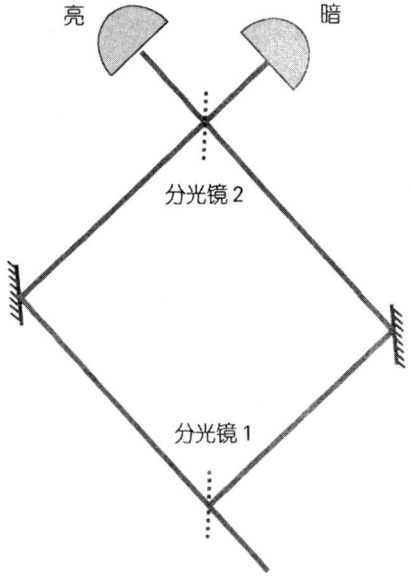

图6.9 艾利萨和维德曼提出的,用马赫-曾德干涉仪进行"无相互作用测量"。如果两边的光路长度相等,那么所有的光子都会到达"亮"端口,没有光子会出现在"暗"端口。在干涉仪中放置一个吸收物体可以导致一些光子到达"暗"端口,即使(在某种意义上)这些光子根本没有和这个物体直接作用过

被用来完成了一个不可能的任务：在不真正触发炸弹的情况下，探测这个一触即发的炸弹是否存在。后续的工作（见 *Kwiat et al.1995*）证明，通过对干涉仪创造性的改进，探测炸弹的工作可以达到相当高的效率。

　　尽管大家习惯把这种测量当作某种量子力学意义上的"无相互作用"测量，但是显然这其中还是涉及了相互作用："炸弹"可能一开始处在位置的不确定状态，在暗端口检测到光子之后，这个炸弹的位置就坍缩到干涉仪的某一臂当中去了。对此问题的深入考虑，启发了对两个交叠的无互相作用测量（无互相作用测量简写为 IFM）干涉仪的设想。如图 6.10 所示，这两个干涉仪都可以看做正在测量**另一个**干涉仪中有没有粒子。推理是很简单的。如果让电子干涉仪和正电子干涉仪在 I 臂交叠，使得只要有电子和正电子在交叠处相遇，那么它们一定会湮灭，那么当且仅当粒子选择了路径 I，这个粒子就会成为另一个粒子的路障。如果两个干涉仪都校对好了，所有的电子最后都到了 B$_-$ 处，而所有的正电子都到了 B$_+$ 处，那么这两个干涉仪就互为 IFMs 了。只有在正电子挡路的情况下，在 D$_-$ 处才能检测到电子，同样，只有在电子挡路的情况下，在 D$_+$ 处才能检测到正电子。如果正电子和电子都在路径 I 上面，那么自然的，它们相互湮灭，也再就检测不到了。因为如此，在 D$_-$ 处和 D$_+$ 处应该不可能同时检测到电子和正电子。

　　但是事实上并不是这样。在量子力学中，电子和正电子同时到达暗端口的概率是一个确定的有限值。这怎么解释呢？常规的解释认为矛盾来自于对问题的经典考虑方式。IFMs 本来只能预测经典粒子是不是在干涉臂里面挡路，但是我们却擅自把结论推广到不能直接观察到量子粒子的情形。显然这个解释不怎么让人满意，不过建立这个悖

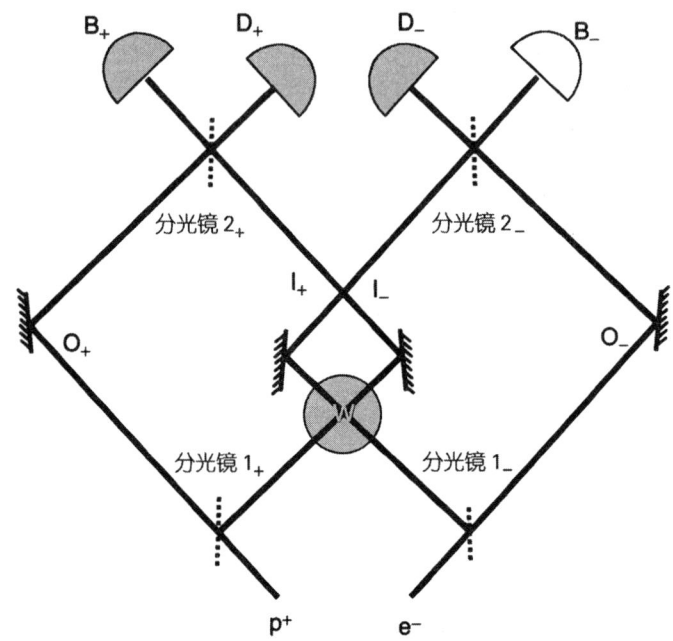

图6.10　用两个重叠的无相互作用测量装置（用行话来说，两个"IFM"）表现的哈代悖论。一个装置是电子干涉仪，另一个是正电子干涉仪。它们在W点交汇，如果电子和正电子同时到达，那么它们一定会湮灭。如果我们从D₋处检测到的电子推断W点曾出现过正电子，又从D₊处检测到的正电子推断W点曾经出现过电子，那么这两个粒子就应该在W点湮灭了才是。量子力学表明，实际并不是这样

论所依赖的"回测"也许确实是量子理论禁止的。

　　虽然这一次经典推导引起了明显矛盾，聪明的读者可能会记得，起码在弱测量的领域内，经典直觉常常惊人地管用。确实，最近有人指出（见 *Aharonov et al. 2002*）应用弱测量就能解决哈代提出的这个悖论。这是怎么回事呢？考虑一下弱测量得到的粒子在各个干涉臂中

的概率分布，以及对应的联合概率，看看悖论是从哪里来的。如果滞后选择两边的粒子都出现在暗端口的情形，我们希望得出结论，电子通过路径I的概率，$P(e^-\mathrm{I})=1$；同样正电子通过路径I的概率$P(e^+\mathrm{I})=1$。到此为止都没有问题，但是，概率$P(e^-\mathrm{I}\&e^+\mathrm{I})$必须$=0$，因为两个粒子在相遇的时候湮灭了。当然，我们已经在表6.1中看见过一个类似的情况，（在弱测量意义上）如果A和B都一定发生，并不意味着A和B一定同时发生。阿哈罗诺夫等（2002）通过计算发现，上述的各种概率互相都没有矛盾。为了满足各种求和法则，一个粒子在路径I，另一个粒子在路径O的概率是100%，两个粒子都在路径O的概率就是-100%。从这个意义上说，这个问题已经不是悖论了。所有的路径都可以同时任意地组合测量，只要所有的测量都是弱测量就行。在这个限定下，我们对IFMs直觉分析得到的所有期望都应该能被证实。解决问题的代价是，我们需要接受，至少在滞后选择的情况下，有些概率会是负值。

　　尽管我们现在也还不知道怎么把"开关"变成量子计算机，不过毕竟我们让光子对发生上转换的效率达到了近乎100%。这就和哈代原始表述中的正负电子对湮灭差不多了，因此我们现在有希望能直接检验他的悖论，只需用一个相干激发的非线性晶体作为光子对"湮灭"的作用区，就能进行这个实验。这个只能"非决定性"、事后诸葛亮式的烦人开关，倒成了研究量子力学系统回测难题的理想工具。

结论

　　在对近期（和未来）的各种实验和理论探索简单总结中，我着重讨论了量子力学中历史概念研究的一些新进展，特别是由态制备和延迟选择定义的特定子系统的历史。弱测量体系用一种很自然的方式解决问题，但却得到了一些很反常理的结论。同时，它和实验中实际进行的测量有牢固的联系。这些进行中的实验应该会使弱测量体系更加丰满。弱测量和推广的概率论之间似乎有非常强的联系，但是尽管这些概率符合概率论的许多公理，要想解释清楚这些诡异的（负的，甚至复的）概率的意义，还需要更多的工作。尤其是相对于正统的量子理论，弱测量对于描述系统在预设和滞后选择之前"到底"处在什么状态这个问题提供了一定的回旋余地。但是这也带来了很多困难，特别是和波函数的本质相关，以及和单个量子粒子的非局域性相关的问题。有趣的是，在很大范围内的各种实验，从量子计算的新概念，到开放系统量子动力学的腔 QED 研究，最近都激起了研究滞后选择系统数学表述的兴趣。也许现在终于是正统的物理学家来研究这些问题的时候了，希望在对这些问题的研究中，我们能对量子空间、时间及测量本质有一个更好的理解。

第 7 章
非局域"薛定谔之猫"：一个探索量子-经典边界的思想实验

塞尔日·哈洛奇（Serge Haroche）

巴黎高等师范学校

引言：关于量子，原子，光子和猫

如今，操控和研究孤立量子体系的实验技术已经非常成熟了。我们可以禁锢单个原子或者光子，控制它们的纠缠，直接观察它们的量子跃迁，从而真正实现量子力学创始人当年提出的一些思想实验。薛定谔曾经坚信，对单个原子进行所谓的"活体观测"是永远不可能的（Shrödinger 1952），如果让他亲眼看到当代的激光操控原子技术，不知会是什么表情。这些实验可不单单是教科书量子概念的直接演示，很多人都认为，它们也是征服量子世界、完成经典物理不可能完成的任务的第一步。比如说，量子计算机，就是在宏观尺度，利用量子干涉效应实现大规模并行计算的机器（见 Nielsien and Chuang 2000）。量子计算机的运算速度可以指数增长，从而解决大数分解等复杂问题（见 Shor 1994）。这台机器需要操控大量"量子比特"。这些量子比特由原子、分子或者光子构成，每个比特都处在"0"和"1"两个状态的叠加态上不断演变，并通过依靠电磁作用的量子逻辑门纠缠在一起。量子计算机的行为非常奇怪，违背直觉。这个系统包含了成千上万的双能级粒子，计算过程中，系统同时经历许多演变路径，但仍然保持整体相干。但要想制造量子计算机，就必须先打倒一个强大的敌人：退相干。它会高效地破坏大的量子叠加态，将其转化成平凡的经典混合态（见 *Zurek 1991*）。面对退相干的艰巨挑战，实验学家需要把量子比特从环境中隔离出来，并有效地纠正退相干作用对复杂纠缠体系的不良影响。到底能不能制造出量子计算机，这个问题至少尚有争议，但很清楚，在体系越来越复杂的情况下，研究体系的量子叠加态，将加深我们对量子本质的理解。

宏观尺度的量子叠加态有两种形式。一种是把两个纠缠粒子分开足够远，这样两个粒子之间的量子作用 —— 某种意义上 —— 就成了宏观尺度下的量子效应。就算间隔很远，对其中一个粒子的操作也可以马上反映到另一个粒子上面，这在经典理论中是说不通的。著名的量子力学非局域性就是指的这一现象，爱因斯坦、颇多尔斯基（Podolsky）和罗森（Rosen）首次讨论到这个问题（见 *Einstein et al. 1935*），随后波姆（Bohm,1951）和贝尔（1964）也曾研究过。在最近的30年间，关于"双胞胎光子"的漂亮实验验证了这个问题（见 *Clauser and Friedman 1972*；*Aspect* et al. *1982*；*Ghosh and Mandel 1987*，*Shih and Alley 1988*；*Rarity and Tapster 1990*；*Zeilinger 1998*）。从另一个意义上说，由大量粒子或者量子构成的量子叠加体系也可以看做是宏观的。这就是通常所说的"薛定谔之猫"。此称呼来源于薛定谔对一只虚构的、处在生死叠加态的猫的命运的思考（见 *Shrödinger 1935a,b,c*）。量子计算机在某种意义上就是一只"薛定谔之猫"，它被驯服了，能比经典机器算得快。

最近几年来，探测宏观量子态的实验发展得非常快。量子光学实验已经实现了空腔中的光子（见 *Brune* et al. *1996*）和势阱中的离子（见 *Monroe* et al. *1996*）的"薛定谔猫"态（或者不如说，实现了薛定谔"猫仔"态，因为实验中只包含了几个量子）。在巴黎高等师范学院，我们组成功地实现光子"猫"态，将含几个光子的场保持在对应不同的经典相位的两个状态的叠加态上（见 *Brune* et al. *1996*, *Arecchi* *1998*）。通过将薛定谔的"猫"分成几个部分，然后再把它们重新合并在一起，我们观测到干涉现象，从而确定了叠加态的相干性质。我们也观察到了干涉现象的逐渐消失，这标志着退相干的发生。最近，低温原子的玻色-爱因斯坦凝聚现象的发现（见 *Anderson* et al.*1995*；*Davis* et al. *1995*），以及这一领域中其他令人注目的实验的飞速发展，给"薛定谔猫"养殖业注入了新的活力。处在玻色-爱因斯坦凝聚态（BEC）的原子，正是一群处在相同量子态的"玻色"原子，表现出很强的波粒二象性。在BEC态的原子的集体行为和激光束中的全同光子的行为非常类似。最近许多人都提议，用这样一群处在两束不同的物质波（每一束都含有很多粒子）相干叠加态的原子，就可以实现"薛定谔猫"态。有明确迹象表明，这样的"猫态"（起码由几个量子构成的"猫仔态"）在当今的技术下已经可以实现（见 *Greiner* et al. *2002*）。

量子光学中的实验，通常从孤立原子或原子团开始，通过逐渐添加粒子，慢慢建立起比较大的物体。因此我们说薛定谔的"猫"是"自下而上"建立起来的。固体物理采用的方法则恰恰相反，先从大块的物体开始，逐渐把对象减小，直到"自上而下"地达到量子领域（见 *Leggett 1987*）。一个很有前景的领域——"介观物理学"正在蓬勃发展。在这一领域中，人们尝试着用小电流圈中的超导电子对来实现"薛定谔猫"态（见 *Friedmann et al.2000*；*van der Wal et al.2000*）。这些系统包含的电子数在百万到亿的量级，比量子光学实验中的光子或者原子数都要多得多，但是目前这些叠加的相干性——"薛定谔猫系统"最重要的性质——还没有得到证实。

　　我们现在甚至可以研究同时具有上述两种宏观性质（宏观空间距离和大量粒子数）的量子态。设想由大量粒子构成的"薛定谔猫"态，被分离到相距甚远的两地，两处的系统还可以有一个参数不同，比如系统的能量，动量或者角动量。可以说，这是一只在盒子里面死着而同时又在盒子外面活着的"猫"，兼有两种诡异性质。从直觉出发，我们觉得，如果只包含几个光子或者原子，那倒还有可能建立起这样的系统来；要是包含的粒子多了，建立这样的系统就会越来越困难。正如惠勒在他最新的自传里指出（见 *Wheeler 1998*）：单个光子或者原子的概率云可以一次走两条路，但是棒球的概率云就绝不可能这样。从而引发了"量子-经典边界"问题：在何种尺度上，量子性质就会消失？为什么会消失？消除了干涉的经典世界是怎么从基本的量子定律中产生的？这些问题都和惠勒教授提出的关于存在的著名问题密切相关："'生'究竟是什么？"[1] 显然，对于一只处在生死叠加态的猫而言，生和死的意义将非常特殊。我在这里不会宽泛地讨论这些目前还没有完全解决的基本问题，关于量子力学的解释问题，在

1.生（to be），这里用的典故是莎士比亚名句"生存还是死亡（to be or not to be）"。——译者注

本书其他章节也有涉及。不过我将在这章的末尾谈一谈退相干理论（见 *Giulini* et al. *1996*），这一理论可能部分地回答了这个问题。

我这篇文章里的目标没有那么远大，只是想描述一个可行的思想实验，说清楚如何制备及探测一个分离系统，即 N 个粒子同时处在两个盒子中的系统。这一系统由全同光子构成，其叠加态的产生和探测用单个原子操控。实验属于量子光学中的腔量子电动力学领域（见 *Haroche 1993*；*Berman 1994*），其中包含的物理——光和物质相互作用的定律——是很简单的，而且可以很好地从基本物理原理出发来理解。系统的演变可以完整地计算出来。而在更复杂的情况下，比如在固体物理中，这种计算是不可能的。就我的意图来说，最重要的是，只需要关于量子力学的一些基础知识，就可以很自然地理解"猫"态制备背后的物理。"薛定谔猫"态的制备，以及对它的退相干过程的探测，都可以用很直白的方式来讨论。而在其他的情况下，比如在 BEC 或者在介观物理领域内，因为涉及的量子效应非常微妙，很难用简单的示意性理论说明白。

图7.1的图（a）（经典图像最多表现成这样了）即我说的实验。两个空腔 C_1 和 C_2 可以用来储存全同光子。系统处在双态的叠加态，所有的粒子要么在 C_1 中，要么在 C_2 中。图的右边和左边分别表示这种叠加态的两个组分。之后会看到，两个部分之间的＋号表示两者以概率幅相加，而这些概率幅会带来干涉。两个空腔之中的粒子都处在同样的量子态，但是物理参数略有不同。比如说，C_2 中的光子可以比 C_1 中的光子能量稍稍高或者低一点。这个情景虽然简单，但却正好可以和同时在一个盒子中活着，而在另一个盒子中死了的猫作类比，如同

图7.1的图（b）所示。

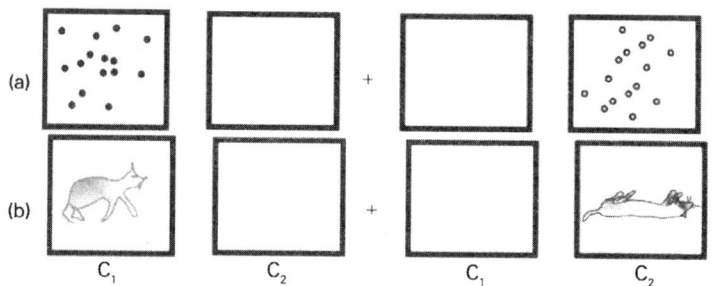

(a)   +

(b)

C_1 C_2 + C_1 C_2

图7.1 （a）N个被分开在两个盒子C_1和C_2中的粒子的量子叠加态。左边和右边分别是经典的两个状态，而体系正处在这两者的叠加态上。两个盒子中的粒子可能有不同的"属性"(比如不同的能量)，用白点和黑点来表示。左右图之间的＋号意味着这两个经典状态在一定的实验条件下可以发生干涉。

（b）和生死叠加态的"薛定谔之猫"的比较，这只猫在一只盒子中是活的，在另一只盒子中是死的

我们还可以根据实验的"可行性"，估计出这样一个分离量子叠加态体系包含光子数的上限。理论工作者可能觉得这只不过是些普通的技术限制，想把N无限地增加"只不过"需要艰苦的工作和足够的钱而已（可别指望用这个借口去申请无限的实验经费）。这种观点太过于天真，太过于乐观了，因为技术限制也源自背后的物理，实验"噪声"本质上也是不能完全抑制的量子现象。原子和空腔的尺度、光子的波长，其实根本上都已经由自然的基本常数——精细结构常数决定，我们不能像数学家一样想改就改，就算只是思想实验，也必须把这些物理限制考虑在内。我将说明，这个"猫"实验N的上限大约为1000。这一限制是否普遍？用其他粒子构建出来的猫的也有类似上限么？是否可以通过积极修正退相干效应来突破这一极限？这和量子计算有什么关联？这些问题都有待解决，我会在本章末尾继

续讨论这些问题。不管怎样，我希望此类实验不久就能实际进行，从而让我们更好地了解光学或者原子非局域"猫"的迷人性质，帮助我们回答惠勒教授提出的关于量子的深刻问题。

普通的分光镜可以用来制造薛定谔的"猫"吗？单粒子干涉与多粒子干涉

光学干涉仪的一个普通功能，就是把光场分成不同的空间模式。常用的是分光镜，它由遵循普通线性光学定律（它们对入射光场的反应强度与场的强度成正比）的透明绝缘材料做成。图7.2的图（a）是一个分光镜B将光子分到空腔C_1和C_2中的情景，一个射入B的光子，有相等的概率穿过B到达C_1或者被反射到C_2。如果不把光子储存在空腔中，而是如图7.2的图b所示，让光子自由传播，在两个镜子（M、

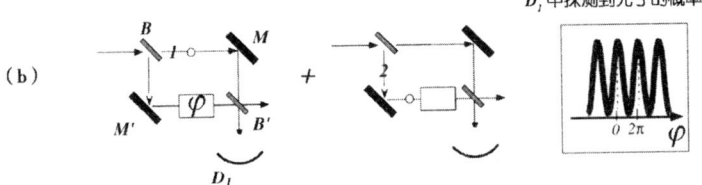

图7.2　图（a）：一个普通的分光镜B把入射光子按一半一半的概率发送到两个出射模式。如果用这个装置来填充空腔的话，会得到一个分离的捕获光子。图
　　（b）：如果把两个这样的分光镜和两面反射镜组合起来，就得到了马赫-曾德干涉仪。从B'探测到光子的概率随着干涉仪两臂的相位差的变化会出现不同的干涉条纹

M')上反射，最后在光子的两条路径（1和2）汇合的地方再放置一个
分光镜B'，这样就做成了一个马赫-曾德干涉仪。用放在某一条干涉
臂中的相位改变装置来连续调制两条路径间的相位差，在B'的任意
一个出口测到光子的概率就会周期地变化。

这类实验一般都发射大量光子，从连续不断的光子探测中积累统
计数据。图7.1所示实验虽然也涉及大量的粒子，但是这些光子状态
和图7.2的图（a）所示装置的光子状态有根本区别。后者入射光子分
发到路径1和路径2的概率是相等的，但不同的光子是随机分发的，
因此在出射端口两边的光子数遵循二项式概率分布。如果用这样的装
置填充两个空腔，那么结果将如图7.3所示，两个空腔将处于叠加态
上，每个态有大约$N/2$个光子，两个空腔之间有一些涨落（$\sqrt{N}$数量
级）。这个涨落和热平衡时气体在等体积空间分布的涨落一致。而这
种分布和图7.1描述的宏观叠加态非常不同，在那种情况下，粒子在
C_1和C_2中的数目符合双峰统计，在0和N两个值附近有很尖锐的峰。

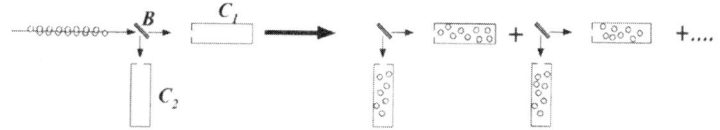

图7.3　一列射入分光镜的光子被独立地分到两个出射模式中，两边的光子数
基本相等，仅有一些小的涨落。一个与两个空腔耦合的分光镜不能实现"薛定谔
猫"态

同样，图7.2的图（b）所示的干涉实验反映的也仅仅是单个粒子
的叠加态，而不是宏观叠加态。尽管每个在B和B'间传播的光子都的
确处于透过和反射的叠加态，但是各个光子之间则是互相独立的（不

同的光子之间并没有纠缠）。光子束只不过是单个叠加态光子的简单集合。最终测量光子达到概率时所观察到的信号，也仅仅是单个光子概率幅的干涉结果，和其他光子没有关系。由于马赫-曾德干涉仪使用线性分光镜，所以本质上只对单个光子叠加态敏感，而难以感应到如图7.1所示的宏观叠加态。这一点狄拉克曾经强调过："光子只和它自己干涉。"

很长一段时间以来，这条限制被当成一条普遍的自然定律。但我们发现并非如此。事实上，近年来我们一次又一次地发现多于一个光子的干涉效应，这些奇妙而惊人（非常违背直觉）的发现正是量子光学近40年的进展之一（参见这类实验的早期总结，例如 *Greenberger et al. 1993*）。量子物理中唯一普适的定律就是，如果想用系统经历"两条路径"的概率幅形成干涉，那么就不能让实验装置"泄露"到底走的是哪一条路径。干涉光学实验大部分都是让单个光子通过几条路径，但也有一些，是让两个或者更多的光子集体通过不可分辨的不同路径。

多光子干涉所需的仪器，比简单的马赫-曾德干涉仪要复杂得多。有时通过线性分光镜和探测仪的精心组合也能达到类似的效果（见 *Greenberger et al. 1993*），但通常培育"薛定谔之猫"需要不同性质的配料。早期有关"猫"态制备的巧妙方案就曾指出，应该试一试非线性光学材料（比如可以倍增光频或合并光束的材料）。如果把这种材料制成的平板放入多个光子构成的相干光束的光路中，那么理论上，这束光就会被分解成两束反相位的多光子相干光的叠加（见 *Walls and Milburn 1985*；*Yurke and Stoler 1986*）。这和我在图7.1中描述的情况非常类似（但是宏观分离发生在相空间而不是实空间），它是没有经典对应的。正如光束可以被分解，这束光也可以再合并，一旦合并，就会出现违背狄拉克断言的多光子干涉现象。因为技术困难，这些奇妙的方案还没能在实验室中实现。另有方案提议使用两个和光场纠缠的原子光束（见 *Brune* et al. *1992*；*Davidovich* et al. *1996*），通过研究原子的纠缠以及对原子的量子测量本身的性质，来制造和检测多光子叠加态。这正是制造和研究上述场的异相叠加态的一般方法。我下面要描述的、制造非局域场叠加态的思想实验，也要用到这一原子分光镜的神奇性质。在叙述"可行"的实验之前，我想先从一个简单模型开始，介绍这种方法的基本思路。

用量子阀门制造非局域"薛定谔之猫"

设想方案如图7.4所示，两个空腔通过一个阀门T连接到一个很大的粒子库S，阀门T可以把粒子送到C_1或者C_2之中。我们可以（粗略地）这么理解，T由一个汽缸和一个旋转的阀门组成，气缸上有三个孔，分别和S、C_1、C_2连通。当阀门水平时，阀门关闭，而阀门偏下时，可以有两个接通状态，一是把粒子通入C_1（状态T_1），二是把粒子通入C_2（状态T_2）。经典状态下，我们可以把N个粒子都储存在C_1中，让C_2空着；或者把粒子都储存在C_2中，把C_1空着，这只需要把阀门设置在T_1或者T_2的状态并保持一段时间t_0。注意在经典情况下，只要阀门正常，就没有办法同时往两个空腔中注入粒子。

现在改用量子阀门，并让它处在T_1和T_2的叠加态，把每个粒子同时注入C_1和C_2。置于这个状态下一段时间t_0之后，我们就能得到

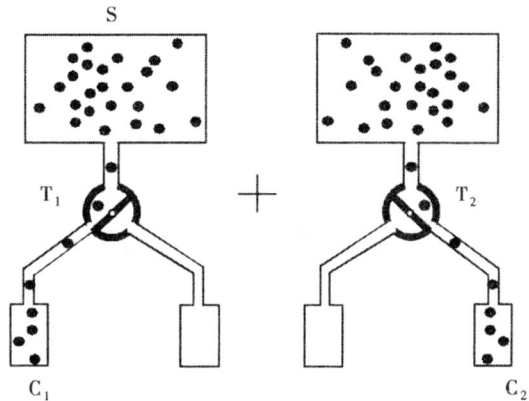

图7.4　量子阀门将粒子源和两个空腔C_1和C_2相连，这个装置可以将光子分离在两个空腔中，用来制造"薛定谔之猫"。阀门本身必须处在T_1和T_2（分别对应着填充C_1和填充C）的叠加态中

两个经典状态的量子叠加，这个系统是一个处在两个分离的盒子当中的宏观非局域体系。其中的粒子可以是空腔中的光子（这样就得到了电磁场的宏观叠加态），也可以是低温BEC状态下俘获于两个势阱中的原子（这样就得到了物质波的宏观叠加态）。

写几个简单的方程能帮助我们更好地理解其中的物理。这些推导只涉及一般的量子力学，比如态叠加的概念、测量理论的基本概念等。在狄拉克表象下叙述问题更加方便一些，我将用括号|〉来表示标注的系统的状态。量子阀门的叠加态可以很一般地写成：

$$|\psi\rangle_{\mathrm{cat}}^{N} = \left(\frac{1}{\sqrt{2}}\right)|N,\ 0\rangle \pm \left(\frac{1}{\sqrt{2}}\right)|0,\ N\rangle \qquad (7.1)$$

其中，括号|〉中的第一个（第二个）数字表示在C_1（C_2）中的场

量子（或者粒子）数。而其中的 ± 号，我们之后会看到，它表示量子相位，由对阀门最后的处理和测量结果决定。

式（7.1）的含义丰富而怪异。叠加的每个态都和它的"振幅"相乘，在上式中振幅等于 $\pm 1/\sqrt{2}$。振幅的平方表示测量系统得到全部粒子在这个或者另一个盒子里的概率。在上述情况下，在两边找到全部粒子的概率是相等的，都是50％。到目前为止，这一切都还能在经典框架下理解。如果你被告知N个金币被放入了两个相同的封好的盒子的其中一个，那么在打开盒子检查之前，你对于这个体系的了解就和目前为止对 C_1 和 C_2 中的粒子体系的了解一模一样。

但实际上，量子情形比经典情形要丰富得多，因为叠加态可以被当作经典物理里的波一样操控和合并。振幅在式（7.1）虽然是实数，但是随着时间演变通常会变成复数，而这些复数振幅还可以以种种方式叠加，发生干涉。举个例子，假设在一段很短的时间 τ 内，C_2 中的每个粒子的能量都增加了 δE，过后粒子的能量还原。通过在时间 τ 内略微地挤压一下 C_2 腔壁，就能实现这种情况，此时碰到移动腔壁的光子就会产生一个小小的多普勒位移，从而略微地改变频率，也就是改变能量。而这一切当然只会在 C_2 腔中有光子的情况下才会发生。如果我们这么做了，那么就能得到我上面描述过的诡异状态：这N个粒子以一定的能量处在左边盒子中，而同时又以不同的能量处在右边盒子中。经过这个操作之后，C_2 腔中每个光子的相位都改变了 $\varphi = \partial E\tau/\hbar$，其中 $\hbar$ 是普朗克常数。通过解量子系统演化的薛定谔方程，我们得到，在时刻 τ，系统的状态变成：

$$|\psi\rangle_{\phi}^{N} = \left(\frac{1}{\sqrt{2}}\right)(|N, 0\rangle \pm \exp(-iN\varphi)|0, N\rangle) \qquad (7.2)$$

在左右两边找到粒子的概率幅之间有了一个大小为 $N\varphi$ 的相位差。

到目前为止,我一直假设,量子阀门将确定数目的粒子从源 S 输送到了 C_1 和 C_2 中。但是由于粒子的波动性,输送的粒子数有一定的不确定性。待会儿在实际的情况下我们会看到,阀门不是正好输送了 N 个粒子,每个空腔里有含有由不同光子数的状态叠加而成的"相干"场(见 *Clauber 1963a,b*):

$$|\alpha\rangle = \sum_{N} C_N(\alpha)|N\rangle \qquad (7.3)$$

其中

$$C_N(\alpha) = \exp(-|\alpha|^2/2)\frac{\alpha^N}{\sqrt{N!}} \qquad (7.4)$$

场的"经典振幅" $\alpha = \sqrt{N}$ 完全确定了这个场。光子数的概率 $P(N) = |C_N(\alpha)|^2$ 符合泊松分布,在 $\overline{N} = \alpha^2$ 附近有峰值,光子数的涨落为 $\Delta N = \alpha = \sqrt{N}$,相对离散为 $\Delta N/\overline{N} = 1/\sqrt{N}$。考虑到这个涨落,阀门作用下的系统状态可以写成:

$$|\psi\rangle_{cat}^{\alpha} = \left(\frac{1}{\sqrt{2}}\right)(|\alpha, 0\rangle \pm |0, \alpha\rangle) \qquad (7.5)$$

在相位改变后,C_2 场中的对应于 N 的相干叠加态的振幅的相位都增加了 $N\varphi$。只要 φ 比 $1/\sqrt{N}$ 小,那么相位的离散就可以忽略不计,在有效的近似下，可以把系统演化的状态写成：

$$|\psi\rangle_{\varphi}^{\alpha} = \left(\frac{1}{\sqrt{2}}\right)(\,|\alpha,\,0\rangle \pm \exp(-i\bar{N}\varphi)\,|0,\,\alpha\rangle)\quad(7.6)$$

到这一步，我们就已经把这个系统确定地设置到"薛定谔猫"状态了。现在的挑战在于如何测量这个叠加态，证明这个系统确实有宏观的量子相干性。我在下面将要说明，这个工作可以通过重新把阀门打开，让光子在一段时间 t_0 内再次流入空腔来完成。这将导致第一次阀门操作造成"猫"态的两部分相互干涉。

探测"薛定谔之猫"：多粒子干涉与集体德布罗意波长

让我们把阀门再打开一段时间 t_0，阀门还是处在 T_1 和 T_2 的叠加态。在第二次操作下，我们假设，S 中的不同光子数态的相干叠加和第一次的相位相同。让我们看看式（7.6）所示的叠加的两个态会有什么变化。先看 $|\alpha,0\rangle$ 这个态，因为打开的阀门要么会继续填充粒子到 C_1，要么开始填充粒子到 C_2，最后结果，系统会演变成这两种状态的叠加，对应于下面的状态转化：

$$|\alpha,\,0\rangle \rightarrow \left(\frac{1}{\sqrt{2}}\right)(\,|2\alpha,\,0\rangle \pm |\alpha,\,\alpha\rangle)\quad(7.7)$$

注意当阀门往第一个空腔里面加粒子的时候，C_1 场的振幅会加倍，而其中的光子数会变成原来的 4 倍。如果我们把光子当成放入盒子中的经典粒子，那么这一点看起来就会很奇怪。实际上，我们现在

处理的是玻色子，它们"喜欢"聚集到同一个量子态中。第一次阀门操作之后，阀门再次打开时，盒子中已有的光子会"激发"更多的光子到达，这就可以解释为什么终态的平均粒子数要比2$\bar{N}$大了。这里我们也要注意，式（7.7）所示的叠加的两个态之间的相对相位，是由最终对阀门的操作和测量决定的，这一点我还要详述。现在再来看 $|0,\alpha\rangle$ 这个态，类似地，第二次阀门作用将导致下面的状态转化：

$$|0,\ \alpha\rangle \rightarrow \left(\frac{1}{\sqrt{2}}\right)(|\alpha,\ \alpha\rangle \pm |0,\ 2\alpha\rangle) \qquad (7.8)$$

由于系统一开始处在式（7.6）所示的叠加态，依据量子力学的线性叠加原理，我们可以从以上三式中得到系统的终态：

$$|\psi\rangle_{\text{final}} \approx \left(\frac{1}{A(\varphi)}\right)[(|2\alpha,\ 0\rangle + \varepsilon|\alpha,\ \alpha\rangle) + \varepsilon'\exp(-i\bar{N}\varphi)$$
$$(|\alpha,\ \alpha> + \varepsilon|0,\ 2\alpha\rangle)] \qquad (7.9)$$

其中 ε、$\varepsilon' = \pm 1$, $A(\varphi) \approx \sqrt{4 + 2\varepsilon\varepsilon'\cos(\bar{N}\varphi)}$，是一个归一化因子，保证终态的所有概率之和为1。

通过连续的阀门操作，有两种"经典"方法将光子填充到两个空腔当中：先填C_1后填C_2，或者反过来先填C_2后填C_1，两种方法都会得到相同的终态 $|\alpha,\alpha\rangle$，这个状态在场的表达式中出现了两次，两次振幅的相位不同。在C_1和C_2中都找到$\bar{N}$个粒子的概率 $P_{N,N}$，就是这两个振幅的平方和。这个概率包含对相位敏感的干涉项，当$\varepsilon\varepsilon'=1$时，我们计算得到：

$$P_{\bar{N}, \bar{N}} \approx \left(\frac{1}{A^2(\varphi)} \right) |1 + \exp(-i\bar{N}\varphi)|^2 = \frac{1 + \cos(\bar{N}\varphi)}{2 + \cos(\bar{N}\varphi)} \quad (7.10)$$

当 φ 变化时,这个概率表现出对比度为 100% 的变化,而箱子中的金币是不可能出现这种现象的。显然,这种叠加态不仅仅是粒子位置的统计不确定性,两个状态之间的相位差并不是无关紧要的数学符号,它有可观测的物理效应。更令人吃惊的是,在 $\varphi=\pi/\bar{N}$、$3\pi/\bar{N}$ …… 的时候,$P_{\bar{N}, \bar{N}}$ 会消失为 0。此时,虽然阀门每次都同时填充了两个空腔,但是最后却有一个空腔中没有粒子。这样的负干涉效应是量子力学中最奇怪的特性之一。

到目前为止的讨论都忽略了光子数的涨落,这一近似在 $\varphi < 1/\sqrt{\bar{N}}$ 的情况下是可行的。如果 φ 值进一步加大,相位离散的影响就会变得显著,原有的干涉图案就会被扰乱。考虑相位离散的完整计算,比刚才的计算要复杂得多,计算得到的概率精确表达式为:

$$P_{\bar{N}, \bar{N}} = \frac{1 + e^{-\bar{N}(1-\cos\varphi)} \cos(\bar{N}\sin\varphi)}{2 + e^{-\bar{N}(1-\cos\varphi)} \cos(\bar{N}\sin\varphi)} \quad (7.11)$$

当 $\bar{N}=100$ 时,概率分布图如图 7.5 所示。可以很清楚地看到中央的干涉条纹,宽度大约为 $\pi/100$,两边有一些小的平行条纹,在 $\varphi > 0.2$ 的时候,条纹对比度降低为 0。这和一列宽频带(包含连续波长)光的经典干涉条纹是一致的。条纹的空间频率和波长成正比,因此除了中心区域以外,干涉条纹都相互抵消。在这里考虑的量子情况下,条纹的空间频率和粒子数成反比,由于粒子数有一定的涨落,所以仅有中

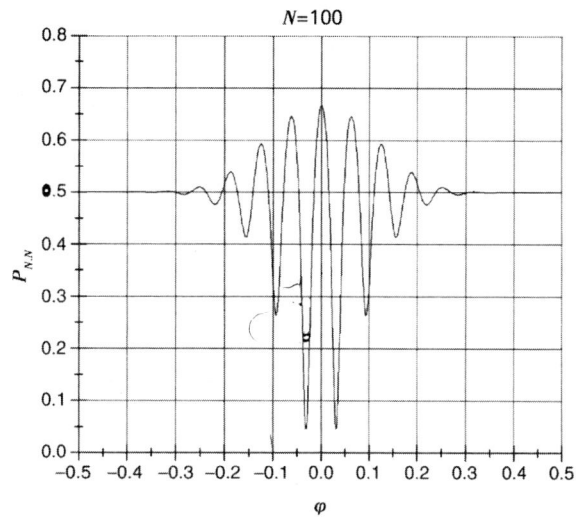

图7.5 多粒子干涉图像，表明"薛定谔之猫"曾经短暂地处在两个空腔的叠加态上。平均光子数$\overline{N}$=100。信号表示在两次阀门操作之后，两个盒子中都有光子的概率。阀门的两次操作，第一次制造了薛定谔猫态，第二次将这个状态"读取"出来。在阀门两次打开之间，其中一个空腔中引入了φ的相位变化，干涉条纹是φ的函数。条纹间隔$2\pi/\overline{N}$和平均光子数成反比。由于光子数的涨落，仅可见一些"中央条纹"

央干涉条纹可见。

量子干涉的周期$2\pi/\overline{N}$清楚地表达了它的多粒子性质。正是由于阀门同时将所有的粒子填入一个空腔或者另一个空腔，两条干涉路径的相位差才是$\overline{N}\varphi$。干涉条纹之间的间隔随着粒子数的增加而减少，通过测量这个间隔，就可以直接得到叠加态中粒子的个数。

有一种诠释干涉条纹$2\pi/\overline{N}$的间隔的理论认为，可以为N个波长为λ的光子引入一个集体波长λ/N（见Jacobson et al. 1995）。多粒子的集体德布罗意波长已经在原子（见 *Pfau et al. 1994*；*Chapman* et al. 1995）和分子（见 *Arndt et al.1999*）的干涉仪中测量过，在那种情况下，干涉条纹的间隔和粒子的总质量 M 成反比。这个正比于 $1/M$ 的德布罗意波长，反映出这些复合系统的组成部分（核子、夸克、电子），都是被分光镜集体地送到干涉仪的一臂或另一臂中的，分光镜并没有将单个的原子或分子劈开。不过，这里正比于 $1/\overline{N}$ 的光子集体波长和上面的集体波长有所不同，因为处在宏观叠加态的光子彼此并不是束缚在一起的。这意味着我们需要一个特殊的量子分光镜，来把这些光子同时送到干涉仪的两臂上，而又不破坏这非束缚脆弱系统的完整性。值得注意的是，最近已经在实验中观察到"双光子"态的集体德布罗意波长（见 *Fonseca et al. 1999*），也观察到了势阱限制中的离子产生的 $1/N$ 间隔的量子干涉条纹（N 达到4）（见 *Sackett* et al. *2000*）。但观测到"大猫"产生的极细条纹仍是一个挑战性的课题。

用两个原子实际制造、解读的"薛定谔之猫"

到目前为止，我们的讨论显然都还不切实际。图7.4里画的那种量子机械阀门本身就由大量的原子构成，要把它设置在叠加态，本身就是要制备一个相当大的"薛定谔猫"态，这样一来实验就成了死循环。实际上，采用宏观物体做阀门是行不通的，必须用处在量子叠加态的微观阀门来控制光子流的去向。利用腔量子电动力学的基本知识，我们发现，一个穿行于两腔之间的原子可以帮我们达到想要的效果。

实际可行的实验有好几种形式，我的同事和我几年前曾经发表

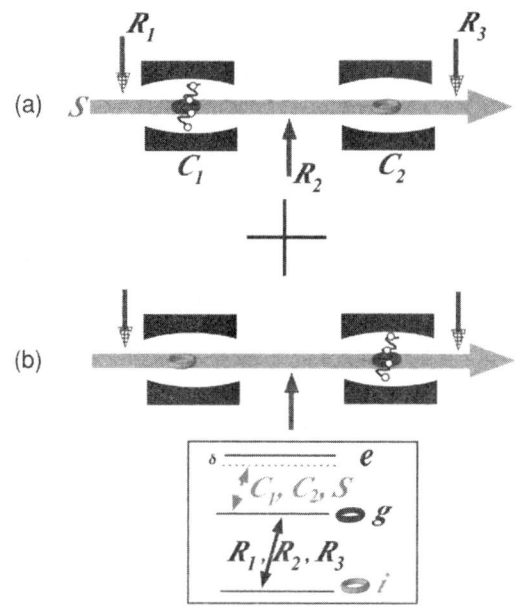

图7.6 一个"实际"的用单个原子充当量子阀门的腔量子电动力学实验。光源横向传播，穿过由面对面的镜子构成的空腔。原子随光源运动，将一些光散射到 C_1 或 C_2 之中。附加的脉冲场 R_1、R_2、R_3，用来操控原子状态。（插图表现出原子能级 e，g 和 i）。图（a）和图（b）表现的是系统的两条演变路径。在图（a）中，原子通过 C_1 时处在能级 g 上，通过 C_2 时处在能级 i 上，仅在 C_1 之中填充了光子。在图（b）中，原子通过 C_1 时处在能级 i 上，通过 C_2 时处在能级 g 上，仅在 C_2 之中填充了光子。如果向系统发射处在 i 和 g 的叠加态的原子，系统就会同时经历两条演变路径，最后就能制备出光场的"猫"态

过其中一种可能的形式（见 Davidovich et al. 1993）。实验中，一个依次横穿两个空腔的原子起到了可调折射率绝缘介质的作用。这里我将介绍一个简单一些的版本，如图7.6所示。空腔由两面相对的球面镜制成。光子一旦进入内部，就会不断地在上下镜面上反射，直到被镜面吸收或由于镜面不理想而发生散射，从边上漏出去，在此之前的时间 T_C 内，光子就被储存在这个空腔内。一个场"源"S，从镜子中线处水平穿过，和镜子产生共振。这个场是相干的，振幅为 αs。在量

子表述下，它对应着不同光子数的态叠加，遵循泊松统计。一般情况下，场源中的光子不会碰到镜子，不和空腔作用。

　　一个沿场传播方向运动的原子，依次穿过两个空腔 C_1 和 C_2，这个原子在源和空腔之间交换光子媒介。在此过程中，图7.6插入图中所示的原子的三个能级起到了重要作用。原子能级 g 到 e 之间的跃迁光子和光源 S 以及 C_1 或者 C_2 之中的光子频率仅有微小差别（相差为 δ），当处在能级 g 的原子和光源 S 中的光子一起运动时，它会被光源微弱地激发，从而产生一个很小的电偶极矩。这个电偶极矩会把光子散射到各个方向，就像灰尘把激光束中的光散射到各个方向一样。第三个能级 i 和能级 g 离得很远，始于能级 i 的允许跃迁和 S、C_1 或者 C_2 之中的光子都不能耦合，因此处在此能级的原子对源光子完全不敏感。换句话说，在能级 i 上的"原子尘埃"是完全不可见的。

　　除此之外，还需要分别在 C_1 之前，C_1 和 C_2 之间，C_2 之后加上竖直传播的脉冲场 R_1、R_2、R_3。这些附加的场可以使原子从能级 g 跃迁到能级 i，从而以一定的比例让原子处在这两个状态的叠加态。比如说，通过加上一个从能级 g 到能级 i 的脉冲，我们可以把散射光的原子转变成一个不可见原子，而反过来也是一样。技术上称这个为 π 脉冲，它引发下面的转变：

$$|g\rangle \to |i\rangle; \quad |i\rangle \to -|g\rangle \tag{7.12}$$

　　我们在 C_1 和 C_2 之间，把这样的 π 脉冲作用在 R_2 中的原子上。在 R_1、R_3 处，我们将散射能级 g 和不可见能级 i 等幅地相干混合，这一脉

冲称为 $\pi/2$ 脉冲, 引发的转变如下:

$$|g\rangle \rightarrow \left(\frac{1}{\sqrt{2}}\right)(|g\rangle + |i\rangle)\ ;\ |i\rangle \rightarrow \left(\frac{1}{\sqrt{2}}\right)(|g\rangle - |i\rangle) \quad (7.13)$$

现在先暂时忘掉 R_1、R_3, 假设原子进入 C_1 时处在能级 g 上。在它穿过 C_1(用时 t_0)时, 微弱的散射场就会和镜子耦合[如图7.6的图(a)]。在原子离开空腔之前, 散射光会在镜子之间经历相当多次反射。由于光的频率正好是空腔的共振频率, 各次反射的空间波都会干涉加强, 从而大大增强空腔中的光场。在此过程中, 原子就好像一面运动的镜子, 把光源的场转移到第一个空腔中。容易估算出转移作用的效率, 它和三个参数相关, 这三个参数都可以写成频率的形式。第一个是和 αs 成正比的 Ωs, 它度量原子和场源 S 的耦合强度。第二个是 Ω_C, 用来度量原子和空腔场的耦合强度, 它的大小依赖于原子电子能级的性质以及空腔的几何形状。我们假设 Ω_C 和 T_C 的乘积远大于1。这就是腔量子电动力学中"强耦合机制"的条件(见 *Haroche* 1992), 下面会清楚地看到这一点的重要性。最后一个参数和原子产生的电偶极矩有关: 在一个振幅一定的场源中, 此电偶极矩和原子与场之间的频率差 δ 成反比(两者的频率越接近, 产生的偶极矩越大)。总之, C 中的相干散射场振幅 α 和 Ωs、Ω_C 以及原子在 C 中停留的时间都成正比, 它还和 δ 成反比。可以简单地把它写成无量纲的形式:

$$\alpha = (\Omega s \Omega_C/\delta)\, t_0 \quad (7.14)$$

入射场是不同光子数态的叠加, 用式(7.3)和式(7.4)来描述。平均入射光子数 $\overline{N} = \alpha^2$ 随 t_0^2 变化。这意味着, 在一段连续等距的时间间隔内，光子数会增加得越来越快。下面我们将说明，这可以看做光子作为玻色子喜欢聚集在同一状态性质的一个体现。

这个简单的分析似乎暗示，只要让原子在空腔中待足够长的时间，无论多么大振幅（也就是无论多么大 $\bar{N}$）的光场都可以用这种方法生成。这种说法起码有两点站不住脚，第一，t_0 不可能比 t_C —— 空腔光子的阻尼时间 —— 还要长；第二，上面的模型只有在原子和场的作用相对微弱，而原子的电偶极矩还未饱和的情况下才是适用的。这意味着 $\Omega s/\delta$ 最多也只能在 1/10 的量级。将上面两个限制条件合并起来，得到 $\alpha < \Omega_C T_C/10$。之前我们提到 $\Omega_C T_C \geqslant 1$（原子空腔强耦合条件），现在我们看到，要想让一个原子转移几个光子到 C 里面去，这确实是一个必要条件。

现在回到原子演变的描述上。当原子离开 C_1 之后，在 R_2 的作用下，原子从能级 g 跃迁到能级 i，这样它通过 C_2 时不会散射光，因此第二个空腔还是空的。结果，原子和两个空腔构成的总体系经历了 $|g, 0, 0\rangle \rightarrow |i, \alpha, 0\rangle$ 的状态转变，其中的三个符号分别代表体系的三个部分。同理，如果原子通过 C_1 时处在能级 i 上，那么原子在两个空腔之间从能级 i 转变到能级 g，仅仅在 C_2 中起到散光镜的作用，所以 C_1 就会空着，而 C_2 中则会填入光子。总体系经历 $|i, 0, 0\rangle \rightarrow |g, 0, \alpha\rangle$ 的状态转变。

现在假设我们向装置发射了一个处在能级 g 上的原子，然后激活第一个附加 $\pi/2$ 脉冲 R_1。此后体系会同时经历两种演变路径，一条是以能级 g 进入 C_1，另一条是以能级 i 进入 C_1。依据量子力学的线性叠

加原理，系统的状态为 $\dfrac{1}{\sqrt{2}}$ (| $i,\alpha,0$) − | $g,0,\alpha$))。这个原子起到了多光子开关的作用，能让我们把所有光子设置成集体叠加态。

但是达到这个目的是有代价的：这不仅仅是两个空腔之间的纠缠，而是原子和两个空腔三者之间的纠缠。它们的叠加态不能简单地分解成光场项和原子项的乘积。这种总体的纠缠合并造成了原子和光场的强量子关联，如果仅仅观测光场的状态，那么原子和光场的纠缠就会成为退相干的一个产生原因（不管是虚是实地）。观测原子状态，会把光场从叠加态投影到确定状态上（如果测量到原子处在能级 i，那么光场就塌缩到状态 C_1；如果测量到原子处在能级 g 上，那么光场就塌缩到状态 C_2）。和光场纠缠的这个原子就像"间谍"一样，有泄露光场所在位置的可能。下一节讲退相干的时候，我们将再回到这个重要问题上来。

为了防止光场的塌缩，我们最后玩了一个小把戏，在 C_2 后面又加了一个脉冲 R_3，用 $\pi/2$ 脉冲再次把能级 g 和能级 i 混合起来。这样就"抹去"了原子携带的场信息。此时对原子状态的测量不能揭示出原子在穿越 C_1 和 C_2 时的状态。原子和光场的终态现在变成：

$$| \psi \rangle_{\text{final}} = \frac{1}{\sqrt{2}} [(| g \rangle - | i \rangle) | \alpha , 0 \rangle - (| g \rangle + | i \rangle) | 0 , \alpha \rangle]$$

$$(7.15)$$

测量原子的终态之后，光场变成式（7.5）给出的两个状态之一。如果测得原子终态为 i，光场的状态为：

$$| \psi_+ \rangle_{\text{cat}}^{\alpha} = \left(\frac{1}{\sqrt{2}} \right) \left(| \alpha, \, 0 \rangle + | 0, \, \alpha \rangle \right) \qquad (7.16)$$

如果测得原子终态为 g，光场的状态为：

$$| \psi_- \rangle_{\text{cat}}^{\alpha} = \left(\frac{1}{\sqrt{2}} \right) \left(| \alpha, \, 0 \rangle - | 0, \, \alpha \rangle \right) \qquad (7.17)$$

整个过程的效率取决于单个原子和空腔中光场的耦合强度。在我们进行的腔量子电动力学实验中，耦合强度是符合标准的。在这个实验中，我们让里德伯（Rydberg）原子和微波超导空腔作用（见 *Raimond* et al. *2001*）。在激光束和微波波段光场的作用下，将原子的最外层电子激发到具有很大空间分布的激发能级上，通过这个方法得到里德伯态。这种原子对电子的束缚很微弱，对各种电磁相互作用都非常敏感。它只能保存在极稀薄的原子束中，也只能在真空和低温的环境中制备，以防止热光子的干扰。通过在制备过程中选择原子的外层电子能量，几乎可以任意改变原子的大小，外层电子能量越接近原子电离能，它的轨道就越大。

在不同的里德伯原子态中，激发电子处在围绕原子核圆形轨道的"圆"里德伯态，最适合用来做腔量子电动力学实验。因为这些原子态非常稳定，仅仅通过自发辐射缓慢地衰变。同时这类原子态和微波存在固有的耦合。大轨道电子就像天线一样探测着跃迁到附近里德伯轨道的共振和近共振微波场。圆里德伯态可以简单地用主量子数 n 来标定，电子的半径 r_a 等于 $n^2 a_0$，其中 $a_0 = 0.5 \times 10^{-10}$ 米是原子的长度单元。跃迁到邻近里德伯能级的频率量级为 n^{-3}。与空腔的耦合强度 Ω_c 量级为 n^{-4}，而辐射寿命在 n^{-5} 量级上浮动。我们在腔量子电动力学研究中常制备的圆里德伯原子态，正好可以用在量子阀门的实验中。此原子态对应的 $n \approx 50$（$r_0 \approx 2500a_0 = 1.25 \times 10^{-7}$ 米），对应于 $n=50$ 和 $n=51$ 的两者圆轨道原子能级将充当上面所说的 g 能级和 e 能级，而 $n=49$ 的能级将充当 i 能级。e–g 能级跃迁的频率是 51 吉赫（6 毫米波长的微波）。

　　保存光子的空腔由抛光铌镜制成。两镜的间距约在 3 厘米的数量级，而镜子的横向宽度（腰长）w 为 6 毫米。两空腔的中心距离 $D=5$ 厘米。光子在其中的阻尼时间为 $T_C=1$ 毫秒，空腔光场对应于 $n=50 \rightarrow n=51$ 圆里德伯原子跃迁的共振频率 $\Omega_C = 3 \times 10^5$ 次/秒。乘积 $\Omega_C T_C = 300$，非常符合强耦合条件。如果进一步改进空腔镜子技术，把 T_C 提高到 0.3s 并非不现实。在其他的里德伯原子实验中，封闭的空腔中的 T_C 值已经达到过这个标准（见 *Raithel et al.1994*）。由于我们必须在比 T_C 短得多的时间内制备出多粒子的 "猫态"，所以可以让原子穿过 C_1 和 C_2 之间的时间 D/v 为 3 毫秒（$v=15$ 米/秒）。于是我们有 $t_0=300$ 微秒，令 $\Omega_S/\delta=1/10$，通过式（7.14）得到 $\alpha=10$，而 $\overline{N}=100$。

　　可以用上面提到的干涉实验来探测这只非局域的 "猫"，把 C_2 之中每个光子的相位改变 φ，然后让空腔场第二次通过阀门的作用，最后检测两个场。如果 $\varphi < 1/\sqrt{N}$，那么场的终态就会如式（7.9）所示，其中 ε 的符号（+1 还是 -1）由探测到的第一个原子的能级（i 还是 g）决定，ε' 的符号也类似地由第二个原子的探测结果决定。当探测到两个处于同一个量子态时（$\varepsilon\varepsilon'=+1$），在两个空腔中都找到光子的概率由式（7.11）给出。

$|\psi_\pm\rangle^\alpha_{cat}$是利用类里德伯原子微波技术制造的光场叠加态的一种，通过简单的参数调整，也可以得到形如 $|\alpha,\beta\rangle \pm |\beta,\alpha\rangle$ 这样的状态。比如在 $|\psi_\pm\rangle^\alpha_{cat}$ 状态下的两个空腔中加入一个公共的$-\alpha/2$的场，那么就能得到 $|\alpha/2,-\alpha/2\rangle \pm |-\alpha/2,\alpha/2\rangle$ 的状态。场的两个组成成分也不一定分布在不同的空腔，它们也可以是同一空腔中的两种不同的模式。我们实验室近来正按这些思路进行实验（见 *Rauschenbeutel* et al. *2001*）。最后，注意到这种双模式的叠加态和前面提到的、仅有一种模式的形如 $|\alpha\rangle \pm |\beta\rangle$ 的分离"猫态"是紧密相关的（见 *Brune* et al. *1996*；*Haroche 1998*）。

"薛定谔之猫"的退相干

如果我们制成了如式（7.16）或者式（7.17）所示的猫态，成功地把平均 $\overline{N}$ 个光子存入到 C_1 或 C_2 之中，那么这种状态能在多长的时间内保持相干性呢？显然，空腔场的寿命 T_C 是一个上限，但事实上薛定谔的"猫"活不了那么久，系统与周围环境不可控的纠缠作用产生的退相干将大大缩短量子叠加态的寿命。

实验制造出来的光场，不可避免地要和周围的环境耦合。既然已经认定光子在空腔中的阻尼时间为一个有限值，这就意味着，在系统之外还需要一个储存光子的地方。这个"储存库"的具体性质并不重要。比如说，可以假设每个空腔周围都围着一个很大的"外界盒子"，由完全反射的墙构成，从空腔中自然流失的光子就进入到这个盒子之中，如图7.7所示。不过这个模型相当不现实，因为到现在为止，其实是镜子缺陷散射导致的光子流失限制了空腔的质量。

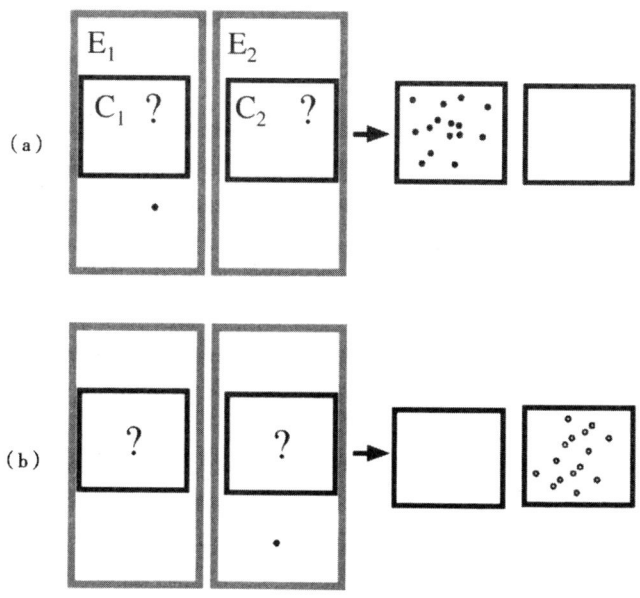

图7.7　处在 "薛定谔猫态" 的分离光子的退相干。每个空腔都和周围的环境耦合，用图中的两个盒子 E_1 和 E_2 表示。只要有一个光子跑到外界盒子中来了，那么系统 "猫态" 的 "量子模棱两可性" （由两个空腔上的问号表示）就会被破坏。如果光子 "出现" 在 E_1 ，那么光场就会坍缩到 C_1 ［（图a），如果光子 "出现" 在 E_2 ，那么光场就会坍缩到 C_2 之中 （图b）］

　　现在假设一次散射事件把一个光子引入了围绕 C_1 的外界盒子中 ［见图7.6的图（a）］，原则上我们可以对这个光子进行探测（探测的方法并不重要，重要的是，原则上探测是可能的）。如果做出这样的探测，我们就可以肯定系统不会处在状态 $0, \alpha \rangle$ 上，因为在此状态下空腔 C_1 是空的，不可能释放出光子到周围的盒子中去。这样，对于环境的观察就 "强行" 地使系统坍缩到（在此例中） $\alpha, 0 \rangle$ 状态。同样的，一个从 C_2 中逃逸出来的光子，也会强迫系统坍缩到状态 $0, \alpha \rangle$ 。

当然，我们并不会去关注外界（对环境的探测是很困难的，而且更重要的是，这不合实验的目的）。但是即使不去看我们也知道，一段时间之后两个外界盒子中肯定会出现一个以上的光子。如果有人探测了这个光子，就能知道光场在哪一个空腔中。这等于说，在第一个光子逃逸出来的时候，系统的量子相干性就消失了，从此时起，光场就以50%的可能性处在两个空腔之一，这就和箱子中的金币的情况完全一样了。量子叠加现在变成了普通的经典混合，只不过对于场的位置有些统计不确定性而已，图7.5所示的多粒子干涉图案也将消失殆尽。

那么，等第一个散射光子逃逸出来需要多长时间呢？由于散射光子互不相干，而经过时间 T_C 之后，大部分光子都逃逸出来，因此保守估计，在 $T_C/\overline{N}$ 的时间量级内，第一个光子就会逃离 $C_1 - C_2$ 系统。在以上具体数据下（ $T_C=300$ 毫秒，$\overline{N}=100$），退相干将在3毫秒内出现。这个由简单的定性分析得到的结论，可以对系统演化进行更精细的计算来验证（见 *Raimond* et al. *1997*）。

从这个简单的模型我们可以看出，当系统所含的粒子数增加时，退相干会发生得越来越快。在粒子和环境的作用互不相关的情况下（本例中光子因散射离开空腔就和其他的光子互不相关），这个结论是普适的。系统越大，衰变方式越多，衰变提供的系统经过哪条演变路径的信息就越多，而退相干的效率就越高。这和强束缚系统（比如大分子）的情况（见 *Arndt* et al. *1999*）是不同的，这种系统的各部分和环境的作用并不是相互独立的，因此退相干的发生，并不只简单地依赖于系统的粒子数。

结论 : "薛定谔之猫" 有多大

多光子叠加态的大小, 似乎受到了空腔光场的有限阻尼时间的限制。这一时间存在上限吗? 在温度接近绝对零度时, 超导材料对微波的反射率理论上趋近于 1, 这样一来, 就有可能在极冷的环境下, 制造出阻尼时间相当长 (可能达到秒的数量级) 的空腔。这是否意味着至少在理论上, 制造更大的 "猫态" 系统是可能的呢? 实际上在我描述的实验中, 增加 T_c 值无济于事, 因为里德伯原子本身的寿命也是有限的, 也会影响系统退相干的效率。上面提到过, 这些原子有很微弱的自发辐射, 向各个方向发射微波光子。对于 $n=50$ 的原子态, 寿命 $T_a=30$ 毫秒, 由于原子在衰变之前必须穿过 C_1 和 C_2 并且被探测到, 总耗时大约在 $30 t_0$ 的量级, 因此 T_0 有一个大约为 $T_a/30=1$ 毫秒的上限。就算阻尼时间无穷大, 这一限制也使得 $\alpha < \Omega_C T_a/300$, 而 $\overline{N} < 10^{-5} (\Omega_C T_a)^2$。代入 $\Omega_C T_a$ 的数据最终得到 $\overline{N} \leq 1000$。

要想把 $\overline{N}$ 提高到这个值之上, 可以选用尺度更大、寿命更长 (还记得寿命和 n^{-5} 成正比) 的里德伯原子来充当量子阀门。不过这样的原子和光场的耦合强度比较小, 制备系统 "猫态" 所需的时间也就更长。增加原子的尺寸到底是利是弊, 要想知道这一点, 需要对 $(\Omega_C T_a)^2$ 项作更精确地估算。这个量, 实际上可以用三个无量纲的参数简单地表达出来, 这三个参数是 : 精细结构常数 $\alpha_{fs}=1/137$, 以原子单位长度为单位的里德伯原子大小 $l_a=r_a/a_0$, 和空腔镜子间距 lc (以波长为单位)。表达如下 :

$$(\Omega_C T_a)^2 \approx \frac{l_a}{l_c^2} \alpha_{fs}^{-3} \qquad (7.18)$$

使用最小的空腔（$lc \approx 10$）和半径 $la \approx 2 \times 10^3$ 的里德伯原子，$\Omega_C T_a$ 的数量级大概在 10^4，这正是我们上面考虑的情况。如果增加 la，原则上可以增大"猫态"系统的大小，但是这种办法很快就会变得不实际。想用这种办法增加 $\Omega_C T_a$，就必须使用对各种扰动非常敏感的巨大原子，而实验装置也需要做得大得惊人。仅仅把 N 增加一个数量级，达到 10000，就需要使用 10 倍大的原子（半径超过 1 微米），它和光场的耦合强度会减弱 100 倍，空腔的尺寸则需要增大 30 倍，使两镜间距达到 1 米的量级。制备"猫态"需要时间长达 1 秒，而为了在这 1 秒中不出现退相干，则需要至少 3 小时的阻尼时间。这些数据足以说明，实际可行的"猫态"系统大小，存在一个大约为几千的上限。这一上限本质上是因为有限——而且并不大——的 α_{fs}^{-1} 的值造成的。

当然也可以考虑，用不稳定的里德伯原子来制备多光子"猫态"，不过这并不是什么好办法，因为原子的尺寸总是被有限值 T_a 限定的。那么，可不可以改变方法，用一个理论寿命无穷长的基态原子充当量子阀门呢？基态原子和可见光子的作用最强，因此空腔中应该储存短波长的光子。这种短波长光子空腔确实存在，而这个波段的光学腔量子电动力学研究和对应的微波腔量子电动力学一样的活跃（见 *Munstermann et al. 1999*；*Hood et al. 2000*）。如果也假设实验使用的空腔非常小，品质因子非常高（这也不是容易的事），那么在这种情况下，限制又从何而来？用这种办法能制造出更大的猫吗？事实上，辐射寿命的问题再一次限制了我们。激发一个和从基态 g 跃迁到电子的激发态 e 相关的原子电偶极距，即使这一过程进行得非常仔细小心，也会存在很小的概率，把原子激发到 e 能级上。从这个能级上，原子可以通过自发辐射发射光子。只要有一个自发辐射的光子从空腔中溢出，由于它泄露了系统的信息，退相干就会产生。在里德伯原子的微波实验中，原子和空腔的耦合效率简单地依赖于原子自发辐射光子的效率，两者的比值可以用一个式子表达，而这个式子又和 α_{fs}^{-1} 的值有关。此比值是有限的，从这个限制出发，很容易推算出 $\overline{N}$ 的上限，也是在几百的数量级。

上面提到过建立多粒子"猫态"实验的设想多种多样，可以用腔量子电动力学，也可以用其他的量子力学技术，甚至还可以用低温下的玻色原子建立"物质""猫态"。但无论哪一种实际可行的设想，仔细分析系统制备过程，都会涉及粒子间的某种电磁相互作用，而这也正是系统的退相干过程的基本作用。我们最后必须比较"好相互作用"建立"猫态"的效率和"坏相互作用"导致退相干而破坏"猫态"的效率。例如，在BEC"猫态"制备中，宏观叠加的形成依赖于原子之间的弹性碰撞，这提供了一种将物质波耦合在一起的非线性机制。而退相干主要是由将原子推出凝聚态的非弹性碰撞造成的。但不可能在不影响"坏相互作用"的情况下，任意加大"好相互作用"的效率，这两者的比率总是有限值，因此最终限制了制备和观测到的"猫态"系统的大小。目前，BEC物理界所有"可行"的方案提供的"猫态"系统的大小，都是几百到几千，而不是几万几亿。光学和原子的"薛定谔之猫"的大小上限是一致的，这是否来源于某种深层的基本原理？

以上论述可以换用量子计算机的语言，类似地重述一遍。我已经说过，量子计算机的运行必将涉及大量由光学或原子的量子比特，通过电磁相互作用耦合形成的逻辑门运算。如果制作成功，那这就是一只"薛定谔之猫"。为了保持相干性，全部门的运算都必须在退相干发生之前完成。有人可能天真地认为，这只不过是一个加快逻辑门运算速度的问题，但是，逻辑门的运算速度不能独立于量子比特和环境的作用速度，因为两者都是电磁相互作用。例如，在用势阱中的离子充当量子比特的简单量子计算机模型中，这两种速度比较容易估算（见 *Plenio and Knight 1996*）。结果两者的比值是一个无量纲的数，其中也涉及 α_{fs}^{-1} 的一个不高的幂次项（见 *Haroche and Raimond 1996*）。此比值的有限性给逻辑运算的数目设定了上限，而这一数目远远低于实际应用所需。

这是否说明，量子计算机的游戏结束了呢？看看量子信息学的蓬勃发展就能得到相反的答案。实际上，上述试验仅仅通过让系统和环境的作用尽可能地弱，被动防止退相干。我们已经看到，这种做法有一定的限度。但我们还有另一条策略，可以监测系统和环境的作用，通过主动的反馈作用来消除量子比特的退相干。用量子信息论的行话来讲，这叫作量子纠错。这一概念继承自经典信息科学的一个重要概念，即对无规信息位翻转的纠错。量子信息理论学家已经证明，在每个量子比特的保真度足够接近100%的情况下，用这种积极的策略可以实现任意数量量子比特的量子计算操作。

这对于"薛定谔之猫"而言又意味着什么呢？我们可以用量子纠错术，来维持超出以上限制的叠加系统的相干性吗？已经有人提出了巧妙的方案，用和本文描述类似的装置，可以用纠错的方法延长多光子叠加态的相干时间（见 *Fortunato et al. 1999*）。这一方案需要不停地监视原子，或者光场的某些变量，并依照观测结果，用另外的原子和光场的不断作用修正"猫态"。引用我的一个"养猫专业户"同事的话，要想让"量子猫"处在"健康"的量子叠加态，必须给它喂"量子猫粮"。这种方法能走多远？这个问题还没有答案。我也不知道最后我们可以养出多大的"猫"来，不过可以肯定的是，养"猫"过程一定其乐无穷，而养"猫"产业一定会派生出许多有趣的应用。

第8章
关于量子力学，量子计算机能告诉我们什么

克里斯多佛·R. 门罗（Christopher R.Monroe）

Ann Arbor市，密西根大学

量子力学在科学发展史上占有一个很特殊的位置。它通过了到目前为止所有实验的严格检验，其精度达到了任何其他理论都不可比拟的高度——1987年，一个关于电子磁矩的实验测得回磁比 g_e=2.00231930439（见 *Van Dyck* et al. *1987*），这一数字和QED理论计算结果达到12位数字的吻合。但是尽管取得了这样惊人的成功，量子力学的基础却仍常常遭到质疑，因为想把量子物理和统管宏观世界的经典物理协调起来，困难太大。如果量子力学确实是描述自然的完整理论，那么为什么不能应用到日常生活中来呢？量子力学的积极拥护者，理查德·费曼（1982）甚至留下了这样一段有名的话：

> 我们总是很难理解量子力学看待世界的方式……行了，我现在都还头疼……是不是没有真正的问题了？我现在还不觉得这是显然的。不过我无法说出真正的问题，所以我怀疑可能不存在真正的问题，但是我也不确定是不是真的没有。

在 21 世纪到来之际，惠勒教授提出的重大问题"量子是怎么来的？"，又回到了物理研究的前沿。当年量子力学的开山始祖爱因斯坦、玻尔、海森堡、薛定谔等人考虑过的思想实验，随着实验物理的进步，已经逐步可以实现。而随着当今纳米技术的进步，电子计算和存储介质的大小开始接近原子尺度，也逼近了量子力学的领域。一切正如费曼在之前《下面还有不少空间》(*There.s plenty of room at the bottom*) 中所料。尽管很多时候，量子效应阻碍了元件进一步小型化，但是它也带来了新的机遇，例如，利用新兴的量子信息工程 (见 *Nielsien and Chuang 2000*) 制造出来的仪器，不仅让现有的仪器黯然失色，而且可能完全利用量子力学的巨大潜力。从物理研究的角度来看，新兴的量子信息论，为我们回过头来，研究量子力学的最基本问题，也同样提供了一套有效的描述方法。

量子信息过程

信息理论始于 20 世纪中期，克劳德·香农 (Claude Shannon) 开创性地提出了一套定量描述经典信息的方法 (见 *Shannon 1948*)。香农提出了比特，或称为二进制数位的概念。这一基本单位成为比较不同类型信息的标准，还能帮助人们即使在有噪声的情况下，如何优化准确表达一定量信息所需的资源量。香农的开创性工作，导致人们在实验室中制造出各种各样的表达比特的元件，从 20 世纪中叶笨拙的电子管，到今天不到 0.1 微米的超大规模集成电路 (VLSI) 半导体晶体管。随着技术的飞速进步，我们亲历了计算能力和信息处理能力的指数增长，正如大家熟悉的摩尔定律说的那样，计算机芯片的密度，每一两年就会翻一番。

但这样的增长不可能无止境，如果比特元件尺寸不断减小，那么自然有一天将接近单个分子大小。按现在的发展速度，这一天将在2020年到来。在纳米尺度，量子力学将主宰物理世界。一般看来，量子效应是很"恶劣"的，它让本不该穿过晶体管门的电子通过隧道效应穿出，让电子信号大幅涨落，总是增加噪声。但保尔·贝尼奥夫（Paul Benioff）和理查德·费曼于20世纪80年代早期证明，量子计算单元，比如说单个的原子，原则上可以不受"恶劣"量子效应的影响，成为合适的电子元件（*Benioff 1980, 1982; Feynman 1982*）。他们甚至讨论过，依照量子力学定律行为的"量子逻辑门"。费曼曾经很有兴趣地研究过，如何利用量子系统模型，有效地模拟其他难以处理的量子系统（见*Feynman 1982*）。

这之后不久，戴维·多伊奇利用量子力学能提供的所有技巧，又往前迈进了一步。他指出，量子力学的叠加态可以用来实现并行计算，在一台计算机中同时处理多组输入数据（见*Deutsch 1985*）。多伊奇提议，不要再去追求摩尔定律的极限，劳神去减小本已很小的芯片了，利用元件本身所服从的物理法则，就能更进一步。

香农的比特只能是0或者1，量子力学中的信息单元量子比特则可以处在0和1的叠加态。单个量子比特可以由下面的量子态表示：

$$\Psi_1 = \alpha \mid 0 \rangle + \beta \mid 1 \rangle \qquad (8.1)$$

其中α和β是叠加态的复数振幅。状态$\mid 0 \rangle$和$\mid 1 \rangle$可以代表比如一个光子的竖直和水平方向的偏振态，或者一个原子中的两条特

殊的能级。量子力学的标准理论（哥本哈根学说）指出：（a）复振幅 α 和 β 随时间的演变由薛定谔波动方程给出，（b）如果对这个量子比特进行测量，那么测量的结果不是 $|0\rangle$ 就是 $|1\rangle$，概率分别为 α^2 和 β^2。测量量子比特就像掷硬币一样，结果只能用概率来描述。

量子计算的威力可以通过包含许多量子比特的寄存器看出来。一般而言，N 个量子比特能一次储存 2^N 个二进制数字的叠加态：

$$\Psi_N = \gamma_0 \mid 000 \cdots 0\rangle + \gamma_1 \mid 000 \cdots 1\rangle + \cdots + \gamma_{2^N-1} \mid 111 \cdots 1\rangle \quad (8.2)$$

为了让大家对指数增长的存储能力有一切身的体会，我们来看看 N＝300 时的情形。此时，这个量子比特系统最一般的量子态，包含了超过 10^{90} 个振幅，这一数目比宇宙中所有基本粒子的总数还要多！

当量子计算在叠加态下运行时，其中的每个部分都处于某一叠加态。例如，一个量子逻辑门运算能将所有的量子比特左移一位，等价于将输入数据乘以 2，如果输入本身处在叠加态，那么所有输入态都会在这一步中同时乘以 2 [如图 8.1 的图（a）所示]。不过在完成了量子并行运算之后，最后总需要测量量子比特的状态。这就遇到了设计实用量子算法的一个大困难：依据量子力学原理，测量只能得到 2^N 个结果中的一个，更糟糕的是根本不可能知道到底测到的是哪一个。所以很显然，用量子计算机计算一一对应的函数（就像上面说的倍乘运算一样，每个不同的输入对应一个不同结果的函数）不比经典计算机更有效。

设计实用量子计算机算法的小窍门，来源于量子干涉现象。由于振幅 $\gamma_0, \gamma_1, \cdots, \gamma_{2^N-1}$ 在波动方程下演化，所以可以让它们相互干涉。最后，这些并行输入和量子逻辑门相互作用，其中绝大部分振幅相互抵消，只留下几个甚至一个答案，如图8.1的图（b）所示。测量这个答案（或者重复这一计算过程几次，记录答案分布），就能得到属于所有 2^N 个输入的信息。在某些情况下，这样就能使原有的经典计算速度指数增加。

1994年，皮特·舒尔设计了一个分解质因数的量子算法（见 *Shor 1997*），并证明了这一算法的速度比经典算法有指数级的改进。这一发现重新唤起了人们对量子计算机的兴趣，部分原因是，大数分解在密码学上有重要意义。如网络交易所需的大众密码系统的安全，正是建立在大数分解的难计算性上（见 *Rivest et al. 1978*）。然而更重要的是，舒尔证实了量子算法确实在某方面有优势，这激励了物理学家、数学家以及计算机专家继续寻找适用于量子计算的新算法。例如，1996年，洛弗·格鲁弗（Lov Grover）证明了量子计算机可以比任何经典计算机都更快地查找未分类数据（见 *Grover 1997*）。令人高兴的是，这一系列研究让科学家、数学家、工程师和计算机学家都开始研究和学习量子力学，他们使用的语言就是量子信息科学。

类似舒尔算法的实用量子算法并不多，我们也还不知道，到底有多少类型的问题可以通过量子计算得到改进。为了寻找实用量子算法，我们自然需要首先认识量子计算威力的来源。回答这个问题，不仅仅可以指引我们发现量子力学在信息科学上的新应用，还可能让我们重新认识各种仪器中本来存在的量子物理世界观。

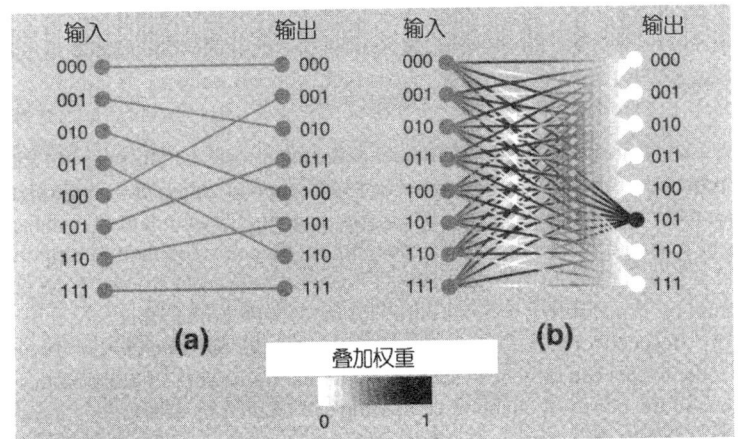

图8.1　$N=3$系统量子算法过程，量子比特演化的示意图。输入处在所有
$2^N=8$个可能数字的叠加态（图上写成二进制形式），用灰度表达叠加态的权重，
其中白色表示权重少，黑色表示权重多。

图（a）同时加倍所有输入数字（以7为模）的量子算法，把所有的数字向
左移一位，并把最左边的一位数字移到最右边。输入结果也是叠加态，对它的测
量随机地给出其中一个结果。

图（b）涉及不同权重间的波动干涉的量子算法。这里除了一个数字（101）
之外，所有其他的权重都相互抵消了，留下的结果可以被测量。对于某些算法来
说，这个单独的答案（或者几次测量得到的少数几个答案的概率分布）可以是全
部2^N个输入态的函数，从而比经典计算机计算速度高出指数倍

量子纠缠

　　量子叠加态隐含的二象性本身并不是什么革命性的概念。实际上，
经典物理中都有不少种类的波动现象，以及涉及叠加态和干涉的各种
处理方法。如式（8.2）所示的量子态中出现的新事物，是N个量子比
特的状态需要2^N个振幅来表述。一台量子计算机的一般状态式（8.2）
表现出经典叠加态没有的性质：量子纠缠。纠缠意味着式（8.2）一般
不能写成N个量子比特单态直乘的、只含2^N个振幅的形式：

$$\Psi_N^{\text{prod}} = \left(\alpha_1 | 0\rangle + \beta_1 | 1\rangle \right) \otimes \left(\alpha_2 | 0\rangle + \beta_2 | 1\rangle \right) \otimes \cdots \otimes \left(\alpha_N | 0\rangle + \beta_N | 1\rangle \right) \tag{8.3}$$

　　量子纠缠的概念，巧妙地将量子力学两方面性质——叠加态和测量——联系在一起，这两者本身都很寻常，但是一旦合并起来，就成了所有常见的量子力学难解之谜的来源。薛定谔（1935）自己也说过："我认为，不应该说，（纠缠）是量子力学的性质之一，而应该说，它就是量子力学的特性，正是这个性质导致了量子理论和经典理论的分离。"但是，纠缠似乎是量子力学中最容易被误解的概念。对于它有很多层定义，每一种都有相应的假设支持，下面我们将考虑几种可能的定义。

　　量子纠缠的经典案例当属爱因斯坦、颇多利斯基（Podolsky）和罗森（Rosen）设想的思想实验（见 *Einstein* et al. *1935*）。他们三人（EPR）设想了一个存在于两个粒子的量子态，在位形空间中表述如下：

$$\Psi(x_1, x_2) = \frac{1}{2\pi\hbar}\int e^{i(x_1-x_2-s)p/\hbar}\mathrm{d}p = \delta(x_1 - x_2 - s) \tag{8.4}$$

　　其中 $\delta(x)$ 是狄拉克delta函数。如果对两个粒子进行测量，那么总会发现，它们的间距为 s，而动量则严格相反 [通过对式（8.4）进行傅立叶变换可以看出这一点]。戴维德·波姆提出了一个分立版本的EPR态（见 *Bohm 1951*），这就是大家熟悉的一个自旋为0的粒子衰变成两个自旋为1/2的粒子（量子比特）的情况，量子态由式

（8.5）给出：

$$\Psi(S_1, \ S_2) = |\uparrow\rangle_1|\downarrow\rangle_2 - |\downarrow\rangle_1|\uparrow\rangle_2 \qquad (8.5)$$

其中 S_1 和 S_2 是两个粒子的自旋，取 $\uparrow$ 或 $\downarrow$ 两个值。在上述的两种情况下 [式（8.4）和式（8.5）]，总的量子态都不能写成各组成部分量子态的直乘，这些量子态中蕴涵的量子" 本质 " 就在于，粒子之间的关联是确定的，但是粒子本身的状态是不确定的。由此可以定义纠缠如下：

定义1 纠缠态就是不可拆分的量子态。

（对于混合态而言，可以将此定义推广为不可拆分的密度矩阵。）但是，这个定义容易让人误解。对于式（8.5）而言，它的右边显然不能拆分成两个自旋态的直乘，但是表达同一个量子态的左边，仅仅就一个单独的 $\Psi(S_1, S_2)$，显然没有纠缠。比如对于一个处在超精细结构基态的氢原子来说，电子和质子自旋纠缠的单态，就和常用耦合基下 $|J=0, m_J=0\rangle$ 的状态是一样的。许多人由此认定，纠缠只不过是选择了不同基引起的。因此，纠缠的概念不应该只包含不可分的量子态，还应该包含对此量子态的各部分所作的（或者将要做的）独立测量，而这些测量决定了会采用的非耦合的基。用实验者的行为（或者将来的行为）来定义这个量似乎有点不妥，不过对量子力学的大多数诠释都是这么做的。

纠缠有意义的地方在于，遵循定义1的所有量子态（例如非耦合基下的氢原子基态），都几乎不可能在不直接影响另一部分的情况下，对其中一部分进行测量。不幸的是，要想制备一个氢原子单态，随后测量电子自旋而不影响质子自旋，或者反过来，这都是相当困难的。因此，我们根据测量调整一下定义：

定义 2 纠缠态就是不可拆分的量子态，测量其中一个组分时，不可能不影响别的部分。

为了阐明子系统之间的关联性，测量的时候因技术问题引起的噪声必须很小，也就是说，除了通常测量叠加态时产生的"波函数坍缩"以外，探测过程不能改变这个量子状态。更确切地说，我们要求测量得到的概率分布严格反映原有的量子态振幅，如果子系统设置在测量算符的本征态下，那么探测器应该忠实地反映这一点。可以合理地假定，我们不能区分随机给出错误结果的探测器和随机影响系统量子态的探测器，这两种缺陷都可以用同一个参数——探测量子效率——来描述，它定义为，探测器正确反映一个初始制备在量子本征态的系统测量结果的概率。

定义 3 纠缠态就是不可拆分的量子态，可以对此量子态的一个组分进行高效的量子测量，而不可能不影响其他部分。

量子计算机，就是一个含有定义 3 所描述的纠缠态的仪器。如果量子计算机含有 N 个量子比特，那么最后测量正确反映出系统量子态的概率就是 η^N，其中 η 是每个量子比特的探测效率。如果涉及的量子比特数目众多，要想得到一个说得过去的成功概率，就必须要求探测效率相当高。如果有1000个量子比特，就算对于每个量子比特的探测效率达到了99%，整体测量的成功率也仅仅为0.00004。

对纠缠更严格的定义，可以排除一次测量中系统各部分之间发生干涉的可能性。这就要求两个子系统间有一个类空的间隔（只要我们还承认相对论）。事实上，这正是约翰·贝尔（John Bell）关于"量子理论本质上是非局域理论"的证据基础。贝尔论证，任何量子力学的延伸（比如隐函数理论）自身都必须是非局域性的（见 *Bell 1965*）。因此，对违背贝尔不等式的测量是非常有用的纠缠测量。

定义4 *纠缠态就是不可拆分的量子态，可以对此量子态的一个组分进行高效的量子测量，而不能不影响其他部分，并且此量子态的各部分在测量时间内具有类空的时空间隔。*

到目前为止，符合以上严格定义的纠缠态还没有制造出来，关于贝尔不等式的完整实验验证也还没有实施（但是参见 *Fry et al.1995*）。但我们已经制造出符合定义2和定义3的纠缠态，并在不严格的条件（有小漏洞）下，验证它违背了贝尔不等式。在低效探测器下的类空纠缠态（定义2）已经在一系列采用光学参量下转换（optical parametric down-conversion）的双光子实验中实现（见 *Weihs et al.1998*），而高效探测器下的非类空间隔纠缠（定义3）已经在势阱中两个原子的实验中得到实现（见 *Rowe et al. 2001*）。

一般而言，目前还没有哪种测量能测出给定量子过程的纠缠程度。但是，可以用态矢或波函数表达的纯量子态是一个重要的例外，此时系统的纠缠程度，可以用只考虑一个子系统时态的冯·诺依曼熵的增加来数学地描述。这很合理，因为一般的纯量子态熵为零，在只考虑一个子系统的情况下，只有当态分离时，熵才保持为0。将纠缠的量化应用到具体的简单量子系统中是很有意思的，例如在下面的纠缠态中：

$$\Psi_A = \frac{\downarrow\downarrow\downarrow\downarrow \; + \; \uparrow\uparrow\uparrow\uparrow}{\sqrt{2}} \tag{8.6}$$

$$\Psi_B = \frac{\downarrow\downarrow\uparrow\uparrow \; + \; \downarrow\uparrow\downarrow\uparrow \; + \; \downarrow\uparrow\uparrow\downarrow \; + \; \uparrow\downarrow\downarrow\uparrow \; + \; \uparrow\downarrow\uparrow\downarrow \; + \; \uparrow\uparrow\downarrow\downarrow}{\sqrt{6}} \tag{8.7}$$

尽管看起来状态 Ψ_A 四个自旋之间有更强的关联，但对任意两个自旋求迹时，状态B的熵要略微的大一点，因此 Ψ_B 比 Ψ_A 的纠缠程度更大。纯态纠缠程度的定义凸现出量子力学的一个特性：量子子系统的熵可以比总系统的熵还要大。这和经典系统是截然不同的，在经典情况下，总系统的熵只能大于或等于各子系统熵之和。

量子计算机硬件

大规模量子计算机需要严格纠缠态（满足定义3或定义4），这使得大多数的物理系统被排除在量子计算机硬件候选之外，从量子信息处理器所需硬件的主要要求就能看出这一点（见*DiVincenzo 2000*）。

（Ⅰ）必须有任意的幺正算符，并能控制它，使初态演
变成任意的纠缠态［如式（8.2）所示］。

（Ⅱ）对量子比特的测量必须有很高的效率。

从（Ⅰ）来看，这要求量子比特和环境很好地隔离，以保证初始
是纯态以及叠加性质，但是它们又必须有很强的相互作用，这样才能
形成纠缠。另一方面（Ⅱ）又要求选作测量仪器的外界和它们的相互
作用尽可能的强。因此，能用作量子信息处理器的硬件，一定是一些
相当奇特的物理体系，还能够进行有效的量子控制。

一群陷入势阱、由激光冷却的离子，是存储量子比特、制备多量
子比特纠缠态的少数技术之一（见 *Cirac and Zoller 1995*；*Monroe* et al.
1995；*Wineland* et al. *1998*）。这里，自由空间中的单个原子被电磁场
限制在真空盒子里面，在俘获多个离子，并用激光冷却之后，它们就
会在外界电磁力和内部排斥力的平衡位置上形成简单的静态晶格结
构（如图 8.2），量子比特就储存在这些离子的内部电子能级上，一般
是制作原子钟时用到的长寿命、超精细结构能级。如果将合适频率的
激光照射到离子上，那么量子比特态就会相干地映射到原子的集体
运动态上，然后接着映射到其他原子上。一个晶格运动模式就如同
"量子数据总线"一样，让晶格中相距甚远的原子共享量子信息，并
形成纠缠。最后，采用合适的激光辐射，并记录荧光辐射，这样对受
陷离子电子能级的测量效率可以接近 100%（见 *Blatt and Zoller 1988*），
如图 8.2 所示。在某些原子中，某个量子比特的能级上会有"循环"
转化，从而出现大量的荧光辐射，而在另一个能级上就不会出现。

已经证明，有4个受陷离子的量子逻辑门，可以产生形如式（8.6）的4量子比特纠缠态（见 *Sackett* et al. *2000*）。尽管这一理论原则上可以推广到任意多的量子比特，但是主要的问题在于，如何控制一大群原子的集体运动。随着原子数的增加，运动能级的密度将迅速膨胀，孤立出单个运动模式（比如质心运动）将变得越来越慢，越来越困难（*Wineland* et al. *1998*）。更糟的是，外部的电场噪声将危及多个受陷原子集体运动的相干性（见 *Turchette* et al. *2000a*）。有一种叫量子CCD的方法有希望解决以上两个问题，这种方法中，离子还是像原来一样纠缠，但是被分成一些小组，每组（不到10个）离子保存到一个"存储器"中（见 *Kielpinski* et al. *2002*）。为

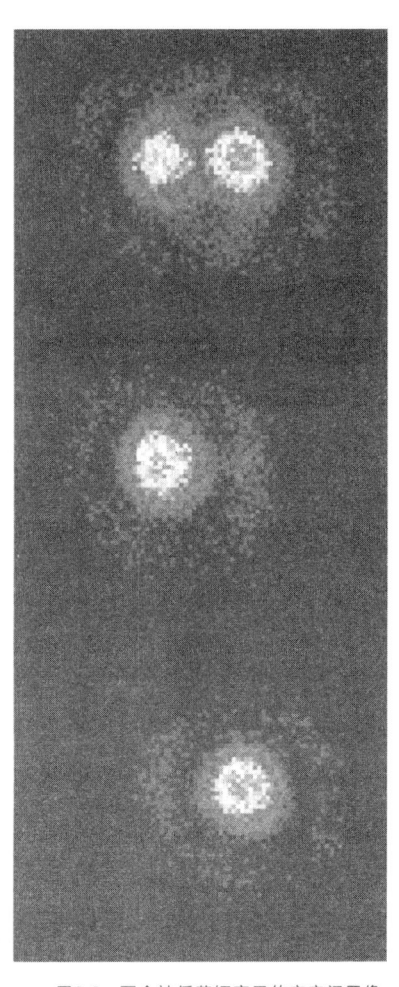

图8.2　两个被俘获钙离子的实空间图像。图片来源于密西根大学离子陷阱组（见 *Blinov* et al. *2002*）。用215纳米附近的共振激光辐射照射原子，底片收集到的是紫外的荧光。图示底片曝光时间是1秒。两个原子之间的间距大约为2微米，正是外界限制力和库仑斥力的平衡位置。图上原子的宽度和光学散射得到结果是一致的，可以看到原子周围的艾里斑。俘获电极（在图上显示不出来）的典型尺度是200微米

了增加量子比特数量，一些独立原子在累加器和受陷离子"存储器"库之间来回移动。通过细致调整电极的几何形状，形成合适的外部电场，很容易就能实现这一点。量子CCD方法的核心在于，它能够实现受陷离子的穿梭，而不影响内部的量子比特状态，以及量子门操作下内部量子态带来的、离子的运动量子态。为了在下一个逻辑门之前消除这一多余的动能，储存器中的辅助原子可以在门运算之间进行激光冷却，这样携带量子比特信息的离子，就会在和冷却原子之间的强库仑相互作用下，同时冷却下来（见*Larson* et al.*1986*；*Blinov* et al. *2002*）。

量子信息处理器还有其他一些候选方案（见*Monroe 2002*），包括在光学晶格中的俘获原子、俘获光子（腔量子电动力学），以及磁共振技术的低温应用等，都和上述的俘获离子的想法基本类似。比起它们，固体物理领域中的成果就不那么明显了，因为在这一领域量子力学起到的作用不是很大。但是，当前对于奇异凝聚态系统有不少非常活跃的研究，例如半导体量子点（见*Stievater* et al.*2001*）、超导电流圈（见*van der Waal* et al. *2000*；*Friedmann* et al. *2002*）以及电荷泵（见Nakamura 1999；Vion 2002）。也许有一天，能应用这些系统制造出大尺度的量子信息处理器。

前景

形形色色的量子力学诠释，都试图把量子力学和量子测量之间的统一概念说清楚，绝大部分物理学家惯用的哥本哈根解释，也备受这一所谓测量问题的折磨。尽管目前的实验，还远远不能说清量子信息处理过程，但某些系统也许最终能让我们质疑（或者更进一步排除）量子力学的这些不同说法。

　　量子力学最流行的替代观点包括：玻姆（Bohmian）力学，这套含有非局域性隐参量的理论至少避免了量子力学的非决定性（见 *Albert 1994*）；多世界解释，认为量子测量引发了宇宙的分叉（见 *Everett 1957*）；一致性或退相干的历史解释（见 *Griffiths 2001*）和量子力学的相互影响论（见 *Cramer 1988*）。其中退相干可能是协调量子力学和测量的最流行的理论（见 *Zurek 1982，1991*）。这一理论认为，普通的量子力学只适用于封闭系统，但是拥有无数自由度的外界环境，不可避免地会通过噪声或者测量与系统耦合，从而在系统和外界环境间建立纠缠。如果我们探测外界环境的自由度，那么系统的相干性就会降低，或者说，封闭系统的纯态会逐渐演变成混合态。在环境耦合强度已知的情况下，退相干理论可以有效地计算量子系统的耗散，但是这一理论显然没有解决量子测量问题。说退相干解决了测量问题，就相当于认为牛顿的万有引力定律 $F=GMm/r^2$ 解释了引力的来源。其实以上所有的解释对于任何可能的实验作出的预言都是一样的，虽然有些版本听起来舒服一些，也许是因为把观察者从理论中剔除了（见 *Goldstein 1998*）。不过对于实验学家来说，这些理论的不同并不重要。

　　但至少下面这种替代理论是可检测的，这种理论认为量子和经典是同一种更根本理论的两个极限。对于微观尺度的孤立原子和电子而言，适于用量子力学近似，而对于猫这样大的系统而言，则适于用经典近似。这一理论预言两个极限之间会出现新的物理。"波函数

自发坍缩"一类的理论就是其中的一个例子，这其中流行最广的理论
是格拉底（Ghirardi）、里米尼（Rimini）和韦伯（Weber）三人（GRW）
在最近 20 年提出的。GRW 理论在量子力学中加入了一个非线性的随
机场，它可以随机地让波函数局域化或者坍缩，通过这种方式融合经
典和量子理论。其中局域化性质和有效空间维数 a 相关，而坍缩的频
率和系统的自由度数与一个比率 λ 的乘积成正比。合理选择基本常
数 a 和 λ 的值，就能正好使得简单的单个原子或电子系统的平均坍缩
时间很长，而一个含有 10^{20} 个自由度的宏观系统叠加态的平均坍缩时
间则短得不可观测（合适的 a 和 λ 的值分别大约为 10^{-5} 厘米和 10^{-16} 赫
兹）。不得不承认，这种唯象理论不是很有说服力，但是人们关心的
不是 GRW 理论明显的人为痕迹，而是这一理论的可检验效应。GRW
预言的随机坍缩限制了量子计算机尺度的上限。

　　能检验自发波函数坍缩的实验系统本质上就是可行的未来量
子计算机。莱格特（2002）写过一篇非常好的"大叠加态"回顾文
章，其中非常仔细地定义了"自由度"的构成，这对 GRW 理论而
言十分关键。更值得注意的系统，包括含有俘获离子的量子光学系
统（见 *Monroe* et al. *1996*；*Myatt* et al. *2000*；*Turchette* et al. *2000b*），
相关的腔量子电动力学系统（见 *Brune 1996*）；量子点的超导系统
（见 *Nakamura* et al. *1999*；*Vion* et al. *2002*），以及超导量子干涉仪
（*SQUIDs*）（见 *van der Wal* et al. *2000*；*Friedmann* et al. *2002*）。在攻
击 GRW 波函数坍缩理论的前沿，量子光学系统和凝聚态系统互为前
后先锋。超导系统则和电子库珀对形成的超流以及数目叠加态相关，
具有相当大的自由度 N。但探测这些单个自由度的高效测量还没有研
究出来。这就掩盖了系统暗含的纠缠性质（见以上的定义 3），允许观

测现象用比较经典的方式来解释。而另一方面，量子光学系统则可以进行高效的量子测量，但是允许的自由度数 N 比较小。上述的这些系统都是量子计算机硬件的候选材料，随着这些系统（或者任何别的量子硬件）中量子比特数的增加，GRW理论在前沿中的地位也将退后。

在建立量子计算机过程中，有三种可能的结果，其中两种让人神往：一种是能够建立超大规模的量子计算机，另一种是最后发现量子力学是不完备的。但还有第三种可能性，和物理无关，只是由于经济限制，技术将永远达不到实现上述任何一种结果的所需要的复杂程度。这种可能性得到了大多数物理学家的支持。确实，物理学家遭遇宏观量子态 —— 即"薛定谔猫态"时被激怒的样子实在好笑。在《时间简史》中，霍金嘲讽道："我一听说'那只猫'来了，就想拿枪。"就连薛定谔自己也觉得他的这只著名的"猫"很荒谬，他对量子力学的这一逻辑途径感到极其烦躁，以至于改变了研究领域。但正是对量子力学内部逻辑性偏执的坚持，促使我们继续探索量子力学的基础，即使最后的结果，仅仅是一个全尺度的量子信息处理器而已。

致谢

感谢美国国家安全局（US National Security Agency），陆军研究处（Army Research Office）和美国国家自然基金的支持。

第9章
宇宙暴胀和"时间之箭"

安德里亚斯·阿尔布雷特（Andreas Albrecht）

加利福尼亚大学（University of California）

引言

物理世界最明显、最不能不注意到的一个特点，就是它具有"时间之箭"。某些过程（例如摔碎玻璃或燃烧）在日常生活中经常出现，但它们的时间反演过程却绝不会发生。按现代的理解，这种处处可见的动力学时间的单向性，可以用宇宙特殊初始条件来解释。

而另一方面，现代宇宙学家相信，宇宙的初始条件是可以解释的。宇宙暴胀理论（以及其他诸如此类的理论）声称，可以运用物理过程来**设定**标准大爆炸模型的初始条件。这样一来，我们似乎是在一边用初始条件解释动力学，一边又用动力学去解释初始条件。在本文中，我想探讨一下关于初始条件和动力学的这两种明显不同观点之间的关系。

通过这个问题，我希望可以更深刻地理解，从有关宇宙初始条件的理论出发得到的各种结论。这两种看法是否可以共存？并且能够得出结论——宇宙的暴胀可以解释"时间之箭"？或者，统一有关动力学和初始条件的这两种不同观点是否暗含了某种深刻的矛盾，因而我们不可能同时得到对"时间之箭"和宇宙初始条件的基本解释？认真考虑这些问题，也让我看到了各种初始条件理论之间（例如，暴胀模型与循环模型之间）很有意思的不同之处。

在整篇文章当中，我所说的"时间之箭"都是指热力学的"时间之箭"。正如下面讨论的，我认为这和辐射、心理学以及量子力学的"时间之箭"是等价的。至于宇宙膨胀（或"宇宙学时间之箭"），也许与热力学的"时间之箭"相关，也许无关，这要取决于所讨论的具体宇宙的具体模型（例如见 *Hawking 1994*）。

我也要说明一下"初始条件"这个词的意义。经典的大爆炸宇宙学假设了一套真正的（奇异的）"初始条件"，初始的意思是这个模型不能被推广至任意早的时间。而在我这篇文章的很多讨论中，对象更宽泛。这些讨论中的时间概念，至少在某些物理框架下是永恒的。在这一背景下，我们关心的初始条件问题就变成了宇宙某些区域是如何进入某种状态的——这种状态能够反映我们观测到的那一部分宇宙的"初始"条件。这一状态就全局意义来说也许并不是**初始**的，但对我们观测到的宇宙来说，它就像是个初始态。我常常会用"初始条件"一词表示暴胀**结束**时的状态，它构成了接下来的标准大爆炸相的初始条件。希望接下来我表达的意思在上下文中是清晰的。

　　我希望这篇文章对专家有一定启发,能够引起他们对暴胀和其他有关宇宙初始条件理论研究的兴趣。但秉承惠勒文集的精神,我也试图使这篇文中的大部分内容能被更多的物理学家所理解,他们也许是其他领域的专家,但仍对这个课题有兴趣。

　　这篇文章的编排如下:首先我会比较宇宙学家和"其他人"在初始条件概念上的区别,为全文打下基础。然后我将介绍"时间之箭"起源的现代标准观点。先讨论和引力无关的情况(符合大多数日常经验),再讨论引力占主导的情况,从而将"时间之箭"的讨论扩展到全宇宙。接下来我将介绍关于初始条件的暴胀观点,把它和讨论"时间之箭"时的观点相对照。我还将进一步探讨,在一个能同时解释初始条件和"时间之箭"的全局"大图像"下,这两个观点是可以共存的(虽然还有些问题)。然后,我将基于前面的章节,讨论并比较宇宙初始条件的多种不同观点。我还会加一些讨论,包括"因果关系"的物理及测量问题。最后,我会为未来的研究提出一些尚未解决的大课题,最后是结论。

初始条件的日常观点

　　除了宇宙学家之外,其他科学家很少考虑宇宙暴胀提出的这一类问题。宇宙暴胀试图**解释**宇宙标准大爆炸相的初始条件。除此之外,还会有谁会试图解释初始条件呢?

　　我们看待初始条件的一般观点,和宇宙学家的观点大不相同。如果要在实验室检验一个科学理论,那么会先进行一个特定的实验,同时解出理论方程，再比较理论和实验的结果。为解方程，理论家就必须选择初始条件。指导这个选择的原则是很平常的：只要这个初始条件能尽可能精确地由相应的实验再次制备出来就可以了。理论家也许会质疑实验者的制备过程，也可能对初始条件的选择提出异议，但怎么选择初始条件一般不是影响科学研究重大进展的一个基本问题。相反，初始条件只是一个附属角色。理论与实验的对比真正检验的是运动方程。初始条件使这个检验变得简便，但它们本身一般并不是任何基本检验的着重点。

在量子场论中，真空的选择就是一个很好的例子。我们可以提出一个特殊的场论作为自然真理，但这个理论只有在选定哪个态是物理真空之后才是完备的。这个选择确定了怎样构造包含粒子的激发态，从而才能定义给定实验的初始态。

从量子场论而来的这套概念框架（起码大致上）被移植到量子宇宙学上。量子宇宙学宣称，基于某种对称性原理或技术定义的"宇宙状态"似乎确定了宇宙的初始条件（*Hartle and 1983*；*Linde 1984*；*Vilenkin 1984*）。但正如我在下面要强调的，这种说法和暴胀宇宙初始态的动力学解释是完全不同的两码事，不可混为一谈。

另外一个初始条件处于从属地位的例子是，一个由物质构成的态，它的演化能够说明热力学"时间之箭"。在下一部分中，我将在讨论暴胀理论中关于初始条件的不同观点之前，详细讨论这个例子。

"时间之箭"基础

概论

在这一节中，我将讨论怎样构建一个能够指明热力学"时间之箭"的物质态。自身引力可以忽略的体系最容易理解，所以我们首先考虑这种体系。在其他因素一样的情况下，体系中各部分之间引力的重要性与体系的总大小有关，这个临界大小用一个长度标度"琼斯长度（Jeans length）"（l_J）来描述。例如，一盒尺度 $l \ll l_J$ 的气体，其自引力就可忽略，气体压强能轻易抵消任何引力坍缩的趋势。但对于尺度 $l \gg l_J$ 的大量气体（温度，密度和其他局域性质都是一样的），由于总质量增大了，自引力会超越压力，从而发生引力坍缩（例如见 *Longair 1998*）。

这部分的所有资料都是非常标准的，而且我也只会给出一个简要回顾。更深入的讨论可以在关于这个课题的一系列好书中找到（*Davis 1977*；*Zeh 1992*），书中都列出了原始文献。

无引力情形（$l \ll l_J$）

研究"时间之箭"有三个关键因素：特殊初始条件、运动方程本质上的动力学趋势或"吸引子"、粗粒化的选择。我将用盒子中气体这一经典例子来解释这一点。

图9.1表示两种初始条件下盒子中的气体，所有的气体都集中在

角落里。在两种情况下气体都扩散到同样的状态，不管原来在哪边角落。这个体系就包含"时间之箭"：倒放的影像是从来不会在我们日常生活中自发发生的过程。并且，一旦气体扩散开来，我们就不能让它自发地重新回到角落里。

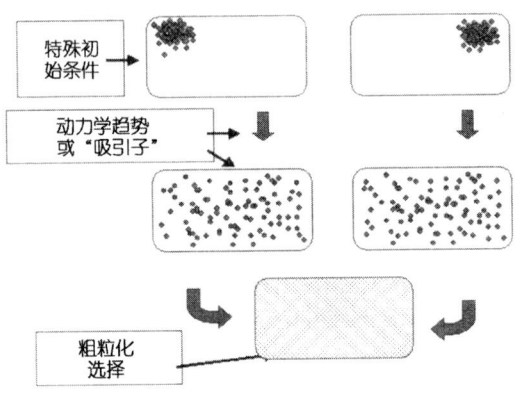

图9.1　盒子中的气体揭示了从基本的微观可逆过程出发，出现"时间之箭"所需要的三个基本条件。即特殊的非平衡初始条件，以及让体系达到平衡的基本动力学趋势（或"吸引子"）。最后，粗粒化的选择也很必要。如果没有这一条，不同的初始态通常会演变到不同的末态，因而无法确定类似吸引子的行为

　　当然，根据气体的微观理论，这两个不同的初始状态演变到了不同的状态，即使在我们看来都一样是平衡态的气体，它们之间也还是永远保留着微观的区别，虽然这种区别只体现在气体粒子位置和速度（以及它们的内部自由度）上。这就是粗粒化的重要性[1]。我们能设想出一个单一的稳定"平衡态"的唯一原因，就在于忽略了那些微小的差别（例如两种不同初始条件所对应的"平衡"态的区别）。如果

1.粗粒化本质上是这样一种过程：忽略微观态的某些因素，让很多不同的微观态对应于一个粗粒化态（或放进同样的"粗粒化的仓库"）。一个简单例子：获得位置和动量的精确定义值，然后把这些值用低精度表示，这就在分立的相空间中给出了粗粒化坐标。

没有粗粒化，就不会存在平衡之类的概念，而存在的只有永远变化的微观态。粗粒化对于确定达到平衡的途径也很重要，如果没有它，我们就只能发现独立态的微观演变，而不能确定动力学趋势，从而也就不存在"时间之箭"的概念。

初始条件、动力学和粗粒化的作用是密切相连的。如果图9.1表示的分子动力学不是这样，而是将分子都禁锢在一开始的角落里，那么图中所示的初始态就**已经**处于平衡了，这样的体系也就不能表现出"时间之箭"。

原则上粗粒化是相当任意的，忽略微观态的不同属性，可以给出任意不同的结果。我们可以在形式上做到这一点，例如，通过选择一些在形式上与平衡有关的随机微观态，并且认为与其动力学相近的微观态都处在一个粗粒化的"盒子"中，再构建其他一些动力学上不同的微观态的粗粒化盒子。在这种特殊的粗粒化下，图9.1所示的这盒气体不能指明"时间之箭"。

一个系统能不能表现"时间之箭"，取决于选择哪一种粗粒化的事实，并不会为我这样的人带来任何疑问。我们将粗粒化视为到底能做什么样的测量（最终与基本哈密顿量有关）这一问题的自然结论。但对那些希望看到更严格的"时间之箭"定义的人来说，他们可能会对下面的事实不舒服：在现代的理论中，一个给定系统的"时间之箭"只存在于某种特定的粗粒化方式之下，而且很可能只是一个暂时现象（*Prigogine 1962*；*Price 1989*）。

　　以上模型只是为你带来了一个"暂时的""时间之箭"，因为根据微观理论，平衡中的气体是**可能**自发演变，重新回到容器的一个角落里的。只是平均而言，等待这一过程发生需要经历不可思议的长时间（比宇宙年龄还要长得多）。平衡粗粒化状态的稳定性，是与平衡态对应微观态的巨大数目深刻相关的。从微观观点来看，一个态只不过不断地演变成另一个态。而平衡中微观态的高简并度显示，不需要离开粗粒化盒子，就有很大空间供一个态演变到另一个态。

　　统计力学中将一个粗粒化状态的熵定义为$\ln(N)$（其中N是特定粗粒化状态相应的微观态的数目），上述的这些特性都与这个量紧密相关，而平衡态就是熵最大的粗粒化态。平衡态的微观高简并度，也与很多不同的初始态都能达到平衡的事实密切相关。

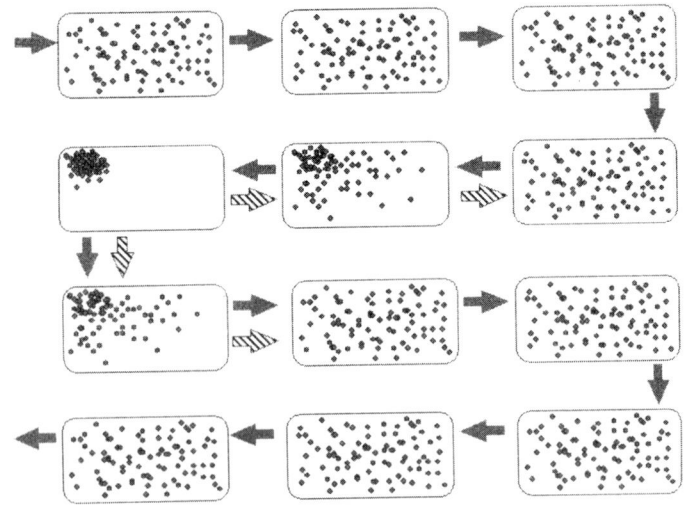

图9.2　盒子中的气体中一个罕见的大波动。实心箭头表示时间序列（朝随机选择的总体方向），有纹路的箭头是热力学的"时间之箭"

体系所有可能态中有如此高比例都是平衡态这一事实说明,"时间之箭"要求的特殊非平衡初始态实际上是很罕见的。如果一个人观察随机盒子中的气体,绝大多数时间里它都是处于平衡中的,一个没有"时间之箭"的状态。在极度罕见的时刻,会出现离开平衡位置的大幅波动,而要回复平衡的瞬时现象就显示出"时间之箭"。

实际上,由于系统长期处于平衡态,它本身并不具有总的时间方向。而离开平衡的罕见波动又代表了两个紧挨着的时期,每个都带有一个"时间之箭"指向相反方向,而且每个箭头都是以偏离平衡的最大点为起点。这样一个罕见的波动体现在图9.2中。

有趣的是,"时间之箭"的存在并不一定需要系统达到平衡态。例如,考虑上述讨论的推论:如果气体开始时处在一个无限大盒子的角落里,那么气体就不会达到平衡态。如图9.3所示。为了得到一个"时间之箭",系统必须遵循清晰的动力学趋势,但并不需要达到最终的平衡态。下面要讨论的含有自引力情况和这一点尤为相关。

"时间之箭"的关键作用

"时间之箭"在我们的世界中很多地方都起着关键作用。

1.燃烧燃料

最明显的例子当属燃烧燃料,我们燃烧燃料"产生能量",然后再用某种方式使用它。但其实燃烧汽油或代谢食物时,实际上产生的

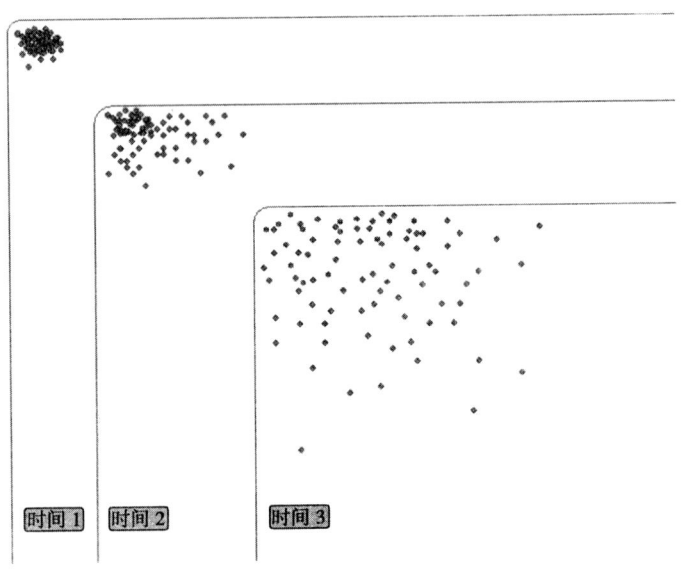

图9.3　对图9.1所示体系做了一点改动，推广到无限大盒子的情形，说明一个并没有达到平衡的体系也可以具有确定的"时间之箭"

是**熵**。能量并不关键（它毕竟是守恒的），关键的是"时间之箭"的可靠性。燃料和食物存在于我们的世界中，这就是特殊初始状态的一部分，它给了我们"时间之箭"。

2.计算和思想

我们还用"时间之箭"来使某些重要过程不可逆。在某一页或黑板上做个记号，你可以肯定时间反演过程（记号突然回到铅笔或粉笔中）永远不会发生。这样我们才能做出"永久的"记录。在信息处理中，这是相当关键的一部分。利用"时间之箭"作记录在日常生活中经常见到，而且在计算"计算的热力学成本"的学术工作中也使用了这个方法（*Bennett and Landauer 1985*）。

　　因为我们对人类思维过程还缺乏基本的理解，所以关于心理上的"时间之箭"，还有很多不同的观点。但我个人并不认为对人类思维理解的进展，会给物理的微观定律带来新理论（虽然很可能有一些惊人的集体现象有待发现）。所以我相信，心理上的"时间之箭"和热力学"时间之箭"是一致的，特别是它被记录（或记忆）的方式是一致的。

　　3.辐射

　　电视台在播星期一晚间新闻时十分确信，现在发出的新闻辐射电波会被所碰到的东西完全吸收，而不会滞留在周围，干扰第二天（星期二）的晚间新闻。而且，播音员也很确信，各种各样的吸收体都不会自发发射星期二的晚间新闻广播，从而形成干涉（更不用说提前一天发射）。电波吸收完全不具有时间反演性，这也是我们世界中热力学"时间之箭"的性质之一。吸收了晚间新闻广播的山坡，熵会增加，而发生任何引起麻烦的时间反演过程，都必然伴随着熵的减少。

　　当然，大部分无线电信号都扩散到空无一物的空间中去了。在这种情况下，空间的空虚就和图9.3中的无限大盒子作用类似。晚间新闻广播从外部空间重新传回"发射"天线的时间反演解，也**是**符合运动方程的合法解。但完备的解不应该包含这种从无限远传进来的辐射。事实上，它要么是从某个天体发射过来，要么是从"上次散射的表面"(在宇宙历史上的最近点，当宇宙厚得不透明时)发射过来。如果要产生时间反演的"晚间新闻"辐射，无论是天体还是宇宙辐射源都需要处在比我们预期低得多的低熵态。所以归根结底，辐射的"时间之箭"也是本文的主题：热力学"时间之箭"。需要提一下的是，我们对辐射"时间之箭"的理解大都来自惠勒教授的贡献(*Wheeler and Feynman 1945，1949*)，他也正是这篇文集要纪念的人物。

4.量子测量

在量子力学中，"时间之箭"也是很关键的。一旦做出量子测量，就没办法撤销，因为测量中发生了被称为波函数"坍缩"的过程。人们对于这个坍缩有着不同的看法。有种看法把坍缩视为建立稳定相关的自然结果：要想让双缝电子打到照相板上的实验成为一个好的量子测量，照相底片必须满足一定的条件，使电子几乎不可能重新反射出处于相干"双缝"态的电子。由于热力学"时间之箭"的存在，这样的照相底片是可以实现的：打到底片上的电子使底片的内部自由度进入一个熵更高的态，本质上这个过程是不可能反演的。而且，底片上不同的电子位置和内部自由度的不同态互相纠缠，所以本质上不存在电子位置之间的干涉。从这个观点看(我倾向认为)，量子力学的"时间之箭"也是热力学"时间之箭"[1]。也有人试图脱离热力学"时间之箭"建立量子力学"时间之箭"，但到目前为止还没有一个建好的理论。

---

1. 惠勒教授和他的学生们对这个观点作出了巨大贡献(*Everett 1957；Wheeler and Zurek 1983；Zurek 1991*)。同时也可参见阿尔布雷特(Albrecht)的文章(1992，1994)。

有引力情形 ($l \gg l_I$)

当体系的自引力变得很重要时，它的动力学趋势就会变得很不相同。前面讨论过的盒中的气体趋向于扩散成均一的平衡态，而引力体系则趋向于均一性降低的引力坍缩态。有意思的是，当引力坍缩发生时，物质也接近了另一种平衡态：黑洞。我们甚至可以像定义平衡态的熵一样定义黑洞的熵，它叫做贝肯斯坦-霍金熵（Bekenstein-Hawking entropy），写作

$$S_{bh} = 4\pi M^2 \tag{9.1}$$

其中 M 是黑洞的质量。虽然黑洞的熵不如盒子中气体的熵好理解，但这种熵同样很好地融入了整个物理学理论[1]。

像其他体系一样，如果具有特殊的"低熵"初始条件，重力体系就会表现出热力学"时间之箭"。视界内宇宙就是一个最好的例子。视界内宇宙具有足够强的自身引力，可以发生引力坍缩（也就是 $l \gg l_I$）。但现在它还处于这个趋势的最初阶段，离完全的坍缩还远着呢。也就是说，我们观测到的宇宙还远远没有到形成一个大黑洞的阶段。彭罗斯（Penrose 1979）通过比较宇宙极早期的熵（由普通的宇宙辐射流的熵来估算）和一个质量等于观测宇宙的黑洞的熵，量化了这一概念。结果是，极早期宇宙的熵比最大黑洞态的熵小 35

---

1. 这里的讨论是经典的，没有包括霍金辐射效应。如果包括霍金辐射，定义普遍的引力体系的"终极平衡"就更加困难，但并不影响这里的讨论。霍金辐射在时空尺度上都与"时间之箭"无关，在可观测宇宙中，引力坍缩定义了"时间之箭"。

个数量级：

$$S_{Univ} \approx 10^{-35} S_{bh\text{-}Max} = 10^{-35} 4\pi M^2_{Univ} \qquad (9.2)$$

正如彭罗斯指出，极早期宇宙的低熵就是我们感觉到的"时间之箭"的终极源头。正如同图9.1所示盒子中的气体能可靠地朝着更均一的状态演变，从而给出体系的"时间之箭"一样，宇宙遵循它自己的动力学趋势，从均一态朝着引力坍缩态演变，从而也给出了"时间之箭"。宇宙最后能否达到平衡的黑洞态，这一点还不能确定，所以也许用图9.3里无限大盒子中的气体来类比更为贴切。问题的关键在于，宇宙起始于非常特殊的初始状态，这一状态远离动力学演变的最终结果。"时间之箭"正是动力学演变的结果。

我将在这一部分阐明，整个宇宙的"时间之箭"，和前面讨论的日常生活的"时间之箭"的关系，前者表现为从均一态到引力坍缩的趋势。图9.4显示了在盒子中的气体（如图9.1所示）里建立"时间之箭"的全过程。气体被一个电子泵泵入角落，电由化石燃料产生。燃料是从原油炼出来的，而形成原油的有机物是由光合作用产生的，其动力来自太阳辐射。炽热的太阳向冰冷的空间发出辐射，这就是一个发生在我们附近的引力坍缩现象。整个宇宙中，同样的引力坍缩到处都在进行。

正如上面讨论的一样，我们传统上称之为能源或能量的其实是**熵**源，它能让我们利用"时间之箭"。我们的能源大部分来自太阳辐射。如图9.4所示。例外的有地热（来自于产生地球本身的引力坍缩）

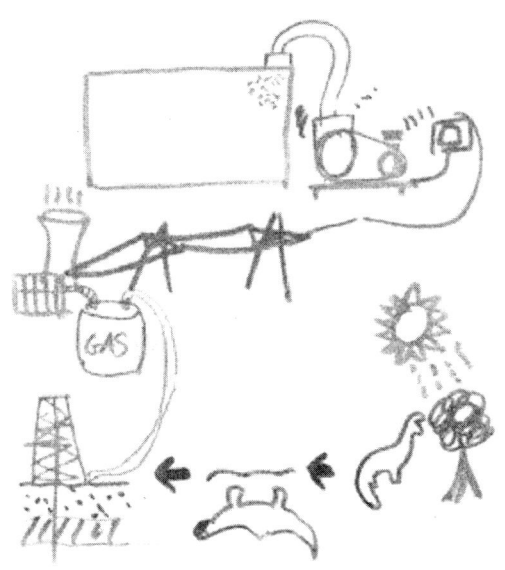

图9.4　我们可以对这盒气体抽气，将所有气体泵到一个角落。当泵停止作用时，气体就会扩散，于是显示出图9.1中所示的"时间之箭"。在这个例子中，泵用的电来自化石燃料，而形成燃料的有机物的能量来自于太阳能。炽热的太阳向冰冷的空间发出辐射，这就是一个发生在我们附近的引力坍缩过程，类似的过程在整个宇宙中普遍进行。这张图阐明了日常生活的"时间之箭"和整个宇宙的引力坍缩"时间之箭"之间的关系

和核裂变能（利用太阳以外恒星的坍缩产生的不稳定元素）。聚变能则利用了宇宙的另一种不平衡性：均一的宇宙膨胀进行得过快，以至于核子没有结合生成最稳定的元素，而是产生了化学平衡之外的原子核（比如不是结合得最紧密的核）。这就为通过点燃聚变反应释放熵留下了可能，聚变使核物质以更接近化学平衡的方式结合。[1]这个问题（它关系到宇宙初始状态）将在下面讨论。

1.太阳和其他恒星实际上产生的是"引力坍缩能"加上核聚变能之和。

宇宙暴胀：初步

初始条件的暴胀观点

在前一部分，我们讨论了为什么解释热力学"时间之箭"必须上溯到特殊初始条件上。特别地，我们讨论了整个宇宙的"时间之箭"和宇宙特殊初始条件有什么关系，宇宙的初始状态是远离引力坍缩的动力学趋势的。在这样的理解下，这些特殊初始条件仍然可以处于通常的附属地位：实验数据告诉我们宇宙具有"时间之箭"，所以为了建立宇宙模型，我们显然需要选择合适的初始条件。最终，标准大爆炸的均一同向膨胀初始条件成为不错的选择，而且它们（结合合适的原初微扰）确实给出了和所有观测匹配的结果。

但热衷于宇宙暴胀的人（*Guth 1981*；*Albrecht and Steinhardt 1982*）持有不同观点。通常认为，宇宙暴胀学说是在标准大爆炸理论似乎碰到一系列宇宙学"疑难"时被引入的（例如 *Guth 1981*；*Albrecht 1999*）。很多宇宙学家在发现暴胀之前就很关心这些疑难。这些疑难中前面的两个（"平坦性"和"均一性"疑难）指出，初始条件要远离动力学趋势的方向。

平坦性疑难起源于观察到宇宙的动力学趋势是远离空间平坦的，但是为了和现在的观测匹配，宇宙必须曾经在空间上极端平坦。

均一性疑难就是重新陈述了前一部分的问题：宇宙处于远离引力坍缩态的状态。前面的讨论已经强调了，这样的属性对"时间之箭"

的出现是绝对必要的。从这个角度来看，宇宙的特殊初始条件并不是一个谜团，而是对"'时间之箭'从何而来"的回答。

但是，大多数宇宙学家本能地持有不同观点。他们会试图看到更远一些的过去，质问这些奇怪的"初始"条件是如何被更久之前的动力学过程设定的，不管这个动力学过程是什么。既然初始条件与动力学趋势是相反的，那么由动力学产生初始条件似乎是根本不可能的。事实上，"视界疑难"加重了这一困境，据观察，即使有办法打破动力学趋势，早期宇宙也没有足够的时间让满足因果关系的过程来确定我们现在看到的初始条件。

于是我们现在有两种看法。暴胀学家希望宇宙初始条件更加自然，但玻耳兹曼精神的继承者却认为最好不要让它们显得那么自然：初始条件的不自然之处，对"时间之箭"的产生来说正是必需的，这样看上去，"自然"的初始条件的代价就是"时间之箭"的消失。而且，考虑到前面的一般性讨论，暴胀学家的观点似乎更站不住脚了。显然，物理学里最强势的传统观点认为，初始条件处于附属地位，毋庸置疑，只要按照现有情况要求的形式任意指定就好了。

这篇文章的目的就是协调这些观点。作为引子，我将给出两个大家都熟悉的例子，其中初始条件确实起到了关键作用，而动力学也确实创造了特殊初始条件。有了这两个例子的经验，我们就能够仔细讨论宇宙暴胀了。

例1：大爆炸核合成

宇宙学的一个经典成果就是早期宇宙的元素合成理论。运用地球上实验确定的碰撞截面，我们可以计算不同时期不同核的宇宙丰度。当宇宙慢慢冷却稀释下来时，就会达到质量百分比不再改变的一点。这个"冻结后的"值就是"原始元素合成"的理论预言值（图9.5）。

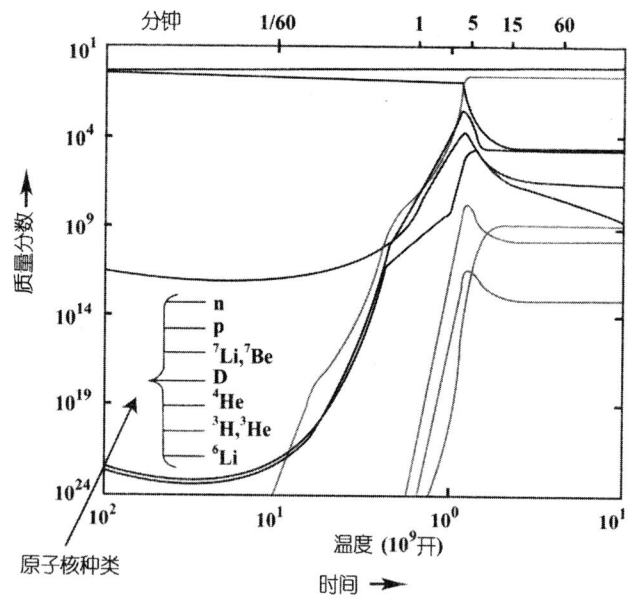

图9.5 不同原子核在早期宇宙的演变：质量百分比冻结在某个特定值，预言了早期宇宙的各种原子核的丰度 （改编自 *Burles et al. 2001*）

有人可能会质疑这种预言的可靠性。晚期的状态当然取决于你所选择的初始条件。通过选择合适的初始条件，难道不能得到任何你想要的预言吗？然而事实上，预言几乎**是**完全独立于初始条件的选择的：元素合成的任何初始条件都被核统计平衡的趋势抹去了，而正是这一趋势**设定**了后来演变的"初始条件"。图9.6用不同初始条件阐释了这个效应。

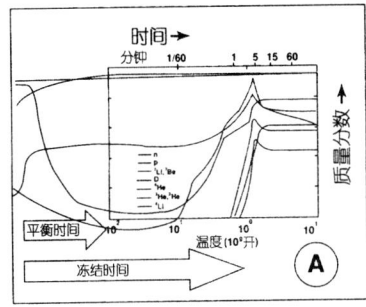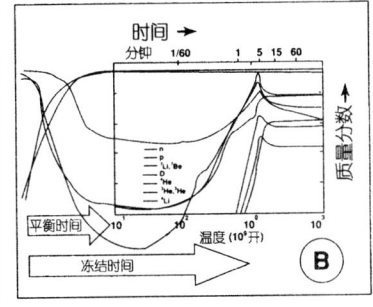

图9.6　元素的不同初始质量分数都会迅速接近核统计平衡，从而为接下来的核合成形成同样的"初始"条件。因而对核合成来说，初始条件是由前一过程的动力学决定的（初始点在方框之外的曲线也画进来了，但并不代表实际计算）（改编自 Burles et al. 2001）

正如上面讨论的，在微观层面上看，不同的初始条件总是会演变成不同的态。图9.6中两种情况之所以都达到了均一平衡态，那是因为我们采取了粗粒化，去掉了携带系统的初始状态信息的粒子间细微关联。这里，粗粒化是通过把注意力集中到质量百分比上来实现的，质量百分比只占所有微观态信息中的很小一部分。

所以大爆炸核合成就是这样一个例子，在这种情况下"初始"条件绝不是无关紧要的，它对任何作出预言的理论都是极其重要的。在这里，更早期的动力学（即接近平衡的过程）设定了后来的初始条件，就像我们希望暴胀能设定大爆炸宇宙学的初始条件一样。

时间1

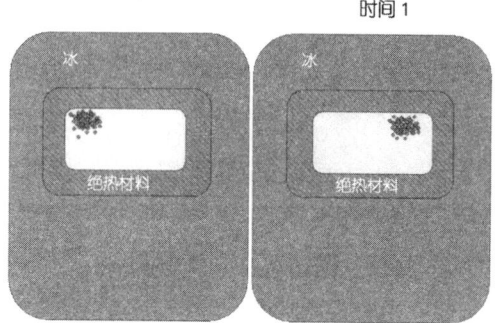

图9.7 冰中的气体

例2：一块冰中的气体

我现在来讨论一个更简单的例子，但我们会看到，它在概念上和元素合成非常类似。考虑类似于图9.1中的两个盒子中的气体，但现在假设气体被封闭在两块冰中，如图9.7所示。

在冰和气体之间的绝热材料不是理想的，但可以让两者达到热平衡的时间变慢。图9.8说明了接下来的演化。气体有足够长的时间来达到平衡，而这个平衡为后续的冷凝和结冰过程设定了"初始"条件。结果，在"时刻3"的气体的冻结均一态是可以**预言**的。

平衡和de Sitter空间

上面的例子都是利用早期的平衡来设定后来演变的初始条件。为了理解这个概念怎样用到暴胀上，我们先扩展一下上面的讨论，看看引力体系的平衡。

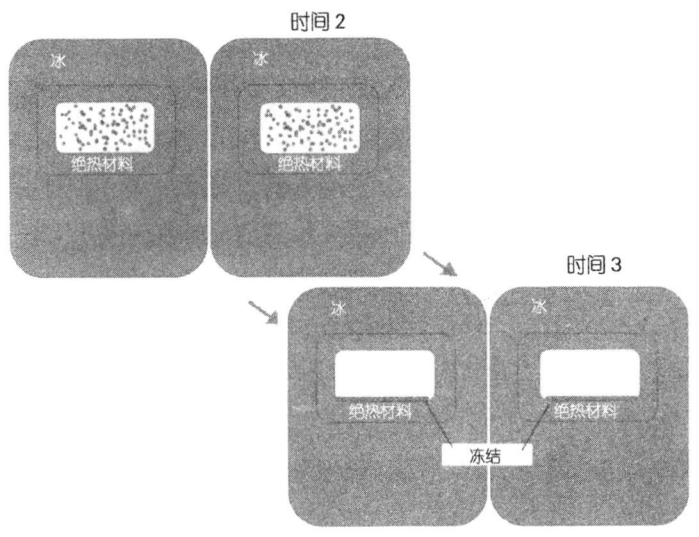

图9.8　图9.7中"时刻1"的体系接下来的演变过程。盒中气体先达到平衡，为后来冷凝和结冰设定了初始条件

爱因斯坦在广义相对论时代最先提出"宇宙学常数"（写作Λ）。后来，人们认识到，一些标量场也能至少暂时地进入一个"势能主导态"，能够很好地模拟宇宙学常数的行为。宇宙学常数，粗略地说，有点像**排斥的**引力，爱因斯坦最开始引入时是为了平衡通常的吸引引力，以得到一个静态宇宙模型。然而这一想法不管用，因为这样的平衡是不稳定的。在非零宇宙学常数的情况下，最终斥力会主导自然的物质演变，而且以指数增长的速度迅速分开，其结果是膨胀的。膨胀速率为

$$H = \sqrt{\frac{8\pi G}{3}\Lambda} \tag{9.3}$$

在等待一段合适的"平衡时间"之后，指数式的膨胀就会把任意给定的宇宙区域稀释得空空如也，除了宇宙学常数（或势能主导物质）之外，什么都不剩。因为只有它是不随膨胀稀释的。这个指数膨胀（除了宇宙学常数之外）的空洞空间，就被称为 **de Sitter** 空间。向 **de Sitter** 空间演变的过程，基本上就是引力坍缩的反过程：宇宙不再演化到一个总引力坍缩的平衡态（黑洞），在非零的宇宙学常数下，宇宙渐进地向 **de Sitter** 空间演变，最后达到一个总的"不坍缩"态。

把平衡和动力学演变趋向的终态联系起来考虑，似乎很自然。按这一观点，黑洞也是一个平衡态，于是自然可以定义黑洞熵。由此看来，定义 **de Sitter** 空间的熵（*Gibbon and Hawking 1977*）也是自然的：

$$S_{ds} = \frac{3\pi}{\Lambda} \qquad (9.4)$$

de Sitter 空间熵的统计基础可能比黑洞的熵更难理解，但显然它对于理解熵和平衡之间的关系很有启发性。而且，一个宇宙学常数主导的宇宙包含的 **de Sitter** 空间是均一而平坦的。这正是暴胀理论试图解释的大爆炸宇宙学的两个特征。

势能主导态

宇宙暴胀的模型用一个标量场 $\varphi(x)$（暴胀子）来模拟某一时期宇宙学常数的行为。当暴胀处于势能主导态时，就能表现类似宇宙学常数的行为。特别是，为了让暴胀看上去像宇宙学常数，暴胀的应力

能写成表达式是

$$T_{\mu\nu} = \partial_\mu \partial_\nu \varphi(x) + g_{\mu\nu} [g_{\alpha\beta} \partial_\alpha \partial_\beta \varphi(x) + V(\varphi)] \xrightarrow{g\partial\partial\varphi \ll V} g_{\mu\nu} V(\varphi)$$
（9.5）

必须被势能项（正比于 Vφ）主导[1]。所以最终的限制，比如

$$V(\varphi) \gg g_{\alpha\beta} \partial_\alpha \partial_\beta \varphi(x)$$
（9.6）

是必须遵守的。暴胀的势能主导态是一个非常特殊的态，人们在暴胀理论的早期就已经知道这一点，而且后来一直反复强调（*Penrose 1989*；*Unruh 1997*；*Trodden and Vachaspati 1999*；*Hollands and Wald 2002*）。场 $\varphi(x)$ 具有非常大的自由度数目，还有很多可能的激发态。但其中只有很少一部分符合方程（9.6）的限制，强到足够让暴胀开始。这个事实在接下来的讨论中很重要。

宇宙暴胀

暴胀基础

暴胀的基本观点认为，宇宙在早期进入势能主导态。如果这个势能主导相的时间足够长，时空就有机会平衡到 **de Sitter** 空间[2]。**de**

---

1. $\partial_\mu \varphi(x)$ 表示对 $\varphi(x)$ 的空间和时间微分。要进一步了解背景知识，可参见库博（Kolb）和特纳（Turner）的文章（1990）。
2. 阿尔布雷特等人分析过，暴胀不可能处于理想平衡。

Sitter空间具有平坦性和均一性，正符合大爆炸早期的要求，通过趋近 **de Sitter** 空间，这些性质都能通过自然的动力学演化得到[1]。

当然，在大爆炸早期阶段，宇宙充满了普通的物质，而不是势能主导物质。宇宙暴胀的一个关键部分就是**再加热**（reheating）：在暴胀足够长的一段时间后，势能主导态会衰变（即"再加热"）成高热态下的普通物质。

在典型的现代暴胀模型中，不稳定性可以用如图9.9所示的"慢滚动"经典物理例子来说明。如图9.9所示，驱动暴胀的关键自由度是暴胀场 $\varphi(x)$ 的均一部分（即平均值）。这个自由度可以看做在势能 $V(\varphi)$ 上的"滚动"。当暴胀初期 φ 在 $V(\varphi)$ 相对平缓的一段上开始运动时，时间微分 $\partial_0\varphi$ 保持在很小的值上 [方程（9.6）要求]。场在这里滚动得非常慢，而势能主导导致了指数膨胀的发生。但 φ 从来不是完全静止的，它最终达到势能曲线陡峭的部分。在那一点 φ 开始加速，方程（9.6）不再满足，而指数膨胀也结束了。如果 φ 能适当地耦合到普通物质上，那么能量也能从 φ 耦合出来，变成非慢滚动体制下的普通物质，从而为标准大爆炸的开始创造了合适的条件。

上述讨论的量子修正让我们可以预言，在暴胀中产生的对理想均一性的偏移（或微扰），随后将演变成宇宙中的星系和其他结构。后面将进一步讨论这个问题。

---

1. 大爆炸标准模型让宇宙退回到无限密集和高温的初始奇点。暴胀提供了另一种可能的极早期宇宙，而且在和大爆炸初始奇点后无限长时间的标准大爆炸相对应。其他类型的奇点是否也能继承暴胀，这个问题目前还在积极探索中；参见"永恒的暴胀"部分。

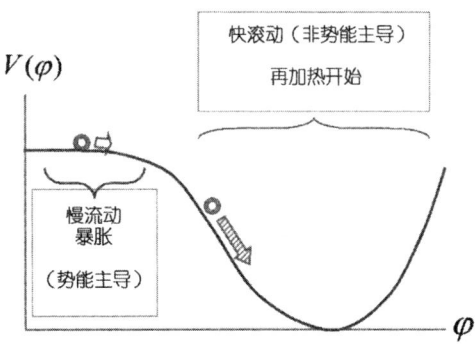

图9.9　暴胀场（图中所示）的均一部分控制了暴胀，先是在 $V(\varphi)$ 相对平缓的一段上缓慢滚动（允许了势能主导和指数膨胀的发生），然后到达势能陡峭的部分，结束了慢滚动，开始再加热过程

在这个阶段，我们并没有特别偏向于哪种暴胀子的"标准模型"。例如，标量场 $V(\varphi)$ 的起源就有大量可能的方案，这些方案没有哪一个有明显的优势，也没有哪一个来源于现有的物理学基本理论。这一事实确实是暴胀图像的一个弱点。但公平地说，与其将它看做对暴胀本能的怀疑，不如说它反映出我们对高能领域物理本性认识的浅薄。

暴胀和"时间之箭"

我们现在已经看过三个例子，平衡过程为动力学预言下一阶段的演变提供了初始条件。（三个例子即大爆炸核合成，冰中的气体，宇宙暴胀。）但这些例子如何回答本章的关键问题呢？也就是说，怎样才能利用平衡来使初始条件"普遍"化，但同时又具有"时间之箭"（也就是，特殊的初始条件）？

在每个例子中，这个问题都是以同样方式解决的。在最初的"初始条件出现"阶段，平衡并不是整个系统的平衡，而只是**子系统**的平衡。在每个情况下都有另外的自由度，它们永远不处于主宰系统的平衡态中，从而携带了"时间之箭"的信息。

在大爆炸核合成的例子中，处于平衡之外的是时空（或引力）的自由度。宇宙不是一个巨大的黑洞（正常引力体系的平衡态），而是均一、同向膨胀的大爆炸态（彭罗斯告诉我们，这是远离平衡的）。与这个背景相反，在密度和温度都很高的早期，核反应能够维持不同核之间的化学平衡。在非平衡的自由度（也是宇宙膨胀）让宇宙冷却下来时，更低的能量和密度让物质进入不能维持核统计平衡的态。膨胀的时空背景就是这个非平衡子系统，它驱动变化发生：先是让"核素子系统"进入化学平衡态，然后（设定"初始条件"）促使核物质形成非平衡的初始条件，从而产生早期核合成理论预言的质量百分比。

对冰和气体的例子（图9.8）来说，它们也是从平衡出发，但由于绝热材料的存在，经历了一个缓慢的平衡时间。初始的（盒中气体）平衡只是气体子系统的平衡。从整体来看，即使气体子系统已经在盒内扩散成平衡态（当然为后面的发展定义了"初始条件"），冰和气体的整体仍不处于平衡状态。

对暴胀来说，**暴胀场**就是驱动其他子系统的非平衡自由度。暴胀开始时是相当均一的势能主导态，这显然不是暴胀场的高熵态（*Trodden and Vachaspati 1999*）。在一个建立好的暴胀模型中，特殊的势能主导暴胀态"启动"了一个有效的宇宙学常数，并让它延续了一段时间，让物质有足够的时间平衡到 **de Sitter** 空间。但慢滚动暴胀不稳定性最终"关闭"了这个宇宙学常数，而接下来暴胀的非平衡演变导致了再加热，从而形成符合标准大爆炸早期阶段的条件（这里，时空就是驱动接下来的"时间之箭"的非平衡自由度）。

所以，暴胀在动力学上"预言"了大爆炸相的特殊初始态，但并没有**预言**"时间之箭"。暴胀"将'时间之箭'的责任推给"暴胀子场的特殊初始条件。"时间之箭"的本性，要求特殊的初始条件。对一个暴胀创造的大爆炸宇宙来说，初始条件给了我们"时间之箭"，它的特殊性可以追溯到特殊的暴胀初始态。

为了更好地理解暴胀的作用，以及它和"时间之箭"的关系，我们有必要将上面的讨论推广到更大的范围。这一推广（也就是后续章节的主题）也将帮助我们理解暴胀的关键作用，虽然它并没有**预言**出我们观察到的宇宙的各个方面[有关这一部分和下一部分的关键问题，在戴维斯和佩奇的一系列文章（*Davis 1983，1984；Page 1983*）中已有讨论]。

初始条件：大图像

数据，理论和人择原理

我们应该在什么程度上用观测数据来对抗理论预言呢，而这些数据又应该在什么程度上纳入理论模型，限制自由参数呢？关于这个问题的争论极其热烈，而且常常涉及"A"打头的词——也就是"人择原理"。

我相信，这些热烈讨论背后的物理实在其实非常直接，它们为进一步研究提供了明确的指导。现有的所有理论都需要观测数据的输入，以限定电荷、质量及其他参量。另一方面，很多人会承认，如果一个理论需要更少的数据输入（也就是说需要设定的自由参量更少），而且仍然可以预言旧理论中输入的那些数据，那么新理论就比旧理论好，并能取代旧理论。

这样推理的结论是，数据应当被当作宝贵的资源，最好应避免用尽所有数据来设定参量。更好的选择是省下数据，在能做到理论预言的前提下，设定的参量越少越好。如果你在这个问题上草率马虎，那么你将面临的最严重的惩罚，还不仅仅是持其他观点的物理学家的苛刻批评。真正的威胁在于，其他更有效利用数据的方法马上就会使你的思索化为粪土，被扔进垃圾堆。

所以当"前人择"科学家试图警告他们的同行，不要完全用尽宝贵数据来限定模型[1]时，人择学家们也同样愤慨，他们的许多对手都不愿意承认，某些数据确实需要被当作输入用掉。

一个更富有成效的方法处于这两个极端之间，承认确实需要用掉某些宝贵的数据，但同时也努力减少所需数据的数量。

---

1. 如果没有已知物理世界的某些特性，生命就不会存在，这样的陈述对很多物理学家（包括我）来说都是没有理由的，因为我们一点不知道"生命"到底能存在怎样的多样性。若这个想法没有更具体的表述，我们自然会将物理特性用作输入，而不是去预言它们的值。

用"时间之箭"作为输入

"时间之箭",按我们现在的理解,是所有宇宙理论的必要"输入"。在最基本的层面上,"时间之箭"在从特殊初始态到更普遍的态的演变中显现出来("普遍"和"特殊"的定义涉及运动方程下的演变和特殊粗粒化过程)。为了让"时间之箭"出现,初始态必须有一些特殊之处。我们之所以必须选择具有非普遍性的初始状态,不是因为这种非普遍性是初始态的典型性质,而是因为它(这种必要的非典型性)是出现时间之箭所必需的。

从图9.2中的讨论出发,我们找到了一种很有意思的方法,能将上面的推论整合到一个"大图像"中。图中显示了在一盒"平衡"气体中的一个随机大波动,它创造了初始条件,从而暂时指明了"时间之箭"。考虑到盒子中的气体永远在那里,那么上述的事件,虽然很罕见,但也会无数次发生。在这种图像下,产生"时间之箭"的特殊初始条件不是在某个绝对的时间起点强加到整个系统上的,这种特殊"初始"条件,只要简单地耐心等待,就一定会在某一时刻随机地出现。玻耳兹曼(1897)早在100年前就思考过这些问题,但他却发现这一论述中有一些令人迷惑的地方。我们下面会讨论玻耳兹曼的问题,而且看看他关于暴胀会怎么说。

现代对暴胀的很多思考都或多或少借鉴了图9.2中的内容。一般而言,首先会设想一个混沌原始态,其中的暴胀场或多或少地随机翻来覆去,直到一个极其偶然的机会出现,它卷入了一个很罕见的波动中,形成势能主导态(*Linde* 1983)。盒中气体和"前暴胀"态的一个重要区别在于，对盒子中的气体来说，计算更为容易。虽然在暴胀理论这方面已经有了一些很有意思的开创工作（如 *Linde 1996*），但我们还远不能处理具体体系的混沌前暴胀态。

当然，如果经历了一段暴胀期，我们就不必要过多地了解前暴胀态。在很多模型中，暴胀过程让宇宙体积暴增，因此，预言结果对前暴胀态的细节并不敏感。不过，我们仍然需要知道一定的前暴胀态信息，至少能粗略证实这种不敏感性。

但这个课题背后还隐藏着一个更大的问题。如果我们退一步承认，即使在存在暴胀的情况下，特殊初始条件不是偶然发生的，就必定是强加上去的，那么暴胀能起到什么作用呢？为什么不静静等待大爆炸自己从混沌中直接生成，或者把大爆炸初始条件直接强加到宇宙上，而不再拿一个暴胀的开始来烦人（例见 *Barrow 1995*）？[1]这个问题的答案就是，即使暴胀不是全能的，不能绝对地说什么东西经过暴胀都能产生大爆炸，但它仍然具有很大的预言能力，有它比没它能更节省数据的利用。

宇宙暴胀的预言

一旦特殊初始条件引发了暴胀，就能作出一堆预言。我们能据此预言宇宙是均一的，密度等于临界密度（精度高于0.01%）。也能以特殊的"几乎尺度不变（nearly scale-invariant）"的方式，预言偏离理

1.这个问题是由巴罗（Barrow）（1995）直接提出的，其他人也密切关注这个问题［*Penrose 1989*；*Unruh 1997*；*Linde* et al. *1994*，*1996*；*Vanchurin et al.2000*；*Hollands and Wald 2002*］。

想均一性的微扰有些什么形式。对本讨论来说最重要的就是，具有这些特性的典型区域，体积是巨大的，比整个可观测宇宙还要大好多好多倍。这些预言远远超出了标准大爆炸宇宙学描述的基本图像。只考虑大爆炸标准模型，那就说不出什么特别的理由要求密度是接近临界的，也没有什么理由能说明微扰都有些什么特殊形式。目前，很多数据都支持暴胀预言（例见图9.10，在 *Albrecht 2000* 一文中还可看到更多内容）。

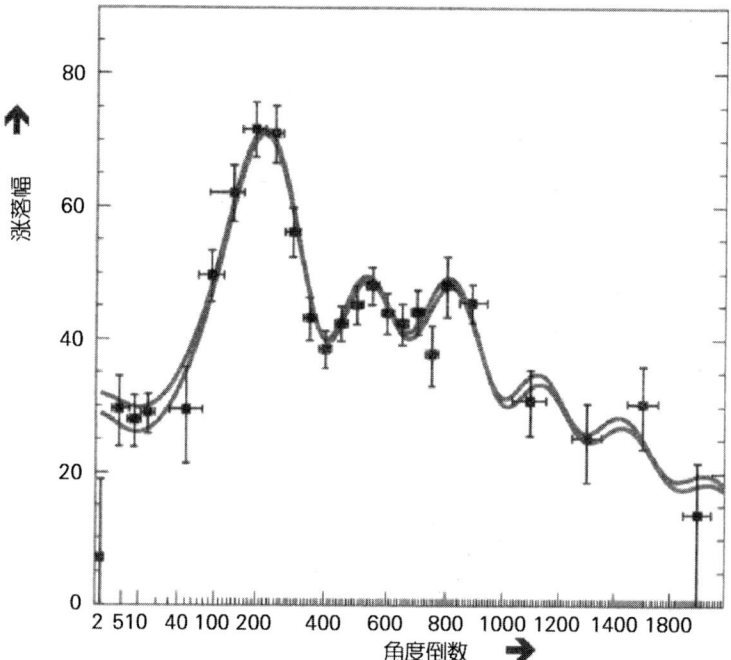

图9.10　本图显示的是宇宙微波背景下各向异性的测量值（点），和暴胀模型中角度倒数（inverse angular scale）函数曲线。在这一结构中，峰的左右位置对宇宙整体密度高度敏感。目前最好的估测显示，密度的主要成分是暴胀预言的临界值，误差条在10%左右（*Wang* et al. *2001*）。这一振荡行为，以及在点之间缺少一个整体的陡然上升或下降，同样支持了暴胀预言（*Wang* et al. *2001*；*Albrecht 2000*）（此图经允许从 *Tegmark and Zaldarriaga 2002* 复制）

没有哪个暴胀模型预言整个宇宙会回归到类大爆炸态。在很多模型中，量子扰动都让暴胀足够频繁地重新"爬回山上"，以至于暴胀开始后任何时刻，仍在暴胀的区域都会占据了宇宙的绝大部分空间（Linde 1986）。但如果你的确找到了一块有普通物质的区域（和势能主导的暴胀态相反），那么这块区域就是指数级巨大，而且具有上一段描述的所有性质（但要注意到我在这里用了额外的数据作为输入）。

从随机的混沌，到一个类大爆炸态，暴胀就是完成这一转化最好的"主要途径"。通过暴胀产生的指数级巨大的类大爆炸区域，似乎完全覆没了可能通过其他途径转化到类大爆炸态的任意区域。如果你在宇宙中寻找和我们现在所见相似的区域，那这一区域是通过暴胀达到这个态的可能性要指数倍大于其他途径，所以非常可能具有暴胀的全部预言性质。

玻尔兹曼的"有效波动"疑难

初始条件的理论还有很多需要检验的预言，真是令人兴奋。暴胀理论给宇宙学带来了巨大冲击，激发了该领域内理论和观测双方的极大热情。但暴胀同时也引出另外一个课题，这个课题玻耳兹曼在百年前就担心过。

玻耳兹曼也试图找到一个形成像我们这样的宇宙的"主导途径"，但是他不想通过暴胀。玻耳兹曼意识到，要想自然产生一个特殊的"初始"条件，从而出现"时间之箭"，唯一的方法就是等待一个如图9.2所示的罕见的波动。但伴随着"主导途径"的是一系列有些烦人的推论。特别是，普通物质中的罕见波动非常难产生带有"时间之箭"的区域。如果把你呆在房间里的信息——比如你呆在一个怎样的房间，这个房间至少已经存在有一个小时等——作为输入数据，那么符合数据的最可能情况，就是在整体处于混沌的情况下，仅有局部地区出现了孤立的波动，而且这些波动就马上就被周围的混沌破坏。如果你希望去看更大的世界（比如包含你所在房间的大楼，整个城市，整个行星，等等），就需要等待一个更罕见的波动，而周围到处都是完全的混沌，仅仅勉强满足了输入数据的最可能情况，其出现的概率将远远地大过这个罕见波动出现的概率。

所以玻耳兹曼（以及其他很多人）担心，如果我们的世界真是从一个随机的波动中诞生，那么由此可以做出一个很强的预言：我们应该被完全的混沌所包围。但实际上我们在一个几百亿光年大的宇宙之中，它是平静而不是混沌的，除了我们自己舒适的行星之外，似乎还有许许多多类似行星存在，和这一预言形成鲜明的对照。为了出现一个能产生所有上述条件的罕见波动，你只能将宇宙的所有性质都设为输入数据。宇宙的这些性质都不是预言出来的（关于这个问题的详细说明可见 *Barrow and Tipler 1986* 一文的3.8部分）。

宇宙暴胀为这个问题带来了相当吸引人的解决途径。大图像是类似的，我们必须等待一个罕见波动来创造我们观测到的宇宙。但暴胀理论认为，最可能创造世界的罕见波动并不是原子、分子，以及更大的结构在普通物质混沌中的随机结合。暴胀提出了一套完全不同的动力学机制，暴胀子场中一个小波动产生了看上去像我们宇宙这样的区域，但实际上它通常要扩展到指数倍大于我们所见的宇宙。暴胀就这样将我们宇宙的大尺度本性从一个谜团变成一个预言。

比较初始条件的不同理论

我的讨论将集中在暴胀图像的四个关键方面：

1.吸引子。暴胀显示出"吸引子"的行为（或平衡到 de Sitter 空间），导致很多不同的态都演变到类似大爆炸早期阶段的态。

2.体积因子。暴胀产生指数级大小的体积，实际上为通过暴胀渠道达到早期大爆炸态提供了有力证据。

3."时间之箭"。除了第 1 点、第 2 点，暴胀的初始条件需要至少一定程度上的特殊性。为了产生"时间之箭"必须满足这个条件。

4.预言。当以上 3 点满足时，暴胀做出了一系列重要预言，总体上比只有大爆炸标准模型时，需要更少的数据作为输入。

今天，关于初始条件的很多不同理论在相互竞争，从以上四点比较它们和暴胀理论的区别，是很有意义的。

混沌暴胀

这篇文章中的讨论内容，包含了林德在混沌暴胀理论中提出的观点(作为概述,可参考原始文献,*Linde 1997*),本文可看做这些观点的进一步论述。

永恒暴胀

最近有很多讨论,探讨是否能将宇宙描述成一个带有再加热物质的(指数大)孤岛的永恒暴胀态。在这一描述下,我们不用费心去理解"前暴胀"态,因为根本就不存在前暴胀。从这一前提出发,也出现了一些不同的观点。一种观点认为,不可能创造这样的永恒暴胀态,因为必然会出现奇点。这些奇点有着不同的形式,但不论哪种情况,结果是都需要附加额外的初始数据,这意味着需要"前暴胀"概念(*Borde* et al. 2001)。

另一种观点认为,一个永恒的暴胀态,这个陈述本身就包含了足够的信息,可以解决这些奇点。安奎尔(Aguirre)和葛瑞顿(*Gratton 2002*)认为,如果有人有效利用这些信息,就会存在支持"前暴胀"态的明显证据。如果做出这个选择,安奎尔和葛瑞顿证明,就能构建一个全局态,最后可以认为,这个态定义了一个永恒的暴胀态。通过这种途径产生的永恒暴胀态,具有能反映"时间之箭"的特殊全局性质。一批再加热(或势能主导态的衰变)区域必须被相干地组织起来,指向一个大家认同的"前进方向"。事实上,在这个图像中,存在两个不同的"背对背"的相关区域,"时间之箭"指向相反的方向。这个相关性必须扩展到无限多的再加热区域,分布在无限大的空间体积中。

　　尽管很多技术性问题依然没有回答（例如，安奎尔和葛瑞顿的构建是否能在基本方程的水平上应用），我还是要在这里简单讨论一下，这两种观点怎样和上面提到的四个关键点有关系。我从安奎尔–葛瑞顿图像出发：①永恒的暴胀图像明确地不需要吸引子。这一理论，宇宙的状态是完全指定了的，所以不再需要让其他态演变成这个态；②在安奎尔–葛瑞顿图像中，只有一个途径能形成类大爆炸区域，所以即使存在指数大的体积因子，它们也不会像在更"标准的"暴胀图像中那样，起关键作用；③在安奎尔–葛瑞顿理论中，"时间之箭"是人为引入的。有人简单的宣称"宇宙处于这个态"，它凑巧具有"时间之箭"。安奎尔–葛瑞顿思想和简单宣称"宇宙处于标准大爆炸态"（也就是，完全忘记暴胀），在概念上的区别在于，永恒模型不包含奇点（对这个结论还存在争论）。安奎尔–葛瑞顿的想法试图除去暴胀子场罕见随机波动的作用（而用特殊选择的**永恒**态来代替），在混沌暴胀的标准讨论中我们说到了暴胀的这一作用。

　　另一方面，博德等人（2001）认为存在奇点，从而不可能将暴胀态推回到无限往前推。这一观点和前面说的图像一致，奇点的解决靠的不是将暴胀推回到从前，而是推向时空和物质某个更混沌的态（也许它也含有自然产生的奇点，这需要由更基本的理论来解决）。

火劫[1]宇宙

　　这一观点主要提出了一种向前拓展宇宙历史的办法，它认为在大

1.来自希腊文，ekpyrosis在希腊语中的意思是"大火"，古希腊斯多葛学派的宇宙模型就认为宇宙是一团大火，处在诞生、冷却和再生的永恒循环中。在这里意为运动和变化。——译者注

爆炸相之前的宇宙可以通过在高维空间 "膜" 的碰撞来描述（假设是在更基本的水平上）（*Khoury* et al. *2001a*）。①这一理论的动力学**不**包含任何吸引子。②也不创造任何指数级体积。③大爆炸宇宙学的 "时间之箭" 和其他很多性质，都是初始膜结构特殊性质的直接结果，而它是人为引入的（或根据 "原理" 引入的）。这个图像也包含一个奇点（当膜碰撞时，也意味着标准大爆炸的开始点），围绕着怎样解决这个奇点（例如，见 *Kallosh* et al. *2001*，*Khoury* et al. *2001b*，*Gordon and Turok 2002*），还有着相当大的争论。④说到预言，它很大程度上取决于怎样解决奇点。当然，这个模型中，宇宙的均一性和平坦性（暴胀的预言）都是人为地引入到初始条件中的。有些人认为，这个模型对宇宙微扰的预言就足已将自己排除了（*Tsujikawa* et al. *2002*），但也有其他人认为，预言和我们现在知道的东西并无矛盾，但它提出了和暴胀预言不同的新东西，可以在未来观测到（*Khoury* et al. *2002*）。

因为在①②和④点上的不同，火劫宇宙理论并不能通过另外的途径完成暴胀做的事情，而成为一个代替暴胀的机制。只要模型中考虑到了初始条件，就和永恒的暴胀模型一样，这个模型实际上就退回到独立标准大爆炸模型概念框架的水平，因为这个宇宙的属性都是人为引入到初始条件中去的。然而，像永恒暴胀模型一样，如果理论提出者能够能提出新的观点完善该理论，该理论能解决大爆炸奇点的问题。另外，火劫的思想为宇宙微扰提供了有意思的可检验预言。

循环宇宙

如果火劫宇宙的奇点**能**通过最初提出的方式解决，那么用非常类似的动力学，可以同样构建一个循环的宇宙模型（*Steinhardt and Turok 2002a*）。虽然循环宇宙的概念已经提出很长一段时间了（*Tolman 1934*），但一直缺少合适的动力学机制，使收缩宇宙变成膨胀宇宙。如果膜－碰撞图像可行，那么它将为构建从收缩反弹到膨胀的宇宙提供一个非常好的思路。从这一想法出发，斯坦哈特和图尔克构建了一个循环宇宙模型（*Steinhardt and Turok 2002a*），在循环后期包含一段暴胀期，依照这个提议，现在宇宙加速过程（见*Albrecht 2002* 的总结）可以非常有效地作为下一个循环的暴胀期。由于这一理论中有一段暴胀期，有人就倾向于认为循环宇宙是暴胀主题的一个变体，的确，它有取舍地说明了奇点是怎么回事，我会把它当作非常有意思的一个变体。

但是，按斯坦哈特和图尔克最初描述，新的循环图像有一个关键性质，这一循环演变是永无止境的（见*Steinhardt and Turok 2002b*）。它和前面讨论的永恒图像以及火劫图像一样，不存在前暴胀态的处理。只需要简单的宣称"这就是宇宙的状态"就行了。

这篇文章中，关于永恒性，有几点需要说明。首先，永恒性是一个极端的要求。如果这个模型（不稳定地）波动出循环之外的概率不是零，不管多小，由于整个循环是永恒地不断发生的，所以这一特别波动一定会100％地在某一时刻发生。这样就会完全破坏永恒性。

"时间之箭"就是这种效应的一个很好的例子。虽然一般来说，"时间之箭"可以看做是我们物理世界的绝对性质。但更深刻的分析揭示，"时间之箭"实际上只是一个近似。就像空气其实可以自发地跑到房间的一角，只要你等待足够长时间，这个罕见事件肯定还是会发生的。微观自由度 "合作" 产生的共同行为，可能会以很多方式让振荡宇宙脱离循环。为使永恒性更有说服力，我们需要证明，所有可能的罕见事件都已经考虑在内。目前还没有这样的模型存在，而且即使以后要做出这样的模型看来也是非常困难的。

这个问题，在某种意义上，同样也是永恒图像和火劫图像的弱点，但在这些图像中，我们简单地通过人为的指定（也就是把永恒性归入宇宙态的定义中）控制了宇宙态的这些问题。而新的循环模型将更多的细节留给动力学演变（可能是因为暴胀正常时期的吸引子行为）。我感觉更注重动力学是循环模型的一个强项，但这一点也使得罕见事件破坏永恒性的问题更为突出。

更明确地说，我们可以在循环模型中研究 "时间之箭" 的起源。假设膜碰撞产生热（和熵），而时间反演过程（冷却）永远**不会**发生。这个假设非常关键。在现有的文献中，这个性质都完全是 "人为" 引入的，而且只在 "热力学" 水平上。也就是说，现有的给循环模型强加上 "时间之箭" 处理方式，其实就是靠引入等效的摩擦项。如果深入理解日常生活中的摩擦力，我们知道，其实理论允许出现特殊的一致扰动，从而产生和通常摩擦力相反方向的推力，虽然产生这一推力的概率小得可笑，但并不为零。既然这样，那么也许循环宇宙的摩擦项也能起到同样的效果，不管这个摩擦项的微观机制如何。由于永恒性要求非常严格，一个这样的波动就足以破坏永恒性。无论研究永恒循环宇宙的拥护者想到了什么样的微观图像，都是很有趣的。

需要重申，对永恒性要求的评论，并不会影响我认为循环模型可以作为正常的暴胀概念框架里一个新机制的主张，其中"时间之箭"以罕见波动的形式发生。[1]

变光速

另一个解决初始条件的途径基于这样的想法：过去的光速可能比现在快（*Moffat 1993a，b；Albrecht and Magueijo 1999*）。这些模型都还在初级阶段，变光速（Varying Speed of Light, VSL）起源的清晰图像和微扰的起源一样，还没有出现。但VSL概念仍试图在那四点上重复暴胀的作用。特别是，我们相信，任何允许光速改变的基本理论，都会使光速在过去可能变慢，也可能变快。在这个意义上，光速就能起到和暴胀类似的作用，将"时间之箭"和$c(t)$中的罕见波动联系起来。

全息宇宙学

另一个有吸引力的提议，用对引力体系熵的全息限制（holographic bound）来描述熵最大的"黑洞气体"态，正是从这个态中产生了我们的大爆炸宇宙（*Banks and Fischler 2001*）。在这一理论中，班克斯和菲施勒认为，围绕观察者的因果结构是绝对基本的，并以此为基础建立起一套物理框架。"时间之箭"在他们的图像中是一个和因果结构相关的基本性质（不是自发出现或者近似的）。由于有了随时间增长的物质空间态，这个图像中的动力学，即使在微观水平

---

1. 我最近得知，新循环模型的作者已经不再将永恒性作为模型的重要目标，而开始同意循环宇宙也不太可能真是永恒的 [P. 斯坦哈特（P.Steinhardt）和N. 图尔克（N.Turok），私人通信]。

上都是不可逆的。因此，全息宇宙学的图像和本文讨论的标准暴胀图像是完全不同的。

但是，两者之间还是有一些有趣的相似之处。特别是，由于黑洞气体态的全局性质和我们观测到的宇宙很不相同，所以班克斯（Banks）和菲施勒（Fischler）也提出了一个主导途径（和暴胀很不同），通过黑洞气体的罕见区域演变到类标准大爆炸的状态。这个图像还有待完善，尤其是大尺度宇宙结构的起源方面，但它已经提出了有违宇宙初始条件标准观点的、最戏剧化和最具启发性的想法。

宇宙波函数

很多人试图利用某些论据或原理来定义"宇宙波函数"（*Hartle and Hawking 1983*；*Linde 1984*，*1998*；*Vilenkin 1984*；*Hawking and Turok 1998*；*Hawking and Hertog 2002*）。[1] 到目前为止，经过尝试，很多不同的作者已经拿出了许多不同的波函数（*Vilenkin 1998*）。从表面上判断，这些方法在本质上不同于本文讨论的基于暴胀的图像。简单地定义一个宇宙波函数，并不能为从混沌到标准大爆炸的演变渠道提供一套动力学机制，而只是提出了一些怎样选择宇宙态的原则，就像在永恒情形和火劫情形中那样。

有意思的是，很多研究都包含了宇宙波函数和暴胀两方面，用宇宙波函数来决定暴胀最有可能发生的途径。在这些工作中，宇宙波函

1.当然，出发点一般都是惠勒-德威特方程（*DeWitt 1967*；*Wheeler 1968*）。

数本质上就是用来描述前暴胀态的。理论中提出的大多数宇宙波函数的峰都不是很尖锐，峰的宽度可以理解为前暴胀态一般认为具有的"混沌"，也许还要经过一些一般性原理的调节。如果事情是这样发生的，宇宙波函数的思想也许会被证明，它实际上比表面上看起来更接近暴胀的标准观点。

另一个支持宇宙波函数的有趣思想是，经典时空必须自发和"时间之箭"相关。在这一理论中，宇宙波函数用来给经典时空加上限制，从而使它从量子机制中表现出来。而且有人证明，伴随自然显现的经典时空，自然出现了高熵"端"和低熵"端"，从而出现"时间之箭"（关于这一点的进一步讨论，可见 Zeh 1992，Gell-Mann and Hartle 1994 以及 Hawking 1994）。目前这些论证都是建立在"微型超空间"框架下的，而"微型超空间"的基础是弗里德曼-罗伯森-沃克尔（Friedmann-Roberson-Walker，FRW）理论，它预先假定了用来解释宇宙实际的"时间之箭"所需的均一性。如果这些结果是建立在更完全的理论（具有更完全的超空间）上，这一系列推论就能获得"时间之箭"起源的关键概念。在这样的图像中，我们可以通过简单地将时空的经典性质作为观测输入，来预言"时间之箭"。

当然，现在还不清楚，从第一性原理表述宇宙波函数是否可以作为一个初始条件理论。物理世界中显然包含巨大的相空间，而且自然倾向于遍历整个空间。我十分怀疑，这些人类修正过的原理能够避免宇宙进入大部分的相空间。而且，关于宇宙波函数的理论不是只有一个，而是有很多，但所有的理论都没有找到令人信服的理由，这一点更增加了我的怀疑。

混沌混合

考尼什等人证明（见 *Cornish et al. 1996*），在拓扑结构复杂的空间里发生的"混沌混合"，可以在动力学上"解释"一种特殊类型暴胀的初始条件。这种想法似乎和下面这个观点矛盾：为了产生"时间之箭"，暴胀初始条件必须是特殊的或罕见的。就我所知，这个想法还没有发展起来，不能决定在哪里引进"时间之箭"。他们似乎对和暴胀联系的"不稳定性"作了非对称处理；而且，在他们的讨论中完全没有解释通常的引力不稳定性。

另一个有关的想法认为，早期宇宙的均一性来自于在更高维度上的某种统计平均（*Starkman et al. 2001*）。在这个模型中，"时间之箭"是通过有关初始态的假设人为引入的。他们假定了FRW的拓扑结构，以及一个平均曲率为零（远离引力坍缩）态的统计系统。用这两个假设就能得到一个有效"低熵"的初始态，从而产生"时间之箭"。作者论证了这是对宇宙均一性的一个解释，但很难想象这个动力学机制能和暴胀竞争。他们要求的态的统计系综在大体积上的平均曲率为0，这一状态的熵似乎比暴胀理论要求的小暴胀波动还要低（所以更为罕见）。而且，和暴胀不同，斯塔克曼等人的机制没有产生任何大体积因子，来使他们的理论占有优势。

膜气体宇宙

这一理论提出，宇宙均一性来自于膜在高维中的某种平衡过程（*Watson and Brandenberger 2002*）。同混沌混合和全息宇宙学的情况一样，现在还不清楚这一模型是否考虑过"时间之箭"的产生。要得到我们看到的"时间之箭"，必须有某种东西扰动出平衡，或"被宣布"离开平衡。在膜气体模型中，哪个自由度起这个作用呢？

卡达西膨胀

"卡达西（Cardassian）膨胀"模型来自于将均一性考虑进去的修正弗里德曼方程，但本身没有说明宇宙均一性的起源。除非这个模型发展到能够说明宇宙的均一性（"时间之箭"的起源），否则就不可能分析卡达西模型和"时间之箭"与这里讨论的其他问题的关系。

进一步讨论

自发出现的时间和量子引力

对量子引力的完整理论来说，微观时间一直是一个有疑问的概念。解决量子引力中的时间问题，一个吸引人的途径就是，将微观时间看做一个自发出现的量，它并不需要在所有宇宙态上都很好地定义。从操作上来说，微观时间只是一种表述，用来说明指定为时钟的物理体系和其他我们感兴趣的物理体系之间的关系。也许在最根本的意义上，应该把量子理论理解为一门关于相互关系的理论。只有在实际表现得像时钟的物理子系统存在的条件下，这些相互关系才能根据微观时间参量组织起来。一套完全的量子引力理论，取决于完备态空间的具体形式。具有"好时钟"子体系的态，也就是有明确定义微观时间的态，可能只是所有可能态的一个小子集（关于量子引力中时间问题，包括自发出现时间概念的回顾和更多介绍可见*Kuchar 1992*，*isham 1993*，*Zeh 1992* 以及 *Albrecht 1995*）。

如果微观时间是**自发涌现**的性质，这对本文中大部分经典的讨论会有何影响呢？也许根本没有影响。为了讨论时间，我们当然必须将自己限制在已经明确定义了微观时间的物理态中。而一旦在量子引力的完备理论中做出了这样的限制，我们面临的问题，就正是本文中的经典讨论。也就是说，在几乎都不具有热力学"时间之箭"的可能态中，我们必须事先做出选择，找到那些具有"时间之箭"的特殊态。

另一个可能性就是，给微观时间事先附上热力学"时间之箭"，从而使"好时钟"子系统自然地与物质态相关，这些物质态在时间线的一端是低熵，而在相反方向的另一端则是高熵。这一类推论出现在量子宇宙学背景下关于宇宙波函数的很多讨论中（见上面的"宇宙波函数"部分）。

当然也还有这样一个可能，一旦我们完全理解了量子引力，就会知道所有态都具有明确定义的微观时间，而且和热力学"时间之箭"自动相关（例如，上面"全息宇宙学"部分的讨论）。

满足因果律的物理

对现在观察到的宇宙加速有一个流行的解释。它假设，基本的宇宙学常数具有非零值，而现在它刚刚开始超过普通物质的能量密度成为主导。加速可以被看作暴胀的第二个时期，但它是由基本宇宙学常数驱动的，因此，和暴胀不同，现在的加速过程是不会结束的。

非零的宇宙学常数会引起基本物理的根本改变（*Banks 2000，2002；Fischler 2000；Witten 2000*）。尤其是班克斯和菲施勒论证了宇宙学常数将给宇宙的熵加上绝对上限，这意味着不管何种基本理论都对应着有限维的希尔伯特空间。这就涉及一个事实，你只能赋予跟你有因果联系的事件以物理意义，这些事件也叫作你的"因果性要求"。

戴森等人（*Dyson et al.2002*）将这一想法推广到暴胀。好消息是，一些事情在宇宙学常数下变得简单了。例如，在这样的宇宙中，最高熵态就是纯**de Sitter**空间，所以暴胀之前的"纯混沌"必须由**de Sitter**空间描述。比起试图在没有宇宙学常数的情况下理解理想的混沌态，这种情况在理论上更容易处理。

但如果你接受了有限维希尔伯特空间的观点，也面临一系列挑战。首先，还没有人知道一套符合该限制的吸引人的基本理论。但戴森等人（*Dyson et al. 2002*）认为，即使不要那些细节，因果性要求的限制也能去掉暴胀的大体积因子。在这一图像中，宇宙的总体积并不比我们看到的大很多，在没有通常的指数级大体积的情况下，戴森等人证明暴胀并**不**是通向标准大爆炸的主导途径。

所以我们要么抛弃暴胀，即非零宇宙学常数，要么抛弃因果性限制（至少在戴森等人的试探形式下）。

图尔克（2002）也用因果律排除了大体积因子，并没有具体涉及宇宙学常数，霍金和赫托格（2002）也有类似的想法。

测量和其他问题

我必须承认，关于暴胀应该给出什么（例如，大体积因子，使暴胀成为从混沌到大爆炸的主导途径），大部分讨论都还基于试探性的论证。将这些论证建立在更坚实的基础上的尝试，目前还处于初期阶段。而且，关于暴胀中微扰的起源（例见 *Brandenberger Martin 2002*，*Kaloper* et al. *2002*），还存在很多不够严谨的技术性问题。这些课题上的进展，有可能颠覆本文中对暴胀的诸多信仰。

一些"惠勒级"问题

约翰·惠勒从不回避那些真正棘手的"重大问题"。为了表示对他的敬意，我将在这一部分探讨上面的讨论引发的更深层问题。就这一点来说，我无法回答这些问题中的任何一个。

"时间之箭"，经典性和微观时间

我在前面已经提到过"时间之箭"在量子测量中的关键作用。如果有人做出一个宇宙模型，其中"时间之箭"只是一个瞬时现象，那么在缺少"时间之箭"的情况下，量子概率有何意义呢？我们现在使用这些概率时非常惬意，但也许在这里我们应该更为谨慎。（最近关于这些问题的讨论，可见 *Banks* et al. *2002*。）

同样，我们习惯认为，出现在微观方程里的时间（多亏在洛伦兹变换中扮演了不同角色，它才和空间分离开来）和在这里讨论的"时间之箭"是很不同的。例如，即使不存在热力学"时间之箭"时，微观的"时间之箭"也让我们能够建立处于平衡态气体（如图9.2所示）的时间顺序。

如果认真思考怎样在操作上定义这个微观时间，热力学的"时间之箭"总是间接需要的。有人可以这样说："在时刻1测量一个系统，然后微观演化方程会告诉你这个系统在时刻2是什么样子。"但为了检测这句话，你必须好好记录下时刻1的态，这个记录在时刻2必须还是完好无缺的。热力学"时间之箭"对于稳定的记录来说是必需的。

所以，如果没有热力学"时间之箭"，也许我们并不能真正得到微观时间，甚至是量子概率。这一想法可能与别的想法有关：微观时间，像热力学时间一样，也是物理世界的自发涌现的性质（Gross 2002）。另一方面，"全息宇宙学"中的想法提供了一个完全不同的视角，同样将微观时间和"时间之箭"以基本方式联系起来。

接近de Sitter空间的"时间之箭"

对我们来说，熟悉的"时间之箭"是由破坏均一态的引力坍缩驱动的。在暴胀的诸多模型中，宇宙的巨大区域都在经历极端长期的指数式膨胀。经过这些时间，多种扰动都被膨胀稀释掉了，这些区域会渐进地进入高熵de Sitter空间。这个过程中会显示出熵增。这就是"时间之箭"的另一种表现，和我们习惯的、基于引力坍缩而非稀释的"时间之箭"非常不同。是否有可能存在其他形式的生物，它们能有效地利用基于"稀释""时间之箭"，就像我们利用引力坍缩"时间之箭"一样？如果答案是肯定的，也许这些生物会在今天宇宙开始加速膨胀时开始进化。

结论

也许，本文的关键点在于，为了使宇宙具有"时间之箭"，对初始条件的要求就必然与暴胀宇宙学的要求冲突。暴胀试图通过动力学来证明，大爆炸的初始条件是普遍的，而"时间之箭"则在完全相同的意义上，要求初始条件是特殊的，也就是说这些条件是远离动力学的渐近行为。

解决这个冲突，是重新认识到暴胀的要求不可能使我们观测宇宙的初始条件**完全**普遍。如果真是这样，就拿掉了"时间之箭"。然而，暴胀告诉我们，有可能使我们宇宙的初始条件"更为普遍"。暴胀动力学显示，"时间之箭"要求的特殊初始条件，只需要在暴胀场中很小一块区域里作为特殊初始条件出现，而不是宇宙中总的物质态。暴胀动力学于是作用到特殊初始条件上，从而产生指数大数目的指数大区域，这就是我们熟悉的大爆炸的性质。

所以一个重要结论就是，暴胀或者任何其他在动力学上解释观测宇宙的初始条件的尝试，本身都必须具备一些特殊的初始条件，以能给出"时间之箭"。这些特殊的初始条件，是玻尔兹曼原创的"罕见波动"留下的遗迹，它永远不能从这样的动力学途径中完全去除。

这个结论尤其针对那些将暴胀的特殊初始条件视为它的严重缺陷的人。然而，我所知道的基本定律并不限制我们改进动力学过程，为我们的观测宇宙找到更不罕见的初始波动，因此，让批评给暴胀理论施加点压力也未尝不好。

本文中的讨论也涉及有关初始条件的另一个争论。有人发现动力学途径具有固有的缺陷。作为替代，他们希望能揭示一般性原理或基本定律，从而唯一指定宇宙的状态（例见 Hallands and Wald 2002）。正如我上面讨论的，现在的不少想法（例如火劫模型，永恒暴胀等）都可以被归入这个范畴。这个领域似乎把人们分成两派，一派强烈拥护动力学途径，另一派强烈赞成基于原理定义一个特殊的宇宙态，我显然是在动力学阵营中。

我对"特殊态"途径最大的批评是，我们所知的所有动力学，尤其是包括了量子效应的，都倾向于让态在相空间扩散分布。我向特殊态途径的拥护者提出挑战，要他们用完全量子化的处理清楚表达他们的想法。我怀疑，任何这样的尝试，都会得到宇宙态在各个方向的广泛概率分布，实际上就是和上面讨论过的前暴胀混沌描述差不多。

在这些条件下，除了确定最可能产生观测到的大爆炸宇宙的动力学机制之外，我们没有其他途径可以在宇宙中为我们找到一席之地。正如我在这里论证的，我们经历"时间之箭"的这一事实要求，这些动力学机制需要某种罕见波动起作用，这一性质和玻耳兹曼在百年前对"时间之箭"的深刻思考密切相关。

致谢

　　感谢下列人士：安奎尔（A.Aguirre），班克斯（T.Banks），卡洛尔（S.Carroll），菲施勒（W.Fischler），卡洛普（N.Kaloper），卡普林哈特（M.Kaplinghat），林德（A.Linde），奥林托（A.Olinto），萨斯金（L.Susskind），图尔克（N.Turok）和祖雷克（W.Zurek）。同样感谢阿斯彭物理中心（Aspen Center for Physics），这篇文章大部分都是在那里写的。还要感谢古德（Gold）的评论和校对手稿。

第 10 章
宇宙学和永恒性

约翰·巴罗（John D. Barrow）

剑桥大学（University of Cambridge）

> 如果人们不相信数学是简单的，那只是因为他们不相信生活是复杂的。
>
> ——约翰·冯·诺依曼

振荡宇宙的起伏

约翰·惠勒教授是最早强调普朗克尺度的质量、长度和时间具有重要物理意义的人之一。他认识到这些量在量子引力问题上具有重要意义，当宇宙达到这一神秘的极限时，量子效应和广义相对论效应将统一到一起，这时会发生什么奇怪的事情呢？对惠勒教授而言，爱因斯坦的宇宙学总暗示着宇宙有限，空间方面有一定大小，时间方面有一定寿命，这个"闭合"的宇宙始于过去的大爆炸，而终于未来的大坍缩（Big Crunch）[1]。现在我们还不知道，宇宙演化中的这两个奇点，

---

1. 在 *Barrow and Tipler 1986* 中，我们提议把这样的"一次性"宇宙称为惠勒宇宙。——原注

是仅仅标志着现有的非量子引力论在此处失效？还是确实具有特殊的重要性？在未来的量子宇宙学中我们仍将保留它们？

如果这个充满恒星和银河的膨胀宇宙不是自发地产生于虚无，那它又可能从何而来呢？一种由来已久的做法就是把这个问题扔到一边，声称宇宙并没有任何开端，它就是一直存在着。一直以来，引人注目的循环历史宇宙就属于这类构想，它声称宇宙周期性地在大坍缩中消亡，然后又像火中凤凰一样在灰烬中重生（见 *Eliade 1934*；*Barrow and Tipler 1986*）。这幅斯多葛学派的宇宙图景，在现代的膨胀宇宙模型中竟也找到了对应。

如果我们考虑这样一个闭合宇宙，它先膨胀到最大值，然后再收缩至零，那么这一宇宙周期很可能在未来重复发生。假设宇宙就像这样不停地一次又一次膨胀收缩。那么没有理由认为现在刚好处在宇宙的第一轮周期中。可以想象宇宙在过去就经历过无数次周期振荡，而在未来还会同样经历无数次。至于产生的机制，也许是反引力作用在宇宙达到密度无穷大之前停止了它的收缩，让宇宙重新膨胀；也可能是通过一个更奇怪的通道，"穿过"奇点而生。不过目前这都只是纯粹的猜测而已。

但这种猜测并不是完全没有限制的。统治自然的中心原理之一：热力学第二定律告诉我们，封闭系统的总熵（或无序度）不会减少。如果宇宙周期演化也遵循这一定律，那么渐渐地，物体的有序形式就会变成无序的辐射，而辐射的熵会稳定地增加。结果，宇宙中物体和辐射的总压强上升，从而在膨胀到达最大点时，宇宙一次比一次变得更大[1]。随着周期一轮一轮地展开，宇宙变得越来越大。宇宙的熵可以用以普朗克单位下宇宙最大尺度的平方来表示：

$$S=K_B \left(R_{max} / R_{pl} \right)^2 \qquad (10.1)$$

其中$R_{pl}=\left(Gh /c^3 \right)^{1/2}$，$K_B$是波尔兹曼常数[2]。所以，若假设$R_{pl}$是常数，随着每个周期中$S$的增长，$R_{max}$也会增加。这样，宇宙膨胀就会越来越接近平坦的极限状态，也就是暴胀的结果。如果沿着时间向前推，就会看到一个一个越来越小的振荡周期，这样的宇宙并不需要在过去的某一时刻诞生，但只有在足够大足够长的振荡周期里，原子和生物元素才可能形成，生命才可能出现。（见图10.1）

长期以来，人们都认为，宇宙不可能在过去经历无数次的振荡，因为积累起来的熵会渐渐阻碍恒星和生命存在（例如 *Harrison 1981*），而通过测量宇宙中光子和质子数的平均比值（差不多一个质子对应10亿个光子），我们能推断宇宙总共产生了多少熵。但现在发现，光子质子比不一定随周期增长，因而并不能作为熵的标志。在宇宙反弹的过程中，所有东西都混在一起，而光子质子比是由反弹开始的早期过程决定的。黑洞长大的过程可能是这类早期过程的一个。一个大质量的黑洞，例如，包括银河系在内的许多星系中心观察到的那种黑洞，一旦形成，就会随膨胀周期的增加而不断增加质量，除非

1.首先由托尔曼（Tolman）（1931a,b）提出。最近在 *Barrow and Dabrowski 1995* 中对此有更细致的分析和扩展。—— 原注

2.这里用到了一个关键假设，公式本适用于静止黑洞的视界面积的，现在我们假设它也可以应用到膨胀宇宙的粒子边界。这是一个很大的假设，但是很可能是正确的，因为在粒子视界膨胀的时候，内部的信息量也随之增加。—— 原注

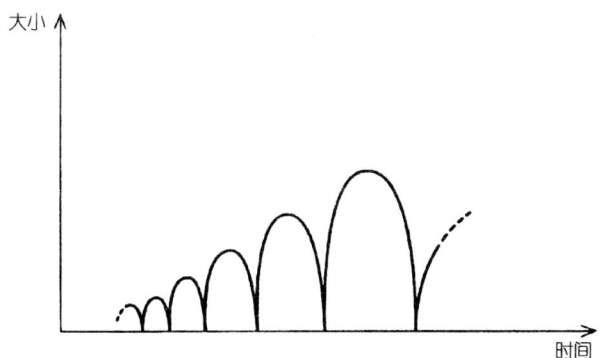

图10.1　振荡宇宙的大小随着一轮一轮的周期增加，以符合热力学第二定律，让宇宙的熵持续增加

它们在反弹的时候自行毁灭，或者形成与我们隔离的"宇宙"，即使看不见，也能通过引力感受到，否则它们必将吞并整个宇宙。斯莫林（*Smolin,1984*）（也见 *Barrow 1999*）曾提出一个冒险性的设想，他们认为可以通过黑洞坍缩的反弹机制来制造新的膨胀宇宙，这些新宇宙的物理常数值会有些微小变动。从长远来看，这可能让产生黑洞最多的宇宙成为主宰，因为物理常数的微小变化可以抑制我们宇宙中黑洞的产生。不过产生黑洞最多的宇宙可能不会允许观察者的存在，而且这个图景的预言是，我们的宇宙应该是允许观察者存在前提下产生最多黑洞的宇宙。有些常数变化可能和黑洞产生无关，因此在一系列的黑洞产生中保持不变，更糟的一些常数变化可能还会阻碍黑洞的形成。从这类图景中做出实际的推断是很困难的，这需要完整地理解常数变化对于有自我意识的观察者出现概率的影响。

基于同样的精神，爱德华·哈里森（Edward Harrison）（1995）提出，智慧生物有可能主动地调整物理常数值。我们知道，完全有可能在宇宙的某个部分引发一次迅速的暴胀，让暴胀决定这个区域的物理常数值，从这个意义上说，这就是在实验室里"创造"宇宙。当然，现在我们还不知道怎么实际操作，但这不等于说就没有更发达更先进的文明知道怎么操作。哈里森说，如果这个发达文明能做这件事，那他们就能调节自然常数，让他们的子孙后代在未来的宇宙生存概率更大。如果这些观察者坚持不断地做这件事情，那么在很远很远的将来，这些观察者的后代将会发现自己生活在一个看似巧合的宇宙，其间的自然常数都似乎为生命精心调整过。这不是有点像我们的宇宙吗？比较起在量子理论意义上，观察者令宇宙坍缩到现实的惠勒教授版本，我更喜欢这种精心调整版本的"互动宇宙"。

对比斯莫林和哈里森的图景，会发现很有意思的地方。为什么现在宇宙中物理常数好像被精心调整，正好适于生命的存在？对这个问题，两个图景都试图给出自己的解释。斯莫林的机制可以让物理常数收敛到一个特定值，但是这个特定值并没有理由支持生命出现（本来是支持黑洞出现的）。而哈里森则解释了为什么这些常数支持生命，但是不能解释为什么一开始（在这些常数被智慧生物调整之前）就能出现生命。

最近，巴罗和达布罗斯基（*Barrow and Dabrowski 1995*）又提出了循环宇宙的故事新编。我们证明，爱因斯坦的宇宙常数如果确实存在，那么，不管它多么小，只要是正的，这种反引力的效应就会让循环宇宙的振荡逐渐消失（见图10.2）。随着振荡的周期变得越来越大，宇宙会渐渐变大，直至宇宙常数战胜引力主宰宇宙。这时排斥力就会让宇宙永远不停地加速膨胀，除非引起宇宙常数斥力的真空能在遥远的将来神秘地衰减消失。因此，在存在宇宙常数的情况下，振荡宇宙未来的振荡次数必然是有限的。如果宇宙过去有过无数次的振荡，现在我们就处于宇宙最后一个开放的周期中，只有这一周期允许生命的存在和繁衍。事实上，我们的宇宙确实可能由宇宙常数主导。

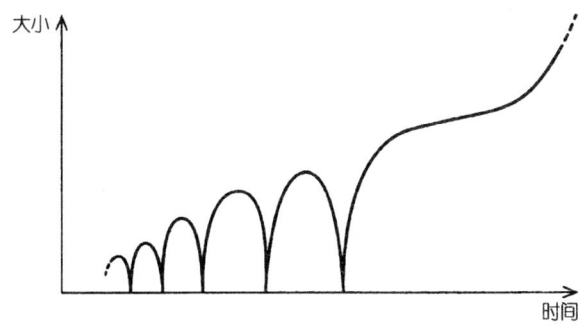

图10.2 如果存在一个正的宇宙常数，不管它多么小，都会导致振荡宇宙振荡的结束

另一个避免宇宙创生难题的方法就是，假设宇宙已经经过了一系列永恒暴胀历史的奇异演化过程（见 *Linde 1994*）。既然暴胀本来就是从已经暴胀过的区域发生的，那么就没有理由要求这一系列过程有一个总的开始。对于每个区域来说，可以把量子暴胀事件作为这一区域历史的开端，但是对于整个宇宙来说，无论它的过去、现在和未来都是同样的图景。这一图景最不确定的地方就在于，是什么随着暴胀而发生了变化：仅仅是宇宙的大小和熵？还是同时也涉及空间维度、物理常数值，甚至物理定律本身？

约翰·惠勒教授思考了振荡宇宙模型后，认为：每次宇宙从收缩到再次膨胀的过程中，物理常数的值可能变化（*Misner* et al. *1973*）。

宇宙对物理常数和守恒量的"再定义"过程，自然导致了"物理常数的生物选择"，也就是说，生物只会在物理常数符合生存繁衍条件的宇宙中生存。为了使这一过程继续，自然常数的值还必须在允许宇宙再次坍缩的范围之内。我们刚刚已经看到，如果宇宙常数为正，宇宙就可能不再振荡。

显然，这些讨论的关键问题是自然常数本身：自然常数是什么？它们真的是常数吗？这些常数值是如惠勒教授所言随机产生的，还是依循着自然硬性的自洽性原理调试出来的？让我们先来看看，这些被称为自然常数的量，有什么与众不同的性质。

自然常数的特殊性质

自然常数帮助我们认识理解世界，就像灯塔一样指引着方向。我们对于物理世界认识的真正进步总包含着下面的步骤：

（I）发现：发现一个新的基本自然常数。

（II）提升：已知的自然常数地位的提升。

（III）合并：发现一个自然常数实际是由其他自然常数决定的。

（IV）阐述：发现某个观测到的现象取决于几个自然常数的某一组合。

（Ⅴ）变化：发现原以为是自然常数的量实际上并不是常数。

（Ⅵ）计算：从自然的第一性原理计算出某个自然常数的值，解释了该常数的由来。

（Ⅶ）转化：发现原先假定的常数是一个更大更复杂体系的一小部分。

举一个发现的例子：量子力学的创始人普朗克、爱因斯坦、波尔、海森堡等引入了新的基本常数，即普朗克常数 h。它是自然中能量改变的最小值，我们原先认为这个量的大小为零，但实际上是有限小的。

另一个更新的例子，来自"大统一理论"的候选理论 —— 超弦理论。超弦理论认为，世界最基本的组成不是点粒子，而是超弦构成的线圈。含有能量的线圈中有一定的张力，就像松紧带一样。弦张力就是这个理论的基本常数，基本上世界所有其他性质都可以从这个常数推导出来（尽管绝大多数情况下，超弦工作者们都还没有解出来）。这一弦张力可能会像普朗克质量和能量一样基本。第三个例子是爱因斯坦从理论上发现的引力理论的宇宙常数 Λ。近年对遥远超新星的观测，找到了宇宙常数存在的第一个确凿的天文学证据。

再来看一个提升的例子：爱因斯坦的狭义相对论将真空中的光速 c 提升为一个普适常量。爱因斯坦揭示了 c 的深远意义，证明了物质质量和能量能以光速联系起来，它们的关系体现在著名的方程 $E=mc^2$ 中。他并没有发现光速有限 —— 这在之前就已经得到观测证

明，而19世纪的人们就测出了光速的精确值。但是爱因斯坦的新运动
理论永远改变了光速的地位。它成了一切速度的上限，任何信息都不
能以超光速传递。更基本的是，对于任何观察者来说，无论他们以什
么速度运动，测到的光速都是一样的值。这是一个特殊的速度。今后，
某些已知的常数地位可能会经历类似的提升。比如，许多基本粒子的
质量值就可能是普适的。所有粒子质量中，最小的那一个很可能是特
殊的，因为最轻的粒子已经无法继续衰变 —— 它们不可能再衰变成
更轻的粒子了。它们最终会不可避免地统领宇宙。

　　合并一般出现在发现和提升之后。要想合并常数，必须首先知道
一些合适的常数，然后，通过一个更一般的解释将这两个常数应用领
域联系起来。通常，如果两个领域发生重叠，那么这两个领域中的常
数就有可能是联系在一起的。常数合并正是物理学家用新理论"统
一"两个原本不同的作用力时发生的典型现象。19世纪，人们发现
真空的磁导率和电导率的乘积等于光速的平方，显然，电动力学和光
之间肯定有什么关系。类似的，1967年，格拉肖（Glashow）、温伯格
（Weinberg）和萨拉姆（Salam）提出了弱电统一理论，并在1983年首
次得到实验证实。它标志着电磁相互作用强度和衰变率这两个自然
常数合并到了一起。合并减少了原本认为互不相关的常数的个数。

　　阐述和合并有些不同，但一样都富于启发性。阐述现象即通过理
论预言某种已知观测量（比如某种温度或者某种质量）是由自然常数
组合而成的。常数的组合告诉我们科学不同部分之间的内在关系。

　　史蒂芬·霍金于1974年作出的重要发现：黑洞不黑，就是这方面

一个很好的例子。霍金发现黑洞在热力学上属于黑体，是热辐射的完美辐射体。在这之前，人们都以为黑洞就是一个无底洞，吞没了引力范围内所有的东西。只要越过了名为视界的表面，就永远回不到外面的世界了。

霍金成功地预言了在考虑量子效应之后事情的变化。令人瞩目的是，此时黑洞不再是一片漆黑，视界附近巨大的引力变化会把黑洞的引力能转化成粒子，而从黑洞内辐射出去。黑洞的质量会这样慢慢地被蚕食，直到最后在爆炸中消失[1]。这一蒸发过程不寻常的地方在于，它和普通的高温热平衡物体一样，遵循热力学法则。于是，黑洞就同时具有了引力、相对论、量子力学和热力学的性质。质量为 M 的黑洞会通过霍金蒸发向空间辐射热，辐射的温度可以通过公式表达出来，其中包含了基本常数 G，h 和 c，也含有热力学的波尔兹曼常数 K_B，以使能量和温度相关。史瓦西黑洞的温度为：

$$T_{bh} = hc^3 / 16\pi^2 GMk_B \qquad (10.2)$$

这个公式阐明了表面上互不相关的自然各部分之间的相互关联，也暗示了量子引力的热力学性质。

变化和前面四个很不相同，它意味着发现原来以为是常数的物理量其实并不是真正的常数，而是实际上随着空间和时间有略微的

---

1. 目前为止还不能预言爆炸之后会留下些什么。对这个问题有很多不同的提议，有人认为什么都不会留，有人认为会留下时空的洞，有人认为会留下通向新宇宙的虫洞，也有人觉得留下的仅仅是一团普通的稳定质量。——原注

变化。一般来说，变化是非常微小的，否则一开始也不可能把它当成常数。目前还没有哪个基本常数被这样不容置疑地推翻过，不过后面我们会看到，随着常数测量的精度越来越高，某些常数的恒定性现在受到了怀疑。

最先受到怀疑的是万有引力常数 G。万有引力远远弱于其他的基本作用力，而万有引力的实验精度也是最低的。只要翻翻物理教科书后面的物理常数表，就会发现万有引力常数 G 的有效数字远远少于 c，h，或者 e。20世纪60年代初的有段时间里，人们认为水星近日点进动的观测现象与爱因斯坦的广义相对论不符。为了调和观测和理论的矛盾，人们首先想到的是拓展爱因斯坦的理论，允许 G 随时间变化。结果最后发现这一矛盾是由于错误测定了太阳形状导致的（由于太阳的表面活动，精确测定形状是很困难的）。但尽管如此，就像一个多嘴小妖一样，改变 G 的理论一旦被放出来，就再也不能让它闭嘴了。

尽管 G 经受质疑的时间最长，但近来精细常数 α 受到了最密集的攻击。精细结构常数是光速、普朗克常量和电子电量的一个组合，如果精细常数发生了变化，那么上述三个含量纲的量中必定至少有一个要随时间变化，至于选哪一个其实完全只是一个习惯和方便的问题，只有无量纲常数的变化才具有不变的实际意义。

这五个围绕自然常数反复出现的过程，是我们衡量物理进步的试金石，它们同时也确定了自然常数在理论中的核心地位。但上面的表中还有第六种发现：计算，从理论出发计算出自然常数的数值。这是基础物理梦寐以求的圣杯，但却从来没有实现过。到目前为止，获取自然常数数值的唯一办法就是测量[1]。即使理论中出现的常数数值发生了相当大的变动，理论也不会被推翻，这一点远远背离了爱因斯坦对"统一场论"的期望，似乎很难让人满意。爱因斯坦认为，一套真正的基本理论所含的常数只能有一个允许值，那就是观测值。如今也有一些人坚持着爱因斯坦的看法，但越来越多的人发现，物理常数并不是都被理论紧紧限制的，它们的值可能是在量子随机过程中自由产生的。

许多人希望，一个完备的理论能够任意精确地计算出一些常数，比如 c，h 和 G 的值。这可是检验理论"完备性"的绝佳方案。不过到目前为止这仅仅是个梦想，还没有一个基本常数能从理论中计算出来。但梦想的实现也许并不遥远，几年前，物理学家还困在几种候选的超弦理论中左右为难，这几种理论似乎都是可行的"大统一理论"，不禁让人生疑：一个宇宙就用一套理论不好么？在这之后，普林斯顿大学的爱德华·惠滕（Edward Witten）作出重大发现，他证明了这些表面上不同的弦理论，其实都是一样的，都是一个尚未发现的更深、更大理论的不同极限。正如从不同的角度照射一个奇怪的物体，会在墙上留下不同的影子一样。如果从影子中得到了足够的信息，我们就应该能复制出原始物体。这个深藏的理论名为 M 理论 ["M" 是什么意思，你可以根据自己的喜好选择，可以代表神秘（Mystery），也可以代表矩阵（Matrix）]。在重重数学障碍背后，M 理论中深藏着自然常数数值的解释。现在还没有人深入这个理论挖掘出有用的信息。我们仅仅知道一点 M 理论的结构，尚不知道阐明它的所需的数学。物理

---

1. 比如，我们就不知道精细结构常量是有理数还是无理数。——原注

学家早已习惯在数学家之后，使用已经成型的数学理论来研究物理。这是自牛顿之后，我们第一次遇到需要新的数学工具才能进一步理解自然的情况。惠滕认为，我们很幸运地早50年发现了M理论，而有人则认为，科学中最危险的事情莫过于好想法出现得不是时候。

尽管现在还没有一个基础理论能计算出自然常数的值，但是人们解释这些数字来源的努力却从未停止。这是一个包含历史学、人类学和社会学的综合活动，成果非凡，后面我们将会看到。不过在此之前，让我们先看看表上最后一类发现：转化。也许到最后，我们孜孜以求的"大统一理论"显示，之前关于自然常数的全部理解都是相当局限的。M理论就给出了这样的暗示。这些理论只能以超出我们所在的三维空间的高维形式表达，因此自然常数实际上存在于这样的高维空间。我们在三维空间观测到的只是它们暗淡的投影，甚至不一定是常数。

自然常数是常数吗

我们称为自然常数的量有很多种随时间和空间变化的方式。例如随空间变化，可能会有如下情况：

1. 自然常数可能起源于量子过程，因此本身具有随机性，只能用概率的方式定义。我们观测到的常数值可能在概率峰值附近。

2. 有些常数值可能完全根据自然定律的自洽性确定下来，但另一些可能由两部分组成，一部分确定，另一部分随机。随机的部分来源于宇宙早期的自发对称性破缺。

3.有些常数完全不受"大统一理论"自洽性的限制，可以在很大的范围内任意取值。这正如"大统一理论"中没有涉及的真空能，早期宇宙的物理过程可能影响这些常数，使它们在不同的地方有不同的值。在永恒暴胀以及混沌暴胀的图景下，这些常数在不同的宇宙中有不同的值。

随时间的变化则有下面的这些可能：

1.如果正如最有希望的"大统一理论"所预言，空间维数不止三维，而真正的自然常数是定义在高维空间的，那么实验室中测得的它们在三维空间的投影没有理由维持恒定。在最简单的情况下，如果空间的多余维数随时间变化，那么观测到的三维常数就应该以大致相同的比率变化。

2.有些我们看似常数的量也许只是经过长时间演变，最后趋近不变。宇宙已经130亿岁了（也就是10^{60}个普朗克时间了），足够让一些变化平缓下来，使变量看起来像常数。

3.对于很多常数，我们观测的精度都不够。例如引力非常微弱，因此测量万有引力常数 G 的能力非常有限。我们既不能轻易将引力作用打开关上，也不能像屏蔽电磁相互作用一样屏蔽引力，因为质量（不像电荷或者磁极）只有一个符号（正号）。

　　这些论证都说得很不错，但事实是，我们还是不能理解为什么自然常数要取这样的数值，甚至连它们是有理数还是无理数都说不清。我们对常数的起源以及内在联系的理解都相当有限。检测常数是否真正恒定的最佳方案，莫过于拿出最精密的仪器去实际测量一下。

　　人们很早就知道，探索常数恒定性的最好办法就是在天上找。测量实验室中的原子可以检测几天、几个星期或者几个月内的恒定性，而遥远的天体能让我们观测100亿年之前的物理规律。早在1967年，巴考（Bahcall）和施密特（Schmidt）就在五个平均红移为0.2（也就是20亿光年）的射电星系光谱中发现了一对氧的发射谱线。据此他们比较了红移0.2和现在（红移为0）两处的精细结构常数 α 的值，发现两者是一致的：

$$\alpha\,(z=0.2)\,/\alpha\,(z=0) = 1.001 \pm 0.002 \qquad (10.3)$$

　　这些想法让天文学家意识到，改进望远镜和电子检测器的测量精度，去探测更暗淡、红移量更大、时间上更靠前的物体，就能够提高我们对于某些自然常数恒定性的认识。一般的思路是比较实验室和遥远天体中同样原子的谱线。例如，对于尘埃云中常见元素碳、硅或者镁产生的双线谱，λ_1 和 λ_2，它们之间的间距应该和 α^2 成正比。谱线的相对红移由下式给出：

$$(\lambda_2 - \lambda_2)\,/\,(\lambda_1 + \lambda_2) \propto \alpha_2 \qquad (10.4)$$

　　现在需要做的是精确测量实验室中，以及尘埃云中 λ_1 和 λ_2 的波长，代入上式左边计算。如果两种情况的测量精度都很高，就能通过相除得到希望的结果：

$$[(\lambda_1-\lambda_2)/(\lambda_1+\lambda_2)]_{实验}/[(\lambda_1-\lambda_2)/(\lambda_1+\lambda_2)]_{天文}=\alpha^2_{实验}/\alpha^2_{天文}$$

$$(10.5)$$

我们的目的是检测两者的比值是否明显地偏离了1。如果存在偏离，那么这就说明精细结构常数自光离开遥远天体到现在有所改变。为了确定是否真的存在偏离，必须精确控制，达到以下两个要求：首先，实验室测定的 λ_1 和 λ_2 的值必须有很高的精度。第二，要保证天体观测排除外界噪声和仪器系统误差的影响。

另一种方法（见 *Drinkwater et al. 1998*），是观测类似的二氧化碳分子光谱红移，并与同一天体中氢原子光谱的红移作对比。也就是说，我们用两种方法测量同一天体的红移，并把结果作比较。通过射电天文学观测结果，我们比较了现在和红移量为 0.25、0.68 处的 α^2 值[1]，得到了 α 变化的上限：

$$\Delta\alpha/\alpha= -(1.0\pm1.7)\times10^{-6}　(10.6)$$

这种方法的一个难点在于，必须保证观测的原子和分子有相同的运动方向。

---

1. 实际上测量结果确定的是 g_p 和 α^2 乘积的恒定性。其中 g_p 是质子的 "g 因子"，我们这里假设它不随时间变化。—— 原注

第三种方法，是比较同一位置21cm波段的原子微波辐射和光学原子辐射的红移。通过两种辐射的频率比可以研究另一组新的常数组合[1]的恒定性：

$$A \equiv \alpha^2 m_e / m_{pr} \qquad (10.7)$$

其中m_e是电子的质量，m_{pr}是质子的质量。对一团红移z=1.8的气体云的观测表明（见 *Cowie and Songalia 1995*），A的变化上限为：[2]

$$\Delta A/A = [A(z) - A(现在)]/A(现在) = (0.7 \pm 1.1) \times 10^{-5} \qquad (10.8)$$

注意到，这两个测量结果的不确定性相当大，甚至包含了**无**变化的可能性：

$$\Delta\alpha/\alpha = 0 \text{和} \Delta A/A = 0 \qquad (10.9)$$

值得强调的是，从1967年到1999年，虽然以上观测的精度一再提高，但是人们从未想过像α这样的传统常数真的会发生变化。观测的目的是为了寻找最小的变化上限，其意义在于，这样得到的上限要比实验室中的直接实验确定的限制要小得多。实验室中连续几年观察原子能量变化的实验，确实比不上天文中稀松平常就跨越几十亿年的观测。

1.再次假设g_p是常数。——原注
2.这一上限没有考虑谱线源速度的可能变化带来的不确定性。——原注

　　第四种方法是最新也最有效的。这种方法同样是观测比较遥远的类星体中原子吸收谱的微小变化。但这次观测对象不再是硅的双线谱之类，而是观测类星体发出的光经过尘埃云时，不同的化学元素吸收谱线的间距。

　　这种方法有很大的优势。它能比较不同吸收线之间的间距，提供更丰富的数据，而且还可以选出对 α 随时间变化最为敏感的谱线对。而且这种方法还有一个不同寻常的优势。天文观测和实验室测量的数据中总结出来的波长间距和 α 的关联相当复杂，我们可以用计算机来模拟[1]随 α 变化的谱线位移。对于不同的双线来说，α 的微小变化造成的波长间距变化非常不同，有的间距增加，有的间距减小，还有的根本不变化，这一系列的波长间距变化形成了独特的 α 变化指纹图。任何影响数据的外界干扰，或在吸收线发射处发生的凌乱扰动，都不会骗过我们，让我们误认成 α 变化的标志，因为这些扰动不可能完全模仿出 α 变化的全套指纹图。

　　这种我们称为多条多重谱线（Many-Multiplet, MM）的方法比其他的方法都要灵敏，对天文数据的利用也要完备得多。[2] 用这种方法，我们收集了128颗类星体观测数据，研究了镁、铁、镍、铬、锌和铝之间的吸收谱间隔。一开始应用MM方法的时候，我们本来预期精细结构的可允许变化的范围会进一步减少，但经过我们组天文学家和

---

1. 这套模拟实验室谱线位置和能级的程序已经由悉尼新南威尔士大学的维克多·弗莱鲍姆（Victor Flambaum）、弗拉德莫·德祖德巴（Vladimir Dzuba）以及他们的同事成功开发，并正在使用中。——原注
2. 灵敏度之所以提高，是因为原子结构中的相对论方面，与 α 的灵敏度相关的项为 $(\alpha Z)^2$，其中 Z 是原子序数（原子中质子的数目）。如果比较两条 Z 差异很大的不同谱线，那么从因子 Z 中就能大大地提高测量灵敏度。而其他的方法使用相同的 Z，较这种方法灵敏度低。——原注

原子学家两年来的数据收集和分析，结果却出人意料，并且意义深远。我们发现，相对于实验室的数据，高红移处的谱线间距有一个稳定而显著的不同[1]。观测结果发现，光发射时的 α 值如果比现在小百万分之七，那么这一 α 变化的指纹图就正好能和观测数据符合。综合了所有结果之后得到的 α 变化总图如图10.3所示（见 *Webb* et al. *2001*）。

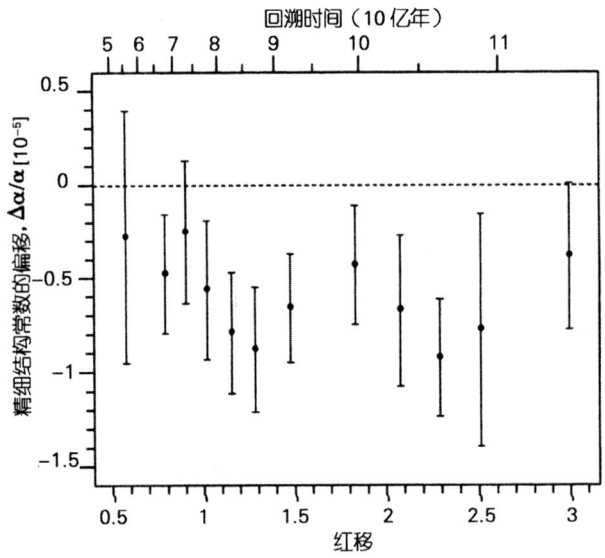

图10.3　文中提到的，从147组类星体吸收谱观测数据得到的精细常数值的相对变化。一个数据点来源于10组观测数据。 $\Delta\alpha/\alpha$ 是负值，这说明 α 在过去（红移量大的地方）比较小

第一次用MM方法发现精细结构常数变化的证据出现在1999年。自那时以来，我们积累了更丰富的数据，使用了更先进的分析手段。

---

1. 实验室中的谱线测量如何达到要求的精度（以前似乎也没有测量到如此精度的必要）是非常具有挑战性的工作，而利用MM方法，实验室观测数据越多，能从数据中获得的信息就越多。——原注

令人惊叹的是,从128颗类星体得到的新图像和第一次的结果并无差异,只是不确定性更小了而已。这是对自然常数在130亿年是否一直保持不变这一问题的最直接观测检验。

观测结果令人惊异之处在于,如果我们用它计算以前精细结构常数的数值,会发现在宇宙历史上曾经有个时期,该值比现在小一点。常数值的变化非常小,仅有百万分之一。因为这一差别太小,以前的观测和实验都未发现。如果把红移0.5到3.5的观测统一考虑,那么目前计算出来的观测变化是[1]:

$$\Delta\alpha/\alpha = [\alpha(z) - \alpha(\text{现在})/\alpha(\text{现在})] = -0.57 \pm 0.10 \times 10^{-5}$$

$$(10.10)$$

转化成 α 随时间变化速率:

$$\{\alpha \text{随时间变化速率}\}/\alpha\{\text{现在的值}\} \approx 10^{-16} \text{每年} \qquad (10.11)$$

这一变化速率只是宇宙膨胀的速率的一百万分之一,任何已知的实验测量都不可能发现这么小的变化。

尽管这么小的变化不能在实验中表现出可观测的现象,它却会间接地引发一些值得我们担心的事情。我们知道,20亿年前,西非

---

1. 这可以和1999年第一轮观察得到的结果相比较:

$$\Delta\alpha/\alpha = [\alpha(z) - \alpha(\text{现在})]/\alpha(\text{现在}) = -1.09 \pm 0.36 \times 10^{-5}$$

见 *Webb et al.1999*。

欧克洛（Oklo）地层以下的地理环境触发了自然的自发链式核反应。这一反应的关键在于钐原子核对中子的吸收过程，要求钐原子核的某个重要能级的位置在今天测量位置的附近。亚历克斯·史亚科特（Alex Shlyakhter）（1976）首次发现，此能级的位置是由包括α在内的一些自然常数决定的（详情亦见 Damour and Dyson 1996；Fujii et al. 2002）。20亿年前发生过的这个反应给α变化设置了上限，大约为：

$$\Delta\alpha/\alpha = [\,\alpha\,(\,Oklo\,) - \alpha\,(\,现在\,)\,]\,/\alpha\,(\,现在\,) < 10^{-7} \qquad (10.12)$$

这看似和观测结果矛盾，其实不然，一方面，欧克洛（Oklo）核反应中子捕获过程对α值的依赖程度有一定的不确定性，另一方面，欧克洛的观测仅仅反映了20亿年前（红移小于0.1）的精细结构常数值，而对类星体的观测是从30亿年到110亿年前，除非假设精细结构常数的变化速率是恒定的，否则不能说这两个结果有矛盾。但幸运的是，无需假设α常数的变化速率是否恒定，而可以从理论出发，预言变化速率是否恒定，下面将会看到这一点。

对此作何解释

精细常数曾经和现在不同，这一点虽令人惊异，但目前这仅仅是一个统计性质，来源于对128片尘埃云不同化学元素吸收谱的观测数据。未来我们将会积累更多数据，用更精确的观测来研究这个问题。理想的话，其他天文学家会重复我们的观察，并用不同的观测仪器，不同的数据分析方法来研究这个问题，考察得到的结论是否相同。

　　我们虽然希望得到更多更精确的观测结果，但是观测并不是万能的，观测科学中总是充满了形形色色的不确定性和"误差"。首先，测量过程中仪器的精度总是有一定限度的，因此会带来不确定性。不过这种不确定性通常易于定量估计，也总会逐渐通过技术改进（换用一把刻度更精确的尺子）而减小。但测量过程中还有一种称为"系统误差"或者"偏差"的不确定性，这种微妙的误差来源于数据采集过程中无意识的系统误差。严重的情况下，这种系统误差会让实验者观察到根本不存在的现象[1]。

　　实验科学都会遇到这种微妙的系统误差带来的麻烦。如果在地面实验室进行测量，通常采用的避免的办法是重复实验，每次都改变一些实验装置，在多种不同的环境下多次测量。但对于天文测量来说，宇宙只有一个，只能观测不能实验，没有可以重复的余地。为了取代重复实验，我们会观测研究对象不同性质之间的关联。比如，是不是所有具有某个特殊红移量的尘埃云发出的某两条原子谱线间距的偏移都要小一些呢？或者，这些偏移较小的尘埃云是不是都在天空的同一个区域呢？有时候，我们可能意识到系统误差的存在，却不能完全摆脱它的影响，比如在统计编辑星系总表的时候，我们都知道亮的星系比暗的星系更容易观测到。不过更多的时候，系统误差是意识不到的，这种系统误差才是真正的问题所在。我们对精细结构常数变化的实验数据进行了反反复复的检查，估计了各种可能系统误差产生的影响，迄今为止，仅仅发现一种系统误差会产生明

---

1. 除此两种误差之外，还有一种主动引入的误差，常常在政治投票统计中出现。比如，如果一个政党宣布了 10 点政治主张，并以绝对多数赢得了选举，他们就会毫无疑问的认定这 10 点主张都得到了绝对多数的支持，但实际上可能只有其中一小部分得到了多数的支持。——原注

显的影响[1]，对它进行修正之后，发现常数变化的幅度比修正前增加了，但对观测倾向性的探究还将继续。

　　精细常数可能在数十亿年间发生了微小变化，大多数物理学家和化学家对此感到大为惊恐，完全不愿相信。整个化学就是建立在假定精细常数绝对不变的理论的信念之上的。不过，10亿年间的改变不过百万分之几，地面上的任何物理化学实验都不会感受到什么影响。为了把这个问题看得更清楚，我们不妨看一看：直接实验测量精细结构常数变化，最好能测到什么程度。

　　大多数测量精细结构常数恒定性的实验都是在一段给定的时间内对原子进行精细的测量，受到实验装置限制，测量精度一般达到十亿分之一的量级，这相当于比较两只原子钟。不过为了维系其他参数的稳定，测量并不能进行很久，目前最长的实验进行了140天（见 *Prestage* et al. *1995*）。在电子质子质量比没有变化的假设前提下，实验发现氢和汞之间一个能量转换的数值具有相当的稳定性，由此推算出，如果 α 常数有所变化，它的变化速率也不会超过每年 10^{-14}，也就是说在宇宙年龄这么长的时间内，α 常数的改变也不会超过万分之一。这个限制看起来似乎相当强，但和天文观测的结果比较起来，还是要大100倍。实验室和外空间之间的巨大差距，同时也解释了为什么天文观测能提供比直接的实验测量大得多的精度。天文观测 α 常数的变化不是依靠实验测量技术精度的提高，而是直接增加了测量时

---

1. 这种系统误差向来源于大气对入射光的反射效应，这一效应和穿越大气的深度有关，也就和天文望远镜的海拔位置有关。反射效应是很微弱的，在通常的天文观测中都被忽略了，但这次发现它和未经修正的精细结构常数变化是同量级的。修正之后，过去的精细结构常数实际要更小一些。—— 原注

间的跨度 —— 从140天增加到130亿年 —— 从而大大提高了实验的灵敏度[1]。宇宙年龄必须要有数十亿年长，恒星才有时间制造出生物生存所需的元素。如果这些化学元素碰巧合成了一群天体物理学家，他们还能对自然常数恒定性做出灵敏的探测，这将是宇宙漫长年龄的一个绝好用途。

由此看来，我们不能用地面实验来检验天文上测出的精细结构的常数变化，因为目前还没有能和天文数据灵敏度匹敌的地面实验仪器。现在，要想从另一个完全不同的方向出发验证精细结构常数变化，最可能的方案还是要从其他的天文观测上寻找。

我们在历史中的位置

如果自然常数缓慢地变化，那么人类将不可避免地走向灭亡。我们知道，生命的存在对环境的要求非常苛刻，各种自然常数的值都必须精确地落在极其狭窄的窗口中。如果这些常数的值缓慢地发生了变化，那会引发什么后果？它们会滑出允许生命存在的范围吗？宇宙的历史中能允许生命存在的是否只有一段有限的时间呢？

我们只能对两个传统常数的变化进行仔细检测，这就是精细结构常数 α 和牛顿的万有引力常数 G。这是由于我们能完全理解这两个

---

1. 普利斯特吉实验所得到的极限可能在未来的原子干涉实验中被改进。现在的实验技术可以测出1-2小时内 α 常数 10^{-8} 的变化，也就是 10^{-13} 每年。以后可能在实验室中也能测出 α 常数的变化。不过近期内还不能达到天文测量精度的提案。从德祖巴（Dzuba）和弗莱鲍姆（Flambaum）（2000）原子物理新提出的理论出发，托格森（Torgerson）（2000）提出了用光学空腔改进测量技术的办法，他预期实验测量的精度可以提高到 10^{-15} 每年。—— 原注

常数所涉及的相关理论[1]，这些理论就是对爱因斯坦1915年创建的著名广义相对论的推广。我们可以推算在常数值发生变化的情况下，膨胀宇宙的图景有什么不同。在已知某个时期常数变化幅度的情况下，可以理论计算其他时候常数的变化。这样一来，常数变化的假说更容易由实验观测所检验。

如果G和 α 这样的常数不随时间变化，那么宇宙发展的历史就显得相当地简单一致了。在最初的30万年中，辐射是宇宙的支配能量，此时温度超过3000度，任何原子和分子都不能形成，整个宇宙就是电子、光子和核子的一大锅热汤。我们把这个时期称为宇宙的"辐射时代"。在30万年左右发生了巨大的变化，物质的能量赶上并超过了辐射的能量，宇宙膨胀的速度改由氢、氦原子核的密度决定。不久温度就降到了足以形成最初的简单原子和分子的程度。在之后的130亿年中，一系列更复杂的结构逐渐形成：星系、恒星、行星，最后形成了人类。这一时期被称为宇宙历史的"物质时代"（或尘埃时代）。如果宇宙的膨胀速度足够快，那么还有一天，物质也会变得不再重要，膨胀会挣脱引力的束缚，就像比逃逸速度更快的火箭会最终挣脱地球的束缚一样。当这一天到来的时候，我们就称宇宙进入了"曲率主导"的时代，因为快速的膨胀会引起宇宙空间的负曲率，就像花瓶颈处的曲率一样。

膨胀的宇宙有三种不同的演化路径。"闭合"宇宙因膨胀太慢，

---

1. 其中包括G可变的布兰斯-迪克（Brans-Dicke）理论，由卡尔·布莱斯（Carl Brans）和罗伯特·蒂克（Robert Dicke）(1961) 创建。包含变化 α 的宇宙由哈维德·山特维克（Havard Sandvik），乔奥·马古悠（Joao Magueijo）和巴罗创建，由雅克比·贝肯斯坦（Jacob Bekenstein）拓展。——原注

不能克服引力的减速效应，最终会坍缩成高密度的状态。"开放"宇宙的膨胀能则比负的引力能多得多，膨胀会挣脱引力的影响。在这两种情况之间的就是所谓"平坦"宇宙或者"临界"宇宙，它在膨胀和引力之间保持着一个精确的平衡，会不停地膨胀下去。值得注意的是，我们今天的宇宙相当的接近这种"临界"或者"平坦"的状态。

还有一种可能，真空能最后会超过普通物质而主宰宇宙，引发宇宙的加速膨胀。值得关注的是，最近的天文观测发现宇宙开始加速膨胀就是不久以前的事，宇宙在达到今天大小大约3/4的时候才开始加速膨胀。观测还暗示，宇宙的膨胀还未达到曲率主宰的程度。图10.4表现了从宇宙诞生1秒开始的膨胀宇宙历史全景。观测告诉我们，占宇宙全部能量的70％的都是让宇宙加速膨胀的真空能，剩下的基本上都是物质能。

那么，精细结构常数的变化会使上面的历史图景发生什么变化呢？如果精细常数的变化确如观测所言，是宇宙膨胀速率的百万分之一，那么这对膨胀图景实际上没有什么影响，但是宇宙的膨胀对精细结构常数的变化却有很大的影响。哈维德·山特维克（Havard Sandvik）、乔奥·马古悠（Joao Magueijo）和我计算了精细结构常数在数十亿年宇宙历史中的变化曲线。结果惊人的简单，在宇宙的辐射时代，α根本没有什么变化，而在30万年左右进入物质时代之后，精细结构"常数"就开始缓慢地增加，随时间的对数变化[1]。而当曲率时代开始，或者真空能开始加速宇宙膨胀的时候，α常数的变化也就停

---

1. 它的增加和宇宙年龄的对数成正比，详情参阅 Barrow et al. 2002a。——原注

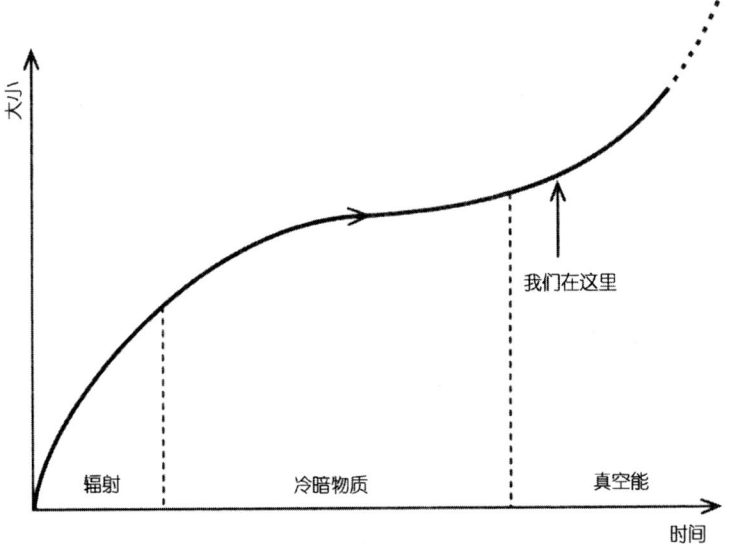

图10.4　宇宙热力学演化的概况，从辐射主宰到冷暗物质主宰，最后在真空能或宇宙常数的主宰下加速膨胀

止了。图10.5表现的是在现有观测的物质、辐射和真空能下，α 随时间的变化特性。

　　这一结果非常有趣，它和各方面的观测证据都符合得相当好。我们的宇宙从红移大约0.5～0.7时开始加速膨胀，所以从欧克洛核反应发生时到现在，精细结构常数并没有显著的变化。在观测的类星体所对应的那段红移量的范围内，正如理论推算的，精细结构常数在那段过去比现在要小一些。如果我们观测红移1100处，也就是宇宙对微波辐射刚刚变得透明的时候，那个时候α常数的变化肯定在仪器测量的精度以下。

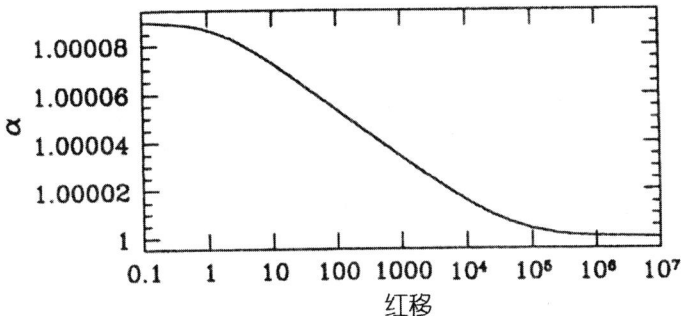

图10.5 精细结构 "常数" 演化图，红移量是我们宇宙标准模型下的红移。精细结构常数在辐射时代保持恒定，在尘埃时代随时间对数增加，也就是随红移减少，最后在真空能或曲率主宰膨胀的时代又回到恒定状态。合适地选择这一演化过程，就能让 α 有今天的观测值

如果 α 的变化理论确实能解释观测到的类星体谱线间距变化现象，那么很有可能，未来更多的观测实验将进一步验证这一常数的变化。包含 α 变化的理论会违背弱平衡原则，致使不同物体在重力场真空中自由下落时具有不同的加速度。这是因为它们原子核中带电核子数目不同，而这些核子会与含有变化 α 的场耦合。我们预测出，如果 α 常数的变化大小正如类星体观测所看到的话，那么两种不同自由落体加速度的相对差别将会是（*Magueijo* et al. 2002）：

$$| a_1 - a_2 | / | a_1 + a_2 | \approx 10^{-13} \qquad (10.13)$$

目前的实验测量得到的上限是 10^{-12}。未来的空间探索任务，比如 STEP，能把这个实验的精度提高到 10^{-18}，从而能独立地用实验观察 α 常数的变化导致的直接结果。如果对变化的常数和自然常数的一

般性讨论感兴趣，读者可以参阅乌赞的回顾性文章（*Uzan 2002*）和 *Barrow 2002*。

如果在宇宙膨胀的历史中真的发生了自然常数的变化，那么这将会大大影响生命的演化。我们知道，如果精细结构常数大一点，那么原子和分子就不可能形成，恒星的内部也不可能达到引发初始自持核反应的温度，因此恒星也不可能形成。这个宇宙里面既没有原子，也没有生命。

因此，在宇宙的尘埃时代，α 常数的增加不能持续太久，这是非常关键的。如果没有真空能或者曲率阻止 α 常数的不断增大，那么经过一段时间之后，就不再可能有生命存在。宇宙将渐渐变得不适于以原子为基础、以恒星为能源的生命居住。

如果牛顿的万有引力"常数"G发生变化，也会出现类似的结果。在辐射时代G的值维持不变，而在尘埃时代开始时G的值会逐渐变小，曲率时代开始后变化停止。如果宇宙不经历曲率时代，那么万有引力常数就会不断减小，而随着引力变得微弱，恒星和行星的存在将越来越困难。G和 α 的变化在图10.6中表现出来。

整个变化非常有趣，从中可以看到，即使允许G和 α 变化，变化也仅仅能在宇宙的物质时代发生。

宇宙为什么这么接近临界膨胀状态，而真空能为什么这么小？长期以来人们总是为这两个问题困惑不解。我们知道，任何偏离临界

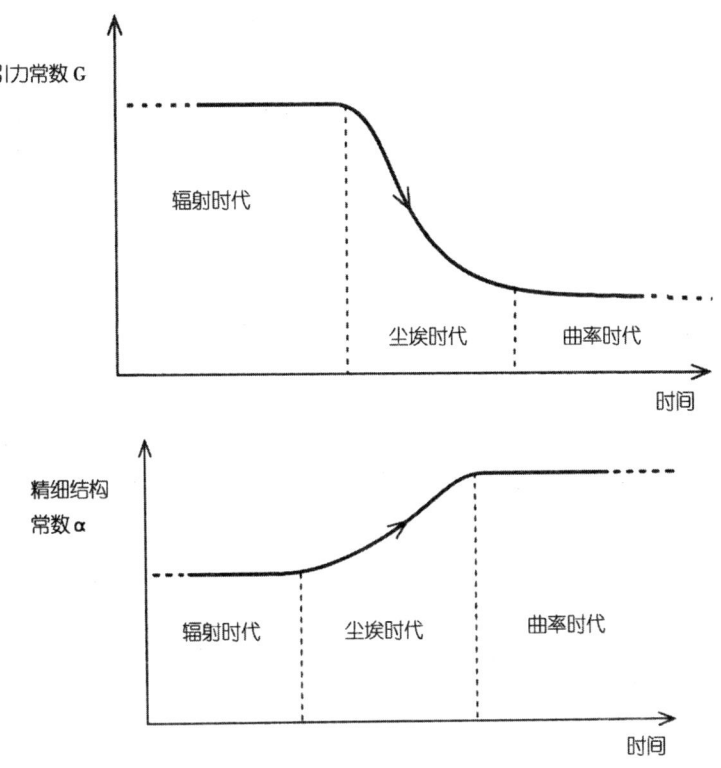

图10.6　G和α时间的演变图，图示宇宙包含了辐射和物质，最后宇宙的膨胀被负能量的空间曲率所主宰。在尘埃时代常数缓慢地变化，但是到了曲率主宰的时候就恒定不变了

状态的宇宙都不大可能允许地球（或者宇宙其他地方）生命的出现。如果宇宙过于受到曲率的支配，那么膨胀就会进行得非常快，物质聚集岛还来不及因引力收缩形成星系和恒星，就被膨胀作用分开稀释。另一方面，如果宇宙膨胀得太慢了，过不了多久就会重新收缩回到大坍缩状态。致密的物质形成太快，在恒星和生物化学过程开始之前，所有的东西就都会落入大黑洞。见图10.6。

宇宙的平坦性能用暴胀宇宙假说很好地解释。

类似的，如果真空能比现在观测到的数值大10倍，那么宇宙的加速膨胀就会在历史早期出现，恒星和星系都不可能脱离总体的膨胀而单独出现。不幸的是，现在暴胀宇宙假说还不能解释真空能疑难。

上述这些论述说明，观测到宇宙如此接近临界膨胀，如此接近零真空能的现象并不奇怪，如果不是那样，我们就不可能出现。不过，自然常数变化的可能性为我们提供了一个可能的理由，解释宇宙为什么不能同时严格处于临界状态，并且有为零的真空能（见*Barrow* et al. *2002b*）。因为只有靠真空能或者曲率才能让自然常数变化停止下来，让原子、分子、行星和恒星的形成变成可能。在宇宙历史不同时期，自然常数有不同的值，这让我们能更多地看到宇宙各方面性质的内在联系，而它们在原来被认为是无关而任意的。在未来，这些问题将会走向研究前沿：对原有自然"常数"恒定性更精确的观测验证；超弦理论中常数地位和多维问题的探索；暴胀宇宙假说预言的新现象的观测验证；以及最后，但绝非最不重要，惠勒教授50年来给我们带来的各种革命性思想。

第 11 章
平行宇宙

马克斯·泰格马克（Max Tegmark）

宾夕法尼亚大学（University of Pennsylvania）

是否有另一个你正在阅读和本文完全一样的文章，他正准备放下这篇文章，而你却要继续看下去？这个人生活在一个叫作"地球"的行星上，那里有着云雾缭绕的高山、肥沃的原野、蔓延的城市，和其他8颗行星一同处于太阳系中。他一生的经历和你每秒钟都相同 —— 直到现在，当你决定看下去的时候，你们俩的人生出现分叉了。

你也许觉得这个想法听起来奇怪而又难以置信，而且我必须承认，这也是我的内心反应。但我们似乎不得不接受它，因为如今最流行同时也最简单的宇宙模型指出，这个人就存在于离我们大约$10^{10^{29}}$米之外的一个星系中。这里并没有假设任何需要冒险的现代物理概念，仅仅要求空间无限大，而且正如近来的天文观测所显示的，均匀充满物质。**另一个你**就是所谓的宇宙和谐模型（concordance model of cosmology）的一个预言，而这个模型与现在的所有观测证据一致，而且被用作天文学会议中大部分计算和模拟的基础。相反，分形宇宙、封闭宇宙、多连通宇宙等（multiply connected universe）倒是受到了很多来自观测的严重挑战。

你能观测到的最远距离就是自大爆炸以来光所行进的距离：大约140亿光年。最远的可视物体现在是在 4×10^{26} 米之外，[1] 该距离为半径的球体正好定义了我们可观测的宇宙，又叫做**哈勃**体积，或**视界范围**，简单地说，也就是我们的宇宙。同样的，另一个你所在的宇宙也是个以他为中心的同样大小的球体，但我们不能互相看见，也不能有因果联系。以上便是"平行宇宙"一个最简单的例子。

如此定义"宇宙"，人们也许会认为，可观测宇宙的概念只是一个更大的"多宇宙"的一小部分，而后者一般总是形而上学的概念。然而物理学和形而上学认识论的分界线在于，该理论是否能通过实验检验，而不是它看起来是否怪异或者包含不可观测的实体。由于技术进步带来的各种实验突破，使物理学前沿不断扩张，吸收融合了许多抽象的（甚至一度是形而上学的）概念，比如旋转的地球、看不见的电磁场、时间在高速下减慢、量子叠加、空间弯曲、黑洞等。正如这篇文章中要回顾的，建立在现代物理基础上的多重宇宙模型，可以被实验验证，可以做出预言，可以被证伪。实际上，科学文献中迄今已讨论过多达4种类型的平行宇宙（图11.1），现在关键的问题已不是多重宇宙是否存在了（第Ⅰ层已经基本没有争议），而是它们到底有多少个层次。

---

1. 我们所能见到的最远物体，在发出我们现在看见的光之后，因为宇宙膨胀已经后退得更远了，现在是400亿光年的距离。

第 I 层：视界之外

让我们回到你遥远的分身上。如果空间是无限的，而且物质分布在大尺寸上是足够均匀的，那么即使最不可能发生的事件也必然发生在某处。特别地，应该存在无限多有人的行星，而且包括不是一个而是无限多和你一样外表、姓名、记忆的人。无限多和我们的可观测宇宙大小一样的区域确实存在，在那里任何可能的宇宙历史都会实际存在。这就是第 I 层多重宇宙。

第 I 层平行宇宙的存在证据

也许这些推断看上去都很疯狂，而且违反直觉，但这个空间无限大的宇宙学模型确实是市场上最简单也是最流行的。它是宇宙学和谐模型的一部分，与现在的所有观测证据一致，而且被用作天文学会议中大部分计算和模拟的基础。相反，分形宇宙、封闭宇宙、多连通宇宙倒是受到了很多观测的挑战。但第 I 层多重宇宙的观点，曾经也是有过争议的（事实上，梵蒂冈教廷就曾把上述某个观点看做异端邪说，并以其为理由之一，于1600年在火刑柱上烧死了布鲁诺[1]），所以让我们来回顾一下这两种假设（无限空间和"足够均匀"的分布）的地位。

空间有多大？从观测来看，我们宇宙大小的下限已经戏剧性地增长了很多，并且没有停下来的迹象（图11.2）。我们都接受这样的

---

1. 布鲁诺的思想已经被很多人具体讨论过，例如布朗瑞特（*Brundrit 1979*）、嘉利葛和维兰金（*Garriga and Vilenkin 2001b*）以及戴维（*Davies 1996*），当然，他们都不用担心火刑柱了。

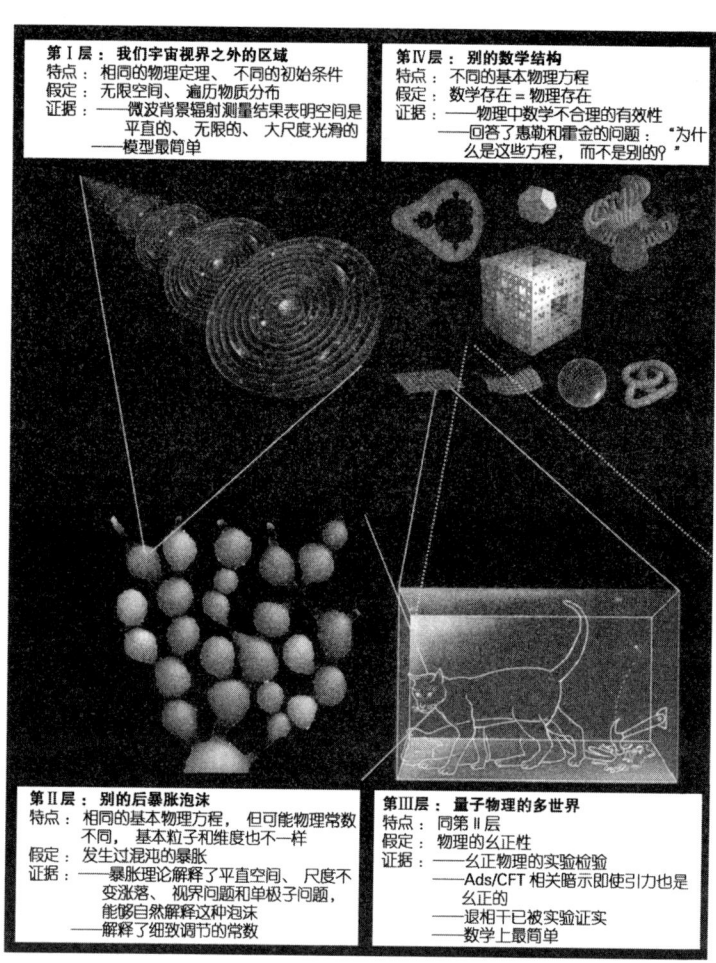

图11.1　4种不同类型的平行宇宙

事实，即现在我们看不见，但经过移动或等待后可以看见的事物是存

在的，例如地平线之下的船只。宇宙视界之外的物体也一样，随着更

远的光花更多的时间到达我们这里，可观察宇宙的半径每年都扩大1
光年[1]。既然我们都在学校学过简单的欧几里得空间，所以很难想象空
间**不**是无限的 —— 谁能想象某处插着块牌子，上书"空间到此结束，
当心下面的沟"？但爱因斯坦的引力理论允许空间是有限的，只要是
以不同于欧几里得空间的方式相连，例如四维球或一个甜甜圈的拓
扑结构，从而使朝一个方向的旅行最终可以把你带到相反方向。宇宙
微波背景辐射可以用来细致检验这样的有限模型，但至今还没有给
出任何支持 —— 平坦的无限模型非常符合观测数据，而空间弯曲和
多连通拓扑结构的模型都有很强的限制。而且，空间无限宇宙是暴胀
宇宙理论的直接预言（*Garriga and Vilenkin 2001b*）。下面所列出的暴
胀理论的巨大成功进一步支持了空间就是像我们在学校里学的一样
简单而无限。

　　大尺度上的物质分布有多均匀呢？在一个"岛宇宙"模型里，时
间是无限的，但物质都集中在一个有限区域，于是第 I 层多重宇宙
几乎所有的成员都是死气沉沉的，只有空空的空间。在历史上这样的
模型曾经流行过，一开始认为这个岛就是地球和裸眼可见的天体，在
20 世纪早期认为是银河星系的已知部分。另一个非均匀的选择就是
分形宇宙，其中物质分布是自相似的，宇宙星系分布的所有结构都只
是一个更大的自相似结构的一小部分。岛宇宙和分形宇宙的模型都
被最近的观测［见泰格马克的回顾文章（2002）］推翻了。三维的星
系分布图显示，观测到的特殊大尺度结构（星系群、星系团、超星系
团）让位给大尺度上的单调均匀，自相似结构都不超过 10^{24} 米。更量

1.如果宇宙膨胀持续加速（这个问题目前还没有答案），可观测宇宙最终会停止增长。

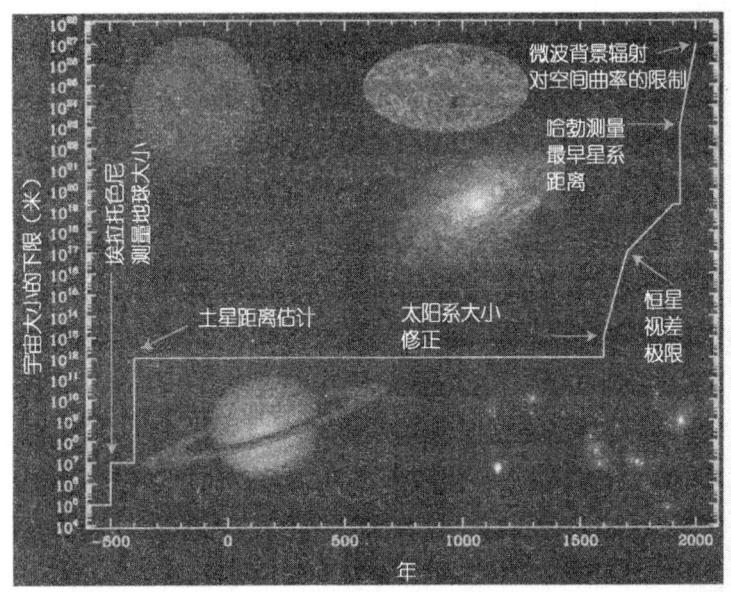

图11.2　尽管无限宇宙一直是可能的，但我们宇宙的尺度下限却总在增长

化一下，设想在不同的随机位置上放置一个半径为 R 的球，测量里面
每次包含多少质量，并计算每次测量值的变化，用标准偏差 $\triangle M$ 来表
示。已测量的相对波动 $\triangle M/M$，在 $R \sim 3 \times 10^{23}$ 米尺度以下，偏差在
1的量级，而在更大的尺度上，偏差变小。斯隆数字巡天计划（Sloan
Digital Sky Survey）显示，在 $R \sim 3 \times 10^{25}$ 米尺度上 $\triangle M/M$ 就只有1%
了，而且宇宙微波背景辐射的测量也确认，均匀化的趋势一直延续到
我们的可观测宇宙边缘（$R \sim 3 \times 10^{27}$ 米），这时 $\triangle M/M \sim 10^{-5}$。不考
虑认为宇宙的设计整个就是在愚弄我们的怀疑论论调，观测结果明
确表明：我们所熟悉的空间必然延伸到可观测宇宙之外，那里也同样
充满星系、恒星和行星。

第 I 层平行宇宙长什么样

对世界的物理描述传统上分为两部分：初始条件，以及决定初始条件如何演化的物理定律。住在第 I 层平行宇宙的观察者和我们观察到完全相同的物理定律，但初始条件却和我们所在的哈勃体积中的不同。现在比较看好的理论认为，初始条件（早期的密度和不同类物质的运动）由暴胀时代（见下面）的量子波动所产生。量子力学形成了实际上是随机的初始条件，产生了被数学家称为遍历随机场（ergodic random field）所描述的密度波动。[1] 遍历意味着，如果你假想一个许多宇宙的集合，每个宇宙都有着自己随机的初始条件，在一个给定体积范围内出现各种结果的概率分布，和你在同一个宇宙的不同体积取样得到的概率分布是一样的。也就是说，任何在原则上可以发生在这里的事情，在其他的某个地方实际上就会发生。

暴胀实际上导致了所有概率不为零的可能的初始条件，最可能的是那些波动在 10^{-5} 量级，均匀分布的初始条件。这些波动被引力聚集（gravitational clustering）过程加强放大，从而形成星系、恒星、行星以及其他结构。这意味着，不仅几乎所有可以想象的物质构成都发生在某个遥远的哈勃体积内，而且我们应该认识到，我们的哈勃体积是相当典型的 —— 至少在那些包含观察者的哈勃体积中是典型的。一个粗略估计显示，距你最近的那个和你一模一样的人将远在 $10^{10^{29}}$

---

1. 严格来说，随机场是遍历的，只要①空间是无限的，②质量波动 $\triangle M/M$ 在大尺度上趋于零（就像测量显示的那样），③在每一组点的密度都服从多参量高斯分布［这是目前流行的暴胀模型所预言的，原因是，支配暴胀子（inflaton）场波动的谐振子方程给出的基态是高斯波函数］。对专业读者而言，条件②和条件③可以被更弱的要求代替，在无限的空间分离的极限下，所有量级上的关联函数都消失了。

米之外。而在 $10^{10^{91}}$ 米外才会有一个半径100光年的区域，它里面的一切与我们居住的空间完全相同，也就是说未来100年内我们的所有经历都会和我们的副本一致。而至少 $10^{10^{115}}$ 米之外该区域才会增大到哈勃体积那么大。[1]

这就引起了一个有趣的哲学问题，它不久之后将会困扰我们：如果真存在那么多和"你"有完全一样的经历和生活的副本，即使你掌握了整个宇宙态的完全知识，你也不能计算你自己的未来！原因是，你将不能决定哪一个副本才是"你"（他们都自认为是）。但他们的人生最终将是不同的，所以你最多只能预计你今后各种经历的概率。传统决定论的观点就此终结。

怎样证明或证伪一个多重宇宙理论

多重宇宙理论是不是属于形而上学而非物理？正如卡尔·波普尔（Karl Popper）所强调的，物理和形而上学的区别就在于，理论是否能被实践证明和证伪。一个理论包含不可观测的实体，本质上并不能说明它不可检验。例如，一个理论宣称存在666个平行宇宙，每个都缺少氧，从这个理论可以做出可检验预言，那就是我们在这儿应该不能观察到氧，所以这个理论能被观测排除。

---

1. 这是一个极端保守的估计，只是计算了一个哈勃体积中，不高于 10^8 开时所有可能的量子态。10^{115} 粗略是不高于 10^8 开时，泡利不相容原理所允许的能装进一个哈勃体积中的质子数（我们自己的哈勃体积中含有 10^{80} 个质子）。这 10^{115} 个位置可以被占据也可以不被占据，给出概率 $N = 2^{10^{115}} \sim 10^{10^{115}}$，所以到最近的一个完全相同的哈勃体积的距离是 $N^{\frac{1}{3}} \sim 10^{10^{115}}$ 哈勃半径 $\sim 10^{10^{115}}$ 米。而离你最近的副本的距离很可能远小于 $10^{10^{29}}$ 米，因为能使你出现的行星形成和进化过程在哪里都存在。单在我们自己的哈勃体积中，就至少存在 10^{20} 个可居住行星。

一个更严肃的例子是，第Ⅰ层多重宇宙的框架常常被用来排除现代天文学的理论，虽然很少有人明确地那么说。例如，关于宇宙微波背景辐射（CMB）观测最近显示，空间几乎没有弯曲。CMB图上温度高和温度低的点都有一个特征尺度，这一尺度取决于空间曲率，观测到的点都过大，不符合先前流行的"开放宇宙"模型。但是，平均的点的大小在每个哈勃体积上有些随机的差别，所以做到统计精确是很重要的。当宇宙学家说开放宇宙模型以99.9%的置信度被排除时，他们真正说的是，如果开放宇宙模型是正确的，那么显示出我们所观察到大小的CMB点的哈勃体积少于总数的千分之一 —— 所以拥有无限多哈勃体积的模型就被排除了，即使我们只在自己的特殊哈勃体积中（当然）显示了CMB图。

我们从这个例子上得到的经验是：**多重宇宙理论**可以被实践证明或证伪，但这要求理论给出平行宇宙集合的预言，并给出其概率分布（或更一般的，给出数学家所说的测量）。我们接下来将会看到，解答测量问题不容易，有些多重宇宙理论中，这一问题还没有得到解决。

第Ⅱ层：后暴胀泡沫

你觉得第Ⅰ层多重宇宙太大，简直无法容忍。那么试着想象一下无穷多个完全不同的宇宙吧（每个在图11.1中用一个泡沫表示），这些宇宙甚至有不同的维度和物理常数。这就是现在流行的混沌暴胀理论所预言的，我们称之为第Ⅱ层多重宇宙。这些宇宙属于不同的范畴，离开得比无限远还要遥远，也就是说即使你以光速前进无穷长的时间也到不了那儿。原因是，我们的第Ⅰ层多重宇宙团和邻近的第Ⅰ层多重宇宙团之间的空间仍在暴胀，空间延展和创造新体积的速度远大于你能穿过它的速度。不过，你可以到达任意远的第 I 层多重宇宙，只要你足够耐心，而且宇宙膨胀减速的话。[1]

第 II 层平行宇宙的存在证据

到20世纪70年代，大爆炸模型，已经被证明是一个成功解释了我们宇宙的大部分历史的理论。它揭示了原始火球怎样膨胀并冷却，在40万年后怎样变得透明，怎样发出宇宙微波背景辐射，并通过引力聚集过程形成密度起伏，产生了星系、恒星和行星。但仍然存在恼人的问题，最初到底发生了什么？是无中生有吗？所有那些超重粒子，例如粒子物理预言的磁单极子，早期时应该在哪里被创造（"磁单极子疑难"）？为什么空间是现在这么大，这么老，这么平坦，而一般的初始条件都预言在10^{-42}秒量级之后，弯曲度会随时间增长，密度要么趋于0要么趋于无穷大（"平坦性疑难"）？是什么机制导致了没有因果联系的空间区域上CMB温度都是基本一致的（"视界疑难"）？又是什么机制产生了在10^{-5}水平上的原始密度起伏，从而长出所有宇宙结构？

暴胀过程一举解决了所有这些疑难（*Guth and Steinhardt 1984*，*Linde 1994*），成为关于宇宙极早期的最流行理论。暴胀是空间的快速拉伸，它稀释了磁单极子和其他残余物，使空间就像一个膨胀气球的

---

1. 天文上的证据显示，宇宙膨胀现在是加速的。如果持续加速，即使是第 I 层平行宇宙，也可以永远互相分离，不可到达，因为它们之间的空间也会膨胀，而且膨胀速度比光还快。流行的模型预言，宇宙最终会停止加速，甚至可能坍缩，但至今证据仍不充分。

表面一样平坦均匀,并使量子真空波动演变成宏观大的密度波动从而形成星系。从一开始,暴胀就通过了附加的检验:CMB观测显示,空间是极端平坦的,并测出初始波动具有近乎随尺度不变的波谱,没有物质的引力波成分,所有这些都和暴胀所预言的完全一致。

暴胀是很多基本粒子理论中的普遍现象。在流行的**混沌暴胀**模型中,暴胀在空间的某些区域停下来,使得我们所知的生命能够出现,同时量子波动导致其他区域暴胀得更快。本质上,一个暴胀中的泡沫产生出其他暴胀泡沫,这些暴胀泡沫再产生更多的泡沫,从而形成无限的连锁反应。暴胀停止的泡沫就是第Ⅱ层多重宇宙的构成元素。每个泡沫在尺度上都是无限的,[1] 而因为永不停止的连锁反应,泡沫数量也是无限的。确实,如果泡沫数量的指数增长永远持续下去,那么将会有不可数的无穷多平行宇宙 [和实数集的无穷是一样的,比整数集的无穷(可数的无穷)要大]。在这种情况下,同样不存在时间的开端和绝对的大爆炸:过去、现在和将来都永远只存在无数的暴胀泡沫和后暴胀区域,就像我们现在居住的地方一样,形成一个分形图样。

第Ⅱ层平行宇宙长什么样

大家普遍认为,我们现在观察到的物理,只是一个更加对称的理论的低能极限,这个理论只在极端高温下才起作用。基础理论也许是二维的,超对称的,包含自然界四种基本作用力的大统一。这种理

---

1. 令人惊奇的是,已经有人指出,即使在一个体积有限的泡沫中,由于时空的空间方向沿(无限的)时间方向弯曲的效应,暴胀也能产生一个无限的第Ⅰ层多重宇宙。

论的一个共性是，驱动暴胀的场的势能有几个不同的最小值（被称为"真空态"），相应于破缺对称的不同途径，也相应于得到的不同的低能物理。例如，可以把除三个空间维度之外的所有维度都卷起来（"压缩"），形成有效的三维空间，就像我们现在所处的空间一样。或者也可以把更少的维度卷起来，留下一个七维空间。驱动混沌暴胀的量子波动可以造成各个泡沫中不同的对称性破缺，导致第Ⅱ层多重宇宙中不同的成员具有不同的维度。在粒子物理中观测到的很多对称性，也来自于对称性破缺的具体途径，所以，也许存在只含有两代而非三代夸克的第Ⅱ层平行宇宙。

除了维度和基本粒子这些离散的特性之外，我们的宇宙还被一组无维度的数 —— **物理常量**所刻画。其中包括电子/质子质量比 $\frac{m_p}{m_e} \approx 1836$，即宇宙学常数，它在普朗克单位中约是 10^{-123}。有模型显示，这样的连续参量在各个后暴胀泡沫中互不相同。[1]

这样，第Ⅱ层多重宇宙就可能比第Ⅰ层多重宇宙更为多样化，不仅初始条件不同，而且维度、基本粒子和物理常数都不相同。

在继续之前，我们先来评论一下几个密切相关的多重宇宙概念。首先，如果能存在一个第Ⅱ层多重宇宙，并不断地以分形的形式自我复制，那么将会出现无限多个完全分离的其他第Ⅱ层多重宇宙。但是，

---

1. 虽然物理基本方程在整个第Ⅱ层多重宇宙中都是一样的，但支配我们观察到的低能世界的近似有效方程将是不同的。例如，从一个三维空间移到（非压缩的）四维空间，会改变观察到的引力方程，从一个反平方定律变成一个反立方定律。同样，用不同方式破缺粒子物理中的基本对称性，会改变基本粒子的排列以及描述它们的有效方程。但是，我们会等到第Ⅳ层平行宇宙中再使用"不同的方程"和"不同的物理定律"，在那里不只是近似方程改变，基本方程也发生了改变。

这些宇宙变体是不可检验的,因为它既没有增加任何实质上不同的世界,也没有改变它们所含物质的概率分布。在每个第Ⅱ层多重宇宙中,所有可能的初始条件和对称性破缺都已经实现了。

托尔曼和惠勒教授曾提出一个想法,(第Ⅰ层)多重宇宙是周期性的,要经历一系列无限的大爆炸。这个想法最近被斯坦哈特和图尔克阐明了。如果确实存在,那么这些不同时期的集合也形成了一个多重宇宙,可以证明,它和第Ⅱ层多重宇宙有着相似的多样性。

斯莫林(Smolin)也提出过一个想法,一个和第Ⅱ层多重宇宙的多样性相似的集合,但不是在暴胀中,而是通过黑洞、变异和产生出新的宇宙。这就预言了一个自然选择的形式,倾向于产生最多黑洞的宇宙。

在膜-世界的设定中,存在另一个和我们的世界非常类似的三维世界,只是在高维上有一定差别。但是这样一个世界("膜"),是否可以被称为和我们的世界不同的平行世界还不一定,因为我们也许能够用引力和它互相作用,就像我们跟暗物质那样。

微调和选择效应

物理学家不喜欢没有解释的巧合。确实,他们把这一点作为排除各种模型的证据(图11.3)。先前我们看到,开放宇宙模型如何以99.9%的置信率被排除,因为它暗示了观察到的CMB波动图样是极端罕见的,是千分之一的巧合,在所有哈勃体积中只有0.1%的可能发生。

设想你住进一家旅馆，被分到一个房间，门牌号码是1967。你惊奇地发现，这数字正是你出生的年份。不过你随即反应过来，这完全不算什么巧合。整个旅馆有成百上千的房间，其中有一间门牌数和你生日相同很正常。然而你若看见的是另一个数字，便不会引发上面的思考。于是你认识到，即便对旅馆一无所知，也可以推断出还有很多房间，因为如果只有一个房间，那么你就遇到了一个没有解释的巧合。

再举一个更贴切的例子，考虑太阳质量 M。M 影响太阳的发光度，通过基本的物理计算，我们可以得出，只有在 M 处于 $1.6 \times 10^{30} \sim 2.4 \times 10^{30}$ 千克这样一个狭窄范围内时，地球上我们所知的生命才可能存在——否则地球上的气温将比火星更冷，或者比金星更热。测量值正好是 2.0×10^{30} 千克。乍看之下，可居住的 M 值无疑是种令人困惑的巧合，由计算可知绝大多数恒星的质量分布于 $10^{29} \sim 10^{32}$ 千克的巨大范围内。然而有了旅馆的经验，我们便明白这种表面的巧合实为一个集合中的选择效应：如果存在许多太阳系，其中心恒星和行星轨道有一定分布，我们显然应该生活在适于居住的太阳系里。

更普遍地来说，某些物理参量正好是可居住的观测值，这样的巧合可以被看做一个更大的集合的存在证据，而我们观察到的只是其中一个元素（*Cater 1974*）。虽然其他的旅馆房间和其他太阳系的存在，是毋庸置疑并被观测证实了的，但平行宇宙的存在还没有，因为它们不能被观测到。但是如果观察到物理常数的微调，那就可以通

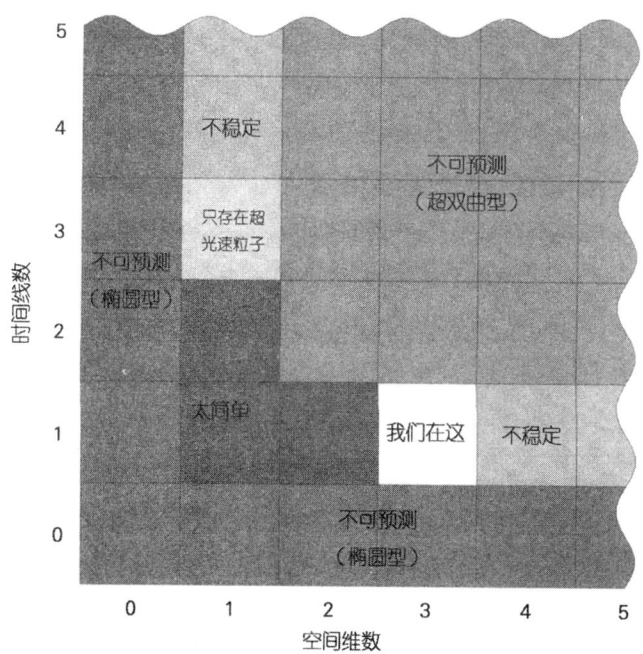

图11.3 为什么我们对自己处在3+1维时空中，不感到奇怪呢？只要自然的空间微分方程是椭圆的或是极端双曲的，物理学都不能为观察者做出预言。而在剩下的（双曲）情况中，$n>3$ 不能存在稳定的原子，$n<3$ 则可能不够复杂，产生不了观察者（没有引力，拓扑上的问题）（*Tegmark 1997*）

过和上面同样的逻辑来论证它们的存在（图11.4）。实际上，存在很多微调的例子，显示具有不同物理常数的平行宇宙确实存在（例，图11.3，图11.4），尽管微调的程度大家仍在激烈争论，并需要由进一步计算所澄清 —— 流行观点参见 *Rees 2002* 和 *Davis 1982*，技术细节参看 *Barrow and Tipler 1986*。

例如，如果电磁力减弱4%，太阳就会瞬间爆炸（双质子能形成束缚态，使太阳的发光度增大 10^{18} 倍）。如果电磁力再强一点，那么

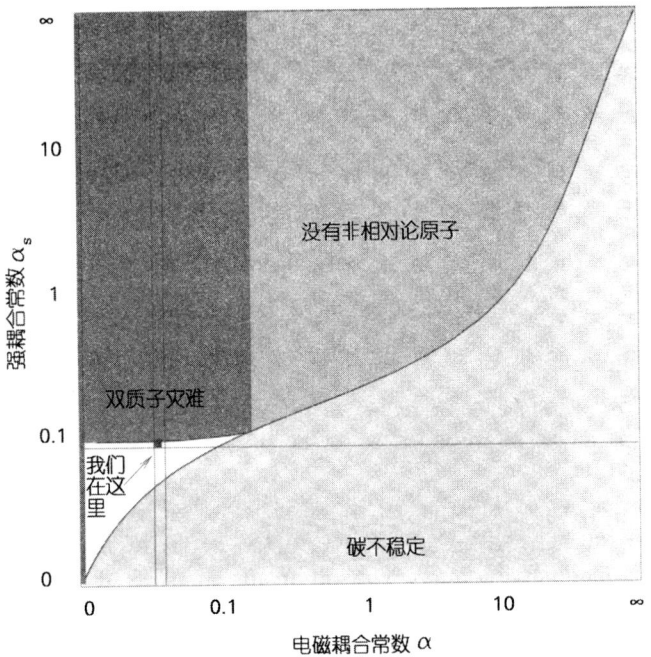

图11.4 分别决定电磁力和强力的强度的参量 α 和 α_s 的微调迹象。小黑方框中 (α, α_s) 观测值的范围，约为 $(1/137, 0.1)$。大统一理论排除了两条垂直线 之间的窄带之外的所有情况，在水平线下氘是不稳定的。在狭窄阴影区域的左边， 电磁力比引力弱，也不符合实际结果（*Tegmark 1997*）

稳定原子会少很多。实际上，大部分（如果不是全部）影响低能物理 的参量都在某个水平上被微调过，也就是说即使只改变少许，我们的 宇宙也会变得大不相同。

　　如果弱相互作用再弱一些，宇宙中就不会有氢，因为它会在大爆 炸后迅速变成氦。无论它是变得更强还是更弱，超新星爆发形成的中 微子都不能喷出超新星，而且生命形成所需的重元素，能否离开产生它们的恒星也值得怀疑。如果质子的质量增加0.2%，它们立即衰变成中子，没法束缚电子，原子也就无法稳定存在。如果质子-电子质量比更小一些，就不会存在稳定的恒星；如果它更大一些，像晶体和DNA分子这样的有序结构就不会出现。

一旦有人提到**人择**这一 "A打头的词"，关于微调的讨论就常常变得激烈起来。我觉得，所谓的人择原理定义五花八门，解释各种各样，它所引发的混乱已经盖过了它所带来的启迪。我认为不会有人反对下面所说的MAP，即最小化人择原理（minimalistic anthropic principle）：

> MAP：用观测数据检验基础理论时，忽略选择效应会得出不正确的结论。

从我们前面的例子来看，这是很显然的：如果我们忽略选择效应，围绕一个太阳这么重的恒星旋转是非常令人惊奇的，因为更轻更暗的恒星也大量存在。同样，MAP说明，混沌爆炸模型并没有由于我们正好生活在爆胀停止的极小的分形空间而被排除，因为暴胀的部分不适于我们居住。幸运的是，正如玻尔兹曼一百年前就指出的那样，选择定则并不能拯救所有的模型。如果宇宙处于经典的热平衡（热寂），热波动仍然能够使原子随机结合在一起，从而千载难逢地形成了拥有自我意识的一个你，所以你正好存在这一事实并不能排除热寂宇宙模型。但是，你在统计上应该看到，世界的其他部分都应该处在高熵的混乱状态中，而不是现在看到的有序的低熵状态，从而排除了这个模型。

　　粒子物理的标准模型中有28个独立参量，而宇宙学中可能还有更多。如果我们真住在第Ⅱ层多重宇宙中的一个，那么对于那些在平行宇宙之间数值不同的物理量，我们永远不能根据第一性原理预言出它们的观测值。将选择效应考虑在内，我们也只能计算出这些数值的概率分布。我们也会发现，这些可能有不同取值的物理量在我们宇宙中的观测值，应该普遍的和我们的存在一致。从下面的具体讨论将会看到，如何定义"普遍"，具体地说也就是，如何用物理理论计算概率，变成了令人困窘的棘手问题。

第Ⅲ层：量子物理中的平行世界

　　前两个多重宇宙如此遥远，但这一层多重宇宙却可能就在我们身边。如果物理基本方程一直都是被数学家称为"幺正的"，那么宇宙就会像漫画上那样，不断分叉出平行宇宙：只要一个量子事件可以有随机结果，那么所有的结果实际上都会发生，每一个形成一个分支。这就是第Ⅲ层多重宇宙。虽然与第Ⅰ层、第Ⅱ层多重宇宙相比，第Ⅲ层多重宇宙备受争议。我们仍会看到，这一层次并没有增加新型的宇宙。

第Ⅲ层平行宇宙存在的证据

　　在20世纪早期，通过解释原子领域出现的新现象，量子力学理论革新了整个物理学。量子力学的应用包括化学、核反应、激光，以及半导体等。在量子理论取得瞩目成功的同时，它的理论解释却引发了激烈的争论。直到今天，争论仍在继续。在量子理论中，宇宙的状态,不再用所有粒子的位置和速度那样的经典词汇来描述,而是用一种叫做波函数的数学客体来描述。根据薛定谔方程,宇宙的态按照名为**幺正的**方式随时间确定地演化,这对应着希尔伯特空间(波函数所在的无穷维抽象空间)中的一个旋转。比较别扭的地方在于,对于经典上违反直觉的情形,例如你同时出现在两个地方,描述它们的波函数却完全是合理的。更糟的是,薛定谔方程能让无辜的经典状态演变成令人崩溃的状态。一个怪异的例子就是,薛定谔描述的那个著名的思维实验,如果放射性原子发生衰变,那么一个令人不快的装置就会杀死一只猫。因为放射性原子最终进入衰变和不衰变的叠加态,一只既死又活的猫就产生了。

在20世纪20年代,为了摆脱这一不可思议的现象,物理学家们假设,一旦做出观察,波函数立即坍缩成某种确定的经典结果,其概率由波函数给出。爱因斯坦对破坏了幺正性的这种自然内在的随机性很不高兴,他坚持认为"上帝不掷骰子"。其他人也抱怨,没有具体指导坍缩何时发生的方程。1957年,普林斯顿的学生休·埃弗雷特(Hugh Everett)在他的物理学博士论文里提出,这个有争议的坍缩假设完全是多余的。量子理论预言,一个经典实在会逐渐分裂成许多态的叠加(图11.5)。他指出,观察者主观上只会将这个分裂体验成一种随机性,随机概率恰好等于原理的预言(见本文集中德威特写的章节)。这种经典世界的叠加就是第Ⅲ层多重宇宙。

埃弗雷特的工作仍然留下了两个问题没有回答:首先,如果这个世界真包含了荒谬的宏观叠加,为什么我们没有感觉到?直到1970年才有人回答这个问题,迪特尔·泽(Dieter Zeh)指出,薛定谔方程

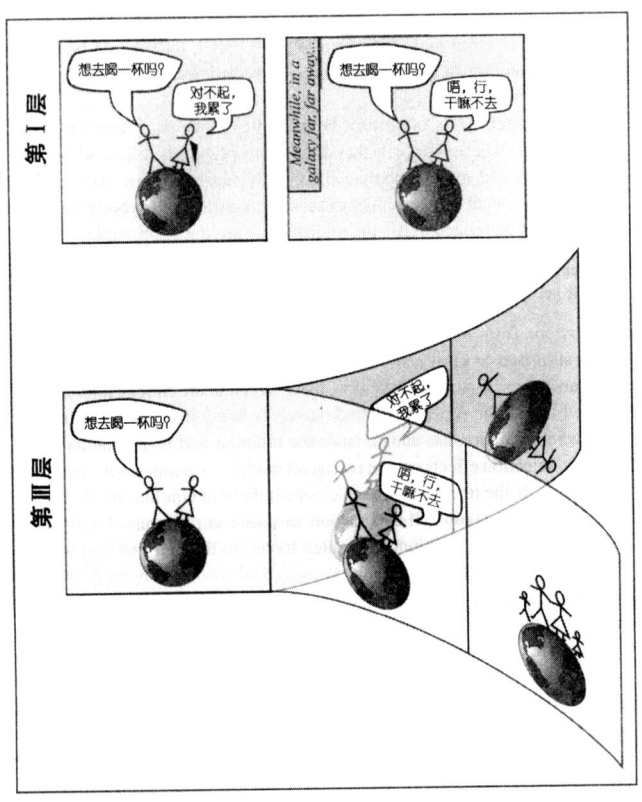

图11.5　第Ⅰ层和第Ⅲ层的区别。第Ⅰ层多重宇宙在空间上离我们很远，而第Ⅲ层多重宇宙却就在我们这里，量子事件让经典实在分裂分叉到不同的故事线中去。但第Ⅲ层并没有在第Ⅰ层和第Ⅱ层之外增加任何新概念

自己引发了一种审查效应（*Zeh 1970*）。这个效应叫作**退相干**，在接下来的几十年中，沃伊切赫·祖雷克（Wojciech Zurek）和泽等人对其进行了仔细研究。研究发现，相干的量子叠加只要不被世界中其他部分知道，就会保持下去。和一个爱打听的质子或空气分子的一次碰撞，就足以让我们在图11.5中的朋友永远无法意识到，平行的故事线中还

有自己的一个拷贝。埃弗雷特图像中第二个没有回答的问题更为微妙，但同样重要：什么物理机制选出近似经典的状态（例如一个物体一次只能在一个地方）？它在极端巨大的希尔伯特空间中是相当特殊的。退相干同样回答了这个问题，它认为，经典状态就是最坚决抵制退相干的那些态。总的来说，退相干既确定了希尔伯特空间中的第 III 层平行宇宙，又给它们划清了界限。退相干现在已经无可争议，在各种情况下都被实验测量到。既然退相干实际上能起到波函数坍缩的效果，那么人们就失去了研究非幺正量子力学的动机，埃弗雷特的多重世界的解释日益流行。要了解这些量子文献的详细内容，可以在泰格马克和惠勒的文章（*Tegmark and Wheeler 2001*）中找到流行观点，朱利尼等人的著作（*Giulini* et al. *1996*）中有技术性的回顾。

如果波函数的时间演化是幺正的，那么就存在第 III 层平行宇宙，物理学家都在非常努力地检验这个关键假设。目前还没有发现对幺正性的偏离。最近几十年，巧妙的实验证明了更大体系的幺正性，包括极重的碳 60 巴基球原子，以及千米尺度的光纤系统。在理论方面，一个反对幺正性的重要争论涉及黑洞蒸发时可能的信息丢失，这意味着量子引力效应是非幺正的，从而使波函数坍缩。但最近弦理论上的一个突破，叫作 AdS/CFT 对应的理论指出，量子引力也是幺正的，在数学上它和一个低维的无引力量子场论是等价的。

第 III 层平行宇宙长什么样

在讨论平行宇宙时，我们必须先区分考察物理理论的两种不同方法：从外面开始，研究数学基本方程的数学家所持的，也称为**鸟的**

视角；生活在方程所描述世界里的观察者所持的内部观点，也称为**青蛙视角**。[1]以鸟的视角来看，第Ⅲ层多重宇宙非常简单：只用一个波函数就能描述，并且它随时间平滑而确定地演化，没有任何分裂或平行。由这个演化的波函数描述的抽象量子世界内部，包含了大量平行的经典故事线（见图11.5），它们一刻不停的分裂、合并，经典理论无法描述的许多量子现象也是如此。然而，以青蛙视角来看，每个观察者只能感知全部真相的一小块碎片：她只能看见自己所在的哈勃体积（第Ⅰ层），退相干使她无法感知到自己的第Ⅲ层平行副本。当她被问问题，做出快速的决定并回答时，大脑内神经元水平上的量子效应分出多重结果。从鸟的视角来看，她唯一的过去分叉出多重的未来。而从青蛙视角来看，她的每个副本都不知道其他人的存在，所以这个量子分叉在她看来不过是一次小小的随机事件。实际上，后来出现了拥有完全相同的记忆的无数个副本，直到她回答了问题。

存在多少个不同的平行宇宙

尽管听起来很奇怪，图11.5说明完全相同的情况也发生第Ⅰ层多重宇宙中，唯一的区别只在于她的副本在什么地方（要么住在以往旧

---

1. 事实上，关于物理世界究竟是什么这个问题，还有一种标准认知图像介于这两者之间，即第三种观点，也叫舆论观点。从主观感知的青蛙视角，当你头朝下站着时，世界也是上下颠倒的；当你闭上眼睛时，世界干脆消失不见了。但潜意识中把你的感觉输入解释为，存在一个外部实在，它不依赖于你的方向、位置和你大脑的状态。惊人的是，尽管这第三种观点包含了内部观点中的审查（拒绝做梦）、内插（在眨眼之间）、外推（没看过的城市也是存在着的），独立的观察者仍然可以持这种舆论观点。虽然不同事物感受到的内部观点都不相同：猫看到的是黑白的，但鸟看到的却是有四原色的彩色，而对于能看出偏振光的蜜蜂、能用声呐的蝙蝠、使用更敏锐的触觉和听觉的盲人，还有最近昂贵的机器人真空吸尘器而言感觉则更为不同，但他们对"门是不是开着"这个问题一定会有一致的意见。现在关键的物理问题在于，从说明鸟的视角的基本方程出发，能推导出这半经典的舆论观点。在我看来，这意味着，虽然理解人类意识的详细本性就其本身来说是重要的，却不是物理基本理论所必需的。

的三维空间的其他的地方，要么住在无限维的希尔伯特空间的其他的量子分支）。在这个意义上，第Ⅲ层不比第Ⅰ层奇怪多少。实际上，如果物理理论是幺正的，那么暴胀中的量子涨落，通过随机过程并没有产生唯一的初始条件，而是同时产生了所有可能的初始条件，形成量子叠加，之后退相干再使这些涨落在分立的量子分支中按照本来的经典方式演变。这些量子涨落的遍历本性意味着，一个给定的第Ⅲ层哈勃体积（如图11.3所示在不同的量子分支之间）中结果的分布，和你通过取样一个量子分支中不同的哈勃体积（第Ⅰ层）得到的分布是一致的。如果物理常数、空间维度等在第Ⅱ层中都可以改变，那么它们在第Ⅲ层的平行量子分支中也是各不相同的。原因在于，若物理是幺正的，自发的对称性破缺过程就不会产生唯一的（虽然是随机的）的结果，而是产生所有结果的叠加，并迅速退相干形成各个独立的第Ⅲ层分支。简而言之，第Ⅲ层多重宇宙如果存在，也没有在第Ⅰ层和第Ⅱ层上增加任何新东西 —— 它不过是它们更难以区分的复制品罢了，同样的事情在各个量子分支中一遍遍重复。这种重复显然不符合奥卡姆（Occam）[1]剃刀原理，不过要是为了摆脱第Ⅲ层宇宙，硬假设一个还没看到的非幺正效应出来，奥卡姆也满意不到哪里去。

　　关于埃弗雷特的平行宇宙一度引起激烈的争论，在发现了一种恰好差不多大，但争议较少的多重宇宙之后，突然销声匿迹了。这让人不禁回想起20世纪20年代中著名的夏普利–柯蒂斯（Shapley-Curtis）争论：到底是有大量的星系（在那时的标准来看就相当于平行宇宙）还是只有一个？考虑到现在的研究已经转移到其他星系团、超

---

1. 威廉·奥卡姆：（1285～1349）英国经院派哲学家，他提出的这个原理可以叙述为"如无必要，勿增实体"。—— 译者注

星系团，甚至哈勃体积，再来看这场争论，不过是茶杯中掀起的一场风暴罢了。事后来看，无论是夏普利-柯蒂斯争论还是埃弗雷特争论，这些争论的产生无疑都是离奇的，反映了我们对扩展视界的本能抗拒。

　　一个普遍的反对意见就是，不断的分叉会使宇宙的数目随时间以指数方式增长。然而，宇宙数目 N 也很可能保持常数。这里"宇宙"数目 N，是指在一个给定时刻，以青蛙视角来看（以鸟的视角来看当然只有一个）不可区分的宇宙数目，也就是，宏观上不同的哈勃体积。虽然明显存在大量的宇宙（诸如行星运动到随机的新位置，和某人结婚等），但可以肯定 N 是有限的 —— 即使我们迂腐地在量子水平上区分出哈勃体积，过分谨慎的结果是，在 10^8 开温度以下也"只"有 $10^{10^{115}}$ 个。[1] 从鸟的视角看到的波函数平滑么正的演化，在一个观察者的青蛙视角看来，相当于不停播放这 N 个经典宇宙快照的幻灯片。现在你处于宇宙 A —— 你正在读这句话的宇宙。现在你处于宇宙 B —— 你正在阅读另一句话的宇宙里。不同的是，宇宙 B 存在一个与宇宙 A 一模一样的观测者，仅多了几秒钟额外的记忆。在图 11.5 中，我们的观察者先处于左边那张画板所描述的宇宙中，但现在平滑的

---

1. 对专业读者，广义波函数的叠加，能否包含了除了半经典态之外，其他有意思的态呢？半经典态（相应于我们所说的舆论观点）是指那些最能抗拒退相干的态（见本文集中祖雷克的文章），如果我们把包含这一类态的波函数部分提取出来，那还剩下什么？我们来做一个没有证据的假设，假定剩下的都是没有意义的高能混乱成分，不能包含观察者，而且迅速坍缩。让我们考虑电磁场的特殊情况。在很多条件下（Anglin and Zurek 1996），它的半经典态都可以是一般的相干态，具有无限维的高斯魏格纳函数，其特征宽度不窄于局域温度的特征宽度。这种函数组成了一组很规则的基，其集合对应光滑的波函数的所有态，也就是说缺乏激烈的高能波动。如图 11.6 所示，是一个一维量子粒子的简单情况：波函数 $\Psi(x)$ 可以被写作一个低能部分（低通滤波的）和一个高能部分（高通滤波的）的叠加，前者可以被分解为一个光滑函数和一条高斯曲线的卷积，也就是高斯包相干态的叠加。退相干够迅速使宏观上不同的电磁场半经典态互相分离，而且也从高能混乱中分离出来。高能部分是宇宙早期的典型特征，我们今天正是从那时开始的。

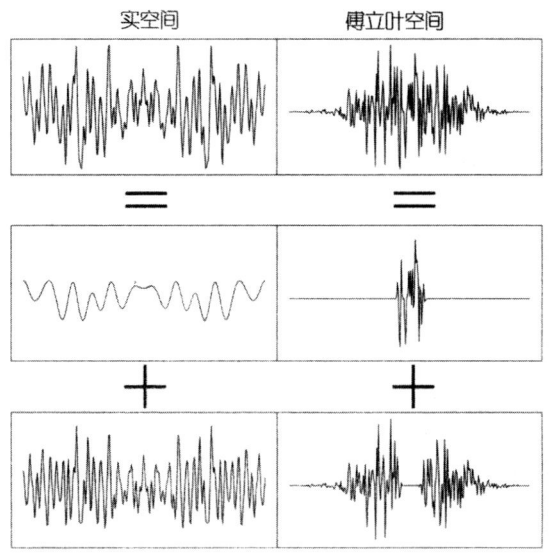

实空间　　　　　　　　傅立叶空间

图11.6　第 Ⅲ 层多重宇宙（第一排表示简单的一维希尔伯特空间）的广义波函数是怎样分解为半经典世界（产生相干态；中间一行）和高能混乱（底部一行）的示意图（见上页脚注）

接入两个不同的宇宙，就像刚才的 B 接上 A，无论在两个中哪一个宇宙中，她都不会意识到另一个的存在。想象画出一系列分立的点，每点对应一个可能的宇宙，再用箭头标出以青蛙视角来看，这些点是怎样连在一起的。每个点可以只指向唯一一个点，或者指向好几个点。同样，好几个点也可以指向同一个点，因为可以有很多方法达到同一个结果。所以第 Ⅲ 层多重宇宙不仅包含分裂的分支，还同样包含合并的分支（图11.6）。

　　遍历性意味着，第 Ⅲ 层多重宇宙的量子态在空间平移下是不变的，和时间平移一样，是一个幺正操作。如果在时间平移下也是不

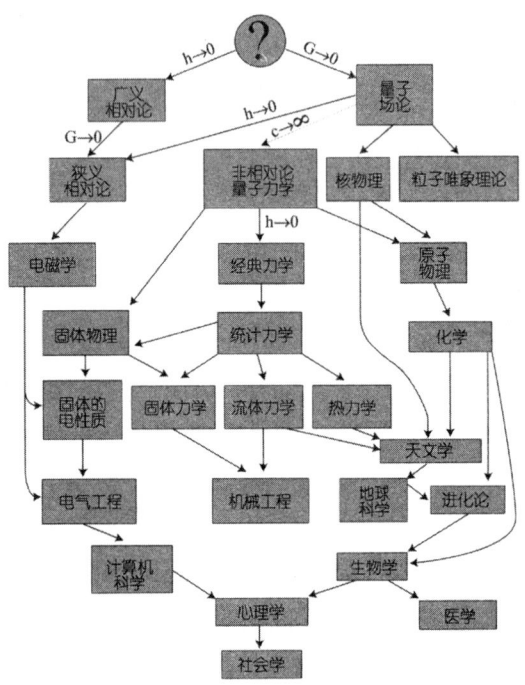

图11.7　理论大致上可以被编入一个谱系中，每个理论至少原则上都能由在
它之上的更基本的理论推导出来。例如，经典力学可以通过将光速近似为无限
大，由狭义相对论得到。但大部分箭头都不能很好地理解。所有理论都包括两个
部分：数学方程和概念，后者用来解释前者和我们观察到的现象的联系。在这个
理论谱系中的每一层，都引入了新的词汇（例如质子、原子、细胞、器官、结
构），因为使用它们很方便，抓住了问题的要点，而不需要回溯到在它之上更基
本的理论上去。但要记住，是我们人类为它们发明了这些概念和词汇：原则上，
一切都可以从树的顶部的基本理论出发推导出来，虽然这样一个极端还原论者的
方法在实践中是不起作用的。粗略来看，方程和词汇的比例随着树往下是越来越
小，在高度应用领域，诸如医学和社会学中，这个比例已经趋于零。相反，接
近树的顶部的理论则是高度数学化的，物理学家仍在挣扎着，试图用我们能理解
的词汇理解其中的概念。物理学的圣杯就是，找到一个被诙谐地称为"大统一理
论"（Theory of Everything, TOE）的东西，其他的一切都可以从这个理论推导出
来。如果这个理论真的存在，那么它将取代这颗理论树顶部那个大问号。每个人
都知道这里缺了东西，因为我们还没有找到能统一引力和量子力学的一致理论

变的（可以通过这样实现：构建一组无限多量子态的叠加，其中每个态是同一量子态的不同时间平移态，这样不同的时间发生的大爆炸就在不同的量子分支中），那么宇宙数目就会自动保持常数。所有可能的宇宙快照在每时每刻都存在，而时间的推移不过是观看者眼中的景象 —— 这是在科幻小说《排列城》（*Permutation City*）（Egan 1994）中提出的想法，而后被多伊奇（Deutsch）（1997）、巴布尔（Barbour）（2001）等人发展了。

两种世界观

经典力学如何从量子力学中涌现出来，有关这个问题的争论仍在继续，退相干的发现表明，这远比让普朗克常数 $\hbar$ 趋于零更为复杂。而就像图 11.7 所揭示的那样，这还只是巨大疑团中的一个小问题。确实，关于量子力学解释的无止境争论 —— 甚至更广泛的关于平行宇宙的课题 —— 在某种意义上都只是冰山一角。

正如在科幻讽刺电影《银河系漫游指南》（*Hitchhiker's Guide to the Galaxy*）中说的那样，已经发现答案就是"42"，而困难在于找出真正的问题。关于平行宇宙的问题，就像关于实在的疑问一样深刻，但除此之外，还有一个更深刻的问题：就是关于物理实在和数学的地位问题。这个问题存在两种都有道理但截然相反的观点，这一分歧的形成甚至可以追溯到柏拉图和亚里士多德时代，问题是：谁才是正确的呢？

亚里士多德模型：主观感觉上的青蛙视角是真实的物

理，而鸟的视角和它所有的数学语言都不过是一种有用的近似。

柏拉图模型：鸟的视角（数学结构）才是真正的"真实"，而青蛙视角和我们用来描述它的所有人类语言，都只是对我们主观感觉的有效近似。

哪个更为基本——青蛙视角还是鸟的视角，人类语言还是数学语言？你的回答将决定你怎样看待平行宇宙。如果你倾向于柏拉图模型，你会觉得多重宇宙是很自然的，我们感觉第 III 层多重宇宙是"不可思议的"，只是反映了青蛙和鸟的视角的极端不同。我们破坏了对称，把后者当作不可思议的，只是因为我们从小就被灌输了亚里士多德模型，那时我们还远没有接触数学——柏拉图观点是后天培养出来的品位！

在第二种（柏拉图）模型下，任何物理学最终都归结为一个数学问题，一个拥有无穷智慧的数学家，给他宇宙的基本方程，原则上他就能**计算**出青蛙视角。也就是，宇宙中会包含怎样的有自我意识的观察者，他们可以感知到什么，他们会发明何种语言来向同类描述他们的感知。换句话说，在图 11.7 中，树的顶部是"大统一理论"（TOE），其公理都是纯数学的，而英语中的假设，是指可以被推导出来，从而是多余的解释。而另一方面，在亚里士多德模型中绝不会有 TOE 的存在，我们终究只是用一些语言表述来解释另一些语言表述——这被称为无限回归问题（*Nozick 1981*）。

第Ⅳ层：其他数学结构

假设你认同了柏拉图模型，相信在图11.7的顶部确实存在一个TOE —— 只是我们还没找到正确的方程。那么就会遇到这样一个令人困窘的问题，也是惠勒教授所强调的：为什么是这些特殊的方程，而不是别的？现在就让我们来探索数学的民主思想，由此得到其他方程所支配的宇宙也同样真实。这就是第Ⅳ层多重宇宙。不过，我们先要消化另外两个想法：数学结构的概念，以及物理世界也是一个数学结构的观点。

数学结构是什么

我们中的很多人都认为，数学就是我们在学校里学的一堆用来操纵数字的小技巧。但大多数数学家对他们所研究的领域持有不同观点。他们研究更抽象的物体，例如函数、集合、空间和算符，并试图证明它们之间某种关系的定理。事实上，现代数学的文章如此抽象，以至于你在里面能找到的唯一的数字就是页码！一个十二面体能和复数集合有什么相同之处？尽管数学结构 [还有着令人胆怯的名字，诸如欧本体[1]，杀人场[2]] 明显过剩，但它们在20世纪显现出惊人的基本统一性：**所有**数学结构都只是同一个东西 —— 所谓形式系统（ formal system ）的特殊情况。形式系统包括一些抽象的符号，以及操纵它们的规则，具体规定新的符号（称为定理）应该怎样用已有的符号（称为公理）推导出来。这一历史性的进步，是解构主义的一种

---

1. orbifold，又叫轨流形 —— 译者注
2. killing field，实际上应翻译为基林场，黎曼面上保证距离不变的矢量场 —— 译者注

表现形式，因为它去掉了传统上赋予数学结构的所有意义和解释，只留下它们最根本的抽象关系。结果，现在计算机能够不借助任何关于空间是什么样的物理直觉，直接证明几何定理。

图11.8显示了某些最基本的数学结构和它们之间的关系。虽然这棵学科树的延伸是不确定的，但它仍然说明数学结构一点都不模糊。它们就在"那里"，从某个意义上来说数学家发现了它们，而不是创造了它们，沉思的外星文明也会发现同样的结构（不管是由人、计算机，还是外星文明来证明，这个定理都同样成立）。

物理世界是一个数学结构的可能性

现在让我们来消化物理世界（第Ⅲ层多重宇宙）**是一个数学结构**的观点。虽然很多理论物理学家都认为这是理所当然的，但这仍是一个深刻而广泛的概念。它意味着数学方程描述的不仅是物理世界某些有限的方面，而是物理世界的**全部**。它意味着存在和我们的物理世界**同构**（即等价）的数学结构，而每个物理实体都在这个数学结构中有着唯一的对应，反之亦然。让我们来看几个例子。

一个世纪以前，经典物理仍然占据绝对地位时，很多科学家都相信物理空间和数学结构R3（三维欧几里得空间）**同构**。而且，有些人认为，宇宙中所有形式的物质都相应于多种经典**场**：电场、磁场，以及也许还没发现的其他场，在数学上用R3中的函数来表示（空间中每点都有一组数字）。以这个观点来看（后来被证明是不正确的），物质的密集集团，例如原子，就是空间中某些场很强的区域（某些

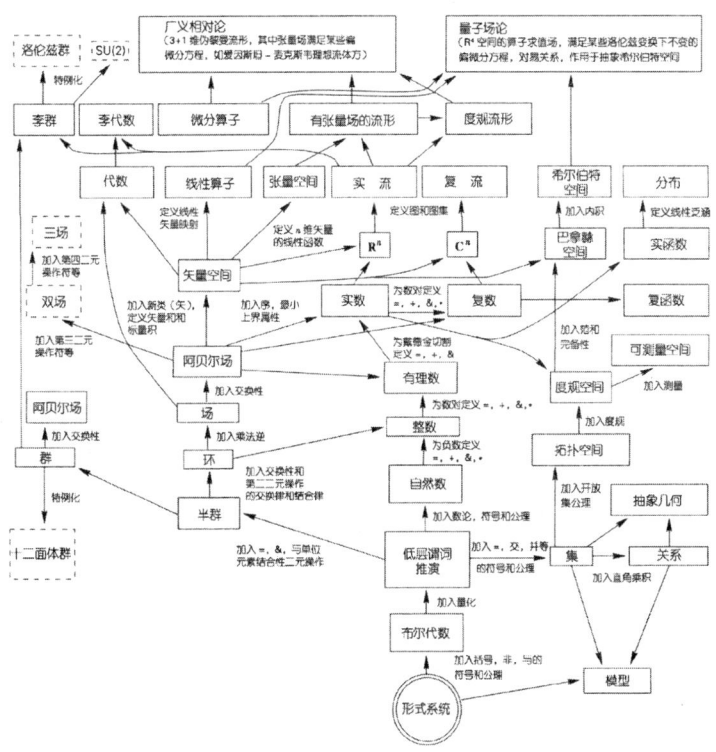

图11.8　多种基本数学结构的关系图（*Tegmark 1998*）。箭头一般指向加入
的新符号和／或公理。相遇的箭头表示结构的合并；代数是一个矢量空间同时也是
一个环域，李群（*Lie Group*）既是一个群也是一个流形。完整的树可能是无限延
展的 —— 图中所示只是接近底部的一些例子

数很大的地方）。这些场根据某些空间微分方程，随时间确定的演化，
就被观察者理解为运动物体和发生的事件。那么三维空间中的场可
以符合宇宙的数学结构吗？不能，因为数学结构是不变的 —— 它是
个抽象概念，是存在于时间和空间之外的不变实体。我们熟悉的青
蛙视角里事件展开的三维空间，和以鸟的视角来看包含所有历史的
四维时空是等价的，所以数学结构应该是四维空间中的场。换句话

说，如果历史是一部电影，那么数学结构对应的不是其中的一帧，而是整个录像带。

给定一个数学结构，如果它包含具有主观自我意识亚结构（SAS，self-awareness substructure），我们就说，它具有**物理存在**，从青蛙视角来看，就能感知到自己住在一个真实的物理世界。这样的SAS在数学上是什么样的呢？在前面的经典物理例子中，像这样的SAS，就相当于时空中的一根管子，比爱因斯坦说的世界线更粗。管子的定位就给出你在不同时间的空间位置。在管子内部，场会表现出某些复杂的行为，存储并处理周围场值的信息。在管子上每一处，这些过程产生了熟悉却奇妙的自我意识。以青蛙视角来看，SAS会把管子的意识一维线视作时间的推移。

尽管我们的例子说明了物理世界可以是数学结构，但这个特殊的数学结构（四维空间中的场）却被证明是错的。在认识到时空可能是弯曲的之后，爱因斯坦固执地想找一个所谓的统一场理论，其中的宇宙是数学家所称的，含张量场的3+1维赝黎曼流形（Riemannian manifold），但这套理论不能解释原子的行为。根据量子场论——狭义相对论和量子理论的现代结合，宇宙（第Ⅲ层多重宇宙）是一个算子值场（operator-valued field）代数的数学结构。在这里，什么构成SAS的问题更为微妙（*Tegmark 2000*）。但是它不能描述黑洞蒸发、大爆炸的第一刻，以及其他的量子引力现象。所以如果存在和我们的宇宙同构的正确数学结构，我们也还没找到它。

数学民主性

现在假设我们的物理世界就是一个数学结构，你就是其中的 SAS。这意味着，在图11.8所示的数学树中，某个方框就是我们的宇宙。（完整的树可能是无限延展的，所以我们所在的方框也许不是图中所示的那些底部的方框。）换句话说，这个特殊的数学结构不仅具有数学上的存在，而且还有物理存在。那么树上的其他方框呢？它们也有物理存在吗？如果不是，那么在实在的中心就会形成一个基本的、未经解释的实体论非对称性，将数学结构分为两类：具有或不具有在物理实在。作为摆脱这个哲学难题的一个方法，我提议实行完全的数学民主：数学存在和物理存在是等价的，**每个**数学结构都同时在物理上存在。这就是第 Ⅳ 层多重宇宙 [它形式上可以被看做是激进的柏拉图主义，断言柏拉图**精神领域**（realm of ideas）中的数学结构，洛克（*Rucker 1982*）的**思维图**（mindscape），在物理意义上都是在 " 那里 " 的（*Davis 1993*），并造就了戴维·路易斯（*David Lewis 1986*）所谓的形式现实主义理论 —— 在数学词语中和巴罗（*Barrow 1991, 1992*）提到的 " 天空中的 π " 是类似的]。如果这个理论是正确的，由于它不含有自由参量，所有平行宇宙的全部性质（包括其中 SAS 们的主观感知），在原则上都可以被一个无限聪明的数学家推导出来。

第 Ⅳ 层多重宇宙的存在证据

我们已经以猜测程度越来越高的顺序描述了四层多重宇宙，那么为什么要相信第 Ⅳ 层的存在呢？逻辑上，这主要依赖两个独立的假设：

假设1 物理世界（特别是第Ⅲ层多重宇宙）是一个数学结构。

假设2 数学民主性：所有数学结构在同一个意义上都在"那里"。

在一篇著名的评论中，魏格纳（1967）写道"数学对自然科学的帮助大得神乎其神"，而"这并没有理性的解释"。这个论点可以被看做是对假设1的支持：数学在描述物理世界上的便利，正是后者本身就**是**数学结构的自然结果，而我们正逐渐认识到这一点。我们现有物理理论中的许多近似理论很成功，原因在于，简单的数学结构能够较好地近似描述SAS怎样感知更复杂的数学结构。换句话说，我们成功的理论并不是模拟物理的数学，而是模拟数学的数学。魏格纳的评论并不是建立在侥幸的巧合基础上，在他提出这个观点后数十年后，自然中更多的数学规则被发现，包括粒子物理的标准模型。

支持假设1的第二个论据就是，抽象数学是如此的一般，以至于**任何**可用纯形式术语（不依赖模糊的人类语言）定义的TOE也必定是数学结构。例如，一个包含一组不同类型的实体（比如，用词语表示）以及它们之间关系（用附加词语表示）的TOE，就是一个集合理论模型，而且我们可以一般地找到它所在的规范体系。

这个论据同样使假设2更令人信服，因为它意味着，任何可能想到的平行宇宙理论都可以在第Ⅳ层被描述。第Ⅳ层多重宇宙，被泰格马克（1997）称为"终极集合论"，因为它包含了所有的集合，从而终结了多重宇宙的层次，不可能再有第 V 层。考虑一个数学结构的集合也没有增加新内容，因为它只不过是另一个数学结构。考虑另一个经常被讨论的观点，即，宇宙是一个计算机模拟吗？这个想法常在科幻小说中出现，并且实质上也被相信阐述过（例如，*Schmidthuber 1997*；*Wolfram 2002*）。数字计算机的信息内容是一串比特，比如"1001011100111001…"，虽然很长但仍有限，等价于一个很大但有限的整数 n 用二进制写出来。计算机的信息处理就是将一个记忆态变成另一个的确定规则（反复应用），所以在数学上就是一个函数 f，反复地将一个整数映射到另一个上去：

$$n | \to f(n) | \to f(f(n)) | \to \cdots$$

换句话说，即使是最复杂的计算模拟，也只是一个数学结构的特殊情况，包含在第 IV 层多重宇宙里。（顺便一提，迭代连续函数，而不是整数函数，能形成分形。）

假设 2 的另一个吸引人的特性在于，目前，只有它唯一回答了惠勒教授的问题：为什么是这些特殊的方程，而不是别的？让宇宙随着所有可能方程的曲调起舞，一劳永逸地解决了微调问题，即使是在基本方程层次：虽然很多数学结构都是死的，而且不包含 SAS 们，不能形成 SAS 们需要的复杂性，稳定性，和可预测性，但我们当然是以 100％ 的概率住在能支持生命的数学结构中。由于这个选择效应，对问题"到底是什么把活力注入方程，使宇宙能被其描述"（*Hawking 1993*）的答案，就是"你，SAS。"

第Ⅳ层平行宇宙长什么样

我们应用、检验和排除理论的方法，就是用我们过去的经验来计算未来事件的概率分布，并把这些预言和观测结果相比较。在多重宇宙理论中，一般而言，不只有一个SAS和你经历了过去同样的生活，所以不能确定哪一个才是你。因此，为了做出预言，你必须计算他们中多大比例的人能够预见未来，这就导致了下面几个预言：

预言1 描述我们世界的数学结构是与我们的观测一致的数学结构中最普遍的一种。

预言2 我们未来的观测是与过去的观测一致的最普遍的观测。

预言3 我们过去的观测是与我们的存在一致的最普遍的观测。

我们将在下面回去讨论"普遍"所指的含义问题（见"测量问题"部分）。数学结构有一个令人惊异的特性（在 *Tegmark 1997* 中有详细讨论），那就是对称性和不变性是普遍的，而正是它们造就了宇宙的简单和有序。它们更像是常规而不是例外，数学结构倾向于自动具有这些性质，而为了除去它们，必须增加复杂的公理等。换句话说，正因为这一点和选择效应，我们看到的第Ⅳ层多重宇宙中的生命不再是一团混乱。

讨论

我们已经综览了平行宇宙的科学理论，发现它们组成四个层次的多重宇宙（图 11.1），与我们自己的宇宙的差异也随层次增加不断增大：

　　第Ⅰ层：　其他哈勃体积，具有不同的初始条件。
　　第Ⅱ层：　其他后暴胀泡沫，具有不同的有效物理定律（物理常数、时空维度和粒子种类）。
　　第Ⅲ层：　量子波函数的其他分支，没有增加任何实质的新东西。
　　第Ⅳ层：　其他数学结构，具有不同的基本物理方程。

　　尽管第Ⅰ层中的宇宙之间是无缝连接在一起的，但分别由暴胀空间引起的第Ⅱ层和由退相干引起的第Ⅲ层多重宇宙之间，则有着明确的分界线。第Ⅳ层中的宇宙是完全分立的，只有在你要预测未来时才需要考虑，因为"你"也许不只存在于它们中的一个里面。

　　虽然乔达诺·布鲁诺是在第Ⅰ层宇宙中惹上宗教裁判所的麻烦，但今天很少有天文学家认为空间会突然中止于可观测宇宙的边缘。有意思的是，最近几十年研究得最火热的是第Ⅲ层，或许仅仅是一种历史巧合，因为它本质上没有增添任何新的宇宙类型。

前景展望

　　我们将会有多种方法检验这些平行宇宙的理论，甚至可能排除其中的一些。在今后几十年，随着宇宙测量技术的巨大进步，通过诸如宇宙微波背景辐射探测、大尺度物质分布测量等，我们会进一步限定空间的弯曲和拓扑结构，从而检验第Ⅰ层平行宇宙理论。而更精确的暴胀测量，可以用来检验第 II 层平行宇宙的理论。天体物理学和高能物理学的共同进步，也会确定物理常量的微调程度，从而削弱或加强第 II 层的存在可能。如果现在全球制造量子计算机的努力能够成功，那么它将会为第 III 层宇宙的存在提供进一步的证据，因为它在本质上要利用第 III 层多重宇宙的平行性来做平行计算（Deutsch 1997）。相反，幺正不守恒的实验证据则会排除第 III 层。最后，现代物理的重大挑战，统一广义相对论和量子场论的成功或失败，会给第 IV 层宇宙的研究带来更多启示。我们要么最终找到一个和我们的宇宙相匹配的数学结构，要么突然碰到不可思议的数学有效性极限，从而不得不放弃第 IV 层。

测量问题

平行宇宙中也有一些有趣的理论问题，首先，也是最重要的就是**测量问题**。随着多重宇宙理论赢得了越来越多的信任，如何计算物理概率，这个令人不愉快的课题就从一个小麻烦变成了一个大问题。为什么概率变得这么重要？这是因为，如果确实存在"你"的很多副本，你们过去的生活和记忆都完全一样，那么即使掌握了多重宇宙整个状态的全部知识，你还是不能计算出你自己的未来。关键就在于没办法决定哪一个才是"你"（他们都自认为是）。所以你能预言的只是你要观察的事物的概率，也就是观察到某种现象的"你"占所有的"你"的比例。但不幸的是，计算这无数个观察者中哪一个感知到了什么，是非常怪异的，因为答案取决于你数他们的顺序！如果你按1，2，3，4，… 的顺序来数这些整数，出现偶数的概率是50%，但你要是用你文字编辑器上的字母顺序（1，10，100，1000，…）来数，那么这个概率会达到100％。如果观察者住在不相连的宇宙，就没有明显自然的顺序来数他们，此时我们就必须以一定的统计权重在这些不同的宇宙中取样，数学家称这个过程为"测量"。在第 I 层中这个问题还是比较容易解决的，在第 II 层中问题就变得严重起来，而在第 III 层计算量子概率时更是引起了强烈争议 [见本文集中德威特（DeWitt）的文章]，在第 IV 层中简直就是可怕的。例如，第 II 层中，维兰金（Vilenkin）等人认为不同的平行宇宙，暴胀的程度也不同，应该选择与它们的体积成比例的统计权重，从而对不同宇宙学参量下的概率分布做出预言（例，*Garriga and Vilenkin 2001a*）。但另一方面，任何一个数学家都会告诉你，$2 \times \infty = \infty$，所以，客观意义上不存在这样的说法：一个无限的宇宙以两倍的因子膨胀就会变得更大一些。确实，一个指数暴胀的宇宙含有一个数学家称之为类时的基林矢量（Killing vector），这意味着它具有时间平移不变性，所以从一个数学家的观点来看，这个宇宙不发生改变。而且，一个体积有限、拓扑结构呈环面的平坦宇宙，等价于有严格周期的无限大宇宙，这无论是从数学上的鸟的视角，还是从包含在内的观察者的青蛙视角来看，都是成立的。那为什么无限小的体积给出统计权重为零？既然甚至在第 I 层多重宇宙中，$10^{10^{115}}$米之外哈勃体积就开始重复（虽然是随机的，而不是周期性的），那么无限空间是否应该比这个尺度的有限区域给出更大的统计权重呢？我们必须解决这个问题，才能在观测上检验随机暴胀的模型。如果你认为这个处理很糟糕，那再考虑给第 IV 层的数学结构分配统计权重的问题吧。我们的宇宙似乎相对简单的事实，让很多人猜想正确的测量也许应该包含复杂性。例如，为了使简单性处于有利地位，有人假设每个数学结构的权重是2^{-n}，其中n是以比特测量算法的信息内容，定义n为能说明它的最短比特串（比如计算机程序）长度（*Chaitin 1987*）。按这个规定，所有的无限长比特串（每个表示为一个实数，像101011101……）的权重都是一样的，但不同的数学结构则有不同的权重。如果对高复杂度，确实存在这样指数性的制约因素，那我们很可能发现，我们是在能够包含观察者的最简单的数学结构之一中。但是，这一算法复杂性取决于结构怎样映射到比特串上（*Chaitin 1987*以及本书第3章），而且，是否存在一个把实在映射到比特串的最自然的定义，还远远没有明确答案。

平行宇宙的正面和反面

那么，你是否该相信平行宇宙？让我们从正反两方面的简要讨论中得出结论。首先，我们已经看到，这不是一个是/否问题，而是，同时也是最有意思的是，到底有几层多重宇宙，0，1，2，3还是4？图11.1概括了每层多重宇宙的存在证据。宇宙学观测表明，宇宙是平坦而无限的，其中的物质分布是均匀的，这个结果支持了第Ⅰ层的存在。而第Ⅰ层宇宙和暴胀结合，优美地解决了宇宙的初始条件问题。暴胀理论在解释宇宙观测上的巨大成功，支持了第Ⅱ层的存在，而且它还能解释物理参量明显的微调痕迹。第Ⅲ层则被幺正性在实验和理论上的证据所支持，同时它还在保证从鸟的视角看到的因果关系的前提下，解释了困扰爱因斯坦很久的量子随机问题。第Ⅳ层则是解释了数学在描述物理上不可思议的有效性，同时回答了"为什么是这些方程，而不是别的"的问题。

针对平行宇宙的主要争论在于，它们很浪费并且很离奇，让我们来依次考虑这两点。首先，多重宇宙理论很容易被奥卡姆剃刀原理所攻击，因为它们假设了其他宇宙存在，而我们却永远观测不到。为何自然在本体上如此浪费，并沉溺于这些多到无穷无尽的不同世界？迷人的是，这一点也可以反过来**支持**多重宇宙。当我们觉得自然过于浪费时，我们到底是在困惑关于她浪费的哪一点？显然不是"空间"，因为标准的平坦宇宙模型中无限的体积并没有引起这样的反对。也不是"物质"或"原子"——理由相同，一旦你已经浪费了无限的东西，谁在乎你再多浪费点呢？所以，这种令人困惑的"浪费"倒不如说是一种简化，它减少了说明所有这些不可见世界所需的信息量。然而，正如泰格马克（Tegmark 1996）详细讨论过的那样，整个集合往往要比集合中的单个元素简单得多。例如，一个普通整数 n 的算法信息内容在 $\log_2 n$ 量级上（Chaitin 1987），这就是将它用二进制写出来所需要的比特数。然而，所有整数的集合，1，2，3，…，只需要寥寥几行计算机程序就能生成，所以整个集合的算法复杂度要远小于其中某个整数。同样，爱因斯坦引力场方程的全部理想流体解的集合，算法复杂度要远低于其中某个特解，因为前者只需要很少几个方程就能描述，而后者要求在某个超曲面指定大量的初始数据。不严格地说，当我们把注意力局限在一个集合中的某个特定元素上时，表观信息的内容增加了，却失去了将所有元素考虑进来时整个系统内在的对称性和简单性。在这个意义上，更高层的多重宇宙具有更低的算法复杂度。从我们的宇宙升到第 I 层多重宇宙，就不再需要指定初始条件，升到第 II 层，就不需要制定物理常数，到了包含所有数学结构的第 IV 层多重宇宙，本质上就不存在算法复杂度了。只有从青蛙视角，从观测者的主观感觉来看，才有那些信息富余和复杂性。可以证明，多重宇宙理论要比只取一个集合元素作为物理存在的单个宇宙理论经济得多。

　　第二个普遍的抱怨是，平行宇宙太离奇了。但这个反对多半来自审美上，而非科学上的考虑，然而正如上面提到的，这个意见只有在亚里士多德的世界观中才有意义。在柏拉图模型中，如果鸟的视角和青蛙视角足够不同，很可能看到的是，观察者会抱怨正确的TOE如此离奇，而每个迹象都说明这正是我们所处的情形。我们所感到的离奇也没什么好大惊小怪的，因为进化只赋予了我们对日常物理的直觉，能够使我们远古的祖先生存下来。但由于有了智慧和创造，我们已经比只有一般内部观点的青蛙视角稍微多窥见了一些东西，可以确信的是，我们在超出人类原始认知的任何地方都遭遇了奇异现象：高速（钟慢效应）、小尺度（量子粒子能同时存在于好几个地方）、大尺度（黑洞）、低温（能向上流的液氦）、高温（碰撞粒子能改变身份），等等。所以，物理学家大体上已经接受了，鸟的视角和青蛙视角是很不相同的。量子场论的一个现代流行观点是，标准模型也仅仅只是一个有效的理论，是另一个还没发现的理论的低能极限，而后者与舒服的经典概念相去更远（例如，包含十维的弦）。许多实验学家现在已经对这么多"离奇"（但重复性很好）的结果感到麻木了，他们简单地接受了这个世界就是一个比我们原想的世界更离奇这样的观点，然后埋头继续计算。

　　我们已经看到，四层多重宇宙的共性是，最简洁也可以说是最优雅的理论自动包含了平行宇宙，要否认它们的存在，你必须使你的理论更复杂，增加没有实验支持的过程和特殊的假定（有限的空间、波函数坍塌，本体论的不对称性，等等）。美学上的判断问题现在变成哪个更浪费、更缺乏优雅：许多宇宙还是许多语言？也许我们将逐渐习惯我们宇宙的离奇之处，并最终发现这种离奇正是它魅力的一部分。

致谢

作者希望感谢安东尼·安奎尔（Anthony Aguirre）、亚伦·卡纳森（Aaron Classens）、乔治·马瑟（George Musser）、戴维·劳布（David Raub）、马丁·芮斯（Martin Rees）、和哈罗德·夏皮罗（Harold Shapiro）的启发性讨论。这个工作得到了以下单位的帮助：美国国家自然科学基金会（National Science Foundation）提供的 AST-0071213 和 AST-0134999，NASA 提供的 NAG 5-9194 和 NAG 5-11099 帕克基金会（David and Lucile Packard Foundation）的研究基金和研究协会的科特雷尔奖学金（Cottrell Scholarship）。

第 12 章
量子引力论：结论和展望

李·斯莫林（Lee Smolin）

加拿大滑铁卢　理论物理圆周研究所

（Perimeter Institute for Theoretical Physics,Waterloo,Canada）

简介

　　1981年我访问得克萨斯大学时，有一次和惠勒教授以及他的一群学生和博士后一起吃饭。像往常一样，惠勒又提出了一个引起大家兴趣的问题来讨论。这一次他是这样问的，"也许当我们死去的时候，圣彼得会给我们一个物理测试，来决定我们在人间时有没有利用好那些用来追求知识的时间。由于这一测试可能会让人过度紧张，而且我们也很容易忘记细节，所以他允许我们带上抄写板，来帮助我们记忆。作为物理定律，内容必须简单而且普遍，所以这个抄写板只能是一个3×5英寸的卡片。那么你会在这张卡片上写下什么呢？"

　　当然，如果不考虑这里牵涉的神学问题，从教育方面来说，惠勒教授的问题简单而又基本。如果我们相信自然定律是简洁的，那么我们对它们的理解的衡量，将是一个能清楚表达的简洁描述。无论作为个体还是作为集体，我们对物理定律的理解越好，写下它们所需要的空间就越小。

我们后来就关于如何最简单地写下爱因斯坦方程展开了踊跃的讨论。我们还争论了量子理论的何种形式最为基本。当然，现在回想起来，我们当时的回答相当愚蠢，因为可以确信的是，无论爱因斯坦方程还是量子理论，它们本身都不是基本的自然定律。正是由于另一个的存在，它们中任何一个都是不完全的。广义相对论似乎不能包括量子现象，而量子理论在合并相对论的时空观上也存在困难。我们需要一个新理论，能够将量子理论和爱因斯坦的广义相对论统一成一套理论。这样的理论被称为**量子引力论**，只有它才有可能成为基本理论。

所以，为了通过这个测试，我们必须谈谈量子引力论。实际上，惠勒教授就是这个课题的先驱之一，他和布赖斯·德威特（Bryce DeWitt）贡献了量子引力论的基本方程，被我们尊称为惠勒－德威特方程。

从那以后，我和其他成百上千的数学家、物理家们，追随着布赖斯和惠勒教授，全力寻找量子引力论。所以，我认为，现在由惠勒教授来提问似乎更为公平：我们现在是否对量子引力论足够了解，以至于能在一张 3×5 英寸的卡片上写下其原理呢？

我相信，答案是肯定的，在本文剩下的篇幅中，我将解释自从惠勒教授将卡片问题摆在我们面前的 20 年来，我认为我们已学到的东西。在最后，我会回过来总结我们现在处在什么阶段，以及面对的尚待解决的关键问题。

本文的结构

量子引力论是一个复杂的课题，并不仅仅体现在科学上，也同样体现在历史和社会学上。科学哲学家和社会学家告诉我们，我们在课本中学到的科学史是过于简单化的，在那里，物理学家似乎能直接从问题走向答案，而没有经历伴随进步而来的策略、错误、假象和普遍的迷茫，这些在社会学理论或艺术等领域是很常见的中间步骤。他们是对的，量子引力的故事，就是到目前为止一个最好的例子。它充分证明了，人类社会的各种复杂性是怎样进入寻找自然真理的过程中的。

在量子引力的例子中，过去的半个世纪里人们尝试了很多方法，其中大部分都被抛弃了。现在也许还有一些在积极探索之中。在这些方法之中有两个比较突出，它们是18年来大量物理学家和数学家不懈努力的结果。它们就是弦理论和圈量子引力（loop quantum gravity）。虽然它们不是现在研究的唯一方向，但可以公平地说，我们现在涉及量子引力的大部分结果，都在这两个领域之中，或者在和它们之一紧密相关的领域中。[1] 由于篇幅有限，我在这里只讨论这两种方法。

---

1. 这些例外中包括Bekenstein（1973），Hawking（1975），Unruh（1976），Davies等人的经典结果，处于半经典水平上；还有动力学三角测量（*Agishtein and Migdal 1992;Ambjorn et al.1992;Ambjorn 1995*）和因果动力学测量（*Ambjorn and Loll 1998;Ambjorn et al.2000;2001a,b,c,2002;Loll 2001;Dittrich and Loll 2002*）程序的结果。另外三个也引起人们很大兴趣而且很多人都相信它们包含了某种真理的方法是，磁扭线理论（*Penrose and MacCallum 1972;Penrose 1975*），非交换几何（*Connes 1994*）和因果集理论（*Bombelli et al.1987;Martin et al.2001; Rideout and Sorkin 2001*）。

我在我写的书《通往量子引力的三条路径》(*Smolin 2001a*)中已经详细讨论了上面这两种理论，而且弗特尼·马可波罗(Fotini Markopoulou)和胡安·马德西纳(Juan Maldecena)也在本文集中讨论了这两者的各个方面，所以我在这里就不再花费篇幅介绍它们了。[1]相反，我将假设读者对这两种方法的基本思想已经大致了解，而主要介绍它们作为最后的量子引力论的候选者，目前已经做到什么程度。我要问的主要问题就是，它们离量子时空的完全理论还有多远。我所说的完全，是指它已经精确地公式化了，在数学上和概念上都能很好地理解，以至于我们有办法进行计算，从而做出对真实实验的预言，而且至少已经做出一些实验，可以支持或否定这些理论预言。

因此下面我将这样安排：下一个部分先列出希望量子引力论回答的主要问题，并解释为什么这些问题是重要的。接下来的部分将阐述如何在实验上检验量子引力论。因为科学是基于实验的，如果不能说明我们的想法和计算是怎样被检测的，就不能对我们到底知道了什么给出令人信服的回答。

再接下来，我要介绍圈量子引力的基础知识。阐述它是怎样回答那些主要问题的，而且可能以怎样的方式被实验检验。我也会指出未解决的关键问题是什么，这也是这个方法必须回答的问题。

---

1. 关于弦理论和圈量子引力的信息也可在网站上 (http://superstringtheory.com/ , www.qgravity. org)，书中 *Green et al. 1987;Gambini and Pullin 1996;Polchinski 1998;Greene 1999*) 和回顾性文章中 (*Smolin 1992,1997;Rovelli 1998*) 找到。弦理论并非一个全然理性的对象，它也造成了很多争论；要看批评性的回顾，读者也许愿意看看沃伊特 (*Woit 2001*) 和弗里丹 (*Friedan 2002*)。

接下来的部分我将讨论弦理论。我同样会说明它对主要问题的回答，以及未解决的主要问题。

最后，我会做一个总结，对研究的前景作一个展望，并根据我在该领域20年的工作经验，给出几点评论。

这篇文章是我为总结我们在量子引力领域内的知识状态而写的两篇文章之一。另一篇比本篇更长，更技术化，更详细，而且也有更多的参考文献（*Smolin* 2003）。这里做出的很多陈述都在另一篇中有着详细论证。

量子引力论必须回答什么问题

为了清楚这些理论离完全还有多远，我们必须具体说明理论所要回答的问题。到现在，我们有望列出一份关于自然的问题清单，这些问题不久前还是没有答案的，但我们希望量子引力论能够解决它们。[1]

这份清单虽然不短，但也不是无限的。我们可以将这份清单分成四个部分。首先列出关于量子引力自身的问题。

关于量子引力的问题

正确的量子引力论必须：

---

1. 在这份问题清单中，我排除了那些只跟理论本身相关，而不直接涉及自然世界的问题。它们虽然对各个理论的内部发展很重要，但在这里是要忽略的。一个研究项目可以在这样内在的问题上做出巨大进步，而不引起对自然世界的任何新看法，这虽然是事实，但不见得是件好事。

1.告诉我们现在已有的广义相对论和量子力学的原理是正确的，还是需要作一些调整。

2.能对所有尺度的自然做出精确描述，包括普朗克尺度。

3.用既服从量子理论，又兼顾时空几何是动力学的这一现实语言，告诉我们时间和空间是什么；告诉我们光锥、因果结构、矩阵等，在量子力学中和普朗克尺度下是怎样描述的。

4.给出黑洞的熵和温度的推导。解释黑洞的熵怎样被理解为统计意义上的熵，通过粗粒化得到它们的量子表述。

5.和现在明显观测到的宇宙学常数值一致，这个值是正的，但很小。解释宇宙学视界的熵。

6.说明在经典广义相对论的奇点处发生了什么。

7.完全与背景无关。这意味着，任何经典场，或对经典场方程的解都不会出现在这个理论中，除非作为量子态或者演化历史的近似。

8.说明从普朗克尺度的物理出发，在一个合适的低能极限下，经典广义相对论是怎样出现的。

9.预言新的物理现象，至少其中一些在目前或近期的实验中是可以检验的。

10.预言我们观察到的平坦空间中，全局洛仑兹不变性在自然中应当出现，并能精确到无限加速参量情形，或者在普朗克尺度的能量和动量下洛仑兹不变性是否需要修正。

11.为引力子散射提供超越经典近似的精确预言，包括引力子之间的散射，以及和其他量子的散射。

　　这些问题是挺多的，但很难想象相信一个没有回答这里每一个问题的时空量子理论。然而，其中关于背景无关的要求怎么强调都不过分，提出这个要求有两个原因。第一个原因来自基本原理。在物理学的整个历史中，从希腊时代开始，就有两种关于时空本性的观点互相竞争。其一是，时空并非动力学体系的一部分，而是物理背景中永远固定的非动力学的部分，自然定律定义在它们的概念之上。这就是牛顿的观点，也称**绝对**时空观；第二种观点认为，时间和空间的几何也是构成宇宙的动力学体系的一部分。所以它们不是固定的，而是像其他事物一样，根据定律演化。更进一步，依据这种观点，时间和空间是**关联**的。这意味着，一个事件发生在何处何时，并没有绝对的意义，除非和其他可观测事件联系起来定义。这是莱布尼兹（Leibniz）、马赫（Mach）和爱因斯坦的观点，它被称为**相对**时空观。

　　爱因斯坦的广义相对论就是相对时空观的一个实例。观测显示，脉冲双星在辐射的两个自由度上以引力辐射的方式带走能量，和爱因斯坦的预言精确一致，这一结果可被视作对**绝对**时空观的致命一击。这意味着，时空度规完全是一个动力学整体，没有任何一个组分是固定的，非动力学的。也可以表述为，引力场物理学是完全与背景无关的。这意味着，几何上任何一个方面都不是固定的，独立于宇宙历史的。如果你去除几何的时空部分，即动力学演化的结果，那么你不是剩下某些几何背景，而是一无所有。

　　这种背景无关性在广义相对论中由一特定原理表述，被称为**微分同胚不变性**（diffeomorphism invariance）。它意味着，空间不存在固定的、背景的结构，也不存在任何独立存在的有标记的点，物理粒子和场会位于或者离开这些点。能确切定义的唯一一件事就是**动力场之间的关系**。要想讨论某个特定点、特定事件，或一段特定时间，唯一的方法就是它们能被某个动力演化的场恰好在该处的值辨别出来。

正如爱因斯坦和其他人论证的那样，微分同胚不变性是和理论的背景无关性直接相关的。这些在空洞概念（hole argument）问题中有相关论述（例如 Norton 1987，Earman 1989 and Smolin 2001b，Dirac 1964 对规范对称性的含义分析）。其他的讨论可见 Stachel 1989，Barbour 2000，Rovelli 1991 和 Smolin 1997b，2001a。

于是，经典的广义相对论是背景无关的。它的动力学舞台并不是时空，而是引力场所有自由度的位形空间，也就是度规模微分同胚（metric modulo diffeomorphism）。

现在我们要问，引力量子论是否也要是背景无关的？举一个相关的例子，为了**定义**量子色动力学的（QCD）的量子动力学，需要某些特定的经典杨-米尔斯场（Yang-Mills field），而定义经典理论却不需要指定这样固定的、非动力学的场。尽管还是有很多人表达过这种观点，那就是也许量子引力论的定义需要一个固定的、非动力学的时空背景。这看上去似乎很荒谬，因为它意味着，从经典理论（无限多特解中）拿出某个特解，让它作为量子理论的首选解。而且，还不能用实验方法来确定，到底是哪个经典背景可以用来扮演这个首选角色，因为如果任何依赖于固定背景的效应在低能极限下也适用，就会破坏微分同胚不变性，而这个不变性是广义相对论的基本规范对称性。但这也意味着，微分同胚不变性在低能极限下不再是精确的规范对称性，这就暗示了当物质加速时，不只是两个自由度的度规会激发。而这就无法说明，为什么广义相对论的计算结果与脉冲双星轨道的衰减速度惊人的一致。

这样，原理和实验双方面的证据都强化了这个结论，自然必须以这样的方式建立：即使在量子领域，时空几何的所有自由度都还是动力学的。但如果真是这样，固定的经典度规在量子引力论中就不起任何作用。

与宇宙学相关的问题

下面我们将提一提目前还没有得到解决的宇宙学疑难，人们普遍希望能够通过普朗克尺度物理来解决它们。

1. 解释我们的宇宙为何明显开始于极端不可能的初始条件。
2. 特别地，说明宇宙为何在大统一时期有适合暴胀发生的初始条件，或者给出另一种暴胀机制，或者提出其他机制，但要能重复暴胀宇宙学的成功之处。
3. 解释为何大爆炸是时间的开端，或说明在它之前是否还有什么。
4. 说明暗物质是什么。暗能量是什么。解释为什么现在暗物质的密度是普通强子物质的6倍，而暗能量是暗物质密度的两倍。
5. 做出超越目前标准宇宙模型的预言，比如暴胀模型预言的对宇宙微波背景（CMB）谱的修正。

与力的统一相关的问题

接下来，我们要提出基本粒子物理中的问题，任何关于相互作用的统一理论都必须解决这些问题。就像弦理论要是这样一个正确的理论，就必须能回答这些问题，圈量子引力论也有可能，但并不是必须回答其中某些问题。

1.弄清这些力是否有更进一步的统一，包不包括引力。

2.说明基本粒子物理标准模型的普遍性质，例如，解释为何这些力是由一个 $SU(3) \times SU(2) \times U(1)$ 群的自发破缺规范理论描述，并在特定的手征表象能观测到费米子。

3.说明为何在质量比上有如此多层次，从普朗克质量，到电微子质量，最后到宇宙学常数。发现产生这种层次的机制，是通过一个更统一的理论的自发破缺，还是什么别的途径。解释为何宇宙学常数以普朗克单位表示出来会这么小。

4.说明标准模型中各参量的实际值：质量、耦合常数、混合角，等等。

5.告诉我们是否存在一个唯一的、自洽的自然理论，对所有实验都能做出唯一的预言。或者，就像大家时不时建议的，粒子物理标准模型留下的某些或所有未解决问题，都要在基本理论允许的各种可能的自洽唯象理论中做出选择。

6.为这个理论特有的现象作出实验预言,而且在目前或近期的实验中能够检验。

基本问题

最后,是量子理论的基本问题,很多人都相信它们和量子引力的问题紧密相关。

1.解决量子宇宙学中的时间问题。
2.说明怎样修正量子力学,以适用于一个封闭系统,例如包含自身观察者的宇宙。

还有很多问题,我们马上就会看到不同的量子引力论会对它们做出怎样的回答。

量子引力论怎样被实验检验

直到最近,大家几乎都普遍相信,在可预见的未来,没有实际可能用实验检验任何量子引力论。这是因为,一个简单的论述就能说明,为什么关于量子引力的物理现象会发生在我们现有技术无法探测的尺度上。

要想量子引力效应发生,必须包括表达了三个物理常数的现象。这三个常数是:量子论普朗克常数 $\hbar$,引力的牛顿常数 G,相对论的光速 c。它们在一起设定了发现量子引力效应所需探测的距离、时间

和能量的尺度。问题在于普朗克长度，

$$l_{\text{Pl}} = \sqrt{\hbar G/c^3} \approx 10^{-33} \text{ 厘米} \tag{12.1}$$

比原子核尺度小20个数量级，而普朗克能量，

$$E_{\text{Pl}} = \sqrt{\hbar c^5/G} \approx 10^{19} \text{千兆电子伏（GeV）} \tag{12.2}$$

比计划中最大的基本粒子加速器能创造的能量还要大15个数量级。所以，大家几乎都认定了我们不能马上探测到这个尺度，从而不能在实验上检验量子引力论。

这个形势为基本粒子物理带来的危机，从20世纪70年代中期一直持续到现在。在20世纪70年代，基本粒子物理标准模型做出的预言得到最初的成功验证之后，就再没有在实验上证实过基本力和粒子等重要新理论思想的例子。结果，虽然这一段时期中关于基本力的统一和量子引力论的理论思想都得到了丰富发展，但其中任何一个思想都没有得到实验验证。

但在上述论证中有一个我们都曾忽略的漏洞。只有少数人注意到了这个漏洞，其中包括冈扎勒斯－梅斯特斯（*Luis Gonzalez-Mestres 1997a，b*）、科尔曼和格拉肖（*Coleman and Glashow 1997，1998*）、萨科尔（Subir Sarker）、阿梅利诺－卡梅利亚（Giovanni Amelino-Camelia）及其合作者们（*Giovanni Amelino-Camelia et al. 1997，1998；*

Ellis et al. *2000，2001*）。[1]这些人认识到，即使单个的量子引力事件是不可观测的，也会存在来自很多量子引力效应的、放大了的现象可以被观测到（*Giovanni Amelino-Camelia* et al. *1997，1998*；*Coleman and Glashow 1997，1998*；*Luis Gonzalez-Mestres 1997a*，*b*；*Ellis* et al. *2000，2001*；*Giovanni Amelino-Camelia and Piran 2001*）。

一个这样的放大装置就是质子衰变探测器。如果真的发生，质子衰变是四种基本相互作用统一的结果。某些统一理论预言，它发生在比普朗克尺度的能量小1000倍的尺度上。虽然在能量上低于量子引力效应，但还是比粒子加速器所提供的能量高了很多数量级。所以质子衰变事件是相当罕见的。然而，一立方米的水里就包含了大量的质子，因此如果你能建成一个巨大的游泳池，它能识别出单个质子衰变所产生的巨大能量，我们就有很大机会在一年的观察中看到这样一个罕见事件。

一旦有人开始实施这个放大的想法，阿梅利诺－卡梅利亚就有说服力地为一群量子引力论研究者提出了一个清晰的策略：就像对惠勒教授的卡片一样，写下物理定律，然后通过量纲分析加上任何可能的正比于 l_{Pl} 的项。对任何可观测的包含基本粒子的能量来说，这些项都是很小的，但我们可以找到这样的物理情景，这些小项的效应被放大到某个程度，以至于在目前技术条件下可以观测到对正常情况的背离。

举个简单的例子：考虑能量动量关系，根据狭义相对论，对任何

1.关于这段发展的历史相对复杂，回顾和参考可见*Sarker 2002*。

粒子的能量 E，质量 m，动量 p 都是普遍成立的：

$$E^2 = p^2 c^2 + m^2 c^4 \qquad (12.3)$$

加上正比于 $l_{\mathrm{Pl}} = \dfrac{1}{E_{\mathrm{Pl}}}$ 的项，得到

$$E^2 = p^2 c^2 + m^2 c^4 + \alpha\, l_{\mathrm{Pl}} E^3 \qquad (12.4)$$

其中 α 是一次无量纲常数。

现在，读者中的物理学家会反对了，因为这违背了某些基本原理。例如，它违背了洛仑兹变换下的不变性，洛仑兹变换告诉我们，怎样在不同观测者之间变换能量和动量。这似乎是个致命的反对意见，但还是有出路的，我们可以在变换定律中同样加上 l_{Pl} 的项，使得新的表达式（12.4）在洛仑兹变换下是不变的。在本文集中马古悠（João Magueijo）那一篇详细讨论了这个问题。[1]

对光子来说，$m = 0$，式（12.4）马上显示光速依赖于能量。我们发现，

$$v = \frac{\partial E}{\partial p} = c(1 + 2\alpha l_{\mathrm{Pl}} E) \qquad (12.5)$$

同样，有人立刻反对，它违背了相对论，但同样发现，它和调整

---

1. 如何精确实施，可见 Bruno et al. 2001，Ahluwalia and Kirchbach 2002，Giovanni Amelino-Camelia 2002 Judes and Visser 2002，Kowalski-Glikman and Nowak 2002），Visser 2002 的讨论。

后的相对论原理是相容的，马古悠的文章中有说明。

现在的能量修正对我们能观测的所有光子来说，都是一个很小的效应。例如，对伽马射线光子来说，它只是一个10^{22}分之一数量级上的效应。所以这个效应可以被认为是看不到的，当然这是在不放大的情况之下。

但是，这个例子中的放大器是很好找的，那就是宇宙本身。根据方程（12.5），对高能光子来说，光速略微大些或小些的事实意味着，如果我们观测距离很远的能量爆发过的光，更高能的光子就会比较低能的光子略微早到或晚到。这个效应虽小，但随距离而放大。问题就是，是否存在这样的光子源，足够远，时间足够短，能量足够高，以至于较高能和较低能光子到达的时间延迟能被现有技术测量出来？

答案是：有！在宇宙学距离上的伽马射线爆发差不多每天都能观测到一个。根据现有数据，我们得到α的上限是1000。计划在2006启动的下一次伽马射线观测，将匹配足够快的电子装置来探测这个效应，如果它确实存在，而且α的次数为一。

还有不少其他类似的可能观测，包含观测从遥远的源来的光子和宇宙射线。关于它们的更多信息可参考萨科尔的文章（*Sarker 2002*）。而这还不是全部，另一个普朗克尺度效应的放大器是宇宙暴胀，假设它发生在宇宙极早期。类似于式（12.4）的普朗克尺度效应，确实引发了对宇宙微波背景观测的预言，有望在未来十年观测到。我们的底线就是在近几年内，如果它们存在，至少能观测到一些量子引力效应。

基本物理理论这25年来没有经过实验检验的时期终于要完结了！

一种量子引力理论：圈量子引力论

我们现在来讨论量子引力论本身。在这一部分，我将讲述我认为发展得最好的量子引力方法，即圈量子引力。

圈量子引力的产生源于两大进展，一个是广义相对论，一个是基本粒子物理。从广义相对论这边来说，阿贝·阿希提卡（Abhay Ashteckar）在1985年重新描述了爱因斯坦的广义相对论，对它进行了极大的简化（*Ashteckar 1986*）。他的重建工作基于阿弥陀婆·森（Amitaba Sen）几年前的发现，即某些爱因斯坦方程用一组特殊变量书写时要简单得多（*Sen 1981, 1982*）。这组特殊变量就是一个规范即杨-米尔斯场。它们相当于一种电磁场的推广，即相当于带不只一种电荷的电磁场。在这种情况下存在三种电荷，我们可以把它们叫做红、白、蓝电荷。[1]

规范场同样出现在基本粒子物理标准模型中，他们被用来描述自然界中不同的力。所以在1985年，物理学家研究原子核内相互作用力时发展起来的一些理论和技巧，马上就用到量子引力研究上。这些思想中最重要的一点就是，用电流圈来描述规范场的量子物理很有用。

任何上过高校自然科学课程的人都熟知磁力线。如果你在纸上

1.关于规范场的完全描述，对于非物理专业人士，可参考*Smolin 1997, 2001a*。

放上一些锉屑（基本的磁化粉末），然后在纸下放一个条形磁铁，你就会看到从南极指向北极的磁力线。这时，你的老师就会告诉你说这些力线是连续的；之所以看上去是分离的，是因为锉屑具有一定大小。但也有力线本来就分离的情况：发生在超导体中。在这种情况中，磁场出现了量子化，在一个超导体中的任何磁场都必须是这个基本量子单位的整数倍。这是量子力学效应，在经典物理中不会发生。

在电磁学中还有电场，同样，它也可以由力线来表示。在这里电力线是从正电荷指向负电荷。我们现在还不知道电力线分立为量子的情况。但对标准模型的规范场来说则不然。将夸克结合在一起关在质子或中子里的规范场，其力线就是分离的，和超导体中的力线一样。这也是为什么有时将质子或中子的内部环境称为"双"超导体，"双"在这里意味着将磁场换成电场。与此对应，20世纪70年代一些物理学家[1]找到一种方法重新描述了量子规范场物理，主要是关于分立电场线的运动自由度。这些自由度被称为圈变量。

所以，当森和阿希提卡广义相对论可以用规范场极大简化时，我们也可以将圈的物理图像和方法应用到引力量子化上，圈的概念最先也是从规范场中来的。于是，我们作出这样的物理假设，虚无空间对引力规范场而言，就如一个双超导体，这里的电场线是量子化的。

现在，量子化的电场线在量子引力中和规范场中是不同的，因为时空度规在其中扮演了不同的角色。度规是描述时间和空间几何的变

---

1. 萨夏·米戈德（Sasha Migdal）、萨夏·普里亚科夫（Sasha Polyakov）、肯尼斯·威尔逊（Kenneth Wilson）和斯坦利·曼德尔斯坦（Stanley Mandelstam）。

量，说明光或其他场怎样运动。爱因斯坦做出的伟大发现就是：它也是引力场。因为爱因斯坦发现引力的存在是这一事实的结果：时空几何是动力学的，随时间演化，并根据物质分布做出调整。

但我们在研究电磁学或基本粒子物理时，往往希望忽略引力现象，于是也冻结了度规。它就变成了所谓的**背景场**，即被视作固定的、非动力学的，于是成为背景定义的一部分，在它之上我们可以研究电磁场的动力学。

但当我们研究量子引力时，就不能这么做了，因为规范场本身就包含了时空几何。实际上，阿西提卡和森的伟大发现之一就是，空间几何已经是描述引力的新规范场电场的一部分。所以当我们研究这些场的量子机制时，引力场并不是固定背景的一部分，而是我们要研究的量子动力学体系的一部分。也就是说，我们在以真正**背景无关**的方法来研究量子引力。

在我列出问题时，强调过背景无关原理的重要性。

这么做的一个后果就是，量子化电场的圈并不存在于空间之中。相反，是它们的位形定义了空间的存在。第二个后果是，因为空间几何现在是新电场的一部分，电场通量圈的量子化会给空间几何带来一系列影响。因为电场通量只能取特定的分立值，空间几何也一样。一个影响就是面积和体积的量子化。如果测量任何表面的面积，答案都只能是一系列分立的单元，称为**面积量子**。对体积也是一样。结论就是理论预言的，在自然中存在最小的面积量子和最小的体积量子。

这是对圈量子引力基本思想的简单介绍。更详细的讨论由弗特尼·马可波罗在本文集中的文章给出，更多的可见 *Smolin* 2001a。[1] 但我们在这里的讨论，也足够说明圈量子引力是怎样回答那些问题的。尽管如此，在给出结果之前，我必须要提一下，圈量子引力有着非常严格的一面，所有的关键结论都重复推导过，并成为微分同胚不变的量子场论有着数学严格性的定理。德曼（*Theimann* 2001）和佩雷斯（*Perez* 2003）分别在经典和路径积分方面检查了这些严格的结论。

圈量子引力回答量子引力问题

1.告诉我们广义相对论和量子力学的原理是按照现在的样子就正确呢，还是需要作一些修正。

圈量子引力认为，这些原理可以直接统一起来。需要强调的是，要从广义相对论中拿过来的关键原理是：①时空几何是完全动力学的，②不存在固定的背景结构，所以物理学必须要以背景无关的语言来表述，③不论何时，经典场，例如一个度规场，都应该是微分同胚不变的表述。

我们没有采用度规是一个基本场的想法，也不认为爱因斯坦为经典度规场写的经典方程是基本的。相反，我们希望量子引力场有一个自然的动力学。量子动力学的形式，可以参考经典爱因斯坦方程，这个工作已经完成得很好了。但需要强调的是，因为经典度规在圈量子

---

1. 关于圈量子引力的一些基本文章有 *Gambini and Trias*1981，1983，1984，1986；*Jacobson and Smolin* 1988，1990；*Rovelli and Smolin* 1988，1995a，b；*Gambini* et al. 1989；*Smolin* 1994。

引力中不再扮演基本角色，我们能拿来用的只是爱因斯坦理论的基本原理，它们平等地适用于量子和经典理论。这些基本原理就是，时空几何是完全动力学的，而且必须用背景无关的语言来表述。

　　2. 能对所有尺度做出自然的精确描述，包括普朗克尺度。

　　精确描述由量子化的电流圈给出，量子化的电流圈既是完全量子力学的概念，又与刚刚提到的广义相对论基本原理 —— 空间几何概念相容。这些圈一般编成网状，被称为自旋网络（spin networks）。这些东西就是一些图，图的边界都标着一些整数，告诉我们有多少基本电流量子通过边界。当这些边界穿出表面时，就变成面积量子。

　　一个数学定理说，这些自旋网络态给出了量子引力希尔伯特空间的一组完备正交基。

　　而且，量子引力的基本方程惠勒－德威特方程，也能用这些自旋网络态精确求解（*Jacobson and Smolin 1988*；*Rovelli and Smolin 1988*；*Theimann 2001*）。事实上，可以找到无限多解。

　　这一物理图像可以精确地推广到包含物质自由度的情形，比如基本粒子物理标准模型中的所有场。如果有人想加上额外的对称性，例如假设的超对称性，同样也可以。这就导致了引力理论的另一种表述，称为超引力。这些理论的量子机制同样可以用圈量子引力完全描述。

　　3. 用既服从量子理论，又兼顾时空几何是动力学的这一现实的语言，告诉我们时间和空间是什么。告诉我们光锥、因果结构、矩阵等，是怎样在量子力学中和普朗克尺度下描述的。

要想在圈量子引力中描述完整的时空，我们先来考虑一个被称为因果自旋泡沫（causal spin foam）的对象。这里也有一种图，但在图上的顶点对应自旋网络图几何发生改变的事件。这在本文集里马可波罗的文章和斯莫林的文章（Smolin 2001a）中都有讨论。它结合了对光锥、因果结构等的描述，这种描述是完全量子化的，也是背景无关的，同时满足量子论和广义相对论原理的要求。

　　4.给出黑洞的熵和温度的推导。解释黑洞的熵怎样被理解为统计意义上的熵，通过粗粒化得到它们的量子表述。

不管黑洞是否带电，是否旋转，统一给出黑洞视界的图像，圈量子引力中已经解决了上面的问题（Smolin 1995；Ashteckar et al.1998，2000；Krasnov 1998；Rovelli 1998b）。著名的贝肯斯坦（Bekenstein）关系认为，在普朗克单位下，黑洞的熵等于其视界面积的四分之一，在任何情况下都适用。

值得一提的是，通过这样确定黑洞的熵，圈量子引力的一个自由参量也就确定下来。在为单个黑洞设定这个参量之后，[1] 理论就能预言出所有黑洞的正确数值。这就有点类似于量子场论中的物理参量，例如电荷，

1.德莱尔（Olaf Dreyer 2002）最近的工作显示，这个自由参量可以由黑洞振荡的相应原理确定。

质量，必须重整化。但这里也有一个关键的不同之处，那就是这里的比值是有限的而非无限的，事实上就是一个约等于1的数，$\dfrac{\sqrt{3}}{\ln(2)}$。

一旦完成了这项工作，我们就对黑洞视界的物理自由度有了清晰的物理图像，而它会是完全量子化的，和贝肯斯坦和霍金关于黑洞的所有预言一致。

　　5.和现在明显观测到的宇宙学常数值一致，这个值是正的，但很小。解释宇宙学视界的熵。

并入一个宇宙学常数并不成问题，实际上已经找到量子几何基态的一个精确表述，这是由日本理论学家小玉秀雄（Hideo Kodama）发现（总结性评论可见 *Smolin 2002*）的。宇宙学视界的熵已经可以用上面说过的方法精确描述。吉宾斯（Gibbins）和霍金等人早期计算过的、与宇宙视界时空相关的温度，也可以由第一性原理推导出来。

　　6.说明在经典广义相对论的奇点处发生了什么。

马丁·波久华德（Martin Bojowald）最近以圈量子宇宙学为名的研究显示，圈量子引力中的几何量子化意味着，最初和最后的宇宙奇点都已经消除了。在这些点位置上只有反弹，也就是说，在宇宙膨胀之前是宇宙收缩（*Bojowald 2001a*，*b*，*2002a*，*b*）。[1]

1.最近，辻川（Tsujikawa）等人研究显示，波久华德的圈量子引力宇宙学理论可以修正暴胀理论对CMB谱的预言，而这个现象是可以被观测的——或者已经观测到了。

7.完全与背景无关。这意味着，任何经典场，或对经典场方程的解都不会出现在这个理论中，除非作为量子态或者演化历史的近似。

我们已经说过，这个要求在圈量子引力中完全满足。

8.说明从普朗克尺度的物理出发，在一个合适的低能极限下，经典广义相对论是怎样出现的。

这是一个有难度的问题，类似于凝聚态物理中的问题。在凝聚态物理中，我们从理解得比较透彻的原子物理开始，试图推演出某种材料在不同物理相的微观性质。在圈量子引力中，我们从自旋网络态的演化定律开始，试图推演出更大尺度的时空行为。总的来说，回答这个问题正是现在研究的热点。

现在已经有一些结果了，这些结果显示，至少在某些情况下，理论对这个问题作出了积极回答（Smolin 2002）。其中一些考虑宇宙学常数为正的情况。在这一条件下，小玉发现了量子几何的某个基态，能给出量子几何在普朗克尺度上的微观精确描述。但运用量子力学的标准方法，时间和空间在微观尺度上的行为是可以计算的，而且发现它和广义相对论的预言在主项（leading order）上是一致的。特别是，大尺度描述就是可以由爱因斯坦方程的某个解很好地近似表示的时空几何，也就是 de Sitter 空间。而且，这个态的低能激发态可以很好的近似为 de Sitter 背景下传播经典引力波。

所以，至少在非零宇宙学常数的情况下，该理论明确回答了这个问题。

　　9.预言新的物理现象，至少其中一些在目前或近期的
　　实验中是可以检验的。

事实上，有计算显示，圈量子引力确实预言了对能量-动量关系在表达式（12.4）形式上的修正。最早的工作由甘比尼和普林（Gambini and pullin）（1999）作出；其他得到相同结论的计算也发表在一些文章中（*Alfaro et al.2002*；*Smolin 2002*）。

这些计算对量子几何的基态作出了不同的假设，从而对参量 α 的值作出了不同预言。现在工作的一个目标就是，考察理论能否对 α 作出唯一的预言。最好能在 GLASS 观测卫星发射之前对 α 值作出确定的预言，因为该卫星可能测量出 α 值。

　　10.预言我们观察到的平坦空间中，全局洛仑兹不变
　　性自然中是否应当出现，并能精确到无限加速参量情形；
　　或者在普朗克尺度的能量和动量下洛仑兹不变性是否需要
　　修正。

这个问题在任何量子引力论中都会出现，因为洛仑兹不变性不是量子引力论的对称性。首先，它并不是经典广义相对论，或其他任何包含等价原理的引力相对论的对称性。洛仑兹不变性（我在这里指的是全局洛仑兹不变性）是闵可夫斯基时空的对称性，闵可夫斯基时空

是广义相对论经典运动方程的一个特解。但除此之外，洛仑兹不变性并没有其他重要性；在研究其他解时不会考虑到它，在广义相对论方程公式化或作出物理解释时它也不起任何作用。

正如我前面说的，量子引力论必须是背景无关的，所以只适用于某个经典解的性质在量子论中是不起作用的。这样，洛仑兹不变性作为一个全局对称性，在量子引力论中是不存在的。它只在某一特解中有用，而且只在低能近似下有意义。在低能近似下，量子时空几何由经典广义相对论的一个解来近似。

这样，洛仑兹不变性是否能够回归到理论中？如果能回归的话，是以通常的线性形式？还是变成了非线性形式？这些都成了悬而未决的问题。

我已经讲过，圈量子引力的计算指出，式（12.4）有新加的项出现。这意味着，通常的线性洛仑兹变换不再是该理论的对称性。有两个可能：该理论的低能极限破坏了洛仑兹不变性，从而出现一个绝对参照系；或者，洛仑兹变换同样存在普朗克尺度的修正，于是对称性将以非线性形式出现。虽然这个问题还没有解决，但我相信可以证明，后者才是圈量子引力的选择。这是因为，简单地破坏洛仑兹不变性意味着，存在一个绝对的参照系，其中包含绝对静止的概念。然而，在物理理论体系中不可能容纳这个绝对参照系。

还有一个漂亮的论证，暗示洛仑兹不变性在低能极限下是以非线性形式实现的。我已经论证了普朗克能量和普朗克长度都被视为极限，在它们之上，时空几何的经典描述失效了，取而代之的是量子描述。现在长度和能量都是在洛伦兹变换下的量子数。通常，存在相对运动的观察者观测到的值并不一致。

这就引发了一个难题：当我在普朗克能量之上观测新的量子效应时，其他相对高速运动的观察者要想同样观测到这个新效应，是在我的参照系，还是在他们的参照系中的普朗克能量之上？因为能量变换，这两者不是同一个值。

解决这个困惑的一个方法就是，修正洛伦兹变换的形式，使所有观测者得到一致的普朗克能量。于是这个能量能为普适的，就像光速一样[1]。结果发现，我们可以要求改变相对性原理，从而出现一个所有观测者都认可的绝对能量尺度，而同时保留光速不变性（低能极限下）和惯性观察者的等价性。修正过的狭义相对论形式在下列文献中可以找到：*Burno et al. 2001*，*Ahluwalia and Kirchbach 2002*，*Amelino-Camelia 2002*，*Judes 2002*，*Judes and Visser 2002*，*Kowalski-Glikman and Nowak 2002*，*Visser 2002*。

> 11. 为引力子散射提供超越经典近似的精确预言，包括引力子之间的散射，以及和其他量子的散射。

这是该理论现在还没有解决的问题。但是计算正在进行之中，我相信圈量子引力会为所有可观测量，包括引力子散射，提供有限大小

---

1. 或者说，考虑到式（12.5），低能极限下的光速。

的预言值。原因在于，已知自旋泡沫形式会为所有物理演化振幅给出紫外的有限结果。这个问题就变成了，如何用自旋网络来表示引力子初态和末态，以计算它们的转变振幅。我们现在知道，如何将线性的引力子描述成小玉态的微扰，所以剩下的唯一问题就是，将线性引力子的波函数转换成自旋网络的振幅。这项工作目前正在进行中。

其他问题

圈量子引力好像还没有回答某些宇宙学问题。在最近的工作中，马丁·波久华德（*Martin Bojowald 2001a，b；2002a，b*）和他的同事们提出，圈量子引力能用来研究早期宇宙，结论就是，量子效应确实除去了大爆炸奇点。虽然我们不能用经典词汇描述宇宙几何学，但时间是可以连续地从大爆炸回溯到坍缩相。所以，圈量子引力就支持了这样一幅宇宙图像，大爆炸源于更早期的引力坍缩，要么是整个宇宙的收缩，要么是黑洞的坍缩。

有关统一的问题，圈量子引力还没有贡献出什么新内容。它和基本粒子物理标准模型以及通常的推广，包括大统一理论和超对称理论，完全相容。

最后，通过提供一套完全、清晰的量子引力论公式体系，圈量子引力为量子宇宙学相关基本问题提供了研究工具。工作在圈量子引力领域的一部分人，已经提出解决量子力学根本问题的新途径，称为"关系量子论（relational quantum theory）"。主要论述可见马可·波罗在本文集里的文章，详细内容可见斯莫林的文章（*Smolin 2003*）。

弦理论

我们不能像讨论圈量子引力那样，先给出弦理论的基本假设，再讨论弦理论。原因在于，很多弦理论家认为，虽然弦理论已经发展到了万物之理的高度，但它的基本假设还没有公式化。而且，以公理形式表述弦理论所需的概念思想和数学语言，目前还没有出现。

这样看来，弦理论类似于以前的研究项目，例如量子力学和广义相对论，多年的艰苦工作才使得理论的假设公式化。于是，叫作"弦理论"的**研究项目**可以被看作是寻找一个叫作"弦理论"定义的一系列活动。现在有的只是很多种"弦理论"研究结果的集合。据推测，其中每个都是现在还没有定义的弦理论的某一部分的近似。所以，如果发现了理论的这些假设，也许就接近了这个研究项目的终点了吧；也许这些发现正标志了它的顶点。

当然，没有任何先验理由的人相信，这个研究项目到最后不能得到成功。但是这一情况，会使试图达成一个一致的或客观的理论评估的努力复杂化。正因如此，我建议仔细分开公开的结论和大胆的推测。只有这样，我们才能充分了解还需要做些什么来证明或证伪主要的猜测，从而看清怎样做才能更接近理论公式化。

所以我的目的是，通过考察它回答上面列出问题的能力，来评价弦理论**现在**做到了什么阶段。为了公开讨论这些结论，我们还不能谈论"弦理论"，因为现在它还不存在。所以我们只能谈论弦理论，它们就是我们现有结论所涉及的内容。

这些弦理论都是背景无关的理论。一个弦理论很像在固定时空几何中运动的粒子理论，只是粒子由一维的弦替代。它就是研究的基本对象，类似于点粒子，不同的是，它在一维方向有长度。弦可以是闭合圈，也可以是开放的。这时它是有端点的曲线，但同样都在空间中运动。

在过去几年，弦理论已经被推广到包含高维物体在背景时空中的传播。它们被称为膜（brane），二维的膜就叫作二维膜（membrane）。这些膜有两个作用。开放弦的端点可以连接在这些高维物体上，这时它们被叫做d–膜（d-brane）。从这个角度来说，膜是弦运动背景的一部分。但也有结论显示，膜也有自己的动力学，本身就可以被当作动力学对象。

在任何情况下，弦理论都是从说明时空的固定背景几何开始。就现在已经理解的内容，弦理论是一个背景无关的理论。也有推测，弦理论的推广可能超出背景无关属性，我们会在下面讲到。但就我所知，到目前为止的实际计算和所有可以精确描述的结论，都将弦理论当作背景无关的理论。

为了定义一个背景无关的弦理论，必须先指定一个经典背景：包括一个给定流形 M，某个维度 d 和一个度规 g_{ab}。背景场常常还要由某些其他场补充，包括度规场 Φ，叫做伸缩子，以及电场和磁场，我们一概用 A 表示。现在我们得到一个背景场 $B = \{M, g_{ab}, \Phi, A\}$。

在这个背景下，弦和二维膜的运动都有经典理论描述。其中有些理论已经广为人知几个世纪了。例如关于在乐器中用到的张紧的弦或膜的理论。但让弦理论变得有挑战性的原因是，不是所有这样的理论都可以量子化。很多情况下，当有人试图用量子力学的语言描述经典背景下张紧的弦或膜时，就会出现不自洽。

但也不总是这样。值得注意的是，有些弦理论还是符合量子力学的。它们就是弦理论的内容。

所以，关键是要定义一个**自洽弦理论**。定义如下：

1. 自洽弦理论是关于一维延伸物体的传播和相互作用的量子理论，这些一维研究对象可以是封闭的，也可以是开放的，都在经典背景场中运动。这个理论是完全符合量子力学的。特别的是，它也是幺正的（这意味着，量子力学保持了概率相加等于1的事实），而且能量永远非负（*Green* et al. 1987；*Polchinski* 1998）。

2. 如果定义一个自洽的微扰弦理论，则其背景 B 可被称为自洽的。很多背景都是不自洽的。但仍然有无限多自洽的背景（将分立的经典背景当成分立的），而且有些背景上还可以定义不止一个微扰弦理论。

3. 自洽弦理论一般由两个参量来刻画，长度 l_{string}，称为弦尺度，还有无量纲的耦合常数 g_{string}，称为弦耦合常数。也许还有和不同背景有关的额外参数。这些参数表示了其他背景场的几何或者数值。很多情况下，它们都可以连续变化，而不影响弦理论的自洽性。

　　4.如果用无量纲耦合常数 g_{string} 的幂级数来描述弦之间的相互作用，弦理论就是微扰的，$g_{string}=0$ 时意味着没有相互作用。

　　认为弦理论和物理相关，背后的基本思想是自洽弦理论中的某些振动模式，可以被解释为相对论性量子力学粒子在时空中的传播。在这些弦模式中，存在着标准模型所有的粒子的对应，包括费米子、规范场、希格斯粒子等。自洽的闭合弦模式也包含自旋为2的无质量粒子。在波粒二象性的理解下，这些粒子对应于在固定时空背景上运动的引力波。这些量子化了的引力波就被称为**引力子**。认为弦理论和量子引力相关的基本结论就是，它们统一了引力子和基本粒子物理标准模型中的粒子和力。而主要的缺陷在于，到目前为止这个统一还是以完全依赖背景的方式理解的。

弦理论怎样回答量子引力的问题

　　1.告诉我们广义相对论和量子力学的原理是按照现在的样子就正确呢，还是需要作一些调整。

　　弦理论假设量子论的原理保持不变。而广义相对论的原理在弦理论中都不再精确成立，普遍认为它们只在比弦尺度大的现象中成立。同时，也许有新的原理替代广义相对论的那些原理，但现在还提不出这样的原理。

　　2.能对所有尺度的自然做出精确描述，包括普朗克尺度。

　　一个包括引力子的自洽弦理论，也许能回答这个问题，至少在它所定义的背景相关的水平上。

　　不得不提的是，这里有三个警告。

　　首先，到目前为止，弦理论都是定义在弦耦合常数的幂级数展开式上，而它是和规范场的耦合相关的。

　　展开式中的项，目前还只能明确定义到第二级，以给出自洽的结论（*D'Hokera and Phong 2002*）。从 20 世纪 80 年代中期就有人宣称要证明所有展开项，但到现在还没有实现。

　　下面是一段总结，来自最终证明了到第二级的自洽性的文章，作者阐述了现在的研究状况（*D'Hokera and Phong 2002*）：

　　　　管弦理论有了重大进展，但在格林和施瓦茨（Schwarz）为 II 型弦，格罗斯（Gross）为混合弦推导出单圈振幅的近二十年之后，多圈振幅自洽都没有实现。主要的障碍在于，非平凡拓扑结构的世界面中存在着超模（supermoduli）。很多人都为克服这个障碍做出了相当的努力，接下来是一片混乱，文献中充斥着互相矛盾的处理方法。这些处理方法涉及一系列基本原理，例如 BRST 不变性和图像转换关系（picture-changing formalism），下降方程（decent equation）和切赫（Cech）上同调（Cech cohomology），模数不变性（modular invariance），光锥规范

（light-cone gauge）、全局泰丘缪勒（Teichmueller）曲线几何、幺正规范、算符关系、群论方法、因子分解、代数超几何等。但是，基本问题在于规范固定要求局域的规范片，而这些处理方法都依赖于对规范片的选择，所以违背了规范不变性。以最悲观的角度来看，这就引起了超弦振幅也许是不明确的这样一个令人不快的可能性，而且有可能需要考虑其他选择，例如菲施勒-萨斯金（Fischler-Susskind）机制。

这个形势有点令人失望，考虑到主张弦理论是量子引力论，仅仅是因为它给出了包含引力子的自洽微扰论。毕竟，超引力理论，作为一个将超对称性并入广义相对论中的普通场论，在微扰论中至少两个圈的水平上都是自洽的，而四维的 $N=8$ 超引力也有望在五个圈的水平上都是自洽的（*Howe and Stelle 1989*；*Ber 2002*）。区别在于，有理由希望超引力理论在两个圈之上是非自洽的，而没有很强的理由相信，阻碍微扰弦理论自洽性证明的技术性困难哪一天一定会被克服。同时，不到那一天，我们就不能确信弦理论已经定义好了，即使是在背景无关阶段。

第二个警告就是，从弦理论的固有结论可以确定，定义弦微扰论的级数展开式是发散的。在这样的情况下，我们知道，级数展开式没有定义精确的理论。即使展开式的头几项在某些情况下可能给出精确理论的正确近似，但这个级数相加并不能定义出精确理论或任何量子数的精确值（*Gross and Periwal 1988*）。

同样，弦理论的任何精确公式都应该是背景无关的。所以，在我们找到一个弦理论的背景无关的公式之前，都不能断言弦理论对这个问题做出了正面回答。

第三个警告是，目前到第二级都还自洽的弦理论，并不存在于任何背景无关的由三维空间加一维时间构成的空间，比如我们的宇宙。相反，如果要求自洽性，我们需要一个由九维空间加一维时间构成的背景时空。还多了六个额外的维度。看来弦理论必须预言出这六个附加的，目前还没观测到的空间维度。

结果显示，存在将这些额外的维度卷成更高维类圆柱体的背景，以至于六维中的宇宙要远小于我们观测到的三维宇宙。所以可以论证我们现在不会观测到额外维度的效应。[1]

同时，弦理论中也没有任何原理或结论要求额外维度卷成或隐藏成这个样子。所以弦理论要是正确的，必须补充说明为什么我们不能观察到理论为保持自洽性所要求的所有维度。

与之相关的是，弦理论为保持自洽性也要求自然具有新的对称性，称为超对称。它混合了玻色子和费米子的对称性，也混合了内部对称性和时空对称性。

目前还没有观测到超对称的任何证据。这意味着，如果它在自然中存在，也必须以某种方式破缺，以至于在低能现象中不再成立，而只有达到某个被称为超对称破缺尺度的能量尺度时才起作用。

1.最近赫特哥（Hertog）等人发现，额外维度所卷成的很多已知解都是不稳定的。

现在还不知道是否存在一个弦理论背景和这样的破缺超对称性相容。虽然现在还没有建立这样的背景，但弦理论家大多（虽然不是普遍地）相信存在这样一个背景。

超对称性早在弦理论之前就提出了，而且确实包含于基本粒子的统一模型中。所以，现在寻找超对称证据的实验正在进行中。如果发现超对称性，就能在精神上支持弦理论，但它不会成为弦理论本身的证据，因为除弦理论之外还有其他的超对称理论。（事实上，圈量子理论就能被修改，以完全包括超对称性。）相反，如果现在的实验没有发现超对称性的证据，也只意味着，超对称破缺尺度如果存在，必然超出现在实验的能量范围。因为在现有实验的能力和普朗克能量之间，还有很多数量级可供隐藏，所以并没有任何实验可以证伪自然在某个尺度是否确实是超对称的这样一个推测。

> 3.用既服从量子理论，又兼顾时空几何是动力学的这一现实的语言，告诉我们时间和空间是什么。告诉我们光锥、因果结构、矩阵等，是怎样在量子力学中和普朗克尺度下描述的。

弦理论至少目前还没有做这个工作，因为光锥、因果结构、矩阵等正是开始时假设的经典背景。

如果日后可以建立，那么一个弦理论的背景无关形式可能会回答这个问题。

4.给出黑洞的熵和温度的推导。解释黑洞的熵怎样被理解为统计意义上的熵，通过粗粒化得到它们的量子表述。

因为弦理论不能以量子力学来描述时空，它还没有直接回答这个问题。但一系列结论都令人印象深刻地预示，如果弦理论能描述黑洞，将很可能正确预言出黑洞的熵（*Breckenridge* et al.*1996*；*Strominger and Vafa 1996*）。最近的总结可见 *Das and Mathur 2001*。

通过下面这个巧妙的方法可以做到这一点。一个黑洞由它的质量、角动量和电荷来刻画。有结论告诉我们，黑洞不能带有超过一定量的电荷或角动量；粗略地说，在合适单位下这些量不能超过黑洞的质量。正好处于这个极限的黑洞被叫作 极值黑洞。

结果显示，具有极限电荷和角动量值的体系能用超对称漂亮地描述。这样的体系可以由超对称变换代数描述，它能在很少或者没有额外信息的情况下，计算哈密顿量能量谱的某些性质。

接下来建立一个具有特殊电荷和角动量值的无引力体系，从而避开牛顿常数。这样的体系可以由上面提过的膜建立。通过研究膜的热力学性质发现，它们和带有相同质量、电荷和角动量的黑洞具有相同的热力学性质。而且，在接近临界值时，和黑洞结果的一致性能够给出相当好的近似。

这令人印象非常深刻，但在某种意义上也不惊讶，因为超对称变换的代数结构足以决定热力学。这不由让人猜测，**如果**有人引入牛顿常数，将相对论性的万有引力合并到体系中，它们就变成了黑洞。更进一步，由于可以绝热地做到这一点，而不破坏超对称性，我们可以期待黑洞和膜体系具有相同的热力学性质。

这是对弦理论很好的支持，如果不是这样，弦理论就会有大麻烦了。同时，这也更像是一种自洽性检查而非其他；它并不包含用弦理论的语言对黑洞的描述。这一点可以由下面的事实来证明：尽管付出了这么多努力，当推广到非极值黑洞，或非常接近极值黑洞的情况，目前都证明不可能用超对称来刻画。特别地，极值黑洞的结果并不能用于自然中存在的普通黑洞。

5.和现在明显观测到的宇宙学常数值一致，这个值是正的，但很小。解释宇宙学视界的熵。

不幸的是，弦理论似乎不能让宇宙学常数具有正值。既然现在有很好的观测证据说明宇宙学常数是非零的正值，这就成为弦理论的一个严重困难。

一些主要的弦理论家谈论到并承认了这个问题（*Pilch* et al. *1985*；*Witten 2001*）。但尽管付出了很多努力，目前还没有方案能够成功避开这个问题。[1]

1.卡奇鲁等人的新结论（*Kachru* et al. *2003*）在经典超引力解的水平，为具有正真空能的弦背景提供了不完全的证据。然而，还不知道对应这些背景的自洽弦理论是否实际存在，因为以现有技术来说，明确建立这样的弦理论似乎是不可能的。

6.说明在经典广义相对论的奇点处发生了什么。

弦理论中有一些有意思的计算确实证明，弦理论除去了经典广义相对论的某些奇点。但其中很多都是关于在额外的六个卷曲维度几何中的奇点。有少数结论涉及宇宙奇点和黑洞奇点的问题，但没有结果明确显示弦理论解决了这些问题。

7.完全与背景无关。这意味着，任何经典场，或对经典场方程的解都不会出现在这个理论中，除非作为量子态或者演化历史的近似。

目前的弦理论都是完全依赖背景的。有人猜测，现有的弦理论都是唯一一个背景无关统一理论的不同相的近似。这被称为M理论猜想。在不同弦理论中的各个超对称部分中成立的，已被观测到的对称性，成为这个猜想的证据。但目前该如何详细描述M理论，或给出其数学结构和基本原理，还没有形成一致意见。

8.说明从普朗克尺度的物理出发，在一个合适的低能极限下，经典广义相对论是怎样出现的。

既然弦理论假设了经典时空背景的存在，那它们就只在一个方面涉及这个问题，即爱因斯坦方程在一定近似下，是时空作为弦理论自洽背景的一个必要但不充分条件。

9.预言新的物理现象，至少其中一些在目前或近期实验中是可以检验的。

弦理论预言了很多新现象。它要求空间具有额外的维度，要求自然中存在现在还没观察到的对称性。而且，只有一部分弦模式和现在已知的粒子是对应的，剩下的都还没被发现。

所以，弦理论最先面临的问题是要隐藏所有新现象。首先，将弦尺度设定在普朗克尺度，从而使大部分新现象都不能被现在能想到的实验观测到。然后，还需要选择额外维度的大小，使它们小到无法观测到。同理还需要选择足够高的超对称破缺尺度。

然而，弦理论本身并没有为设定新现象的尺度提供任何原理。因为具有任何尺度值的自洽弦背景都存在，所以不管探测到多小距离，多大能量，总能设定出不让新现象被发现的尺度。（至少它们只要在普朗克尺度之下，也就是离现在的实验15个数量级以下。正因为此，目前不可能设计出实验来证伪弦理论。）

10.预言我们观察到的平坦空间中，全局洛仑兹不变性自然中应当出现，并能精确到无限加速参量情形，或者在普朗克尺度的能量和动量下洛仑兹不变性是否需要修正。

作为一个背景相关的理论，弦理论通常在洛仑兹不变性是一个严格对称性的背景上研究。所以，我们不能期望在现在寻找洛仑兹对称性破缺效应的实验中，看到这些效应来自于普朗克尺度。这似乎是弦理论作出的和其他量子引力理论不同的一种预言。

　　然而，必须注意的是，有文章宣称，弦理论在某些情况下会导致这些效应。而且，考虑到弦理论中有很多没有观测到的场，不可能选出一个背景来挫败弦理论范围内的实验结果。

　　　　11.为引力子散射提供超越经典近似的精确预言，包括引力子之间的散射，以及和其他量子的散射。

　　在上面提出的警告之下，弦理论成功解决了这个问题。也就是说，目前只到弦微扰论的第二级，而且要假设时空是十维而非四维。

弦理论怎样解决其他问题

　　弦理论的主要实力在于，它为不同的力和基本粒子的统一提供了一套真正的理论。但同时，它目前也没有作出任何可以被证伪的预言，可以让我们用自然来检验。这个令人沮丧的情况要归结为，弦理论目前都是以弦微扰论的方式，定义在背景相关的水平上。

　　不幸的是，在这个水平上，弦理论还远远不是唯一的理论形式。存在着大量，甚至可能是无限个不同的弦理论，它们在这个水平上都是一致的。考虑到我们现在已知的内容，它们都是等价的 —— 对其中一个的论证就是对所有的论证。

　　这些不同的弦理论预言出空间具有不同的维度，以及不同的可观测粒子和力。自由弦理论的例子如图12.1所示。这里我们看见一张图，上面是某一类特殊弦理论（它本身又是很多类中的一个类）做出的基

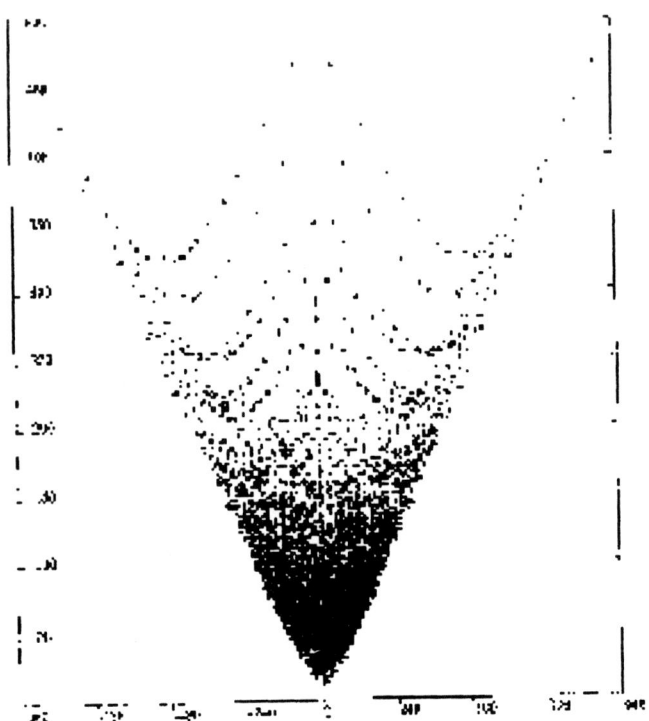

图12.1　不同自洽弦理论预言的唯象理论例子。纵轴是希格斯场的数目，最高 480，横轴是左手费米子场数减去右手费米子场数。根据弦理论，我们可能在其 中的任何一个宇宙中生活得很好。到目前为止，我们观察到了48个费米子场。实 验间接地提供了两种希格斯场的证据 （取自 *Klemm and Schimmrigk 1994*）

本粒子家族预言。其中一根轴是希格斯场的数目，另一根轴是自然界 中左手费米子场的数目减去右手费米子场的数目。自然界在某种程 度上，为这些数目选择了特定值，而弦理论没有告诉我们为什么或怎 么选。

另一个问题是，每个这样的弦理论都有很多可调参数。在希望统一化能够减少物理理论中自由参量的数目的时候，弦理论似乎走向了相反的方向；它是这样一个统一理论，它具有的参数比它统一的各个力的标准理论的参量总和还要多很多。

最后，目前建立的所有弦理论都在以下三个方面和观测结果不符：一是它们具有完整的对称性，而超对称不存在于自然中，或者破缺了。二是它们具有很多无质量的度规场，而自然中连一个都没有观测到。三是它们预言宇宙学常数要么是零要么是负的，而测量结果显示这个数为正。

为了建立没有这三个问题的弦理论，已经付出了很多努力，然而在不抛弃弦微扰论自洽性的前提下，目前还没有找到合适方法。

我只知道一种处理所有问题的方法，那就是建立一套弦理论的背景无关理论体系。这一想法的意思是，现在建立的所有不同弦理论及可能有的更多弦理论，都只代表了这个唯一的背景无关的理论的各种经典解的物理近似。于是这个统一理论的各个经典解，就对应于弦微扰论中不同的自洽弦背景。这就是本质上的统一弦理论。

希望在于，如果我们找到这样一个理论，也许就能将原理公式化，从而让我们选择在自然中实现哪种弦理论。这样一个原理必须是数学的：可能是，最终存在一个特殊弦理论，其中某类能量变量取最小值。于是我们就期望这个理论能够做出和自然一致的预言。或者，这个原理是偶然的、历史的，不同的弦背景之间可以互相转换，类似于相变，能变成其他背景，以至于自然中实现哪个背景只是一个历史问题，就像在多重宇宙理论和宇宙自然选择理论中一样。

唯一的问题就是，对于这样一个统一的背景无关的弦理论，我们目前还没有任何广泛认同的方案，甚至也没有一个寻找这个理论的普遍方法。一部分人在这个方向工作，而我恰好是其中一员，我个人认为目前得到的结论还是很鼓舞人心的。（我将在下面的结论部分介绍一下怎样处理这个问题。）事实上，已经发现在不同的微扰弦理论之间有很多联系，这意味着存在这些弦理论的统一理论，或者至少是它们的超对称部分的统一理论。我们也同样希望，在发明了这样一个统一弦理论之后，就能理解在弦理论背后的某些普遍原理。但现在的情况仍然是，还没有办法谈论一个唯一的**弦理论**，而只能谈论很多弦理论，我们将这些弦理论理解为建立近似理论要用到方案的结果，而不是普遍的原理。

所以，尽管弦理论原则上是一个统一理论，但它现在还不能说回答了列出的任何一个关于唯象理论、宇宙学和基本粒子物理的其他问题，或者说为它们提供了可能的解释。

我们学到了什么

量子引力仍然是一个未解决的问题。不论好坏，都是属于基本粒子物理、宇宙学，以及量子论基础中的大问题。理论学家在近20年内非常忙碌，但我不确定我们是否能为对科学知识库做出了贡献而真正感到自豪。总结我们的工作的一个办法就是列出本文中的问题有哪些已经得到解决。见表12.1。

表12.1 结论总结

问题	弦理	圈量子引力
量子引力		
1.广义相对论和量子力学是正确的还是需要修正？	A	A
2.是否在所有尺度都描述了自然？	B	A
3.是否描述了量子时空几何？	B	A
4.是否解释了黑洞熵和温度？	B	A
5.允许 $\Lambda > 0$？	？	A
6.解决了广义相对论的奇点问题？	B	B
7.背景无关？	？	A
8.有现在可以检验的新预言？	？	A
9.广义相对论是低能极限？	A	B
10.洛伦兹变换成立还是破坏？	A	A
11.可观测的引力子散射？	A	C
宇宙学		
1.解释了初始条件？	？	C
2.解释了暴胀？	？	B
3.大爆炸之前时间是否连续？	？	A
4.解释了暗物质和暗能量？	？	？
5.能产生跨越普朗克尺度的预言？	C	C
力的统一		
1.能同意所有相互作用？	A	—
2.能解释 $SU(3) \times SU(2) \times U(1)$ 和费米子表示？	？	—
3.能解释尺度结构？	？	—
4.能解释标准模型参数的值？	？	—
5.唯一的自洽理论？	？	—
6.对于可行的实验是唯一的预言？	？	B
基本问题		
1.解决了量子宇宙学中的时间问题？	？	B
2.解决了量子宇宙学疑难？	？	C

注：A表示已经解决的；B表示部分解决的，或者在某些情况下已经解决而在其他情况下仍是开放的；C表示正在用已知方法进行研究；？表示需要提出新的、现在还不知道的方法；—表示没有声明要解决。

我将用几句评论作为结束语，这几句话是我对现状的总结。

关于量子引力，在许多研究方案中，我们必须区分出背景无关的和背景依赖的方案。它们可以根据对下面这个问题的回答来区分：爱因斯坦最先总结的洛伦兹不变性，是否是自然的一个好对称性，一直到任意高的能量和任意小的距离都成立。如果回答是，那么时空作为一个经典流形的图像必须成立，在这个流形上允许任意小波长的激发，因为能量高低和距离大小的差别不是洛伦兹变换下的不变量。但是，一旦洛伦兹不变性破坏了，或者在小距离上需要修正，那么背景依赖的理论就不会给出很多深刻内容，因为在比普朗克尺度还小的尺度上，不存在有用的背景概念，而这时量子引力效应是很重要的。

目前为止我能报告的最有希望的就是，上面这个问题能进行实验检验，在几年之内我们就能获得相关数据。这的确是可能的，马古悠（Magueijo）在本文集中的文章指出，在超高能宇宙射线的观测中已经发现这些效应。所以，区分不同理论方案的关键问题现在能用实验来检验，实在是鼓舞人心。

除此之外，现状如表12.1所示。

弦理论是目前能找到的最好的背景依赖理论。但它需要很多额外假设，而且直到现在都还没有被实验证实，还依赖于额外维度和额外对称性的存在，包括超对称性。而且，弦理论很有趣，要相信它，就必须相信我们观测到的现象只是逻辑上可能的很多现象中的某一组。如果弦理论是正确的，我们宇宙的存在方式以及它的特殊定理，都只是一个更大的理论的众多解中的一个。

　　这一现状和促使大多数人发明弦理论的梦想根本不同。他们抱着传统归纳主义的思想，希望能有一个理论唯一适用于我们的宇宙，为我们可能观测到的参量预言出唯一的值。而且大家普遍期望，当越来越多的现象统一起来，理论所允许的参量和选择将会减少而不是增加。在弦理论中恰好相反，而且显然是不可改变的。即使找到一个弦背景，它避免了我上面提到的所有问题，适用于我们的宇宙，而且还是某些极端问题的唯一解，也不能排除其他的弦背景：它们描述具有超对称性、额外维度、无质量规范场，以及非正宇宙学常数的宇宙。只要有足够高的能量，它们也同样是可能的宇宙，有一天会由自然甚至某些智慧生命创造出来。

　　在我看来，已经有足够多的内容来思考和讨论了。至少若假设洛仑兹不变性是严格的，将很难看出如何维持传统的归纳主义思想：唯一的理论为唯一的宇宙做出唯一的预言。

　　在最后，从这一点看来，弦理论很明显是一个高风险事业。多年以来，为它投入了大量的精力和时间，但现在还没有看到其主要问题的解。毫无疑问的是，要想成功解决弦理论中的重大未解决问题，例如，寻找背景无关的公式或一个弦背景（它要是自洽的，而非超对称的，不具有无质量标量粒子，而且具有小的宇宙学常数和大的规范结构），必须要用全新的方法。

　　从另一方面来说，如果我们不再期望，洛仑兹和爱因斯坦给出的洛伦兹不变性在任何尺度上都是严格的，情况就简单得多。大部分需要相信额外维度或额外对称性，以及存在类似或不同于我们宇宙的真实宇宙等等理论都消失了。

而且，结果显示，和大多数人的期望相反，至少有一个方法能建立关于时空几何的背景无关理论。我们显然成功地回答了下面这个准备性问题：在某种量子化定义之下，是否存在一个量子理论，是广义相对论的量子形式？答案就是圈量子引力，就我们所知，它描述了一个完美定义的微分同胚不变的量子场论。加上宇宙学常数，它甚至似乎能通过经典广义相对论怎样在低能极限中自发出现这样的检验。它只需要再通过一个检验：预言引力子如何散射，这个检验也很有可能被通过。

当然，世界不太可能是广义相对论的量子形式。但没有任何反对圈量子引力的争论。它轻易地包含了将物质归入标准模型和超对称性中的所有已知或假设的标准方法。我们马上就有了自旋网络态和自旋泡沫历史这样的数学语言，很容易就将它推广到更高级理论。而且研究这些理论也不需要任何外来的东西；它们是复杂的，但仍是传统的量子论，研究它们只需要用到量子场论和多体物理的标准方法。

我想这么说很公平，目前限制弦理论的主要因素是，缺乏能有效处理其未解决的主要问题的新思想，而限制圈量子引力的主要因素是资源。研究圈量子引力的理论家，都是很有天分很有想象力的人，但他们发现，身边有很多有意思的事情可以做，却没有时间去做任何一个。我们将在未来几年里很有意思地看到他们是怎么做的。

圈量子引力理论家的研究计划之一就是，建立弦理论的背景无关形式。就我所知，目前关于这个问题的所有好想法都和圈量子引力紧密相关。这并不奇怪，因为圈量子引力可以被看做是这个简单而普遍问题的答案：一个背景无关的时空理论不能使用流形或场的语言，因为任何流形或场都代表着一个特殊的经典背景。那么去掉流形和场之后，量子场论还剩下什么呢？不管剩下什么，都必须是能用来建立背景无关的空间、时间和引力的理论的数学语言。它，而不是用流形表示的某个理论，必须和用来描述时空与物质和力统一的理论用的是同样的数学语言。

这个问题不难回答：因为留下的只是代数、代数表示和组合数学。

问题变为，我们是否有一个从这些素材中建立量子理论，并研究它们是怎样从流形中的经典场论推导而来的普遍方法，或者有作为其低能极限的经典理论？

答案是肯定的：圈量子引力正是这样一个方法。

要解释这个问题和它的能力，我们必须有足够强的数学语言，来说明流形、拓扑、场等结构以及它们的振幅，如何同代数和组合结构结合在一起。实际上存在这样一种语言：对称单项范畴理论（symmetric monoidal categories）。我没有篇幅在这里介绍它，但读者可以参考克雷恩（Crane 1993a，b，1995）和贝兹（Baez 1999）。在那里，他们会看见，利用代数、代数表示和组合数学建立量子理论的一般性方法，是如何建立自旋泡沫理论的。

所以，尽管我确信，关于最终答案我们还有很多重要的事实不知道，但我认为有理由相信，量子引力论的框架中包含这里自旋泡沫模型的元素。

那么，我在这块3×5英寸大小的卡片上会写些什么呢？我将只画一个自旋泡沫的图。

当然，最终还是要由实验来决定。在和本书相关的会议上，最激动人心的消息就是，实验的介入马上就会到来。

致谢

我要首先感谢这些年来工作在弦理论上的所有人，他们花了无数时间解释和传授他们所热爱的课题的细节。其中包括汤姆·班克斯（Tom Banks）、约翰·布罗迪（John Brodie）、沙亚莫利·乔德赫瑞（Shyamolie Chaudhuri）、米歇尔·道格拉斯（Michael Douglas）、威利·菲施勒（Willy Fischler）、米歇尔·格林（Michael Green）、布赖恩·格林（Bvian Greene）、戴维德·格罗斯（David Gross）、穆拉特·甘亚丁（Murat Gunyadin）、加里·霍格维茨（Gary Horowitz）、克里斯·赫尔（Chris Hull）、克利福德·约翰逊（Clifford Johnson）、雷娜塔·卡罗希（Renata Kallosh）、胡安·马多西纳（Juan Maldacena）、乔治·米尼克（Djorge Minic）、罗布·迈尔斯（Rob Myers）、赫尔曼·尼古拉（Herman Nicolai）、阿曼达·皮特（Amanda Peet）、乔·普金斯基（Joe Polchinski）、康斯塔丁·萨维蒂斯（Konstatin Savvidis）、史蒂夫·申克尔（Steve Shenker）、凯洛格·斯特勒（Kellogg Stelle）、安迪·斯多明格

(Andy Stronminger)、阿卡迪·塞特林 (Arkady Tseytlin)、爱德华·威顿 (Edward Witten)。如果我对弦理论还有什么误解，不是他们的错，这些年来他们慷慨地付出了时间和评论。我尤其感激埃里克·窦克尔 (Eric Dowker)、克利福德·约翰逊 (Clifford Johnson)、罗布·迈尔斯 (Rob Myers)、约翰·施瓦茨 (John Schwarz)，以及阿卡迪·塞特林 (Arkady Tseytlin)，他们在我写这篇总结文时回答了我遇到的问题，还要感激赛思·梅杰 (Seth Major) 有帮助的建议。我也要感谢这些年来的同事，他们教给我关于量子引力的大部分知识：史蒂芬·亚历山大 (Stephon Alexander)、马赛厄斯·安士多夫 (Matthias Arnsdorf)、阿贝·阿希提卡 (Abhay Ashtekar)、卢门·伯里索夫 (Roumen Borissov)、路易斯·克雷恩 (Lollis Crane)、约翰·戴尔 (John Dell)、泰德·雅各布森 (Ted Jacobson)、易·林 (Yi Ling)、赛思·梅杰 (Seth Major)、久·马古悠 (João Magueijo)、弗特尼·马可波罗 (Fotini Mavkopoulou)、卡洛·洛维利 (Cavlo Rovelli) 和肖邦·苏 (Chopin Soo)。最后，我要感谢国家科学基金和飞利浦基金，它们慷慨的赞助，让我能够完成自己的工作。

第 13 章
涌现[1]：我们因此而生

飞利浦·D.克莱顿（Philip D.Clayton）

克莱蒙研究大学（Claremont Graduate University）

有人说，涌现仅仅是一个哲学概念，不适合在科学研究中使用；也有人说，一旦用经典的实验去检验，就会发现涌现不过是一系列分立、新奇事件集合的简称，并且细究起来，这些事件也没有什么特别之处。他们说，科学也许可以研究涌现，但不是这样的涌现。

现在下结论还太早。不过，对于有些人，比如阅读本书的科学家们，他们希望看得更远，希望了解自然界中最广最大的模式，从而找到科学研究突破点。对于这样的人们而言，涌现的研究还远远不够。约翰·阿奇博尔德·惠勒教授在1989年总结了涌现研究的关键：

自组织世界观，它和根据定律运作的机械宇宙观截然不同。这一观点中，所有时间、所有地点、所有的观察－参

---

1. 涌现（emergence），指从简单规则出发，演化出复杂模式的过程。如生物的进化，每种生物都是一个涌现；由神经元组成的大脑，思考就是一种涌现；其他的例子还有物理上的摩擦概念、颜色概念、经典理论概念等，因为它们在微观层面都不存在，但在宏观层面上表现出来。——译者注

> 与者共同弹奏着世界的乐章，尽管每人弹奏的只是一小段，
> 但正是它们，共同创造和组成了这个包含时间空间和万物
> 的广阔世界。
>
> （*Wheeler* 1999：314）

惠勒把他的观点总结为 —— 观察–参与者既是演化过程的结果，在某种意义上，也是自身涌现的原因。他用两种方式诠释了自己的观点：一是图13.1中著名的"惠勒U图"，二是格言"它来自比特"。为了用同样精简的语言总结本章的要旨，我使用了相应的标题："我们因此而生"。它提出一个大胆的涌现研究问题：**自然，在物质运动和物理规律的层面上，是否有复杂性增加的内禀倾向？从元素周期，到生物进化史上的寒武纪生物大爆炸，再到无法预计的人类文明进程，甚至更远，这其中是否存在一个明显的复杂化过程**？

涌现假说至少有四个层面的意义。第一层面是简单直接的物理层面，例如从量子世界涌现出经典现象（见*Zurek 1991, 2002*），或者从分子结构中涌现出化学性质（见Earley 1981）；第二层面，我们从生物进化中最明显的涌现例子入手，试图建立一个从理论出发的"一般生物学"—— 可能是未来的生物学。我们希望这一理论能揭开生物发展历史中隐含的涌现定律（见Kauffman 2000）；第三层面，我们研究"大脑的生成物"（感知、认知、意识）。希望能从涌现的角度，去理解这些大脑和中枢神经复杂网络系统产生的东西，把它们当作自然的产物，而不是深不可测的奇妙现象；有人还提出了更形而上的第四层面。他们提出，一切自然涌现的最终结果，或者说最初原因，是一个超越自然之上，或者说隐匿于自然之外的整体。也许有人对第四层面

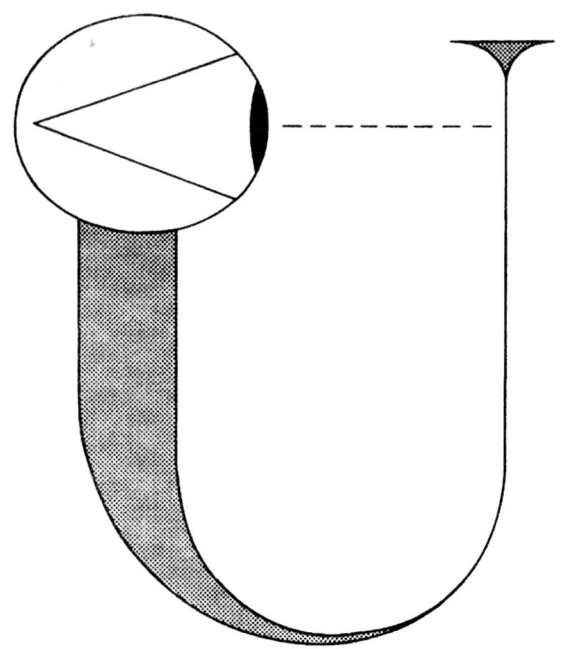

图13.1　"惠勒U图"（惠勒 《宇宙为家》，版权所有: 1996, Springer–Verlag）

的研究有疑虑，不过不用担心，本章讨论的问题不涉及这类形而上的思辨。

定义和假设

涌现的具体细节虽然复杂，但是基本定义却很简单。作为开篇简述，我们再次引用惠勒教授的话：

足够多的基本元素聚积到一起，得到的总体要多于各个单元的简单相加。例如，一块由大量分子构成的材料，它有温度、压强等性质，而这些性质是单个分子不具有的。
这块材料可能是固体、液体或者气体，但单个的分子就没
有固态、液态或气态的性质。

（*Wheeler* 1998：341）

或者也可以用生化学家亚瑟·皮科克（Arthur Peacocke）的话来
说，涌现发生在"新的物质结构，以及这种结构的层次化……在时间
进程中出现"的时候，要描述它们必须用到"这些结构新的性质、行
为和网络关系"。（见 *Peacocke* 1993：62）

显然，一种理论不可能涵盖世界上如此广泛和多样的涌现现象。
让我们看看不同意义的涌现之间复杂的实际差别：

· 时间或空间的涌现。
· 从简单到复杂过程中的涌现。
· 越来越复杂的信息处理层次中的涌现。
· 新性质的涌现（例如物理的、生物的和心理的）。
· 新的因果实体的涌现（原子、分子、细胞核中央神经
系统）。
· 新原理或者新的内部组织自由度的涌现［自反馈循
环、自身催化、"自繁殖（autopoiesis）"］。
· "主观性"的涌现（比如一个人从感知到意识，到自
我意识，到自觉，再到理性直觉的过程）。

虽然涌现现象丰富多样，但仍然有一些因素限制了对涌现的研究：

1.只有能用科学语言阐述，能进行相关的科学研究、检验并融合到实际理论的涌现研究，才是科学的研究。

2.因此，对涌现现象的解释，必须用世界上某些事物的结构或功能来表达，正如克里斯托弗·萨斯盖特（Christopher Southgate）所言："涌现性质是对更高一级物质组织的表述，它不能在认识论上分解成低一级的概念。"（见 *Southgate* et al. 1999：158）。

3.涌现的研究反对任何形式的二元论。例如，如果认为神经的性质和心理的性质之间存在绝对的分界，那么这种研究就不算是真正的涌现研究。我们一般避免笛卡尔派的"实体二元论（substance dualism）"，并不把世界截然分成"物质"和"精神"。相反，涌现研究倾向于把两方面合并成连续的体系，在这个例子中，我们倾向于研究"大脑[1]"和"精神"之间的联系。而在另一方面，我们也明白，仅靠低层次的神经原理是不可能完全解释涌现的高层次心理现象的。

4.按照定义，涌现在各个科学领域中普遍存在。在近期召开的涌现理论国际会议中，与会的每个科学家都被要求给涌现下一个定义，于是他们分别在自己的研究领域中定义了涌现。物理学家说，涌现是时间不可逆的自然法则；生物学家认为，涌现是一系列的历史事件；神经学家主要强调"从大脑中涌现出来的东西"；而工程师则定义涌现为：我们建立和创造的新东西。任何单个定义都不能真正

1.本章中所有的"大脑"都是指大脑以及相互作用的中枢神经系统。

概括涌现，只有把它们综合起来，才能得到完整丰富的涌
现概念。

从物理到化学

这之后的几节主要介绍人造系统、生物化学、生物学和神经科学
中的涌现实例。不过，涌现对物理学家而言也并不陌生。反对者可能会
说物理涌现平淡无奇，但他们也得承认，涌现和物理不是没有关系的。

复杂的物理系统的演变可能出现涌现，这些现象虽然可以通过观
察来理解，但即使完全知道了系统的初始状态，也不能从第一性原理
推演出来。比如说，只研究单个的电子，是无法理解导电性的，导电
性是大量电子构成的固态系统涌现出来的性质。类似的，表述含漩涡
的湍流（比如说，瀑布下面的小漩涡的形成）的流体动力学，也不能
从单个粒子的运动理论中推导出来。超导中的量子霍耳效应也常常被
当作更高级的涌现例子。

这些例子足以说明，物理学家早已熟悉了种种整体不能用部分的
性质来解释的情况。但是对这种不可预测性的重要性，认识上还存在
分歧。我们把这两种分歧观点分别称为强不可预测和弱不可预测（对
应下面要讨论的强涌现和弱涌现之争）。如果说恰当给定了各部分的
全面信息，就能够在原则上预言集合的状态，不管实际上预测系统的
动力学是否超出了现在的 —— 甚至未来的 —— 计算能力，那么这种
不可预测性就是比较弱的。但如果从原则上就不可能预测 —— 整体
就是比部分之和要多，那么这就是强不可预测性。在下文中，我们将

从强不可预测性的角度来看待自然的涌现性质。

大多数读者应该已经很熟悉导电性和流体动力学这一类的例子，而且可以任意举出更多这样的例子。不过最近，出现了一派有关物理涌现的更激进的说法。例如，在标准的物理图像上，所有的存在都是从量子概率中涌现出来的，甚至时空本身也是涌现的产物。例如，在导致这本文集诞生的会议上，胡安·马德西纳（Juan Maldacena）发言说到："量子场在边界处的动力学相互作用导致了时空的出现，这正是相互作用中出现的涌现。"广义相对论要求，我们应该把时空看成四维的流体，而不是把它当成脱离其中物质的非物理绝对存在。但时空是否如马德西纳所言，真是从量子相互作用中涌现出来的，这就是一个更理论的问题了。

不管怎么说，未来的理论一定会包含从量子世界中涌现出来的经典世界。安德里亚·阿尔布雷特（Andreas Albrecht）在涌现的会议上就热力学发过言，而祖雷克（Wojciech Zurek）也在会议上说道："从微观到宏观的道路就是涌现。"从1991年以来，祖雷克的工作一直都阐述着"退相干……在经典性涌现中起到的关键作用"（见 *Zurek 2002: 17*）。因此我们可以谈论"一个优先指针态的涌现"（见 *Zurek 2002: 17*）：用一系列指针位置测量宏观物理状态，这是经典物理的一个标志性图像，现在也必须当成量子叠加态退相干引起的涌现来理解。

从更简单的例子也可以得到同样的结论。比如考虑泡利不相容原理（PEP）。PEP是一条自然定律，它规定原子中的任意两个电子的四个量子数不能完全相同，因此一个原子轨道最多只能含有两个电子。

对于理解现代化学来说，电子填充轨道时的这一限制是基本的。结果显示，原子每一个次级量子数（s, p, d, f）能容纳的电子数是不同的。电子填充轨道时，依循能量从低到高，依次填充的简单规律，著名的化学元素周期表就是从这里涌现出来的。于是，一条简单的原理导致了复杂的元素化学性质分布。涌现的性质丰富多样，不可预测。（这个例子也同样提出了上面讨论过的、强弱不可预测性的问题。）

人造系统

当我们的研究越来越接近生物系统的时候，以物理观点来看，涌现结构将变得越来越复杂，而涌现在原理中的作用也将越来越重要。我们下面将介绍三个人造系统：模拟进化系统中的"滑翔机"、神经网络系统，以及蚁群群体层面性质的涌现。

模拟进化系统

计算机可以模拟系统，展现出简单规则下演化出现的复杂涌现性质。约翰·康韦（John Conway）的原胞自动机模拟的"生命"程序已经广为人知。程序按简单的算法，依据周围的情况决定网格上的某一个方块是否被点亮。一旦运行起来，这一简单的规则会产生出复杂的结构，表现出有趣而不可预测的行为。其中有一种叫"滑翔机"的、占据5个格子的结构，会在演化中沿网格的对角线下移，移动一格需要耗用程序4步的时间（见图13.2）（见 Holland 1998：138）。

和自然系统一样，这一系统的涌现复杂性正是起源于程序的"迭

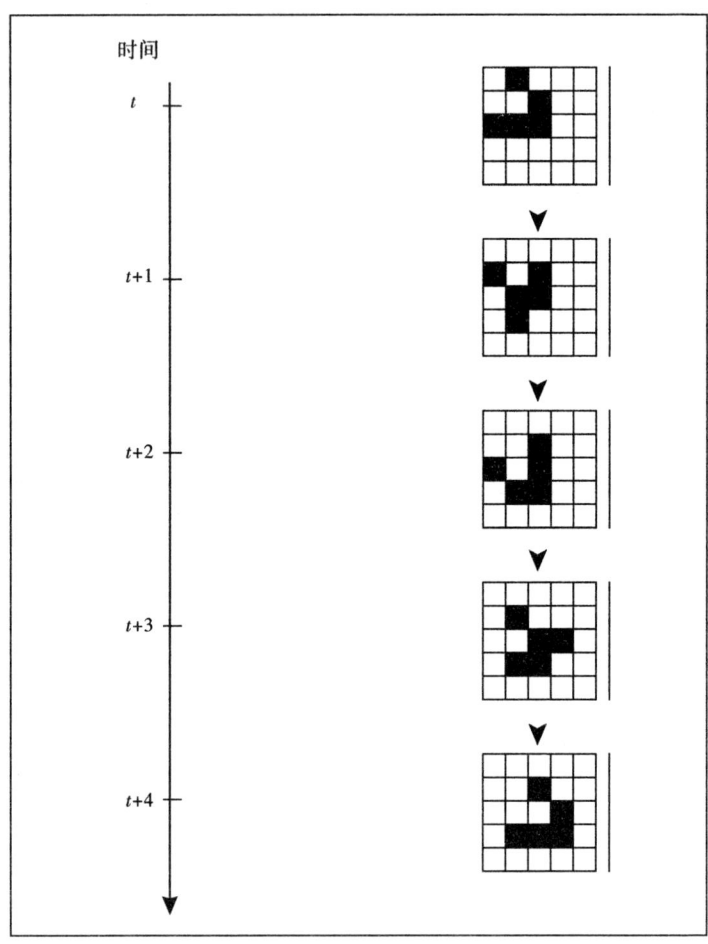

图13.2 "生命"游戏中的"滑翔机"(《涌现：从混乱到秩序》，Perseus Books出版社，Perseus Books有限责任公司。版权所有：1998，约翰·H.荷兰德）

代"。这一术语说明了这样一个现象，复合系统都由一组简单结构组成，并在程序迭代下出现明显的集体特征。适用于单个方块的规律也可以适用于3×3的方阵。但现在我们处理的系统要复杂得多：最后的方阵有512个状态，它的8个输入可以在512个状态中任意取值（见 *Holland 1998：194*）。

真实世界中也会发生这样的迭代现象 [乔治·埃利斯（George Ellis）称之为"封装"现象，参见本书中他写的章节]，它揭示了为何涌现结构在对自然世界的解释中扮演着重要角色。复合系统是由简单结构组成的，控制各部分行为的规范，在系统的演化过程中也继续起作用，但是，即使在"生命"这么简单的程序中，预测简单部分构成的大型结构都是相当困难的。可想而知，在纷繁复杂的真实生物世界，复杂系统的行为将很快变得不可计算。（这些行为是否在原则上不可预测，以及为什么，仍然是涌现理论的中心问题。）因此，如今看来，科学家确实需要涌现结构及其对因果的解释。终极还原论的梦想是不可实现的，反复重复低层次的描述不可能表达出自然世界演化中涌现出的复杂性。

史蒂芬·沃夫兰（Stephen Wolfram）最近对涌现规律的核心原理作了如下归纳：

> 最简单的规则常常产生最复杂的行为，而有些复杂的规则却又产生相当简单的行为……如果仅仅只看规则本身，常常根本想象不出它会产生什么样的行为。
>
> （*Wolfram* 2002：352）

沃夫兰以下图13.3所示的一系列简单原胞自动机为例，说明简单规则能够产生差异极大的结果。图示中，每个简单原胞自动机的规则都只在格雷码[1]（Gray code）上相差一个格点。（见 *Wolfram 2002*：*352*）

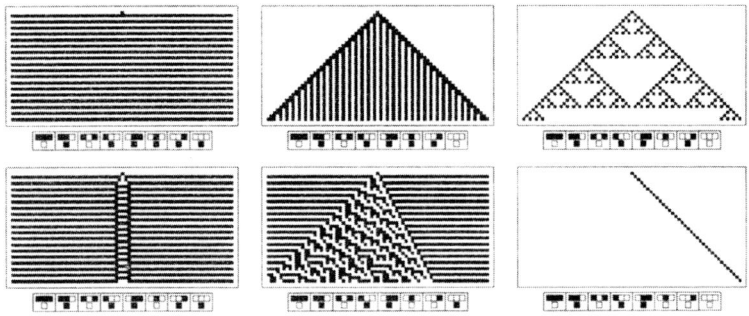

图13.3　沃夫曼的原胞自动机（沃夫曼《一种新型科学》，版权所有：2002，史蒂芬·沃夫曼有限责任公司）

神经网络

出发点不一样的神经研究得到的结果大同小异。约翰·H. 荷兰德（John H.Holland）开发过视觉处理系统，他的工作可参见图13.4所示的简单哺乳动物视觉系统（见 *Holland 1998*：*102*）。

在神经网络研究中，并不事先建立法则，而是先在网络中的大量"节点"之间建立一组随机的关联，然后才把模拟哺乳动物感知过程

1.一种二进制编码方式，两个相邻数字只差一个数字位。不同于通常的自然二进制。——译者注

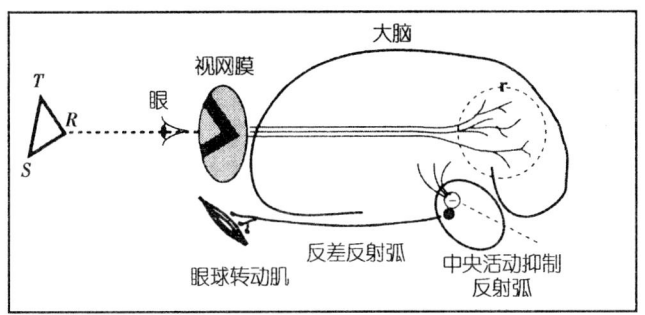

图13.4 模拟神经系统中的神经元疲劳。（《涌现：从混乱到秩序》，Perseus Bokks出版社，Perseus Books有限责任公司。版权所有：1998，约翰·H.荷兰德）

的、相对简单的规则引入到这个网络中。问题的关键在于，与其说这些规则是适用于整个神经系统的，不如说它们仅仅适用于一个一个的联合结点（synaptic juction）。因此它们可能是如下的一类规则：依照可变临界触发管理神经脉冲，或者经过一段时间的活跃之后抑制激发的"疲劳"，等等。程序员也在程序中加入了"转到强对比点"的反射命令，使"眼睛"不断移动到图像对比最强烈的地方，比方说移动到图示的另一个顶点上。然后多次运行，通过系统的输出衡量学习效果。

研究的初衷是想验证这样简单的模型是否能模拟哺乳动物视觉记忆，事实看来这是可行的。荷兰德的模型就表现出了同步性，或者称为反射的性质，甚至还表现出了某种预期性：为一个预期将要出现的刺激，几组"神经元"会"做好反应的准备"（见图13.5）（见 *Holland 1998：104*）。对三角形的每个顶点，都有相应的神经元群响应，但是"疲劳"了的神经元就不会响应。更为有趣的是继承现象：对应于已形成的神经群会出现新的神经群（图13.6）（*Holland 1998：108*）。因此，这三个原始群中任何一个的激发都会激发第四个区域，

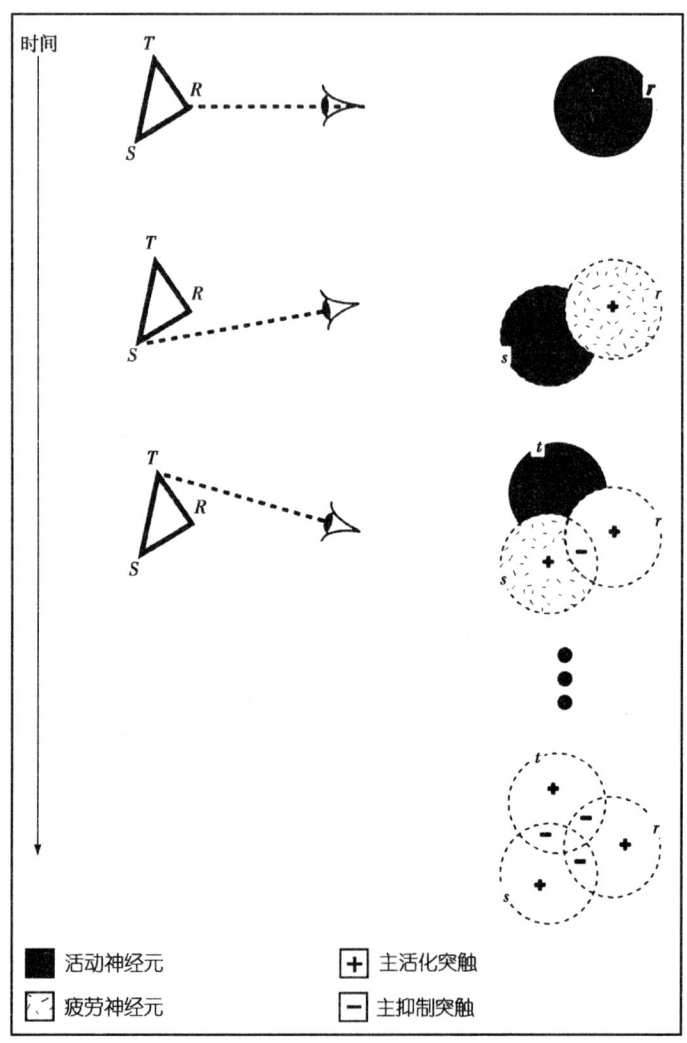

图13.5　视觉处理系统　（《涌现：从混乱到秩序》，Perseus Books出版社，Perseus Books有限责任公司。版权所有：1998，约翰·H.荷兰德）

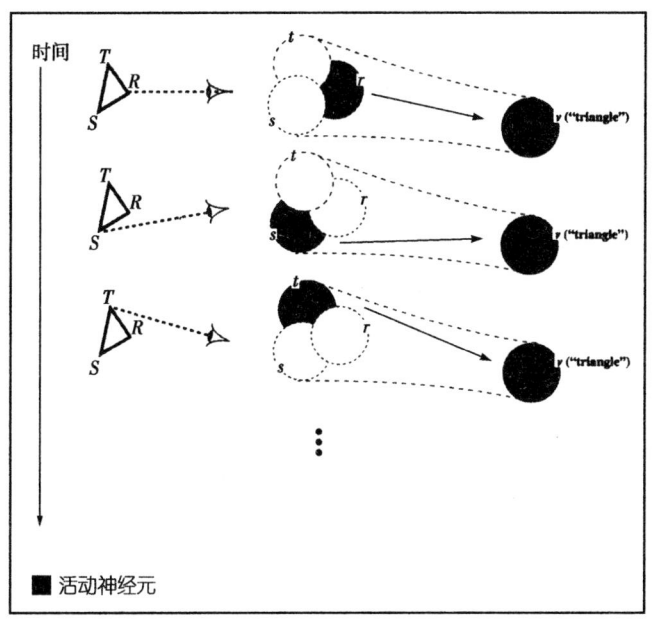

图13.6　模拟神经网络中的光学记忆（《涌现：从混乱到秩序》，Perseus Books出版社，Perseus Books有限责任公司。版权所有：1998，约翰·H.荷兰德）

这一区域代表了对"三角形"整体的记忆。

蚁群行为

涌现的神经网络模型不仅可以模拟视觉记忆，还可以用来模拟蚁群行为。从灌输于基因中的单个蚂蚁行为"规则"出发，会涌现出复杂的蚁群行为。约翰·H.荷兰德的工作再次证明，可以用简单的接近/回避原则决定单个节点模拟蚂蚁的行为（*Holland 1998*：*228*）：

· 发现移动目标时，逃跑，但下面情况例外；

· 如果这个移动目标很小，而且放出"友好"的信息素，那么接近它，并用触角碰它。

黛博拉·戈登（Deborah Gordon）等研究者对蚂蚁的研究证实，这种程序能高度模拟真实的蚁群。她对蚁群的研究，反过来也加深了我们对复杂系统的一般理解：

蚁群生活的动力学和许多其他复杂系统有共同的性质：组成单位相当简单，产生的总体行为却非常复杂。如果理解了蚁群的工作原理，我们就能更多地理解大脑、生态系统等系统的工作原理。

（*Gordon* 2000：141）

即使蚁群只是一群行为简单的单个蚂蚁的集合[1]，这一结果也不同寻常。因为蚁群系统极端复杂，并高度适应周围的生态环境。蚁群复杂的适应能力，是系统集体的涌现性质。科学研究的任务，就是阐明和理解这种整体大于部分的涌现现象。

生物化学

到目前为止，我们仅仅介绍了一些**可能**的模型，来阐明自然如何

1. 戈登（2000：168）反驳了这个观点："我们从蚂蚁中得到的一个教训，就是研究这样的系统不能不考虑整个系统。单个蚂蚁的行为不是封装在个体内部，而是通过和系统其他部分相互作用而来的。"我也同样强烈反对涌现的简单集合模型。——原注

从相对简单的规则出发，建立起高度复杂、高度适应的系统行为。现在我们必须介绍一些实际例子，来看看明显的秩序是如何从（相对的）混乱中涌现的。这其中蕴涵着一个重大的基本问题：自然是如何从"空无一物"中制造了秩序？初始状态下明不存在秩序，但它却在系统的演化中自然产生了[1]。自然到底采用了什么机制？我们考虑以下四种情况。

流体对流

一个处在远离热力学平衡状态的物体不能稳定在静止状态，会产生自发组织（见 *Peacocke 1994 : 153*）。本纳德不稳定性（Bénard instability）就是远离热力学平衡状态的一个例子，在这种状态下，液体的下层被加热，从而产生了一个从下而上的热流。当温度梯度超过了一定的阈值，仅仅通过热传导已经不可能把那么多的热量向上传了。此时，在垂直于热流的方向上会形成对流单胞。流体会自发地整合成六角形的结构单元。

描述热流的微分方程的解有分叉现象。这种分叉现象说明了大量分子从无序运动出发，自发组织起来，形成对流单胞的现象。这个例子非常明白地说明了系统自发秩序的形成。根据涌现假说，许多生物中秩序的涌现与此类似。

---

1. 一般来说这个问题让物理学家很不舒服（他们会说："什么？这当然是不可能的！"）而生物学家则把这个问题当成生物进化之谜的核心。

新陈代谢中的自催化

在生物圈大多数基本的涌现中，自催化都扮演了重要的角色。虽然这只是含有催化步骤的简单化学反应，但是这些过程很好地诠释了生物的基础——远离平衡状态的热力学过程。许多生物化学过程都有这样的特点："某种产物的合成过程需要这种产物自身作为催化"（Prigogine 1984：134）。举一个基本的反应链：$A \to X$，然后$X \to E$，但其中X也处于另一个自催化反应中（见图13.7）（见Prigogine 1984：135）。例如，分子X可能起到酶的作用，"强化"了反应，让反应继续发生。交叉催化的现象也同样常见，即X产出Y，而Y又产出X。图13.7所示的交叉催化反应表现的就是这样一个过程。首先，B+X→Y+D，也就是说，在B的参与下，X生成Y和副产品D，但是生成物Y反过来又会生成更多的X（此处是2X+Y→3X）。整个反应循环是为了生成E的自催化反应。类似的反应循环在新陈代谢中非常重要。

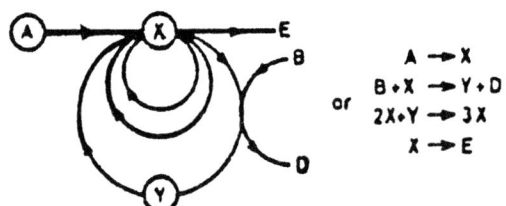

图13.7　自催化过程的一个例子　（《来自混乱的秩序》，版权所有：1984，埃亚·普利高津）贝洛索夫扎鲍廷斯基振荡

贝洛索夫–扎鲍廷斯基振荡

在更复杂的例子中，涌现的作用更加明显。下面我们介绍著名的贝洛索夫–托鲍廷斯基振荡反应（Belousov-Zhabotinsky振荡，图

13.8）（见 *Prigogine 1984：152*），这一反应是在催化剂（铈、镁或者铁）的作用下，用溴化铁氧化一种有机酸（丙二酸）。反应器中的4种初

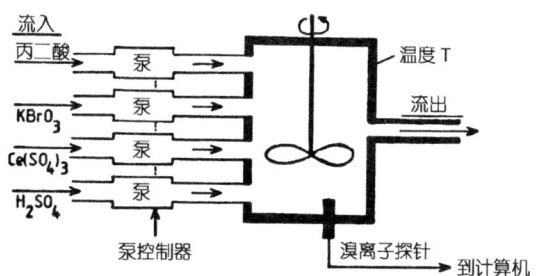

图13.8　贝洛索夫-扎鲍廷斯基振荡（《来自混乱的秩序》，版权所有：1984，埃亚·普利高津）

始物质会生成30多种最终产物和中间产物。BZ振荡是生化反应中一个从高度无序状态自动有序化的例子。

　　更加复杂的化学系统最后有可能达到几种不同的远离平衡状态。也就是说，在边界条件一定的情况下，有多种稳态结果出现。这些终态的化学成分在生物系统中变成了"控制机制"。多重稳态和数学家在其他背景下研究的"吸引子"或"奇异吸引子"之间有什么类似之处？搞清这个问题很有裨益。

　　有人可能会问：远离热力学平衡的耗散结构有什么一般的性质？不妨引用普利高津的话（*Prigogine 1984：171*）：

　　　　耗散结构一个最有趣的性质在于它的相关性。整个系统协调统一，就好像其间存在长程作用力一样……尽管分子间的相互作用力程不超过 10^{-8} 厘米，但是整个系统

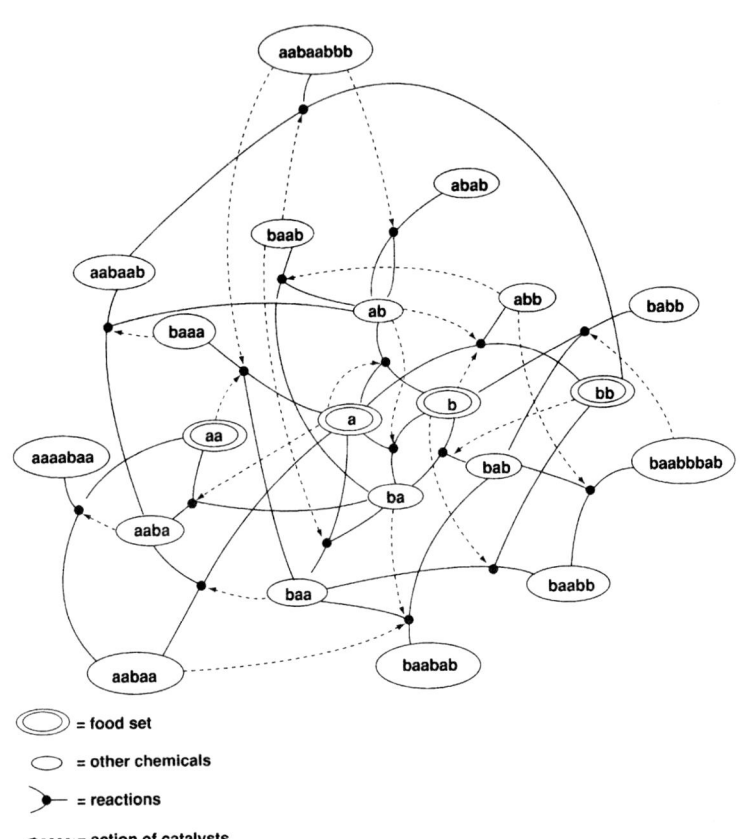

图13.9 自然中的自催化系统 ［G. 科文和D. 派尼斯，《比喻，模型和实在》，
版权所有：Westview出版社，Perseus Books有限责任公司］

却井然有序，就好像每个分子都"知道"系统的总体状态
一样。

从哲学的角度来说，这些证据表明，涌现不仅仅是一个认识论的
概念，而是实在的，具有实体性。也就是说，从各部分结构和能量的
完备信息出发，不能预测出系统整体的涌现行为，这不仅仅因为**我们**

的能力有限，而是对系统的研究表明，类似的涌现性质不属于任何一个部分，系统的结构特征决定了系统的整体状态，并由此决定了系统中每个粒子的行为。

如果把眼光从目前考虑的简单系统转到实际生物系统，那么系统的涌现特征就会更加明显。斯图亚特·考夫曼（*Kauffman 1994*：90）画了一张自然中简单自催化的草图，见图13.9。这张图所示的反应仅仅涉及4种食物，以及17种其他化合物。

细胞聚合和分化的生物化学

最后，让我们来看一个源自随机涨落的细胞行为规则的自组织范例：单细胞黏液菌（cellular slime molds, 拉丁文Dictyostelium discoideum）的聚合和分化的过程（见图13.10）。黏液菌的生命周期开始于环境养分贫乏之时，大量的黏液菌单体聚合成一个大约含有 10^4 个细胞的球团（见 *Prigogine 1984*：156）。在找到更好的养分之前，球团不断迁移。此时细胞开始分化：1/3的细胞会突出形成"脚"，并马上被孢子覆盖。这些孢子逐渐分离飘散，遇到合适的养分环境就开始生长，最后形成新的变形虫菌群。

注意，聚合过程是随机发生的。自催化过程随机地发生在菌群的某个细胞上。这个细胞成为吸引中心，开始产生循环磷酸腺苷（AMP），随着细胞间AMP浓度的增加，周围细胞中的反应也将被催化，涨落加剧，总的输出也变大。细胞就会沿AMP浓度梯度向第一个细胞移动，其他细胞沿着它们留下的AMP痕迹走向吸引中心。

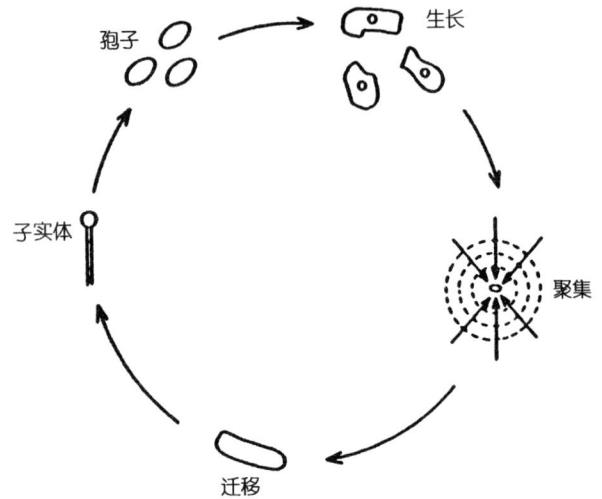

图13.10 黏液菌的循环 （《来自混乱的秩序》。版权所有：1984，埃亚·普利高津）

白蚁幼虫中，也发现了类似随机发生的高度适应性行为（见图13.11）（*Prigogine 1984 : 182*）。此处的聚合过程是通过白蚁释放信息素引发的。白蚁的营养状态越好，释放信息素越多。其他白蚁会向梯度中心聚集。这一过程是自催化的，聚集起来的幼虫越多，这一区域的吸引力就越大，直到该区域的养分被彻底耗完为止。该过程也依赖于幼虫的随机移动，如果太过分散，它们也不会聚集起来。

生物学

埃亚·普利高津并未在整个生物进化的过程中研究"混沌产生秩序"的观点。不过最近斯图亚特·考夫曼（1995，2000）等人（见*Gell-Mann 1994*；*Goodwin 2001*；也见 Cowan et al.1994 以及同系列的

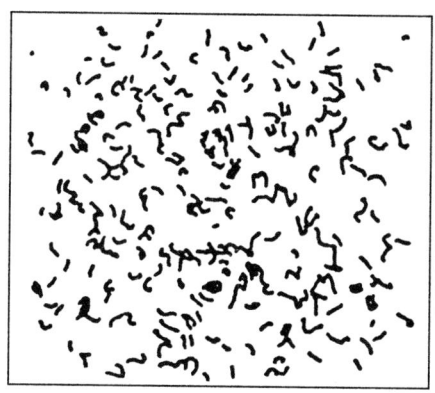

图13.11　白蚁幼虫的涌现行为 （《来自混乱的秩序》，版权所有：1984，埃亚·普利高津）

其他著作）在生命系统中详细研究了这一原理的作用。一般的生物系统，是在环境大量输入能量的情况下，创造并维持（稳定的）秩序的系统。考夫曼预想，今后将会出现"一种新的一般生物学"，以尚待确定的涌现规律或者自复杂化定律为基础。原则上，这类过程都是一般生物学的研究对象。就像生物圈本身是涌现的结果一样，这样的涌现定律（如果存在的话）也是从低层的物理化学定律中出来的，虽以它们为基础，却不能还原到低层。考夫曼写道（*Kauffman 2000: 35*）：

我想说，生命是复杂化学网络反应的必然涌现性质。当反应系统的分子种类变得越来越复杂的时候，分子集体自催化相变的出现非常普遍，几乎是不可避免的。

"新的一般生物学"现在还仅仅是一个吸引人的假说，只有当我们发展并验证了类似物理定律的生物规律，这门学科才能正式确立。不过，在基因革命和环境科学的双重推动下，我们近来对生物自组织复杂性的理解，已经有了爆炸式的进步。特别是，在生物涌现中，以下四个因素扮演着中心角色。

尺度的作用

当复杂性增加时，就会涌现出大尺度结构和大尺度机制。在新结构形成过程中，尺度非常重要，或者说得更明确一点，尺度的变化非常重要。在建立生命的过程中，自然接连不断地演化出更大尺度的新结构，从分子层面（1埃）到神经元（100微米）最后到人的中枢神经系统（1米）。随着新的结构出现，涌现出新的整体－局域关系。

约翰·荷兰德认为，复杂程度不同的学科，每隔大约三个尺度数量级就会出现一个。在这个数量级上，系统已经变得过于复杂，不可计算，只能"提升表述的层面"（见*Holland 1998: 201*）。尽管"元定律"仍然起作用，但是同时必须加入另外的基本概念。新的解释层面随着复杂性的增加周期地出现。要认识这一规律，就要让涌现成为生

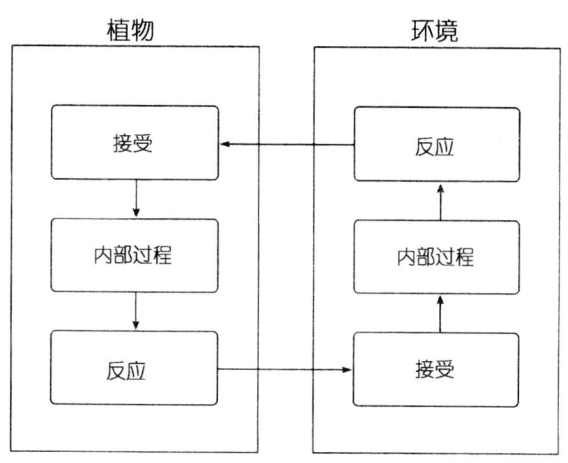

图13.12 植物和环境循环的图表显示［版权所有：飞利浦·克莱顿（Philip Clayton）。本·克罗克（Ben Klocek）重新绘制］

物学真正的一个部分。但是现在，对这一周期性蕴涵的深层原理我们还只有很不成熟的理解。

反馈循环的作用

在细胞以上的层次中，生化过程中的自反馈循环起了越来越大的作用。例如在植物和环境相互作用的研究中，每个部分的机制本身就是内部复杂自催化的结果，而各个部分之间也有复杂的相互作用。植物获得养分，对它进行加工，生成新的物质（例如氧气、花粉）释放到环境中。环境则反过来吸收这些物质，对它们进行加工，生成新的植物所需的资源。如图13.12所示。这类反馈的动力过程正是生态环境学的基础：有机体的某种行为改变了它的环境，而环境又通过和这种有机体的相互作用反过来影响它，有机体再通过内部改变做出复杂的回应，进一步地改变公共环境，影响每个有机体个体。

局域－整体作用的影响

　　复杂动力系统中，连锁的反馈循环可以产生整体的涌现结构。罗杰·利文（Roger Lewin）（1999：13）依照克里斯·兰顿（Chris Langton）的工作画了一张图（图13.13）。在这一情形，"整体性质 —— 涌现的行为 —— 反过来影响了产生这些性质的个体行为"（见 Lewin 1999）。整体结构可能具有局部结构没有的性质。例如生态系统常常非常稳定，这是一个涌现性质，其组成部分通常不具有这个性质。尽管如此，由于系统对初始条件（相对所有其他因素）极为敏感，预测整体性质是不可能的，分支处的微小涨落会被系统后续状态放大。乔治·埃里斯（George Ellis）认为，这种"反过来"的反馈过程是**逆向因果关系**的一个体现。

　　图13.13表现了整体性质的思想。和兰顿不同，考夫曼坚持认为生态系统在某种意义上"仅仅"是一个复杂的相互作用网络而已。但是在考察考夫曼（Kaffman 2000：191）分析的典型有机体生态系统的时候（见图13.14），依照个人的研究兴趣，既可以专注于系统的整体性质，也可以分析系统内各部分的相互作用。兰顿的"整体"观点着眼于系统层面的特点和性质，而考夫曼对"仅仅"的强调，说明无需引入神秘的外力 [比如鲁伯特·谢尔德科（Rupert Sheldrake 1995）的"形态共振（morphic resonance）"]。这两个层面是互补的，仅仅有其中任何一个在科学上都是不充分的。在演化产生爆炸性的复杂性过程中，系统整体特征和组成部分之间的相互作**都**起到了重要作用。

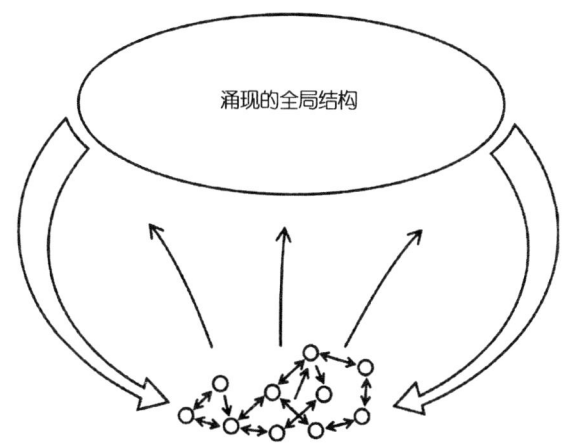

图13.13　局域－全局的相互作用 ［版权：克里斯·兰顿 （Chirs Fangton）， 他常常使用这张图。本·克罗克 （Ban Klock） 重新绘制］

嵌套层次的作用

　　复杂性的最高层次就是局域－整体结构中出现的嵌套层级。这种层级结构常常用嵌套循环来表示，见图13.15。嵌套是组合爆炸的最基本形式之一，这种形式大量地存在于自然生物系统中（见*Wolfram 2002：357*；在他的索引中可以查到更多嵌套的例子）。当生物体综合了分立的子系统时，有机体的结构复杂性大大提高，生存的概率也大大提升。类似地，对不稳定因素，包含大量分立子系统的复杂生态系统明显地表现出更强的可塑性。

涌现的"强""弱"之争

　　部分和整体间相互作用的结果远远超出了我们在化学反应中观察到的涌现。在以上四因素的基础上，生物系统和生态系统的演化甚

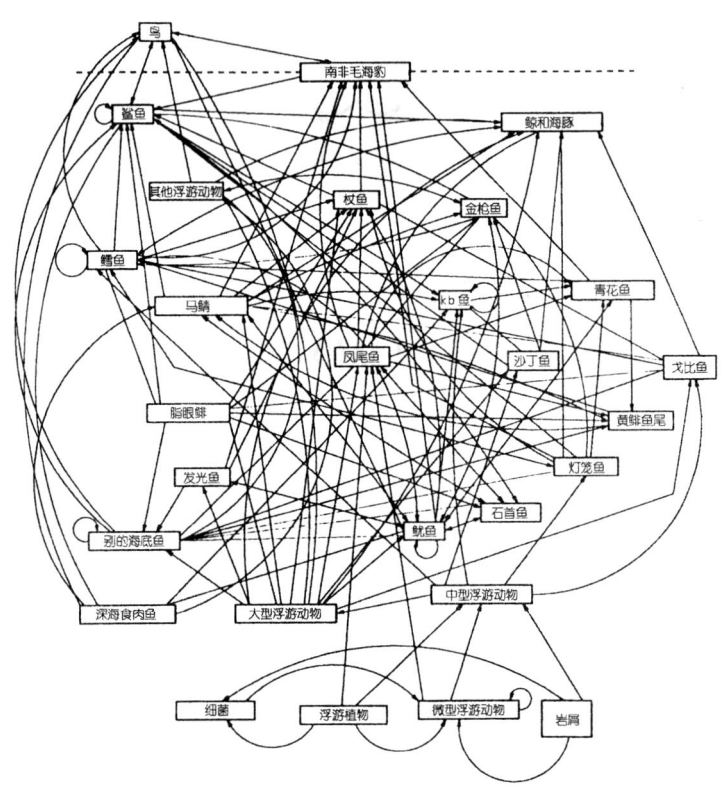

图13.14　典型复杂生态系统中的相互作用（考夫曼《调查》，版权所有：2000，牛津出版公司）

至表现出明显的"组合爆炸"（见*Morowitz 2002*）。用简单定律揭示整个生命系统变得痴心妄想。由相互作用的复杂系统组成的自然系统，形成了多层面的互相依赖网络（*Gregersen 2003*），每个层面都是整体解释不可或缺的部分。

基因学的连体婴 —— 系统生物学已经确立了许多生命"复杂性

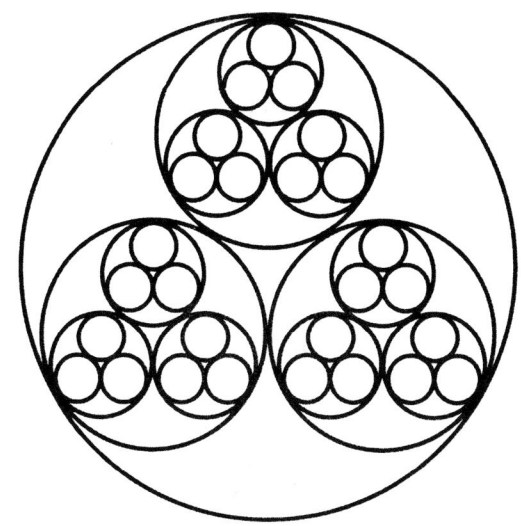

图 13.15　生物系统中的嵌套层级〔常用的嵌套图像，本·克罗克重新绘制〕

金字塔"的特性（*Oltvai and Barabasi 2002*；*Barabasi 2002*）。在将细胞分解成基因和蛋白质网络时，系统生物学家分辨出四个不同的层次：①基础的功能器官（基因组、转录组、蛋白质组、代谢组）；②由这些组成构成的代谢酶促反应；③更大一些的细胞主要功能模块；④功能模块相互嵌套形成的大尺度器官。奥特韦和巴拉巴斯（*Oltvai and Barabasi 2002*）总结道："不同器官层次的融合，更迫使我们把细胞功能看成不同组分和整个网络间的相互作用"。麦洛（Milo）等人（2002）近日证实，在生物化学、神经生物学和环境学的复杂网络系统中，都会出现一些类似的"网络动机"。他们指出："不管是由细胞中的生物分子构成，还是由秀丽隐杆线虫（Caenorhabditis elegans）神经元的突触连接构成，网络在处理信息时都表现出相似的目的。"

体现出系统层次的网络，其结点本身也是复杂系统，有人说这种复合的复杂性仅仅代表了复杂性量的增加，并没有涌现出"真正的新东西"。我在别处已经将这种观点称为"弱涌现"。约翰·H.荷兰德（1998）和史蒂芬·沃夫兰（Stephen wolkfram）（2002）就持有这样的观点。但里昂·凯斯（Leon Kass）曾就生物进化发表了这样的看法，"达尔文从未想到过，自然产生、逐渐积累，并在繁衍过程中连绵不断地继承下来的，仅仅是程度的不同，最后会导致物种的差别"。凯斯阐明了其中的原理。只要在复合复杂系统的自然过程中产生了新的复杂系统结构和因果关系，那么自然世界就不仅仅表现出弱涌现，而同时也表现出更实质的变化，我们可以把这种变化称为**强涌现**。强涌现出现的地方，一般也是乔治·埃利斯所谓"逆向因果关系"最明显的地方。相反，在相对罕见的情况下，涌现系统和下属系统之间可以用同样的规律联系起来（模拟系统通过算法；自然系统通过"桥梁法则"），这种情况仍可以用弱涌现来描述。但一般情况下，这样的规律是找不到的。如果有理由认为从低层次的规律出发原则上是不可能的，那么就应该用强涌现来表述。

神经科学、可感性质和意识

许多人都觉得意识是强涌现的最明显、最重要的例子。如果说自然界存在不能还原的东西，那就是意识。不管心理感官（比如主观经验）对中枢神经系统状态的生物依赖性有多么强，知道一个人所有的大脑过程，也绝不等同于知道这个人的感受，理解这个人的快乐、悲伤，以及分享这个人的远见卓识。托马斯·内格尔（Thomas Nagel）（1980）有句名言："没有人知道当蝙蝠是什么滋味。"

不幸的是，尽管我们每个人对自己的意识都非常熟悉，但在科学研究中，意识仍然是未解之谜。正如杰瑞·弗多（Jerry Fodor）（1992）指出："我们对物质怎么产生出意识还一无所知，也没有任何线索。这就是意识哲学的发展现状。"

既然我们尚未理解从大脑物理状态到意识的转变，那么谈论意识的时候，就不得不进入哲学领域。如果本质上意识的涌现和其他涌现不同，或者说意识不同于神经的关联，那么哲学讨论就不可避免。很多人都认为这两个区别都是存在的。即使只是在原则上，神经科学又能在多大程度上解释意识呢？

我认为，最有力的科学途径仍是涌现。我们已经看见，涌现理论

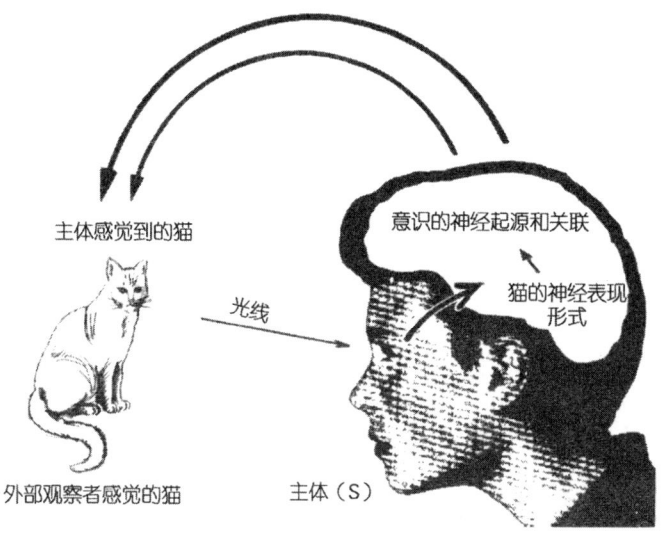

图13.16　神经对世界中的物体的反映　[M.威门斯（Velmens）（2000）《理解意识》，版权所有:Thompson Publishing Services]

能在承认心理和物理性质的不同前提下，坚持意识依赖于大脑的状态。需要解释的意识之所以不同，是因为它代表了一个新的涌现层次，而大脑的物理状态——无论是作为一个整体的大脑，还是各组成部分状态的和——是意识的必要条件。利用涌现的概念，科学能识别出和生物圈和其他复杂系统最大程度的相似性。如果定义"学习"为"探索环境和适应性地改进行为"（见 Schuster 1994），那么其他的复杂适应性系统同样也能"学习"。显然，从原生物到灵长类的大脑，系统都会从环境获取信息，从而调整对环境的反应。

视觉图像在大脑中的显现，这一经典的心理现象也可以用这一方式解释。麦克斯·维尔曼（Max Velmans）（2000）就此画了一张图（图13.16）。这里，真实世界中的猫和神经中反映出来的猫，都是神经系统的一部分，无需用到"思想"这类非科学的心理概念。原则上，可以认为这一反映过程就像上文中提到的植物和环境一样，只是其中的反馈循环更复杂一些。这就是（例如）李·多克斯（Le Doux）所持的"意识现象的自然说明"观点。在物理主义者眼里，根本不存在心理原因。如果没有涌现，那么意识就不可能用想法和企图来说明。图13.17很好地诠释了这个问题，如果限制大脑和世界之间的因果联系，那么思想就必须处在系统之外。但是要说想法、企图和行为没有任何因果关系，这又实在和我们的日常经验相距太远。比方说，你现在拿着这本书的物理事实显然**看起来**源自你阅读这一章的愿望。

这样的论述迫使我们接受，意识涌现和其他复杂系统的涌现有本质不同。意识是我们面临的不同以往的"困难问题"（见 Chalmers 1995 : 201）：

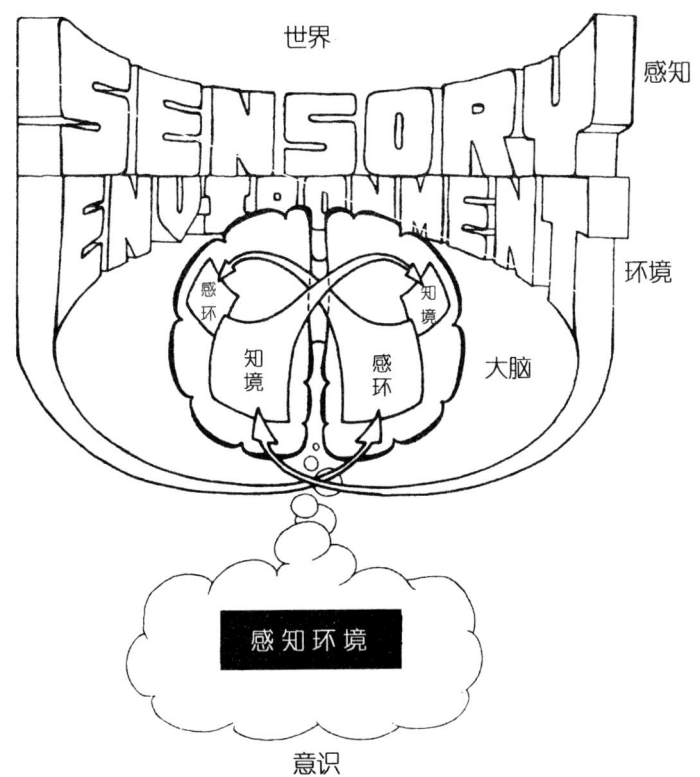

图13.17 "精神"对环境感知的反映［李·德多克斯等《综合的精神》，
Plenum出版社（1978），经过作者的同意使用］

意识中真正困难的在于**经历**的问题。思考和感知是信息过程，但其中也有主观感受。正如内格尔（Nagel）所说，**似乎**有一种意识器官。这种主观感受就是**经历**。例如，看的时候我们会经历视觉的感受，感觉到红，体会到亮与暗以及视场的深度。其他感官也会带来经历：听到笛子的声音，闻到樟脑球的味道。以及身体的感觉，从疼痛到极度兴奋的感觉；内心涌现出来的图像；感觉到的情绪，以及一连串有意识的思考。这些状态的共同之处在于其中都包含了某种东西。它们都是某种经历。

看起来，人类认知过程和其他高等灵长类的不同之处在于大脑复杂性量的增加。但是，如果查莫斯（Chalmers）是对的（我感觉他是对的），那么这种量变引起了质变。尽管灵长类在进化中，意识自觉是逐渐出现并发展的，但是在（目前）发展尽头出现的有意识的能使用符号的人类，显然和之前的灵长类有显著不同（见 *Deacon 1997*）。即使不以二元论的观点，按照自然主义的做法，把意识理解为自然世界的涌现，我们仍然欠缺一个"感觉""主观意图"和"经历状态"的理论。基于意图的行为，由各种想法建立的结构，以及心理原因都需要一种新的解释，需要一系列新的科学，即社会学或人学。到这一步，涌现就已经超出了本书讨论的自然科学范围，我们需要新的概念、新的测控机制，甚至新的知识标准。基于物理观点的探索之路已经消失在云雾中，我们不能再沿着它走下去了。

五种涌现

在更大范围的讨论中，"涌现"这一术语有各种各样的意义，其中一些并不科学。这里有必要明确一下，这一术语有5个不同层次。

· 涌现，是指某一特定科学理论中的涌现。这里研究的对象，是我们已经有一定了解的物理或者生物系统，涌现描述的是系统的特性。研究这些理论的科学家认为，使用这一术语（在学科内），对于描述自然世界的性质，目前来说是有用的。本章前面几页介绍了许多不同学科中出现的这类涌现。在这一层次上，还不能比较不同理论之间涌现的相似性，也说不出涌现和孕育它的理论之间有什么本质不同。

· 涌现$_2$ 让大家注意到世界的一些属性，这些属性可能最终会成为某一统一科学理论的一部分。这一意义上的涌现，表现出的是一些可能的相互联系和规律，它们可能成为未来这一统一科学理论某一分支的基础。在斯图亚特·考夫曼提出"一般生物学"中的涌现，或者在某些复杂理论中的涌现，便是这一层次涌现的例子。

· 涌现$_3$ 是一个元科学的概念。它是指科学理论之间的普遍模式。这一意义的涌现已经不再隶属于某个特定的科学领域。前文中我曾多次用到这个意义的涌现概念，以引起大家对所讨论的系统 —— 自催化现象、复杂性和自组织之间共同特点的注意。我们可以科学地理解这些系统，它们之间有一些明显的共同点。在不同理论中，这些共同点可能实际上有不同的名字，能用涌现的概念将它们统一描述。

因此，涌现$_3$ 起到了启发的作用，它帮助我们认识到不同理论的共性。认识到这一点，我们就能拓展现有理论，建立新的基本假设，开展新的跨学科研究[1]。

---

1. 正因为这样，涌现 3 比前面两个更加接近科学哲学。不过这一科学哲学概念，和实际的科学研究结合得很紧密，能对研究工作起到实际的推动作用。类比起来，正如量子力学哲学家杰里米·巴特弗尔德（Jeremy Butterfield）和詹姆斯·库欣（James Cushing）的工作一样，能够而且已经实际地促进了物理学家的研究。一些天体物理哲学家 [约翰·巴罗（John Barrow）] 和生物进化哲学家 [大卫·赫尔（David Hull），迈克尔·卢瑟（Michael Ruse）] 也有过类似的工作。

· 涌现₄描述的是不同学科发展的特点，其中包括某些最具争议的转化点。现在已经完成的科学工作有：化学结构的形成，生命诞生蕴涵的生化动力学过程，复杂神经过程产生记忆、语言、理性和创造性这些认知过程的机制。其中每一项工作都涉及对多个层次的多种自组织现象的理解。涌现₄想要表达的是这些（以及其他转化点）的共同之处。

但这里也有明显的局限。解释化学结构形成的理论不太可能去解释生命的诞生，而解释生命诞生的理论也不大可能说明自组织的神经网络如何产生记忆。涌现₄更靠近科学哲学而不是实际的科学理论，但它应该是对科学家有用的一类科学哲学概念[1]。

· 涌现₅是一个形而上学的概念。这一观点认为自然世界的本性，就是要在不断创生的过程中产生更多更复杂的实体。本章不打算对这种形而上学的观点发表评论[2]。

从涌现₁到涌现₅，涌现的概念从专门越来越走向综合，也就越来越哲学化。

结论

我们能得出什么结论呢？由于涌现是一个跨学科的综合概念，它

---

1. 与之相反的是，例如，现在在英语系以及类似于《批判性质询》的刊物上流行的一种科学哲学。这类科学哲学声称科学是一个需要解构的主题，科学和文学具有同样的主观性，应该在科学课上教授土著美国人的世界观等。
2. 我仅仅加一句注释，只要不把这5种涌现的意义搞混，这种形而上的外推对科学就不会有坏处。实际上，基于科学的形而上思辨常常有很好的哲学推论，可能最后涌现也会成为这样一个例子。

的重要性并不局限在某一专门理论中。(用前面的话来说,涌现包括了涌现,但并不仅仅如此。)它仍然是一个,起码部分地是一个**超**学科的术语。

那么这些不同的层次是否和"标准的还原主义科学"矛盾呢?[1]不,承认自然存在不同的层次,每个层次有不同的解释,并不是说高层次的现象就不能用低层次的规律解释。事实上,科学的首要任务,不正是为了减少乃至消除自然理论中明显的"断层"吗?因此,对视觉感官系统的科学研究,就应该用产生视觉的神经结构和电化学过程来完整解释。从下而上的解释在多大程度上是可行的,这要靠长期的研究经验来确定。现在我们只能冒险地依靠眼前证据得出的一两个结论。

从讨论中可以看出,涌现反映的是不同研究领域的共性。涌现的强大威力常常在描述两个相近领域研究中的相互关系时表现出来,比如量子物理和经典物理,粒子物理和化学,生物化学和细胞生物学以及神经心理学和认知心理学。因此,涌现研究需要审查这一系列相似但不相同的相互关系之间,是否有什么类似之处。我们已经看到,涌现理论预言,相邻领域之间存在可辨认的共同特征。

最后,如果涌现研究要想引起实践科学家的兴趣,那么它必须对理解自然世界的某种特定现象有帮助。这种帮助起码有三个层面。至少,涌现能给人以启发[2]。了解跨学科的共同特性,可以给具体问题的

1.引自比尔·纽萨姆(Bill Newsome)(斯坦福大学,神经学家),个人信件。
2.这种启发是长期研究课题选择的向导。涌现研究着眼于低层级现象中产生的复杂现象,它预言,解释这些复杂现象,起码部分地需要用到更高层次的因果关系。

解决带来新的启示。第二，涌现也可能有助于理论的选择。有关某两个层次之间联系的理论，可以类比地用到另外的地方。最后，我们对具体涌现的现象理解得越细致，就越能为未来的理论大突破积累更多的基本概念。

涌现理论从根本上预言，随着复杂性的增加，新的结构组织和系统行为会在某个特定的相变点出现。如果这是正确的，那么自然就同时兼有了连续性和分立性。说它是连续的，是因为无论是细胞还是生物体还是大脑，基本物理定律仍然决定着自然历史中所有涌现的概率。说它是分立的，是因为增加的复杂性会分化出不同类型的结构和行为，因此产生了不同的学科。自然的每一个层次都对应着一个层次的科学解释。即使未来科学发展了，这种不同层次之间的变化也是不可消除的。无论如何，这是涌现研究的一个经验性预言。

致谢

非常感谢普兰纳布·达斯（Pranab Das）、特里·迪肯（Terry Deacon）、查里斯·哈勃（Charles Harper）、斯蒂文·柯乃普（Steven Knapp）、罗伯特·拉夫林（Robert Laughlin）和比尔·纽森（Bill Newsome）等人在这篇文章修改过程中深刻的批判和有益的建议。

第 14 章
真正复杂性及其存在论

乔治·F.R.埃利斯（George F.R.Ellis）

开普敦大学（University of Cape Town）

真正复杂性和存在的本质

本章的主题是真正的复杂性以及它和物理的关系。这种复杂性并非统计物理、灾难理论、沙堆研究、反应扩散方程、"生命游戏"一类的元胞自动机，以及混沌理论所涵盖的内容。真正的复杂系统包括分子生物学、动物和人类的大脑、语言和符号系统、个体人类行为、社会和经济系统、数值计算系统以及生物圈。这种复杂性的实现，依赖于复杂的生物分子RNA、DNA和蛋白质的分子结构，依赖于它们强大的折叠功能和一对一的密码识别机制、也依赖于底层细胞和细胞膜（包括神经元），更依赖于整个身体构建和神经系统。

真正的复杂性包含大量信息，形成了分层的组织结构，它能有目的地处理信息，特别是能以目标反馈的方式处理。在这种结构下，系统的行为表现出目的性["生物目的性"（teleonomic）]。在推广物理思想，特别是当我们想从对物理实在的理解中，总结出什么哲学结论（比方存在本质）的时候，认识到这一点非常必要。面对复杂结构，"什么是真实"的问题实际上应该分开成"什么实际存在"和"在这些结构中会出现什么样的因果关系"。

探讨这些问题正是本章的目的。我们分别讨论如下主题：真正复杂性的本质；存在的本质；因果关系的本质；以及和基本物理定律的联系。文末也包括了一些关于终极实在的评论。

真正复杂性的本质

作为大致的轮廓，复杂系统的出现有这样一些性质：

1.复杂系统的涌现体现在：a.功能（简单结构是导致更复杂结构功能的低层原因），b.生长（单个的初始细胞成长成含有1013个细胞的复杂关联系统），c.进化（一个本不含复杂系统的宇宙演化出亿万的复杂系统），各种复杂系统的时间尺度差异很大。

一般认为，自然选择是上述复杂系统通过进化形成的机制（见 *Campbell 1991*）。

2.复杂系统具有这样的特征：a.复杂性和因果关系的分层结构，b.不同层的结构有不同的尺度和不同的描述方式，c.层级结构的每一层自身也有层级分化。

图14.1将此总结为人类的结构／因果关系层级。

```
社会学／经济学／政治
心理学
生理学
细胞生物学
化学
物理
粒子物理
```

图14.1　结构和因果关系的层级。每个下级都是上级现象背后的物理原因。
参见 *Ellis 2002* 中对该层级结构的详细分析

坎贝尔曾说过（*1991*：2~3）：

随着生物学层级的提高，原来在简单层级上没有的新性质就会涌现出来。这些新的性质来源于各部分之间的相互作用……通过各部分的不同排列方式和相互作用，有组织的物质形成了独特的性质……［所以］我们不能通过把高层组织拆分成部分的方法，来完整解释上级组织。

我们甚至不能用下层的语言来描述上级层级。

更进一步，若不是借助了分层级的特征结构，我们根本不可能理解每个高级层次中丰富多样的对象。例如：

动物—哺乳动物—狗—看门狗—德国短毛猎犬—佛瑞德

机器—运输机器—汽车—私家轿车—丰田轿车—

CA 687 — 455

分级特性可能基于（1）表观，（2）结构，（3）功能，（4）地理位置和/或历史（例如进化历史），或者（5）指定的名称符号（例如字母表或者数字，它们本身也是分级的）。注意到最后，这些分类都是从普遍（一般）走向了个体（特殊）。

1. 这些分级结构是模块化的——它们同样都是由更简
单的（下级层级）的结构组合而成，每个部分仍然含有自身
的状态变量，还利用了封装和继承、重用和修改等方式。

一般而言，多个下级状态对应着一个上级状态，因为上级状态是通过对下级状态平均、去除多余的下级信息（"粗粒化"）得到的。一个上级状态对应的下级状态数决定了系统状态的熵。这就是隐藏在上级眼中的下级信息。

2. 复杂的涌现通过 a. 自下而上和 b. 自上而下两种作用
实现，自上而下作用通过系统结构和边界条件来调整下级
行为。

上级结构和边界条件可以调整下级的相互作用。这是自上而下的层级关系。特别是，当不同层间形成反馈机制时，就会严重影响因果关系的本质（见图14.2）。如果，对应某一特定上层初态的下层态的各种变化会导致同一上层终态，从而引起同级作用，那么就能归纳出可靠的上级行为定律。

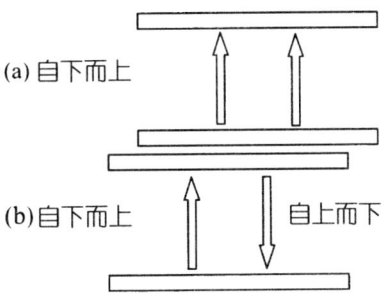

图14.2 自下而上和自上而下作用。自上而下作用的重要性在于，它改变了层级结构和组织上下层级之间的因果关系。分别见图14.2a和图14.2b

在耦合的复杂系统中，因果关系都有这几个方向（自下而上、同级和自上而下），有些现象可以同时用这几种因果关系来解释。

> 3.生命系统可以有意识地应用信息、依据上级的欲望来调控生理功能。a.生命系统会形成反馈控制系统，b.它们具有学习能力，c.他们能获取、储藏、回忆和分析信息，确定系统的欲望，d.其中包括模式识别以及简单预测模型的使用。

复杂系统拥有的这些能力，使自己不同于单纯的难解系统，这些复杂系统中能够自发产生的一些现象，如象棋的规则（也例如象棋选手的策略）、货币的汇率。注意此处并没有提及信息是如何储存的。（比如，信息可能储存在特定的系统能级，或分子结构的次序，或突触连接模式中。）这里也没有提及，有用信息量须由香农公式计算出来。

这一切都增加了"**有组织的复杂性**"（见 *Sellars 1932*；*Simon 1962*，

1982；*Churchman 1986*；*Flood and Carson 1990*；*Bar-Yam 2000*）。这里我们看到，非物质的信息和目标，对力和粒子的物质世界产生了影响，这意味着它们也有哲学上的实在性。下面让我们更仔细地讨论复杂性的方方面面。

复杂性和结构

系统论的核心观点在于，系统的价值来源各部分的相互关系，而不是各部分本身（见*Emery 1972*；*von Bertalanffy 1973*）。真正的复杂性，包括高层级上有序的涌现，都发生在**模块化分层结构**（modular hierarchical structures）中，它们是建立和利用真正复杂性的唯一途径。在计算中，特别是在**面向对象的编程语言**中，人们发现层级和模块的基本原理非常有用（见*Booch 1994*）。了解这些原理如何在物理和生物结构中起作用，大有裨益。

模块性（见*Booch 1994*：12-13，54-59）：掌握计算和生物复杂性的方法就是分解 —— 把问题分成越来越小的部分，直到把每一部分单独提炼出来（见*Booch 1994*：16）。通过将问题分解成更小的部分，就能打破大量信息在每一步接收、处理和存储的瓶颈，也促进了操作的专门化。这意味着，把一系列处理小问题的专门模块组合起来，就能够形成整体。要想从简单的系统出发组建复杂系统，或者将复杂系统进一步发展，可以重新使用这些模块完成新的组合，也可以用更有效的模块代替原有模块。这样，我们就能充分利用已经调试合格的组件。不过，这之后如何构建不同模块之间的联系，赋予模块怎样的功能都还尚待解决。复杂结构是由抽象的、封装的、可继承的模块构成的，模块也可以修改，以适应别的用途。

　　抽象和符号（见 *Booch 1994：20，41-48*）：如果不能掌握整个复杂对象，我们只能退一步，忽略它不重要的细节，把对象抽象成一般的理想模型。**抽象**就是指把系统不同于其他对象的本质特征提炼出来。它着眼于对象的外部性质，将对象的本质行为和一般行为区分开。它强调了对象的某些性质，忽略另外一些。抽象的关键在于，**复合的对象可当作一个整体来命名和处理**，正是这一点，抽象符号和符号运算才大有用武之地。

　　封装和信息隐藏（见 *Booch 1994：49-54*）客户只需说明想办的事，而如何办则由对象决定："复杂系统的任何一个部分，都和其他部分的内部细节无关。"封装意味着内部的工作细节并不对外公开，因此工作过程可以当作黑盒子抽象。为了实现这一点，每个类的对象都必须含有两部分：一个**界面**（对象的外观，包含了这一类对象的共同行为）和一个**内部实现**（内部完成指定行为所需的表述和工作机制）。为了提高效率和实用性，需要尽量减少界面上变量的数目和名称，这就是信息的隐藏，也就是物理学中的粗粒化。与之相伴的细节信息丢失正是熵的本质来源。

　　继承（见 *Booch 1994：59-62*）：继承是层级分类中最重要的概念：它让一个对象类——比如一组模块——继承它的父类的所有性质，还能拥有其他性质（这是一个"某某是一个某某"的层次关系）。这样就能让某处描述的相似性质，出现在所有后继的类和子类中。继承清楚地展现了一个系统中对象和类的分级本质，并实现了属性的一般化/专门化（父类代表了一般化的抽象，而子类代表了专门化，在子类中会增加各种变量和行为，它们可以被更改甚至隐藏）。这样我们就能把对象理解成某些已经熟悉的事物的修正版本，而不用重新描述所有的性质。

分层（见*Booch 1994*：59-65）：层次结构对于组织不同部分之间的关系非常有用，因为它允许我们建立上级的抽象，并用继承将它们联系起来。分层将问题分解成一个个组成部分和这些部分的处理过程，这样一来，每一部分需要的数据和处理都减少了，所需的操作也比整体处理的操作更简单。层次结构的成功依赖于：a.处理下级过程的模块进程，b.合并这些模块形成的上级结构。

用分层来处理复杂性的基本特征如下。

> 复杂系统常常采用**分层**的形式，由多个内部相关的子系统构成，而每个子系统也有自己的子系统，如此直到最低层的元件。
>
> （*Courtois 1985*）
>
> 许多复杂系统都有一个可分解的层级结构，正是这一点帮助我们理解、描述，甚至"看见"了这样的系统及其部件。
>
> （*Simon 1982*）

不仅仅复杂系统本身是分层的，层级也代表了不同程度的抽象，每一层都建立在另一层之上，而自身也是可以理解的（都有不同的现象学描述）。这就是所谓的**涌现有序**（emergent order）现象。同一层的抽象有明确的相互作用（因此在各层级上有属于本层级的实在，属于本层级的因果关系，不同层级的表述语言**不同**）。

> 　　我们发现，那些分离的，独立行动的每个组分都有一些相当复杂的行为，并且都对许多上层的功能做出了贡献。只有这些独立行动单元有效合作，才能形成有机体的上层功能。这就是**涌现行为**（emergent behavior）——总体大于组分之和，甚至不能用组分的语言来描述。组分内的联系一般要强于组分间的联系。这一点把组分的高频动力学——涉及组分内部结构——和低频动力学——仅涉及组分间相互作用——区分开来。
>
> （*Simon 1982*）

（这正是我们能清楚地辨认组分的原因）在分层结构中，通过封装，每一层的抽象对象在下级的实现细节中都是隐藏的。

自下而上和自上而下作用

1. 自下而上作用。

物理世界分层结构的基本特点就是自下而上作用：高层行为源自于低层的工作机制，因此最高层发生的事情也基于最低层的行为。这正是还原主义世界观的理论根源。这些连续的层级序列从基于物理的化学向下延伸，包括基于物理和化学的材料科学，基于材料科学的地质学等等。

2.自上而下作用。

和自下而上作用互补的是自上而下作用。在自上而下作用中，上级的行为会对下一级的行为做出调节性的指导（见 *Campbell 1974*；*Peacocke 1993*）。比如，打开电灯开关会导致大量电子系统地沿导线从电源移向灯泡，照亮整个房间。

一般而言，一个上级状态对应着许多下级状态，因为上级描述的是下级状态的平均，其中抛弃了大量的下级信息（粗粒化）。因此，一种特定的上级状态对应多个下级状态，其中任何一种下级状态都可以得到同样的上级状态（比如打开电灯对应着无数种不同元件的电子运动状态）。这种具体的对应可松（一种上级状态对应着大量下级状态，比如气体状态对应着大量的分子运动状态）可紧［一个非常精确的结构，例如电脑中大规模集成电路（VLSI）芯片的状态，对应着导线中特定的电子流］。后一种情况下，描述和运行所需的信息量都大大多于前者。

让下级状态 L_i 变成状态 L' 的动力学行为，具体取决于边界条件和系统结构。所以，指定一个上级状态 H_1（例如按下一个电脑键），就会产生能实现 H_1 的下级状态 L_i，并使得下级状态的动力学改变。如果上层状态不同，那么下层的改变也不同。因此把这一作用称为**自上而下作用**，既方便又明晰，能清楚地将它表述为物理的因果关系；并可以强调，限制和指导下级改变的，是仅仅在高级描述下才有意义的结构。

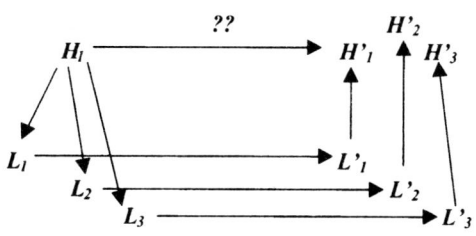

图14.3　下级行为不产生一致的上级行为

　　那么现在的问题是，对应于上级状态H_1的不同下级状态，经过演化之后，是否还都对应着同样的上级状态H_1'呢？此时主要会出现以下两种情况，一种情况是，在微观物理定律的作用下，同一上级状态对应的不同下级实现，可能会导致不同的上级终态（见图14.3）。这种情况下并不存在与下级作用对应的统一上级作用。而在另一种情况下，这些不同的下级实现在演化之后，仍然对应着同样的上级状态，此时自上而下的作用就形成了（见图14.4）。这时，由于上一级出现了一致的行为，所以可以抛开下级，把整个反应看成是上级的因果关系，看成发生在**同一层级上的作用**：

$$H_1 \rightarrow H'_1$$

　　上级的作用可以有效地调控下级的作用，并产生一致的上级结果。这种作用是否会出现，要取决于具体的粗粒化（也就是上级描述）选择。

　　多重自上而下作用还能使复杂系统中的多重上级对下级产生一致的调控，从而使上下级间产生有效的因果关系。这在实际的物理和生物系统中是很常见的，因为实际系统都不是孤立的。边界条件和结构关系都会影响自上而下作用。我将用一些例子来说明这一点。

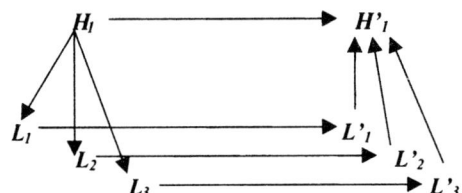

图14.4　协调一致的下级行为产生了协调一致的上级行为，出现了同级行为

1.活塞桶中的气体。桶壁和活塞一起确定了气体的压强和温度。这两者都是没有微观意义的宏观概念。

2.相互作用势能。薛定谔方程中的势能，或者系统作用量中的势能，是其他粒子和作用力的综合反映，也是简单和复合结构都能实现的原因（从盒子中的一个粒子到计算机，或一组脑神经连接）。相互作用势表述的是微观态相互作用的总和，因此产生了内部的自上而下作用。另外，也可以在研究对象中加入外部势能，来表示环境对系统的自上而下作用。

3.早期宇宙的核合成。核反应的速率取决于反应介质的密度和温度。因此，早期宇宙的微观反应和元素合成过程依赖于宇宙膨胀的速率（由弗里德曼方程确定）。

4.量子测量。量子测量中也会出现自上而下的作用，波函数会坍缩到测量系统的本征态上（见 *Penrose 1989*；*Isham 1997*）。实验者通过调整测量仪器，例如校准自旋测量仪器的轴线，确定了测量能得到的微观状态集，从而决定性地影响了相互作用可能的微观结果。因此，量子测量过程部分也是观察者控制的自上而下作用，确定测量中系统的允许微观状态的过程。希尔伯特空间和算子的选择，反映了实验者对测量过程和仪器的选择，因此这也是自上而下作用。

5.时间方向。自上而下作用也出现在时间方向的确定中。单根据物理定律和构成系统的粒子的性质是无法预言宏观系统未来行为的，这是由于时间可逆的微观物理会给出两个解，一个沿时间正向，一个沿时间反向，但是宏观系统只沿正向发展（见 *Davis 1974*; *Zeh 1992*）。为了符合实际的物理过程，错误的微观解被我们人为地去除了，仅仅留下宏观实际出现的熵增加解。但是这一取舍不能通过微观理论得到。波尔兹曼（Boltzman）曾巧妙地证明过H定理（在微观分子碰撞基础上的气体宏观熵增），但洛施密特（Loschmidt）指出这一定理在时间的两个方向都说得通。物理上，宏观状态存在的时间单向性，似乎是来自宇宙整体的自上而下作用，可能来源于时空起源处的边界条件（见 *Penrose 1989*）。这和刚才的量子测量话题也是相关的：波函数的坍缩只沿着时间的正向发生，而这种坍缩在系统的微观层面不能决定。

6.进化。自上而下作用是分子生物学两个主要课题的中心：第一，DNA编码（DNA分子中的特定序列）随着进化过程不断变化，使得生物体适应生态环境（见 *Campbell 1991*）。这是自上而下作用的经典例子，通过适应，环境（和其他因素一起）自上而下地修正了特定的DNA编码，决定了生物微观结构的细节。仅从生物化学或者微观物理出发，是绝对不能预测编码序列的（见 *Campbell 1974*）。

7.生物发育。第二是DNA编码的读取。分子生物学的第二个中心主题就是生物发育中DNA信息的读取（见 *Gilbert 1991*; *Wopert 1998*）。

这不是一个简单的力学过程，整个过程前后关联，前面发生的事情和后面将发生的息息相关。生物发育的关键就是在每个细胞中确定激活哪些基因，以控制细胞后来的发育。这一过程依靠位置信息确定，微观机制来源于各部分位置指示剂的浓度梯度。这是一个自上而下过程，从发育的生物体层面决定了细胞行为。若不是通过这一过程，有机体的发育根本不可能完成结构分化，而生物体显然通过自上而下的方式，让这一关键的细胞发育决定了每个细胞的类型。在更宏观的水平上，最近的研究发现，生物体中存在遗传病的致病基因，并不构成生物体致病的充分条件，结果还同时依赖其余的基因组及环境。宏观条件决定了基因的行为，而不是基因的微观性质，尽管它们的机制仍然在起作用，但是这种作用需要在更大尺度上理解。其中，意识的决定（例如病人是否愿意接受遗传病药物治疗）也包括在宏观环境之中，也是一个重要的影响因素。

　　8.意识影响身体。自上而下作用也发生在从精神到身体的过程中，因此也介入了身体的世界。大脑通过一系列的分层反馈系统，控制了身体各部分的功能。这其中用到了分散控制的办法，来分散计算和沟通的负担，以提高各部分的反应能力（见 *Beer 1972* ）。这是一个非常专门化的系统，身体上特定区域的信息，通过专门的信息传递装置传递到大脑的相应区域，使大脑的脉冲激活特定的肌肉活动（通过调控肌浆球蛋白丝中的电子活动，控制肌原纤维束，带动骨骼肌运动），从而完成大脑的欲望。意识对身体的作用，以及意识对自身的作用，无论从短期（通过大脑和身体的结构、关联产生的瞬时反应）还是长期（通过反复锻炼强化而形成的结构）来看，实际上都是一个自上而下作用。举一个长期作用的例子，反复激发同一块肌肉或同一个神经元，会促进它们生长，这正是竞技运动训练和反复记忆学习方法的根本依据。另外，最近西方医学刚刚开始研究一个新的重要领域：意识对健康的影响（见*Moyers 1993*）。人们发现，意识可以通过与免疫系统作用影响健康（见*Sternberg 2000*）。

9.意识影响世界。当人的心里有了一个计划（比如决心建一座桥），并实施了这个计划，那么作为结果，无数的微观粒子（包括在建桥用的沙子、混凝土、砖头等材料中的大量质子、中子和电子）就会依照计划移动。因此在真实的世界中，许多对象的微观细节（哪些电子和质子到哪里去），很大程度上由是人类的宏观目标和计划决定的，涉及目标选择的自上而下作用。具体而言有这样一些例子：

（1）象棋规则。象棋规则得到了社会的普遍认可，具有有效的因果关系。想象让计算机或者外星人分析研究大量的棋局，他们也能归纳出规则，明白哪些移动是允许的，哪些不行。但是尽管它可以归纳出棋子移动不可违背的规则本身，却不可能弄清楚规则的起源。是因为存在势场限制了棋子运动，需要修改牛顿定律？还是因为存在棋子移动的人为规定，以便于编入计算机算法？大家注意，象棋的规则不仅仅存在于单个的意识中，它甚至可以脱离发明它的社会（比如把它写下来，其他社会可以同样接纳这套规则）。

（2）互联网。在信息指令下，本地计算机会让电子有序地在硅片和内存中运动，显示出千里之外的网页，这是由有线的因果传播导致的远距离结构的影响，最终造成了本地计算机中的物理变化。

（3）货币及汇率。货币是社会经济秩序的物质载体。尽管汇率是一个社会概念，但是它也存在于新闻报纸的墨水中及银行使用的计算机程序中。

（4）全球变暖。通过人为移动大量的微观粒子，人类行为对地球大气造成了影响，从而影响了全球气候。星球层面的宏观现象必须从人类活动出发来理解。

（5）广岛。落在广岛的原子弹，正是通过人的计划和实施，无数微观事件（铀核的裂变）造成了重大的宏观变化。

由此，结构层级，也就是现在的因果层级，分裂成两支（如图14.5所示），左边这一支反映的是自然世界的因果关系，不涉及目标选择：所有的过程都是机械的。右边这一支反映的是涉及人类的因果关系，和人类的目标选择及行为有关。伦理学就是这样一个处理目标选择的上级结构。因为伦理学能决定下一级的选择，从而决定其结果。所以，在真实的物理世界中，它同样也可以作为有效的原因。这一点是显然的，因为伦理同样符合因果关系链，不过为了说得更明白，不妨考虑下面的例子：设想有一个囚徒面临惩罚，而这个人最后是否会出现在物理的行刑室，取决于所在法庭的伦理道德观念。

宇宙学	伦理学
天文学	社会学
地球科学	心理学
地质学	生理学
材料学	生物化学
化学	
物理	

图14.5 因果关系的层级分支。图14.1所示的物质关系层级扩展为因果关系的分支层级。左支只涉及了（无意识的）自然系统；右则涉及有意识的选择，它们也能成为有效的原因。特别是，欲望的最高层级（伦理学）也形成有效的因果关系

信息和目标

利用现在和过去的信息设立目标，并通过后来的反馈控制系统执行达到目标，这是一个非常关键的过程。正是以此为背景，出现了以储存的信息为核心的历史依赖行为。

1.反馈控制

组织行动的关键就是反馈控制，通过设立目标，引发特定行为，完成既定的目标（见 *Ashby 1958*；*Beer 1966，1972*）。比较器会比较系统状态和目标状态，如果发现不符，会向系统控制器发送一个错误信号，必要时，控制器会修改系统状态，使它更接近目标（见图 14.6）。从比较器到控制器，中间传输的是信息，而不是连接执行器和系统那样的能量或者物质（信息的传递也需要一点能量，不过只要够把信息传到就行了）。这样的例子还包括热水器的温度控制、汽车的方向控制和发动机的速度控制。由此可见，在**生物体**（以及含有反馈控制的人造系统）的目标选择过程中，信息起到了**关键的作用**。现在的关键问题在于，什么决定了目标的制定，目标是怎么来的？我们必须分清下面两种主要情况：

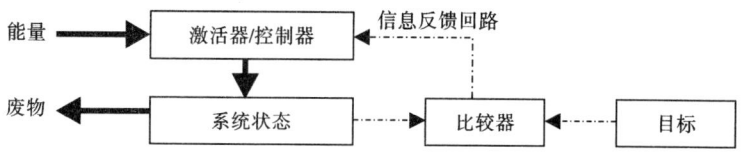

图14.6　基本的反馈控制过程。由热力学第二定律可知，这一过程会吸收能量，放出热，因此只能在开放系统中实现

动态平衡：内在目标。无数的活细胞、植物和动物体内的系统都自动地（无需意识指导）维持着自身的动态平衡，它们通过多重反馈系统保持结构稳定，排除入侵者（免疫系统），维持能量和物质流动，控制呼吸和心跳，调节体温和血压，等等。这是通过无数的酶、抗体和各种各样的控制回路（例如体温和血压的控制回路）实现的（见 *Milsum 1966*）。这些活动的内在目标并不明显，例如，人体体温精确地维持在37.0℃，但是却没有一个明显的体温控制器官存在。不过显然，这是一个明确的目标，执行得也非常坚决。体温调控是长时间进化的产物，是由特定的历史环境决定的，不受个体经历的影响。而人造系统的目标可以是明确而可控的（例如，温控装置的温度设定）。不但反馈控制系统本身是涌现系统，有目的地调动无数物理、化学、生物过程而达到的目标本身，也是涌现的性质。它代表了从环境中提炼出来的，和生物体需求相关的信息，因此代表了机体内在的信息过程。从更高的层次来说，它涵盖了动物的本能行为。这些反馈控制回路具有分层结构和高度的分散控制性，以满足各层级上各种功能需求和相关的信息要求，以求获得最大的局部效率（即对局部情况的反应能力）。

目标追寻：选择目标。但是，在动物活动的高层级上，新的机制开始发挥作用，这里出现了明显的行为目标。这些目标或者是学习所得，或者是有意识的选择。目标选择意味着明显的信息过程开始起作用。从感官来的信息，通过分类，要么被丢弃，要么被存入长期或短期的记忆中。有意识和无意识的目标，构成了目标的层级结构，其中又以伦理目标为最高级，这些目标共同决定着有目的的行为。

2.信息来源和使用

反应行为依赖于信息的有效利用：获取、存储、传递、回忆，以及依据上级目标读取信息，评价和控制生理功能。计算过程基于存储变量和结构化信息流，所以内部的隐藏变量也会影响到外部行为。当前的信息放在一个相关模式中筛选，无关的信息被扔掉，有一定重要性的信息则被平均，然后压缩存储起来，而重要的信息则被有选择地强化放大，和当前的期望一同修订当前目标。相关模式由基本的情绪反应［比如潘克塞普（Panksepp）描述的情绪反应，1998］决定，它们为决定脑神经连接细节的神经达尔文过程（见 *Edelmann 1990*）提供评估。通过这一方式，情绪反应成为了理性行为的基础。对未来的预期基于过去经验（"规矩"，比如餐厅礼节）中的因果模式，并在新的经验和信息的积累中不断修正。

因此，反馈控制系统建立在对过去和现在信息的复杂解读基础之上，它让目的性（目的论）行为成为可能。记忆让过去和眼前的环境背景成为目标选择的参考。长期的记忆还可以在时间上非局域的事件之间产生因果关系，使很久以前的事情（例如，对某人多年以前事情的耿耿于怀）能够影响现在和未来的行为。而有了学习，就可以把一些反应（比如开车，运动等）内在化，形成自动的技能，从而加快反应速度。

3.符号表示

在最高层次上，符号抽象（见 *Deacon 1997*）促进了分析和理解，形成了具有语法和语义的语言。这一方面巩固了诸如社会角色分工、金融系统等社会性产物，另一方面也促进了数学、物理模型和哲学这类高级抽象的发展——它们都是用符号系统表述的。

信息不仅在背后引导了这一切，还成为国际经济的重要（信息技术部分）成分，具有商业价值，因而表现得就像真实事物一样。环境如何影响行为？这样的元问题，正是由伦理系统指导和限制的，而伦理系统的基础是关于价值的世界观整体。它也将会以语言和符号的形式记录下来。

这些都是存在有效因果关系的强涌现现象。它们以非物质的有效实体形式存在，通过社会关系和教学来产生和维系，记录在书本里，或者有时候记录在法典中。因此，虽然它们可以被个人理解和表述，但是它们的存在不限于个体大脑，所以不等同于大脑状态。实际上，大脑状态只不过是它们的某种实现形式而已。

数学和物理描述

如何为这一切建立模型？建立层级系统和涌现性质的量化模型有两种可能的方法。一种是直接应用网络数学及网络热力学，参见 *Peacocke 1989* 和 *Holland 1998*，另一种方法是通过神经网络和基因算法（见 *Carpenter and Grossberg 1991*；*Bishop 2000*）以及控制系统（见 *Milsum 1966*）来构建模型。我们需要计算层级模型，以及对各部分之间相互作用的理解，还有特定子系统和网络的数学模型和分子结构及相互作用的物理模型（要求三维数学模型），才能使这一切出现在复杂系统之中。

存在的本质

在这一部分，我将对存在论提出一个整体论观点，这一观点建立在波普尔和埃克尔斯（*Popper and Eccles 1977*）以及彭罗斯（*Penrose 1997*）的观点基础之上。我将明确地区分存在论（存在）和认识论（我们关于存在的认知）。这两者不能混淆：存在的物体可能可以通过和我们的感觉或者与仪器的相互作用表现出它的存在，也可能不行。

存在论的整体观点

我假定日常世界 —— 桌椅板凳以及观察这个世界的人 —— 的本体已经给定，在此基础上，对每一个能对日常世界产生可表述的因果联系的客体，赋予额外的实在意义。于是问题就变成了，辨认这种意义上存在的不同本体。考虑到上述所有产生有效因果关系的实体之后，我认为，如图14.7所示的4个世界在存在论意义上都是真实的，并以此作为波普尔、埃克尔斯和彭罗斯提案的补充。这4个世界并不是一种存在的不同因果层级，而应该是通过因果关系联系起来的4种

```
世界1: 物质和力
世界2: 意识
世界3: 物理和生物可能性
世界4: 数学实在
```

图14.7　具有因果关系的各种不同实在可以归纳成4个不同的世界，每个世界都描述了一种不同的存在

不同的存在。现在的挑战是：首先，证实它们在存在论意义上都是真实的；其次，它们有明确的、清楚的不同，应该分开对待。我将依次讨论这两个问题。

物质和力 —— 世界1：能量和物质的物理世界

这个世界具有分层结构，从而形成上下因果关系层次，这些层次中的实体，在存在论意义上都是真实的。

这是物质和物质间相关作用的基本世界，建立在基本粒子和基本相互作用力的基础之上，是物理存在基础。它包含3个主要部分：

世界1a：无生命物体，包括自然的和人造的。

世界1b：人类之外的生物（微生物、植物、昆虫、动物等）。

世界1c：人类，拥有独特的性质：自我意识。

所有这些对象都由同样的物理材料构成，但是无生命物体（由物理和有机化学描述）和生物（由生物化学和生物描述）结构差异很大，特别是在自我意识和有目的的行为（由心理学和社会学描述）出现之后，就更有必要将它们分开。物质的层次结构是真实的物理结构，是附加在组成系统本身的物理成分上的。它是上级尺度和现象的基础，也是上级存在的基础。

　　层级结构的每一层都具有存在论意义上的真实性，我们可以确认夸克、电子、中微子、石头、桌子、椅子、苹果、人、世界、星星乃至银河等物质的真实存在。尽管它们都由下级实体组成，但是这并不影响它们自身意义上的存在性（见 *Sellars 1932*）。如果上级的表述能精确地描述不同层级上涌现的非还原性质和意义，那么不依赖下级的相互作用，我们就能精确地描述上级作用的数量和关系，并对它们做出正确预言。数字计算机就是这样一个系统，在最高级的用户程序之下，它还含有一系列用不同的计算机语言表述的逻辑结构，每一层都有属于这一层意义上的实体和存在（见 *Tannenbaum 1990*）。用户无需知道机器码，因为实际上最高层行为和下层机器层面的具体硬件和软件行为是无关的。另一个例子就是，发动机的修理工无需学习粒子物理就能做好他的工作。

意识 —— 世界2：个人和集体的意识世界

　　它包含思想，感情和社会结构。它也是在存在论意义上真实的（显然这些东西都是存在的），并有有效的因果关系。

　　这一人类意识的世界包含三个主要部分：

世界2a：人类的信息、想法、理论和思想。

世界2b：人类的目的、欲望、感受和情感。

世界2c：明确的社会结构。

这些世界不同于物质世界，它们通过人类思想和人类社会实现。尽管它们可以反映在大脑中，但是它们并不仅仅存在于单个的大脑，因此不是大脑的状态。它们之间互不相同，世界2a是人类理性的世界，世界2b是欲望和情感的世界，因此包含非理性的内容。而世界2c是有意识构建起来的法律和规范的世界。尽管这些世界都是在文化和认知的复杂作用下，建立起来的个体和社会，但是它们都能改变物理世界，相互之间也有因果联系。下面将更详细地分析这些世界。

世界2a：人类的信息、想法、理论和思想的世界。这一理性的世界具有分层结构，它有许多组成部分，包含词、句子、段落、类比、比喻、假设、理论，以及整个科学和文学，其中既有抽象的概念，也有具体的事物，它和世界1在各种程度的观察和实验上相互作用，在此基础上建立起社会，从而在各种程度上成功地表述世界2。世界2a由符号表示，尤其是由语言和数学符号表示，它们都是人为规定的，并且自身也有多种表述方法（声音、印刷、电脑显示，数字编码等）。

每个概念都可以用不同的方式来表达，而无论用何种方式表达，表达出来的都是概念自身的实体。这些概念有时候会和其他世界实体很好地对应，但是要注意，说世界2中的实体具有存在论意义上的真实性，并不意味着它们指示的其他世界的对象或者概念也是真实的。世界上真实地存在着各种各样的概念，兔子和神话，银河和**UFO**，科学和魔术，电子和以太，麒麟和苹果，作为**概念**，它们是同样存在的。这个陈述是中性的，它并不涉及概念对应的对象或实体是否存在于真实的宇宙中（特别是，是否对应着世界1中的东西），也不涉及这一世界中的理论是否正确（也就是说，是否很好地反映了世界1）。

　　这一世界中的所有概念和理论，都能对物理世界中的事件和结构造成影响，所以它们在存在论的意义上都是真实的。首先，它们都能出现在百科全书和字典的条目中，于是成为书上特定记号组成的原因（如果这些概念不存在的话，那么大量的微观粒子就不会出现在印刷这些概念词条的书页上）。第二，在建造大型喷气式客机和摧毁德累斯顿[1]（Dresden）等事件中，这些概念还显现出了更进一步的因果能力。这些事件的发生都需要先有一个想法，然后产生详细计划，以及执行计划的欲望。所以，从对真实世界造成的因果关系来看，不可否认，这些想法都是真实的。如果不承认这层世界的真实性，那么物质世界就会缺失许多原因。（那样一来就不得不认为喷气客机的出现是毫无原因的！）

　　世界2b：人类的目的、欲望、感觉和情感的世界。动机和感觉的世界在存在论意义上也是真实的，显然它们就自身意义而言是存在的。例如，可以把它们表现在小说、杂志和书本里面，这样它们就会成为这些文字物理存在的原因。另外，它们中的许多还会成为物理世界事件发生的原因。例如，仇恨的感情就可能会导致大规模的生命和财产的破坏，在北爱尔兰、以色列等地就发生了这样的冲突。世界2b中的目的和欲望导致了世界2a中的智慧思想，而最终在真实世界中产生了物理效果。

　　世界2c：明确社会结构的世界。这是语言、习惯、地位、法律等的世界，它刻画并规范了人类社会相互作用。它是在社会历史进程中，

---

1. 德累斯顿：德国中东部城市，位于莱比锡东南偏东河畔，是工业与文化中心。二战期间被盟军空袭轰炸严重毁损。——译者注

通过有意识的立法和管理发展而来，是日常生活的背景，特别是通过社交语言（语言是一种明显的社会结构），让世界2a和世界2b正常作用。它也有直接的因果效应。例如，限速法规和废气排放的管理，会直接影响汽车和道路标牌的设计，因此对世界1的物质形状有直接的作用。象棋规则也会直接影响棋子在棋盘上的移动。它是社会实现的，蕴涵在立法、职责、习惯等当中。

物理和生物的可能性 —— 世界3：亚里士多德的可能性世界

这个世界包括了所有的可能性，其中世界1就是其中真实发生的部分。

可能性的世界之所以是存在论意义上真实的，是因为它严格地界定了可能的边界。它提供了世界1存在和运行的框架，就这个意义而言，它具有有效的因果关系。可以把它分成两个部分：

世界3a：物理可能的世界，描述可能的物理行为。

世界3b：生物可能的世界，描述可能的生物组织。

这些世界不同于物质的世界，它为物质的世界提供了存在的背景。从某种意义上说它比世界1还要真实，它为世界1提供了存在和活动的框架。这个世界中不存在机会和偶然，也显然不是社会构建的（尽管我们对它的理解是社会构建产物）。它们严格界定了物理世界中可能发生的事情。由于生物和非生物的可能性非常不同，因此两者之间差异也很大。下面将详细地分析这两者。

世界3a: 物理可能的世界。它描述可能的物理行为（是对象所有可能运动和物理历史的描述）。因此，它表述的是所有符合物质本质以及它们之间相互作用而可能发生的事情。在这当中，仅仅有一部分在膨胀宇宙的演化过程中实现。我们并不知道物理定律是说明性的还是描述性的，但是这些定律确实严格地限制了可能的范围（你不能违背能量守恒地移动，不能发明违背因果律的仪器，不能抗拒热力学第二定律等等）。这个世界描述了所有物理可能的运动（粒子、行星、足球、汽车、飞机等运动的不同路径）。在无生命物质的相互作用中，是宇宙的初始状态从这些可能性中确定选择了实际发生的过程，在有生命对象行使意志的时候，实际发生的过程则由生物有意识的选择确定。

如果相信物理定律是说明性的而不是描述性的，那么这个物理可能性的世界就恰恰等同于对这套完备物理定律的表述（因为从这套完备的定律中可以解出所有可能的物理行为）。这种看法更具优势，因为它在避免了对物理定律的本质做一些有争议的假设的同时，仍然展现出定律对物理世界产生的重要作用。不管物理定律的存在本质如何，所有的可能的事物都必须符合这些定律，例如热力学第二定律：

$$dS > 0$$

麦克斯韦的电磁方程：

$$F_{[ab;c]} = 0, \qquad F^{ab};b = J^a, \qquad J^a;a = 0,$$

或者爱因斯坦的引力定律：

$$R_{ab} - \frac{1}{2} R g_{ab} = k T_{ab}, \quad T^{ab}; \ b = 0.$$

这些方程说明，数学在描述物理行为时神秘而强有力，每个方程都部分地限定了物理可能性的范围。

世界3b：生物可能性的世界。 它描述所有可能的生物组织。通过严格界定生物过程可能达到的范围，定义了生物的可能集合。因此它包含了实际生物进化过程可选择的一切可能 —— 从任何可能的进化路径出现的生物组织都严格地包含在内。这一生物的"可能前景"是进化理论的基础，因为任何在此范围外的基因突变都必定会失败。虽然这一空间没有特定的物理形式，但它仍然严格确定了所有可能的进化历史。从这个意义上说，它具有高度的因果效应。

可能存在的生物组织中，只有一部分通过历史进化过程，真实地存在于世界1当中。因此在一个特定的世界中，可能性空间只有一部分通过进化实现。在实现的过程中，信息就被储存在世界1的物质层次结构中，也就是储存在DNA的基因编码中。这样，信息就通过有序的物质关系储存起来，之后再通过各种不同的形式传递，最终在动物和植物结构中实现。这一过程中，基因不仅仅携带了进化的历史信息，还包含了读取基因之后，涌现出的显型结构和功能，以及功能实现的信息。这正是生物中控制反馈系统和目的性的来源，也正是这一点区分了生物和非生物世界。非生物世界的结构可以很复杂，但是却不能体现出有"目的性"的秩序。正如可以把世界3a看成蕴涵在物理定律之中一样，世界 3b 可以被看做蕴涵在生物信息中，这是生物学的核心概念（见 *Kuppers 1990*；*Pickover 1995*；*Rashidi and Buehler 2000*），它将生物和非生物的世界区分开来。

抽象（柏拉图式）实在 —— 世界 4：柏拉图的（抽象）实体世界

这个世界由人类的探索发现，但是和人类的存在无关。它们并没有物质的形式，但是却对物理世界产生因果效应。

世界 4a：数学形式。 彭罗斯（Penrose）曾努力证明柏拉图世界中数学对象的存在（1989），他指出，大部分数学概念是发现而不是发明出来的（经典的例子有：有理数、零、无理数和马德布罗特集[1]）。发现过程并不是通过物理实验，而是通过数学研究。它们的性质是抽象的，不是实在的。这些性质可以通过各种符号，在各种物理实体中表现。它们与人类的存在和文化无关，就算在仙女座星云里面的智慧生物，只要对数学的理解达到了这一程度，他们也会做出同样的发现（因此人们提议将数学作为星际交流的基本语言）。这个世界在某种程度上被人类认识，并作为数学理论表现在世界 2 中。这些数学理论是一种文化构建，但是它们反映的数学性质和文化无关，就像物理定律一样。它们常常是人不情愿地发现的，例如无理数和零（见 *Seife 2000*）。这个世界在发现和表达的过程中，对物理世界产生了影响。（例如把无理数的值打印下来，或者在书里面加上马德布罗特集合的

---

1. 马德布罗特集（Mandelbrot Set），是分形里一个经典的例子。原理是对复数平面上每一点 $z=a+bi$ 用迭代式 $f(xn+1)=x_n^2+z$，$x_0=0$ 判断其发散与否。将不会发散的区域保留下来就是所谓的 Mandelbrot Set。——译者注

图像, 这样就得到了纸上墨水物理的具体反映。)

是否应该把逻辑学、概率论和物理学的某些部分归入这个世界? 这是一个关键的问题。在某一尚不明确的意义上, 数学世界要比物理世界更基本。但许多物理学家至少还以为下面这个世界存在。

世界 4b: 物理定律。 物理可能性 (世界 3a) 的内禀属性。关于粒子标准模型的量子场理论极其复杂 (见 *Peskin and Schroeder 1995*)。它在概念上包含 (与其他概念一起):

· 希尔伯特空间算符, 对易子, 对称群, 高维空间。
· 粒子/波/波包, 自旋子, 量子态/波函数。
· 平行移动/联络/度规。
· 狄拉克方程和相互作用势, 拉格朗日量和哈密顿量。
· 各种看起来比其他定律更基本的原理。

各种导出 (有效) 理论, 包括经典 (非量子) 物理理论, 也同样在应用层面上含有复杂的结构: 力的定律, 相互作用势, 度规等。

这里有一个重要的基本问题: **这些量子概念以及上级 (有效) 描述的存在本质是什么?** 我们似乎持两种观点:

(1) 它们仅仅是我们自己的数学和物理定义, 恰好有条理地精确地表述了物理量的物理本质。

（2）它们反映出一个更深刻的基本实在——柏拉图物理量，它们能控制物理量的行为（并且可以被我们精确表达）。

"数学不可思议的描述粒子本性的能力"是第一种观点面临的最主要的问题。这种观点认为粒子性质产生的机制我们无法说明，而且可以肯定绝不是以数学方式引入的。如果真是这样的话，那么为什么粒子行为恰好可以用现在的数学物理方程描述呢？这一点确实相当奇怪！为什么数学能够描述实在呢？更不用说，为什么刚好粒子物理模型那种复杂的数学可以描述实在呢？另外，第一种观点也不能说明，为什么所有的物质都具有同样的性质。为什么这里的电子和宇宙另一边的电子具有一样的性质？而在第二种观点之下，这些都不再成为问题——这个世界确实构建在数学基础之上，所以各地的粒子都具有相同的性质。但是这里的问题在于，这又是怎么来的呢？数学定理如何影响物理物质呢？而在各种各样的候选形式中（薛定谔，海森堡，费曼，哈密顿，拉格朗日），哪一个才是"终极"的呢？这么多的变分原理又到底是怎么回事？

世界 4c：柏拉图的美学形式。这为我们对美的感受提供了基础。

本章不再研究这些可能性。说明数学世界 4a 的存在已经达到了我的目的。我强烈支持并确信数学世界存在并且具有因果效应。

存在和认识论

1. 整体的世界集合。

如上所述，这一部分的主要目的是要说明，这些世界 —— 世界1到世界4 —— 都是本体论意义上真实存在的，并且互不相同。

由于每个世界对物理世界都能产生因果联系，从这个意义上说，上述观点已经得到证明。那么这些世界在认识论中的地位是怎样的呢？在前面说的各种世界都存在的前提下，我的观点如下。

2.认识论。

认识论是研究世界2和世界1、世界3、世界4之间的关系的学科。它试图仅在世界2a中建立起所有世界的精确对应实体。

认识论或明或暗地把世界2a的理论和陈述分成了①真实/精确的表述，②部分正确/误导的表述，③错误/不好/误导的表述，④不可分辨正误的表述。这些不同的陈述命题涵盖的范围很广，从"她的头发确实是红的"，或者"房间里没有牛"，到"电子是存在的""牛顿理论是宏观低速、弱引力场下的良好近似"和"UFO存在的证据不足"。真实和表象之间存在有趣的联系，日常生活的表象和微观物理的真实相当不同，爱丁堡（1928）说过，桌子基本上全由原子间的空隙构成，但是它在我们的日常经验中却是坚硬的真实物体。只要我们意识到这一点，事情就好办了。

认识论和存在论总是被人混为一谈。这是一个错误。它在很多情况下都严重地误导人们的思维。这是把世界2和这里讨论的其他世界混淆起来的错误，所谓的"科学大战"[1]和索卡尔（Sokal）事件[2]（见 *Sokal 2000a, b*）的根本起源就在于此。我再次强调，和社会构建无关的实体（世界1，世界3，世界4）是真实存在的，即使我们现在并未完全认识它们，甚至永远都不可能完全认识。我们的无知不影响它们的存在，这与人类的知识无关。不管明说还是暗示，只要声明它们依赖于人类的知识，就是在混淆认识论和存在论，这些看法都不过是人类自大的一个体现而已。

因果关系的本质

本文中因果关系的关键，就在于复杂系统中常常同时出现的多重因果关系（层次内和层次间）。任何企图把部分当作整体的做法（以"不过是"为其行文特点）都是根本的错误（这正是正统主义的本质）。注意这意味着，无论是物理学、进化生物学、社会学、心理学或者其他学科，都不能**完全**解释心灵的特定性质，它们中的每一个都只能给出不完备的解释。同一时间总是存在多层次的解释，任何单个解释都是不完备的。因此可以同时应用自上而下和自下而上的解释体系。

分析通过把机器的行为分解成部分（下级结构）的功能来"解释"机器的性质。系统论（见 *Churchman 1968*）则试图通过说明对

1.科学大战　有关科学知识本质和科学知识构建的学术争论。争战双方是自然科学家和社会学家，自然科学家声称自然科学的研究结果不是社会产物，与社会结构和政治观点无关，而社会学家则认为科学知识也是社会产物，科学体系的建立是为了巩固科学家的社会地位。
2.艾伦·索卡尔（Alan Sokal），美国纽约大学量子物理学家，1996年他在著名的《社会文本》文化研究杂志发表一篇论文，然后自披其诈，引起轰动，此为"索卡尔事件"，触发了"科学大战"。

象在高级结构中的地位来"解释"它的行为或性质（见 Ackoff 1999）。
例如说，"为什么飞机会飞？"可以有下面这几种答案：

（1）自下而上的解释：它之所以在飞，是因为从上面流过机翼的
空气分子速度比从下面流过的快，由伯努利原理，这样就会产生一个
很大的气压差，等等。

（2）同级解释：它之所以在飞，是因为驾驶员在驾驶它，而驾驶
员是按照航班计划 16 点 35 分从伦敦飞往柏林驾驶飞机的。

（3）自上而下的解释：它之所以在飞，是因为设计飞机就是用来
飞的！一些科学家和工程师，在冶金、燃料、润滑技术、空气动力学、
机械工具、电脑辅助设计（CAD）的发展下，努力工作才使得飞机的
设计成为可能。而社会的经济发展使人们产生了航空运输的需求，同
时建立了复杂的大型工业，使得设计和制造飞机的各种资源聚集到
一起，所有这一切都是飞机产生的原因。

这些都是正确的解释。上级解释的成功要依赖于下级解释，但是
显然不同于下级解释，也不依赖于下级解释的具体性质，从某种意义
上说，上级解释比下级解释更为深刻。

这一点非常基本。分析的方法忽略了环境，把机器的存在视作理
所当然，从这个角度研究机器功能的实现。这种方法能让人理解它可
重复出现的可靠行为，但却完全不能说明为什么具有这些行为的机
器本身会出现。系统论就能回答这个问题，它从上级结构的目的性出

发，把机器作为上级结构的一个组成部分，为机器为什么具有这些性质提供了另一个同样正确、某种意义上更深刻的解释。这种方法确定了实体的根本存在原因。而为了实现上级的目的，可以实施的微观方式通常不止一种。

最后，具有因果效应的不仅仅是物质和信息，思想、感情和欲望也可以产生因果效应。尽管物理学家一般不考虑这些因素，但是不包含这些因素的世界不会是完整的。人的思想可以实际地影响物理世界，这是一个从精神到物质的自上而下作用。虽然现在还无法用物理语言表达这种相互作用，但是不把它考虑进来，因果关系的框架就是不完整的。要做到这一点，最起码要在变量空间中把相应的因素包括进来，即就把精神及其效应包括到物理理论 —— 甚至可能是基本物理理论中去。

和基本物理理论的关系

复杂性建立在确定物质相互作用的基本物理理论之上。对物理学家而言，基本的问题在于：基础物理的哪些方面，能够导致如此不寻常的复杂性层次结构，这些层次的上级和下级差异如此之大，并且每一层都有自己的存在论；以及，到底是什么性质允许它们存在（例如，通过自发形成过程产生）？

万物之理

安德森（Anderson）（1972）、施威伯（Schweber）（1993）和卡

达诺夫（Kadanoff）（1993）曾经讨论过上级性质和下级性质独立性的物理原因，他们特别关注重正化群；但是要想在低层次之上创造根本上不同的高层次结构，所需的不仅仅是这些。物理的这一重要性质是非常基本的，日常生活和其中的客体都建立在这一基础之上。它来源于量子场论，量子场论是描述微观粒子的标准理论。一方面这让我们对量子场论有更深刻的认识，另一方面也能促进我们对标准模型中的对称群、粒子族和相互作用势等基本问题的研究。

"基本物理"在这种意义下是什么含义：真正复杂结构的关键物理性质是什么？例如，是什么原理允许我们将亚核子、核子、原子和分子的不同层次性质分开，从而导致DNA、RNA、蛋白质分子乃至细胞的形成和运作？不管这个原理是什么，它一定是物理的"真正基础"，因为它是我们看到的复杂性的基石。下面列出的问题会是通向"万物之理"的关键吗？

（1）量子理论的一般性质（例如叠加态、纠缠、退相干）以及它的经典极限。

（2）量子场论和量子统计力学（对于物质稳定性至关重要）和/或者杨-米尔规范场的特定性质。

（3）粒子物理标准模型中的特定相互作用势以及其对称群。

（4）基本粒子性质（例如三代夸克、轻子和中微子的存在）。

（5）基本作用力的性质（四种基本作用力存在的有效性；它们的统一性质）。

　　（6）特定粒子质量和作用强度。

　　（7）特定常数（比如精细结构常数）的值。

　　（8）或者不仅仅是上面的某一条，而是所有的一个综合。

　　最后一种最有可能，但是如果真是这样的话，为什么这些理论合作得这么好，刚好就实现了上级结构的涌现呢？

　　无论这里结论如何，我们最终都要面对一个基本的形而上学问题：谁选择了规则，并让它生效？而人择的问题总会存在：为什么选定的规则能让复杂的分级结构形成，从而造就了智慧生物？最近，无数的工作者在关于宇宙起源的思考中讨论了这个问题［见崔恩（Tryon）、哈特尔（Hartle）、霍金（Hawking）、戈特（Gott）、林德（Linde）、图洛克（Turok）、贾丝帕里尼（Gasperini）等人，埃利斯（Ellis）（2000）对此有一个简短总结］。这些观点大多是：要不给世界创生设置一个非常特殊的起始点，虽然后来的发展基于现在的物理定律（这些定律在宇宙不同时期，比如在时空特征在从欧氏几何转化成双曲几何的过程中是不变的），但这些起始点本身就需要解释；要不就声称"无中生有"，但是实际上还是引入了上述的量子场论机制，离完全的虚无远着呢！某种意义上，两种观点都认为，物理定律先于现在宇宙的起源。而如果认为宇宙是一直存在的，同样的关键问题还是会出现：某一过程从众多的可能性中选择了一个。不管这一过程是什么，它们自身并没有说明存在复杂结构的可能。

　　更进一步，如果粒子物理、M理论或者超弦理论确实引入了一个成功的"万物之理"，那么对这些世界的看法会有什么样的改变呢？

从物理的角度看,"万物之理"将成为所有其他物理理论的基础,具有逻辑和因果关系上的优先性。但是令人困惑的复杂性问题不会因此解决,反而会强化,因为这样的一个理论根本上应该蕴涵着复杂性。但是为什么会这样?这个问题还远没有答案。说实话,如果一个逻辑上唯一的基本物理理论竟然成为"万物之理",那真是一个奇迹,一个最神奇的巧合。

和终极实在的关系

如果我们问:"什么是'终极实在'?"我们将得到一些有趣的双关回答。

（1）是基本物理规律使这一切发生的吗? —— 还是它的物理因果基础?

（2）它能达到的是最高层的结构和复杂性吗? —— 涌现结构和行为的终极在哪里?

（3）最终决定人类行为和社会生活的是基本伦理吗?基本伦理的基础又是什么?

（4）是不是形而上学一方面决定了基础物理,另一方面,又支撑着宇宙学? —— 不管怎样,是形而上学能"让物理定律飞翔"（如惠勒所言）,而不是别的什么吗?

从物理的观点看,终极实在指的是最后一种含义:在形而上学中的因果关系层次,如图14.8所示。这里可以清楚地看到,既确定特定物理定律,又确定宇宙的初始状态的形而上学问题。很可能,信息在

两方面中都起到了关键作用。这次会议上有人从物理的角度讨论了
"它来自比特"，在这一章中，我则在复杂系统的框架下，强调了信息
在涌现中的作用。如果在这两个舞台上，信息都扮演了最基本的角色，
这个圈就闭合了。

```
形而上学        伦理学
宇宙学          社会学
天文学          心理学
地质学          生理学
材料学          生物化学
          化学
          物理
        粒子物理
       "万物之理"
        形而上学
```

图14.8　这是对因果关系的层级图（图14.5）的扩展，可以看到在基本物理
理论和宇宙学方面都出现了形而上学问题。两种情况下，探索都超出了科学实验
的探测范围，因此它们是形而上学，而不是物理学

我很高兴将本文献给约翰·惠勒，他为探索物理的基本问题做出
了重大贡献。

译后记

*Science and Ultimate Reality: Quantum Theory, Cosmology and Complexity*是一本为祝贺著名理论物理学家约翰·阿奇博尔德·惠勒(John Archibald Wheeler)90周岁生日而出版的文集，书中收集了涵盖理论物理最前沿，包括量子物理、宇宙学、复杂性科学等领域的30篇综述性论文，这些论文都是相应领域的顶尖科学家们的呕心沥血之作，讨论的问题深刻、尖锐。在湖南科学技术出版社的组织下，我们有幸翻译了其中的一些文章，形成这本书，呈献给各位。

宇宙是怎么来的？量子是什么？为什么世界是量子的？存在是什么？物质的本原是信息吗？世界是为人创造的吗？……这样一些问题是一些愿意思考的人不能回避又难以回答的，甚至找不到人来讨论。世界上有许多像惠勒教授这样的科学家一直在很严肃地研究这些问题，而且已经取得了许多巨大的甚至惊人的进展。可是，世界虽然已经进入信息时代，科技前沿的研究也日新月异，但对于一般的人，却很难了解科学家们都在研究哪些问题，科学家们对世界的认识又变成什么样了。一方面是因为研究门类分得太细，一方面也是科学家们还没有对所研究的问题形成共识；或者甚至是因为太少的人了解最新的进展，以至于没有人为我们介绍这些进展。我们这些普通的人对世界的认识仍然停留在很多年以前。这本文集能够在很大程度上帮我们回答这些问题，让我们在思想、认知的天空自由翱翔（虽然实际上我们是在思想的迷宫里懵懵懂懂、跌跌撞撞，哈哈）。不管怎么样，这本文集里讨论的东西，相信能在很多读者脑海里形成共鸣，拨动我们那根思考之弦。

　　我的工作很忙，很难抽出时间翻译这些大部头著作。朱芸慧和罗璇同学因为看了我以前翻译的《新量子世界》（帕特里克·沃尔特斯，安东尼·黑著，湖南科学技术出版社，2005），觉得很有收获，主动要求参加此类工作，因而才有了这次翻译。翻译工作本身，对我们来说也是一个学习过程。文集中涉及的领域广泛，有不少内容我也不熟悉，再加上专业论文的行文以及不少作者学识渊博、文采华丽，这些都增大了翻译的难度，对她们两位更是巨大的挑战。但是两位同学非常努力，花了很多时间、很多精力。有多篇文章我们来回修改了七八次，才感到基本满意。

　　由于语言习惯、文化背景的差别，对读者来说，完全忠实原文翻译的文章，理解起来将会很困难，语言也将显得艰涩。因此，我们在翻译的时候，采取了倾向于方便读者理解的策略，尽量按照中文的表达习惯，将长句截为短句，有时候整段重写。单纯从忠实原文的角度来说，可能有些人会觉得这样做不太合理。问题是，我们觉得忠实原文更不合理，因为翻译出来大家看不懂。有些背景知识，如果我们觉得有必要，都会以译者注的方式加以说明。希望我们这些做法能够对大家的阅读有所帮助。

　　由于我们的知识、时间、精力有限，译文中必然还有一些不完善之处，恳请读者不吝指正(电子邮件: yalei@pku.edu.cn)，我们非常感谢，并将在再版中改正。

雷奕安

2008年9月14日于北京大学